中国钱币丛书甲种本之二十五

钱币与西域历史研究

王永生 著

中华书局

图书在版编目（CIP）数据

钱币与西域历史研究/王永生著. －北京：中华书局，
2011.2(2011.7 重印)
（中国钱币丛书.甲种本;25）
ISBN 978 － 7 － 101 － 07576 － 2

Ⅰ.钱…　Ⅱ.王…　Ⅲ.西域 － 古钱（考古）－ 研究
Ⅳ.K875.64

中国版本图书馆 CIP 数据核字（2010）第 176613 号

书　　名	钱币与西域历史研究	
著　　者	王永生	
丛 书 名	中国钱币丛书甲种本之二十五	
责任编辑	陈　乔	
出版发行	中华书局	
	（北京市丰台区太平桥西里 38 号　100073）	
	http://www.zhbc.com.cn	
	E － mail：zhbc@ zhbc.com.cn	
印　　刷	北京瑞古冠中印刷厂	
版　　次	2011 年 2 月北京第 1 版	
	2011 年 7 月北京第 2 次印刷	
规　　格	开本/787×1092 毫米　1/16	
	印张 23½　字数 490 千字	
印　　数	1201 － 2000 册	
国际书号	ISBN 978 － 7 － 101 － 07576 － 2	
定　　价	380.00 元	

《中国钱币丛书》编辑委员会

《中国钱币丛书》编辑缘起

近年来,随着我国钱币收藏、研究活动的日趋繁荣活跃,广大读者对钱币学著作的需要也日益提高。读者既需要高水平的研究著作,也需要深入浅出的普及性读物。为了适应这种形势,中国钱币学会准备编辑一套反映当代钱币学水平的《中国钱币丛书》,中华书局也拟出版面向广大读者的"钱币丛书"。在这个基础上,双方协议合作,并邀请有关专家,组成编辑委员会,共同编辑出版《中国钱币丛书》,以飨读者。

《中国钱币丛书》分甲种本和乙种本两种:甲种本为高水平的研究著作,力争反映当代钱币学的研究成果。乙种本为高质量的普及性读物,力争融学术性、知识性于一体,深入浅出,雅俗共赏。

《中国钱币丛书》的编辑,尚无经验,在构思选题以及其他方面,必然还会有这样或那样的不足之处。我们诚恳地期望泉界同仁和广大读者的合作与支持,以便能把它办得更好,更能反映当代的学术水平,更能适合广大读者的需要。

《中国钱币丛书》编辑委员会
1993 年 4 月

目　　录

序

　　钱币，又称古钱币或历史货币，一般指退出流通领域的货币。作为人类文明的重要内容，钱币不仅是商品交换的媒介，更是文化的载体、历史的见证以及各个时代政治经济制度和文化科学技术发展的缩影，具有重要的研究价值。传统的古钱学"就钱论钱"开展研究，所编著的各式图谱多是专注于对钱币版别、尺寸、重量、图纹等的描述。实际上，钱币背面蕴藏着更深层次的文化内涵，反映着不断变革的社会政治经济制度。因此，我曾多次强调我们的钱币研究工作应注意克服这种不足，不但要研究钱币本身，更要研究钱币背后所蕴涵的社会政治的、经济的、军事的、文化的历史，及其对当时社会所产生的影响。研究工作要有新的发展和创新，要注意拓宽领域，增加深度，提高层次。应该说这一指导思想近年来在各级钱币学会得到了较好的贯彻落实，钱币研究面貌已有了很大的改观，我们有许多学者在做这方面的努力并取得了不错的成果，其中由中国钱币学会副秘书长王永生同志撰写的《钱币与西域历史研究》就是其中比较有代表性的一部。

　　《钱币与西域历史研究》是王永生同志继 2007 年出版《新疆历史货币》一书之后完成的又一部学术专著，全书由"钱币考证"、"钱币文化研究"、"清代新疆铸钱局研究"以及"附录"和"钱币彩图"组成，收录了作者近二十年来撰写的 34 篇论文。主要涉及古代西域以及近代新疆和西藏地区铸造和流通的货币。坦率地讲，书中所讨论的许多问题非我所长，是否有重要发现或深入分析，需由专业人士进行评判。但是，作者的研究不限于钱币本身，而是通过对钱币的考证来对那些历史进行更深入的探讨，则是我认可的。如：

　　《波斯伊利汗国仿行元朝钞法》首次论述了元代蒙古人在伊朗建立伊利汗国时曾模仿元朝纸币制度于 1294 年发行了波斯纸币。这是我国古代纸币文化及印刷技术传入中亚，并进而传入欧洲的明确记载，这在中外文化交流史上具有重要意义，以至波斯语中至今仍将纸币称作 Chao（钞）。

　　《色章郭木金币考》是作者在 1992 年受命草拟为中国人民银行答复全国人大、外交部、国家民委、统战部等部委来函询问发行"色章郭木"金币纪念章复函的基础上完成的。通过考证，证明该金币不但和"藏独"毫无关系，而且是 20 世纪初西藏地方政府为抵御英国殖民主义侵略势力的日益渗透而铸造发行的，澄清了这个历史问题。

　　《"高昌吉利"钱币考》首次指出铭文"吉利"并非来自汉语"大吉、大利"或"吉祥如意"，实为突厥语 ilik 或 ilig（汉译为"王"）的汉语音译，即突厥语官衔"吉利发"，这是西突厥册封高昌王的封号。作者认为这种用汉字拼读突厥语的现象与当时高昌地区特有的民族构成及其文化特点有关：高昌王国内部是由汉族移民带来的农耕文化，而环绕王国四周的是以突厥为代表的草原游牧文化。两种不同类型文化的相互影响，形成了以"汉、胡交融"为特色的高昌文化。"高昌吉利"钱币正是这种文化交融的具体表现，作者据此分析了隋唐之际高昌地区的文化融合。

《大历元宝、建中通宝铸地考》根据新疆考古新发现，第一次明确论证了自宋代以来就成为不解之谜的两种唐代钱币"大历元宝"、"建中通宝"，实际上是在安史之乱后坚守西域的唐代安西都护府守军在大历、建中年间于安西（今新疆库车）铸造的，属于最早的军用货币。流通使用范围仅限于当时安西守军主要控制范围，即新疆库车及其附近地区，主要供驻军使用。借助出土钱币所提供的线索，作者还就上元元年（760）以后唐朝在西域的坚守情况及吐蕃攻取西域的路线等问题做了深入探讨。

《"东突"分裂势力铸造（印制）钱币考》、《民国新疆两种未发行（流通）纸币考》，则通过对民国时期"东突"分裂分子印制的钱币，以及图谋利用在民国政府发行的纸币上翻译维吾尔文时乘机宣传"东突"分裂思想阴谋破灭的考证，揭示了"东突"分裂思想的欺骗性及其给新疆各族人民带来的危害，从而说明"东突"分裂思想是新疆稳定的现实威胁以及与之斗争的复杂性。

《俄国及前苏联在新疆铸行钱币三考》揭露了近代沙皇俄国在经济上对新疆进行的野蛮侵略和无耻掠夺以及民国初年苏联一贸易公司在新疆私铸银元宝而引起的两国间一段鲜为人知的有关"币政主权"的外交交涉。

《伊帖、阿尔泰通用银券考》通过对"伊帖"和"阿尔泰通用银券"两种纸币的考证，讲清了原由民国中央政府直辖的伊犁和阿尔泰地区行政上归属新疆省管辖，新疆最终实现全省行政统一的过程。

书中还有很多论述和观点，读者可以自己去分析、评判。我希望我们的钱币研究工作者既要研究钱币本身，也能够从钱币的背面去挖掘它所蕴涵的更深层的社会经济、政治、军事、文化的内涵。这也正是我们今天研究钱币的意义所在，也真正体现了"古为今用"。借王永生同志《钱币与西域历史研究》出版之际，将我关于钱币研究的观点再次陈述一遍。

2008 年 11 月 29 日

（马德伦任中国人民银行党委委员、副行长、中国钱币学会理事长）

第一部分　钱币考证

"高昌吉利"钱币考

——兼论隋唐之际高昌地区的文化融合

"高昌吉利"为圆形方孔铜钱,系浇铸制成。正面为汉文隶书"高昌吉利"四字旋读,背面无文。钱体大而厚重,文字古朴,肉好郭圆,制作精良,直径 25.5 毫米,穿 7 毫米,重约 14.3 克(图 A1-1)。

图 A1-1 高昌吉利

关于"高昌吉利"钱币的最早载录,目前所知见于清代乾隆、嘉庆年间张敬庵所著《泉宝录》。据道光、咸丰年间张崇懿著《钱志新编》所引《泉宝录》记载:"高昌钱光幕,钱极厚重,乃高昌国所铸,未知出于何代。"①根据该钱币历年出土发现,除一枚在西安何家村出土外,其余几乎全部都发现于古代称做"高昌"的新疆吐鲁番地区,且钱文中铸有"高昌"两字,因此,自乾嘉以来钱谱著录均断定其为古代高昌国所铸。这一推断钱币学界基本没有疑义,分歧主要集中在断代上,自北魏至元代,莫衷一是。关于钱文中的"吉利"两字,后世学者更多是从字意上直观地解释为大吉、大利,即具有祈福、吉祥的意思,因而认定"高昌吉利"钱币属于吉语钱。客观地讲,这种理解本身并没有错,但是这种思路在解读"高昌吉利"钱币上,却是陷入了一个误区,因为"高昌吉利"四字中的"吉利"两字,虽然是汉字,但拼读的却是古突厥语,其对应的汉语意思完全不是字面上的意思,而是具有深刻的政治含义。

本文将从考释汉字"吉利"所拼读的古突厥语对音入手,结合高昌国历史的演进,以及当时中原地区的汉文化与西域地区的突厥等游牧文化在高昌地区相互交融的背景,就"高昌吉利"钱币铭文的语义、铸造背景、年代及其性质做一考证,并在此基础上,试就隋唐之际高昌

---

① 张崇懿《钱志新编》卷十九《外夷》,1989 年 9 月江苏广陵古籍刻印社据民国刊本影印。翁树培《古钱汇考》引刘燕庭语,"余藏有高昌吉利钱一枚,为仁和吴我鸥所赠。《泉宝录》以为高昌国钱,容或然也"。同治年间,李佐贤《古泉汇》录一钱拓。

地区的民族文化融合的特点谈谈看法。

一、"高昌吉利"钱币的发现及研究状况

据不完全统计,目前"高昌吉利"钱币,已知的约有 50 枚左右(详见表 1)。其中,除两枚是 20 世纪 70 年代初经正式考古发掘所得,能够明确断定年代外,其余都是传世品或从民间采集所得。因此,自清代乾嘉以来直到 20 世纪 70 年代初,中外钱币学界关于"高昌吉利"钱币的研究文章不下二三十篇(详见表 2),但众说纷纭,莫衷一是,大多都属主观推断,拿不出具有说服力的依据。仅关于"高昌吉利"钱币的铸行年代,就能概括出如下五种比较具有代表性的观点:

1. 北魏说　以郑家相、王琳及英国的克力勃(M. R. Joe Cribb)等为代表。依据是"高昌吉利"四字为隶书,具北魏风格。高昌曾接受北魏册封,互有往来,受北魏影响而铸此钱[①]。

2. 隋朝说　以卢健生、邹志谅等为代表。依据是隋大业五年(609)隋炀帝西征吐谷浑到达河西,高昌国王麴伯雅曾亲往会见并随行到中原,娶隋华容公主,受册封而回。归国后即"解辫削衽"实行服饰改革,推行汉化政策。铸"高昌吉利"钱币以为纪念[②]。

3. 唐朝说　普遍持此说,以陈尊祥、盛观熙、周昆宁、蒋其祥、杨鲁安等为代表。依据是唐贞观四年(630)高昌国王麴文泰曾偕妻赴长安朝觐,受太宗隆重接待,赐其妻李姓并封长乐公主。"高昌吉利"钱币当为纪念此事而铸,或以为太宗铸行赏钱的可能性更大,可能铸于古都长安附近[③]。

4. 五代十国说　以彭信威为代表,依据是"('高昌吉利'钱币)文字制作有点像刘燕的永安铜钱"。因此,他认为"年代最早只能看到五代十国,看不到南北朝或隋唐"[④]。

5. 元朝说　以丁福保、黄文弼及日本的奥平昌洪和荷兰的易仲廷(Dr. TjongDing Yih)等为代表。认为"以高昌题名,必为高昌建国时代所铸。但以高昌国为国号或王号者,有两时期,一为麴氏建国时期……一为元朝……此钱或系十四世纪初期所铸也。其体制亦类元钱。丁福保《历代古钱图说》附于元钱之末,疑是"[⑤]。

关于"高昌吉利"钱币的性质,更有正式行用钱、纪念币、压胜钱、随葬用的冥钱等不同观

---

①　[英]克力勃《有魔力的中国钱》,载《内蒙古金融》1986 年专辑。王琳《旅顺博物馆藏新疆出土钱币》,载《中国钱币》1987 年第 2 期。

②　卢健生《高昌国与高昌吉利古钱疑补》,载《内蒙古金融》1985 年专辑。邹志谅《高昌吉利钱研究》,载《苏州钱币》1986 年总 2 期。

③　陈尊祥《西安何家村唐代窖藏钱币研究》,载《中国钱币》1984 年第 3 期。周昆宁《高昌国与高昌吉利古钱》,载《内蒙古金融》1985 年第 2 期。盛观熙《再论"高昌吉利"钱》,载《新疆钱币》增刊 2004 年第 3 期。蒋其祥《新疆古代钱币的发现与研究》,载《舟山钱币》1990 年第 3 期。杨鲁安《新出高昌吉利钱考》,见 2001 年部分城市钱币研讨会交流文章。

④　彭信威《中国货币史》309 页,上海人民出版社,1965 年。

⑤　黄文弼《吐鲁番考古记》,1954 年刊载于中国科学院《考古学专刊》第 3 号。另,[日]奥平昌洪《东亚泉志》(昭和十三年 1939 年东京岩波书店发行)卷十一第 67 页记:"此钱系于古之高昌国,然其形制有元钱之风,当为元代高昌之地(在新疆镇西府之西部)之物,故今附于元钱之末。"

点;关于铸造地点也有铸于高昌本地和铸于中原内地两种不同说法。

在"高昌吉利"钱币的研究上,20 世纪 70 年代初的两次考古发现具有重要意义。一次是 1970 年 10 月在陕西省西安市何家村发现唐代窖藏文物。出土千余件各类文物,在 36 枚历代占钱币中,发现有一枚"高昌吉利"钱(彩图 1)。郭沫若考证为安史之乱后邠土李守礼后人所窖藏①。另一次是 1973 年新疆自治区博物馆和西北大学历史系联合考古队在吐鲁番阿斯塔那进行考古挖掘时,在保存完好的编号为 519 号的张隆裕妻麴文姿墓葬中,出土了一枚"高昌吉利"钱(彩图 2),"此钱出土时,压于死者尸体之下,未经盗扰触动"②,保存完好。同时出土的还有一块唐贞观十六年(642)的墓志。

两次考古发掘各出土一枚"高昌吉利"钱币,特别是在新疆吐鲁番阿斯塔那编号为 519 号的墓葬中同时出土的纪年为唐贞观十六年(642)的一块墓志,非常重要。因为它为"高昌吉利"钱币的断代提供了科学依据,即"高昌吉利"钱币的最晚铸造时间不可能晚于唐贞观十六年,也就是公元 642 年。由此否定了此前以彭信威先生为代表的五代十国说,以丁福保、黄文弼、奥平昌洪等为代表的元朝说。自此,钱币界基本认定"高昌吉利"钱币为高昌王国时期所铸。

高昌建国实际上应从北魏太平真君三年(442)沮渠无讳取代阚爽,占据高昌称大凉王开始算起③,到唐贞观十四年(640)麴智盛投降唐朝,高昌被改设为西州止,共历时 198 年。期间因柔然、高车、铁勒、突厥等外来游牧势力以及中原王朝的干涉,高昌王国曾先后经历了北凉沮渠氏、阚氏、张氏、马氏以及麴氏等统治时期。其中张氏、马氏统治时间很短,局势亦不稳定。麴氏统治时间最长,约有 140 年,历经十王、九世。"高昌吉利"钱币具体是在何时,由哪位高昌王因何而铸,则仍是众说纷纭。要解决这一难题,只能从解读一直被大家所忽视而实际上却非常重要的"吉利"两字入手。

二、"高昌吉利"钱文语义的考释

"高昌吉利"四字虽然都是汉字,但其所表达的寓意却是不同的,完全不能简单地按照汉字字面上的意思来理解和推测,因为这里汉字所拼读的是古突厥语,而不是字面上的汉字意思。

"高昌"在这里是指地名,位于吐鲁番城东约 40 公里处。据伯希和考订为突厥语 qočo 或 Khočo 的对音,这两个名称在上世纪初德国探险家从吐鲁番收集的突厥文写本中均有发

---

① 郭沫若《出土文物二三事》,见陈尊祥《西安何家村唐代窖藏钱币研究》,载《中国钱币》1984 年第 3 期。

② 《1973 年吐鲁番阿斯塔那古墓群发掘简报》,刊《文物》1975 年第 7 期。另收《新疆考古三十年》115 页,新疆人民出版社,1983 年。

③ 关于高昌建国的开始,文献记载与学者研究存在分歧。《北史·高昌传》3212—3213 页(中华书局,1988 年)明确记载和平元年(460)"蠕蠕(柔然——引者注)以阚伯周为高昌王,其称王自此始也"。但冯承钧、侯灿、荣新江等认为应从北魏太平真君三年(442)沮渠无讳取代阚爽,占据高昌称大凉王开始算起。

现①。另据汉文献记载，"高昌"之称最早见于《汉书·车师传》②，其得名是因为"地势高敞，人庶昌盛，因名高昌"③。北魏人阚骃在《十三州志》记"高昌壁，故属敦煌"，这里的"故"，唐长孺先生认为"当指东汉"④。王素根据出土文书记载西汉敦煌县已有高昌里，因此认为"高昌"之名应来自于敦煌县高昌里派出的屯戍士卒⑤。此说成立，这与伯希和的考订实际上并不矛盾，只不过吐鲁番所出突厥语文写本中 qočo 或 Khočo 应是译自汉文"高昌"，只是伯希和将其关系给弄颠倒了而已。汉代在高昌设"戊己校尉"实行屯田，因建壁垒，称高昌壁。西晋始设郡，称高昌郡。北魏和平元年(460)在柔然支持下建立高昌国，高昌即为王城所在地，也就是今天新疆吐鲁番地区的哈剌和卓城(Karakhoja)。《高昌契氏家传》就明确记有"高昌今哈剌和卓也"。但民间则习惯将哈剌和卓城称做高昌故城，位于今吐鲁番市东约 40 公里处⑥。

高昌故城遗址

"吉利"应为突厥语 ilik 或 ilig(即"王")的汉语音译。据著名的古代突厥语言学家张铁山教授研究，突厥语 ilik 或 ilig 第一音节的 i 可对应音译为汉字"吉"的音，如 iltäbir 音译为颉利发或俟利发；ilterič 音译为颉跌利施或颉俟施；irkin 音译为颉斤或俟斤。il 既可音译为伊利、乙利或意利，也可音译为颉利。ilik 或 ilig 的第二音节 lik 或 lig 显然与汉语"利"的读

① 冯承钧编、陆峻岭增订《西域地名》77 页，中华书局，1982 年。
② 《汉书·车师传》有车师王"驰突出高昌壁"一句。
③ 《魏书·高昌传》2243 页，中华书局，1974 年。
④ 唐长孺《魏晋时期有关高昌的一些资料》，载《中国史研究》1979 年第 1 期。
⑤ 王素《高昌得名新探》，载《西北史地》1992 年第 3 期。
⑥ 唐贞观十四年(640)，唐灭高昌国后设西州。宋元时期为高昌回鹘国。《辽史》又称为和州回鹘，《金史》、《长春真人西游记》均讹译为和州，《元史》及《明史》因此又译为哈剌火者、和州、火州等。

音是对应的①。因此,汉字"吉利"实际上就是突厥语 ilik 或 ilig 的音译,汉籍一般译做"颉利发"或"颉利"。

据《旧唐书·突厥传下》记载,"颉利发"是突厥汗国的一种官衔或称号。西突厥在著名的统叶护可汗时,"其西域诸国王悉授颉利发,并遣吐屯一人监统之,督其征赋"②。即将颉利发授予被突厥控制的西域各国国王,作为臣服的标志。高昌、龟兹等国国王都曾接受过颉利发的称号。

王国维先生考证认为,"颉利发"这一官衔或称号,如同可汗、可贺敦一样,都源自于柔然,后被突厥沿用③。

韩儒林先生研究认为,"'颉利发'之外,尚有俟利发、俟利伐、俟利弗、俟列发、希利发等异写,而'颉利'则又有伊利、一利、意利、伊离等异文"④。

实际上,"吉利"就是颉利发或颉利的异译,都译自突厥语 ilik 或 ilig,为突厥语"王"的汉语音译。

由以上考证,可知"高昌吉利"钱币上的铭文"高昌吉利"四字是用汉字拼读的古突厥语,意为高昌王。这是汉语和突厥语相互交融的结果,是高昌国当时特殊的历史环境及其文化背景下的产物。

三、高昌历史沿革及麴氏王朝梗概

在讨论"高昌吉利"钱币之前,有必要先就高昌的历史沿革以及麴氏王朝梗概做一简单叙述。

(一)高昌历史沿革

历史上的高昌,一般可概括分为高昌壁、高昌郡及高昌国三个时期。

高昌最初为汉代车师前部故地。车师的前身是姑师,元封三年(前108),被汉军击破,余众向北投靠匈奴,在博格达山南北形成车师国,分为前、后两部。后部位于天山北部今新疆吉木萨尔县一带;前部则位于天山南部的吐鲁番盆地。汉元帝初元元年(前48)置"戊己校尉,屯田车师前王庭",管理屯田事宜⑤。因屯田而筑壁垒,故又称高昌壁。这一时期汉朝为

---

① 参见岑仲勉《突厥语及其相关外语之汉文译写的考定表》,载岑仲勉著《突厥集史》下册,1125 页,中华书局,2004年。十多年前,笔者就曾猜测"吉利"两字应来自突厥语,可能与"颉利发"或"颉利"有关。前不久,笔者去看望中央民族大学突厥语言学教授张铁山博士时,特意向他请教,经其从语言学上考释,终被确认。

② 《旧唐书·突厥传下》5181 页,中华书局,1975 年。

③ 王国维《高昌宁朔将军麴斌造寺碑跋》曰:"自突厥崛起,高昌常为所役属,故其君相皆受突厥官号。……诸王或首领,皆有俟利发或颉利发号,盖突厥于其所属之国,皆授其王或首领以己国官职。……然俟利发一语,疑出蠕蠕。突厥主称可汗,后称可贺敦,皆袭蠕蠕旧号,俟利发亦然。魏书蠕蠕传,阿那环族兄有俟力发示发,从父兄有俟力发婆罗门。突厥后起,故沿以为官号。"见《观堂集林》卷二十,987 页,中华书局,1959 年。

④ 韩儒林《突厥官号研究》,载《中国文化研究所集刊》1940 年第 1 卷第 1 号。

⑤ 《汉书·百官公卿表上》,中华书局,1975 年。

控制西域,而与匈奴在高昌地区展开了被称为"五争车师"的激烈争夺①。

高昌设郡是由前凉统治者张骏完成的,西晋咸和二年(327)张骏在平定了戊己校尉赵贞的叛乱后,鉴于这里居民主要都是来自内地的移民,其生产方式及生活习惯与内地完全相同,因此设立了郡县。高昌郡下设高昌、田地两县,县下设有乡、里,形成了完整的郡、县、乡三级地方政权,使高昌由一个戊己校尉管理的半军事化的屯田基地,一变而成为了高昌郡的行政机构。这不但改变了高昌的地位,同时也是第一次将郡县制度推广到了西域地区,具有深远的历史意义。

高昌建国传统观点认为始自北魏文成帝和平元年(460),《北史·高昌传》记载:"太武时有阚爽者,自为高昌太守。……和平元年,为蠕蠕(即柔然——引者)所并。蠕蠕以阚伯周为高昌王,其称王自此始也。"实际上,高昌建国应从北魏太平真君三年(442)沮渠无讳取代阚爽,占据高昌开始算起。因为当时沮渠无讳虽然没有称高昌王,而是称大凉王,但建立的却是国家政权组织。这一点非常重要,因为高昌建国首先需具备一个王国的体制,这个体制并非高昌所固有,而是由沮渠氏从河西直接带来的。北魏太平真君十一年(450),在柔然支持下,沮渠安周驱逐了亲北魏的车师前部残余势力(居交河城)②,统一吐鲁番盆地,奠定了历时将近二百年的高昌国之规模。

柔然于沮渠安周承平十八年(北魏文成帝和平元年,460)攻陷高昌,杀安周,沮渠氏的高昌政权历经18年而灭亡。柔然扶植了傀儡阚伯周为高昌王,从此高昌历史进入了称王的时代。

柔然扶植的阚伯周是否与18年前兵败后逃奔柔然的阚爽有血缘关系,史无记载,不得而知。但阚伯周完全忠实于柔然则是可以肯定的,因为在其执政的二十多年里,未见朝贡北魏的记载。阚伯周死后,其子义成继立,当年就被从兄首归所杀。阚首归自立后执政10多年,于北魏太和十五年(491)被新兴的高车王阿伏至罗所杀③,阿伏至罗立敦煌人张孟明为高昌王。5年后,国人杀高车扶植的张孟明,另立马儒为王。第二年,马儒便遣使北魏奉表朝贡,甚至请求举国内徙。这一明显过分的亲魏姿态自然招致了高昌国内土著大户们的反对,致使马儒于上台三年后即太和二十三年(499)被杀,麴嘉被立为高昌王。高昌历史进入了麴氏王朝统治时期。麴氏王朝初立之时,正值柔然与高车争夺西域的控制权,所以麴嘉执政后即称臣于柔然,15年后,当柔然可汗伏图被高车所杀后,麴嘉又随即称臣于高车。永平元年(508)还遣使朝贡过北魏④。麴嘉的后继者继承了这种向外称臣的政策,后来兴起的铁勒、突厥都是其宗主国。因此,高昌王国自麴氏王朝开始,虽然国力弱小,但是,因为能灵活地周旋

---

① 车师地区为西汉屯田重点,也是控制西域的关键,从武帝天汉二年(前99)开始,直到宣帝神爵二年(前64),匈奴内乱,负责西域事务的日逐王降汉,汉朝才最终控制这一地区,设立西域都护府,郑吉被任命为第一任都护。

② 《魏书·车师国传》2264页,中华书局,1974年。

③ 《魏书·高昌传》记此事于太和五年,《资治通鉴》记为齐高帝建元三年,均为481年。但据冯承钧考证,太和五年高车尚未西迁,高车王阿伏至罗不可能杀阚首归,应是太和十五年(491)之误(见《高昌事辑》,收入《西域南海史地考证论著汇辑》,中华书局,1963年)。

④ 《魏书·高昌传》2244页。

于周边强大的外部势力之间,获得了一个相对比较稳定的发展时期①。

(二)麹氏王朝梗概

麹氏王朝的统治共有 140 年,是高昌王国历史上统治时间最长,也相对最稳定的时期,具有重要地位。但文献记载却非常零散,在吐鲁番已出土发现的文书及墓砖资料中,关于麹氏王朝资料的数量虽然仅次于唐西州时期资料的数量②,但其中有关历史的记载却非常稀少,且语焉不详,成为研究中的一大难点。自罗振玉、王国维等以来,经数代学者的努力,麹氏高昌王国的世系目前已基本理清。

高昌麹氏王国的第一代国王麹嘉,原是马儒当国时的右长史,在北魏太和二十三年(499)国人杀马儒后被拥立为王。到唐贞观十四年(640)麹智盛降唐,高昌被改设为西州止,麹氏王朝共立国 140 年,传十王、九世。其世系及年号分别为:麹嘉(承平、义熙)、麹光(甘露)、麹坚(章和)、麹玄喜(永平)、麹□□(和平)、麹宝茂(建昌)、麹乾固(延昌)、麹伯雅(延和、重光)、麹□□(义和)、麹文泰(延寿)、麹智盛(详见表3)。

十位高昌王中,有两位只有年号而不知名。其中,在位时间最长的是第七代高昌王麹乾固,共历 41 年。但最为知名的却是麹嘉、麹伯雅和麹文泰三位,都留下了谥号,分别是昭武王、献文王和光武王。麹嘉是众所周知的麹氏王朝开国之王,而麹伯雅与麹文泰父子的出名,则是因为他们在位时曾发生了对高昌王国晚期历史影响深远的“义和政变”及随后的“重光复辟”和“延寿改制”。

据《张雄夫人麹氏墓志》记载,“义和政变”发生于 614 年③,是王国上层为反对麹伯雅推行服饰改革而策划的一场宫廷政变。高昌因“国处边荒,境连猛狄”,致使在生活习俗和服饰上受游牧民族影响,披发,上衣左侧开襟,即所谓“被发左衽”,被隋炀帝指责为“数穷毁冕,剪为胡服”④。隋大业五年(609)六月隋炀帝征讨吐谷浑到达河西时,麹伯雅携带王子文泰前去朝觐,随杨广东归,游历了长安、洛阳,并同征高丽。在中原逗留三年多⑤,并娶隋华容公主。此次东游,麹伯雅目睹了隋朝的强大,感受到了中原文化的强大吸引力,遂产生了摆脱铁勒控制,归向隋朝的想法。归国后便推行服饰改革。发布告示,全文如下:

　　　夫经国字人,以保全为贵;宁邦缉政,以全济为大。先者以国处边荒,境连猛狄,同人无咎,被发左衽。今大隋统御,宇宙平一,普天率土,莫不齐向。孤既沐浴和风,庶均

---

① 另以高昌为国号或王号的,还有 840 年漠北回鹘汗国溃散后,一支西迁回鹘建立的高昌回鹘王国亦都护政权。因超出本文所讨论范围,兹不赘述。

② 自 1959 年至 1975 年,考古工作者共进行了 13 次大的挖掘,挖开了 459 座古墓,在 119 座墓中发现了文书。在 1586 份汉文文书中,有 403 份断代为麹氏王朝统治时期,1020 份为唐朝西州时期。见《中亚文明史》第 3 卷,第 12 章“高昌”257—266 页(张广达执笔),中国对外翻译出版公司,2003 年。

③ 吴震《麹氏高昌国史索隐——从张雄夫妇墓志谈起》,载《文物》1981 年第 1 期。

④ 《隋书·高昌传》1846—1848 页,中华书局,1973 年。

⑤ 王素考证认为:“表面上,麹氏父子一同于大业五年六月入朝,又一同于大业八年冬返国,实际上,麹文泰使隋一次,麹伯雅使隋两次。其间,麹伯雅曾于大业六年二月或三月初返国,又曾于大业七年五月以后入朝。麹文泰在隋逗留近四年,而麹伯雅在隋逗留仅近二年。”参见《麹氏高昌“义和政变”补说》,载《敦煌吐鲁番研究》第 1 卷,北京大学出版社,1996 年。

大化，其庶人以上，皆宜解辫削衽。①

麴伯雅以华变夷，改变发式、服饰制度，向中原文化看齐的改革，获得了隋炀帝支持，"赐衣冠之具，仍班制造之式，并遣使人部领将送"。希望高昌能够"被以采章，复见车服之美；弃彼毡毳，还为冠带之国"②。但是，这一改革在实际推行的过程中却遇到了很多阻力，其中最为关键的是距离高昌最近的另一宗主国铁勒的反对。《隋书·高昌传》记载，"虽有此令取悦中华，然竟畏铁勒而不敢改也"。即便如此，最终还是导致了政变发生，麴伯雅弃国逃亡。失国六年，公元 620 年才在西突厥的支持下重新夺回政权，改元重光，史称"重光复辟"。关于"义和政变"的幕后主使，史无记载，或主张铁勒，或主张隋唐③。具体是谁似乎并不特别重要，重要的是它体现了中原汉文化与西域少数民族游牧文化，即所谓汉胡两种文化、两股势力对高昌的影响与争夺。

"重光复辟"四年后，即 624 年，麴文泰继承王位，改元延寿。为吸取教训，加强统治，麴文泰围绕强化王权推行了一些新的政策，史称"延寿改制"。限于资料，我们对延寿改制的内容所知有限，也不全面。但从目前所掌握到的一些具体事例上看，加强王权应该是其改制的中心目标。如：

1. 为强调自己"王"的地位及称号，在命妇制度上，麴文泰改变了其母亲与妻子的名号，不再称夫人而改称太妃和妃④。

2. 在高昌官方文书中，引入了称臣制。官员上书开始称"奏"，署名时在职务之后加一"臣"字。麴文泰使用的印文是"奏闻奉信"（按：臣下上书皇帝称"奏"，皇帝回答臣下称"闻"）。这些已不仅是为了加强王权，麴文泰甚至开始自比中原皇帝⑤。

3. 以重新给高昌城诸城门命名为由，使新城门"与汉长安城，魏、晋、北魏洛阳城，十六国时的姑臧城等同出一脉，基本上以天文、五行等为依据"⑥。

正如孟宪实指出的，"这表面看起来似乎是增其旧制、锦上添花之举动，实则是欲规模京城之制，体现出高昌城的王家气派，这才是麴文泰改建变易高昌城的真实企图"⑦。

麴文泰"延寿改制"中，"越制无藩臣礼"的违制做法最终还是给高昌王国带来了灭顶之灾。唐太宗在《讨高昌王麴文泰诏》中指责"高昌麴文泰，犹为不轨，敢兴异图，事上无忠款之节，御下逞残忍之志"。太宗曾明确告诉高昌使臣，"明年我当发兵虏而国，归谓而君善自图"⑧。但麴文泰不相信唐朝真会发兵，他认为"吾往者朝觐，见秦、陇之北，城邑萧条，非复

---

①② 《隋书·高昌传》1846—1848 页，中华书局，1973 年。

③ "义和政变"及义和政权，一般认为得到了铁勒支持，但关尾史郎认为是亲隋势力发动的。参见关尾史郎《"义和政变"新释——隋、唐交替期高昌国·游牧势力·中国王朝》，载《集刊东洋学》1993 年第 70 号。

④ 延寿十四年五月有一件麴文泰之女写经的题记《维摩诘经》卷下"大僧平事沙门法焕题记"中称父为"王父"或"父王"，称母为"妃母"或"王妃"，并提到"太妃"。见 S. 2838 号文书。转引自孟宪实《汉唐文化与高昌历史》314 页，齐鲁书社，2004 年。

⑤ 可参阅孟宪实《汉唐文化与高昌历史》，齐鲁书社，2004 年。

⑥ 郑炳林《高昌城诸门考》，载《兰州大学学报》1984 年第 4 期。

⑦ 孟宪实《汉唐文化与高昌历史》316 页。

⑧ 《新唐书·高昌传》6221 页，中华书局，1975 年。

有隋之比。设今伐我，发兵多则粮运不给，若发三万以下，吾能制之。加以碛路艰险，自然疲顿。吾以逸待劳，坐收其弊，何足为忧也"[1]。因此，毫无准备。唐贞观十四年(640)当得知侯君集已率十五万大军逼近城下[2]，原寄以厚望的西突厥欲谷设(即乙毗咄陆可汗)在属下叶护献可汗浮图城(即北庭)投降后，也惧而西走。麴文泰计无所出，发病而死，其子麴智盛投降，高昌国灭亡。这是自北魏太平真君六年(445)万度归远征西域后，事隔两个世纪，中原王朝又一次出兵西域，在灭亡高昌麴氏王朝的同时也开启了西域历史上的一个新纪元。

四、"高昌吉利"钱币铸造背景、时间及性质分析

由前面的考证及分析，我们知道"高昌吉利"四字是用汉字拼读的古突厥语，意为高昌王。这说明"高昌吉利"钱币只可能是在高昌建国也就是正式称王后铸造的。学术界基本认为，高昌建国实际应从北魏太平真君三年(442)沮渠无讳占据高昌时开始算起。但是，在沮渠无讳及沮渠安周兄弟统治的十八年间是不可能铸此钱币的，因为他们都自称是大凉王[3]，目标是要复兴沮渠氏的大凉政权(史称"北凉")，而不是要当高昌王。因此，他们即使铸钱也不可能是"高昌吉利"钱。

北魏文成帝和平元年(460)柔然攻陷高昌，杀沮渠安周，扶植傀儡阚伯周为高昌王。此后的阚氏、张氏、马氏相继统治高昌，虽然都自称高昌王，即《北史·高昌传》所记："蠕蠕(即柔然)以阚伯周为高昌王，其称王自此始也。"但是，仔细分析，阚氏统治时期铸造"高昌吉利"钱币的可能性也不大，这是因为：

第一，阚伯周是柔然扶植的傀儡，是柔然势力在高昌的代理人，完全忠实于柔然，在其执政的二十多年里与代表中原王朝的北魏政权没有任何正式官方往来。因此，阚伯周仿照中原地区，用汉文铸造圆形方孔钱币的可能性不大，理由亦不充分。

第二，阚首归如同其伯父阚伯周一样，也属于柔然的傀儡。正因为完全忠实于柔然，才于北魏太和十五年(491)被与柔然争夺高昌控制权的高车王阿伏至罗所杀。因此，在其统治的十余年间铸造"高昌吉利"钱币也是不大可能的。

第三，阚伯周之子阚义成继位当年就被从兄阚首归所杀。高车杀阚首归后所扶植的张孟明以及高昌国人自己拥立的马儒都在北魏、柔然、高车等外部势力的激烈争斗中先后被杀，执政时间都很短暂，并处剧烈的政局动荡期，更不可能铸造钱币了。

因此，我们认为在442年至499年，即北凉沮渠氏、阚氏、张氏、马氏统治高昌的57年间是不可能铸造"高昌吉利"钱币的。"高昌吉利"钱币只可能铸造于此后相对比较稳定的麴氏

---

① 《旧唐书·高昌传》5293页，中华书局，1975年。

② 据亲自参加此次军事行动并担任总管的姜行本留下的《姜行本记功碑》(见《金石萃编》)记载，唐军数量达十五万之多，而当时高昌总人口据《唐会要》卷九五《高昌》记有"户八千四十六，口三万七千七百三十八"，尚不足四万。因此，麴文泰背后，实际已控制西域的欲谷设，即西突厥乙毗咄陆可汗才是唐朝出兵真正的目标。

③ 21世纪初，德国探险队在高昌故城可汗堡旁的佛寺遗址中，发现了承平三年(445)的《凉王大沮渠安周功德碑》即是证明。

高昌王国统治时期。应该是在"重光复辟"后推行"延寿改制"的大背景下铸造的。

麴氏王朝后期,高昌王国周边的柔然、高车及铁勒等游牧民族政权逐渐被新兴的、更强大的西突厥汗国所替代,中原地区则是唐朝取代隋朝。"重光复辟"后,周旋于周边强大的外部势力之间的高昌王麴文泰,非常清楚高昌王国地处西突厥游牧政权与唐朝之间,自身国力弱小,既是西突厥的属国,又必须向唐朝称臣,两边都得照顾。同时,更关键的是,在王国内部他还须强化王权,加强统治。因此,他执政后推行了"延寿改制",在加强王权这一目标的前提下,采取了一些既能照顾现实,同时又内外有别的政策。因此,我们认为"高昌吉利"钱币就是麴文泰在这一背景下铸造发行的,属于其"延寿改制"政策的一部分。

首先,铸造发行寓意为高昌王的"高昌吉利"钱币,是麴文泰加强王权的需要。同时,也是其在王国内彰显王权的最好方式。

其次,在高昌王的称号中,"王"字借用突厥语"王"(即 ilik 或 ilig)的汉字译音"吉利"两字,即采用"高昌吉利"四字的形表达"高昌王"的意,这既能在王国内强调自己"王"的称号,同时也符合西突厥所授"颉利发"这一官衔,对外又可给唐朝以交代,看上去还具有祈福、吉祥的意思。这样就达到了在王国内部及周边两个强大的宗主国之间,三方都能接受、满意并解释得通的效果。

最后,也是最关键的,是我们在吐鲁番出土文书及碑刻中发现,麴氏王朝的统治者将西突厥所授颉利发的官衔与自称的高昌王是放在一起,并列使用的。如:

《宁朔将军麴斌造寺碑》所记麴宝茂的署衔为:

　　使持节、骠骑大将军、开府仪同三司、都督瓜州诸军事、侍中、瓜州刺史、西平郡开国公、西董、时多浮跌、无亥、希利发、高昌王。

麴氏王朝延昌三十九年(599)写经题记中有:

　　1. 大品经卷第十八

　　2. 延昌卅九年己未岁五月廿三日,使持节、大将军、大都督、瓜州诸军事、瓜州刺史、西平郡开国公、西近、时多

　　3. 浮跌、弥砲、伊离地、都卢悌、陁豆、阿跋、摩亥、希利发、高昌王麴乾固稽首归命常住三宝。[①]（下略)

这里"希利发"是"颉利发"或"颉利"的异译。铸造钱币时,因受文字所限,颉利发遂被简略为"吉利"两字。"高昌吉利"四字既符合圆形方孔钱的铸造特点,同时又能充分表达麴文泰的心意,真是完美之至!

考虑到玄奘当年曾在高昌生活过一段时间,与麴文泰结为兄弟,两人有较长时间的密切

---

　　① 马伯乐《斯坦因第三次中亚探查所获汉文文书》。转引自姜伯勤《敦煌吐鲁番文书与丝绸之路》88 页,文物出版社,1994 年。一长串称号中,"西董、时多浮跌、无亥、希利发"及"西近、时多浮跌、弥砲、伊离地、都卢悌、陁豆、阿跋、摩亥、希利发"等都是突厥官职的音译。与中原地区译名虽然不尽相同,但字音是基本相近的。如西董或西近,中原译作俟斤;无亥或摩亥,译作莫贺;阿跋译作阿波等。

交往①。玄奘西行求法回到长安后，在其所著《大唐西域记》中，对沿途经过的阿耆尼国（即焉耆）、屈支国（即库车）等国使用的货币都有专门记述②，而唯独对高昌国的货币不见记载，更无"高昌吉利"钱币的丝毫踪迹。因此，我们倾向于认为"高昌吉利"钱币是在玄奘离开高昌后铸造的，即其铸造年代的上限，应该不会早于玄奘离开高昌的贞观二年（628）③，而下限更不可能晚于贞观十四年（640）侯君集平定高昌。换言之，"高昌吉利"钱币应铸造于唐贞观二年到贞观十四年，即 628—640 年的 12 年间。这种推断与吐鲁番阿斯塔那 519 号墓葬中，和"高昌吉利"钱币同时出土的墓志纪年为唐贞观十六年（642）亦是一致的。铸造地点应该是在高昌当地，不可能铸于中原内地。

另外，据《旧唐书·突厥传下》记载，颉利发是西突厥著名的统叶护可汗授予高昌王的称号④，而统叶护可汗和麴文泰生活在同一时期，两人关系很不错，麴文泰曾为玄奘西行印度写信求其提供帮助⑤。联系这件事，我们似乎可以认为统叶护可汗在接待过玄奘后，按突厥的习惯授予麴文泰颉利发即王的称号。麴文泰为纪念此事而特意铸造了"高昌吉利"钱币。

"高昌吉利"钱币，大而厚重，重量基本都在十四五克左右，较同时期的开元通宝重 2 至 3 倍不等。更是同时期在库车、焉耆等地流通使用的小铜钱的十几倍不止。重量虽较小铜钱为重，但却仅有一种规格，而无等次上的区别。发现数量稀少，只有五十枚左右，且绝大多数没有流通磨损痕迹，制作又极为精整。因此，我们认为"高昌吉利"钱币肯定不是行用钱，应属于纪念币性质的吉语钱，用于赏赐或馈赠。

麴文泰采用这种打擦边球的变通办法来表达高昌王的意思，也实在是出于无奈。这是因为高昌王这一称呼，从来都是高昌执政者的自称，而不是中原王朝对他的正式册封。正如《魏书·高昌传》所明确记载的"私署王如故"，这里"私署"两字，便表明了中原王朝对其称王是不予承认的。我们在遍查中原王朝对高昌历任国君的册封名号时，也仅发现北魏曾将麴坚的爵位由伯晋为郡王，除此之外，余皆或公或伯，更无一人被封为王。

另外，还发现"在中原王朝的封号和私署王号之间、在命妇制度上，麴文泰一改乃父以封

①　据《大慈恩寺三藏法师传》（孙毓堂、谢方点校，中华书局，1983 年）玄奘是在麴文泰的盛情邀请下，改变行程来到高昌的："法师意欲取可汗浮图过，既为高昌所请，辞不获免，于是遂行。"麴文泰本想留玄奘长住高昌为国师，后求其次，结为兄弟。留玄奘讲经一月并相约归来时住三年后，玄奘才在麴文泰为其置办了"黄金一百两，银钱三万，绫及绢等五百匹，充法师往返二十年所用之资。给马三十匹，手力二十五人"后离开高昌国的。

②　《大唐西域记》卷一记"（屈支即龟兹）货用金钱、银钱、小铜钱"。见《大唐西域记校注》54 页，中华书局，1985 年。

③　杨廷福《玄奘年谱》119 页，中华书局，1988 年。

④　叶护（Yabghu）即汉朝时翕侯的异称，是匈奴、大月氏、乌孙、突厥等北方游牧民族的一种官职称号。西突厥中叶护一职多由王族阿史那氏宗族子弟担任。

⑤　据《大慈恩寺三藏法师传》记载，"（麴文泰）遣殿中侍御史史欢信送至叶护可汗衙。……又以绫绢五百匹、果味两车献叶护可汗，并书请'法师者是奴弟，欲求法于婆罗门国，愿可汗怜师如怜奴，仍请敕以西诸国给邬落马递送出境'"。玄奘与叶护见面后，"更引汉使及高昌使人人，通国书及信物，可汗自目之甚悦，令使者坐"。几天后，"可汗乃令军中访解汉语及诸国音者，遂得年少，曾到长安数年通解汉语，即封为摩咄达官，作诸国书，令摩咄送法师到迦毕试国。又施绯绫法服一袭，绢五十匹，与群臣送十余里"。叶护可汗即西突厥可汗，又译统叶护可汗。《旧唐书·突厥传下》5181 页记其"勇而有谋，善攻战。……霸有西域……其西域诸国王悉授颉利发，并遣吐屯一人监统之，督其征赋。西戎之盛，未之有也"。

号为准的作法,转而以私署王号为准"①。这亦可视为麴文泰铸"高昌吉利"钱币的一个小注解。

五、"高昌吉利"钱币所揭示的高昌地区汉胡两种文化交融之特点

"高昌吉利"意为高昌王,是用汉字拼读的古突厥语,这是高昌地区特有的一种文化现象,它是中原地区农耕的汉文化与西域地区游牧的突厥文化相互交汇、融合的结果。这与高昌地区特有的民族构成及其地理位置有关。

民族构成上,高昌居民主要是来自河西及中原地区的汉族移民,这些移民主要由屯田戍卒及避乱难民构成。据《魏书·高昌传》记载,最早是李广利征大宛时留下的"疲卒",随后是汉魏的屯田兵卒。十六国时,为避战乱,难民或自发或被裹胁而流入高昌。仅北魏太平真君三年(442)沮渠无讳一次就将敦煌一万余户强行迁至高昌②。"彼之氓庶,是汉魏遗黎,自晋世不纲,因难播越,成家立国,世积已久。"③直至隋末,仍有内地民众逃入高昌④。统一高昌后,唐太宗曾言"高昌之地,虽居塞表,编户之氓,咸出中国"⑤。这都已被高昌出土的砖质墓表、墓志所证明。

地理位置上,高昌位于西域中部偏东地区,地处丝绸之路交流要道。一方面,它是中原通西域的必经之地。往东经伊吾(哈密)与河西相通;北偏西是北山(博格达山),那里有突厥始祖神话传说中的神狼洞穴,是突厥的兴起之地;往西丝绸之路分为两条,一条是沿天山北侧的草原道,又称为北新道可直达伊犁。另一条沿天山南麓的北道可直达轮台、阿克苏;往南穿过沙漠可到楼兰,与丝绸之路南道相通直达和田、疏勒(喀什)。另一方面,它又处在天山北部游牧的"行国"通往塔里木盆地沿线农耕的"城郭诸国"交通的必经之地。这一地理位置决定了高昌始终是中原王朝与草原游牧民族政权争夺西域的焦点地区。魏晋以来,当中原陷于内乱而无暇顾及西域时,高昌便完全落入了北部以柔然、高车、铁勒、突厥等为代表的草原游牧民族政权的控制中。

高昌国内部伴随着这些中原地区移民带来的是汉文化,而环绕王国四周的则是以柔然、高车、铁勒、突厥等为代表的草原民族游牧文化。魏晋以来,高昌又被迫依附于外部的游牧民族政权。在两种完全不同文化的相互影响下,形成了以汉胡交融为特色的高昌文化。这种汉胡交融的特色在高昌王国社会生活的很多方面都有表现。如:

政治上,高昌执政者既接受突厥等游牧民族授予的颉利发等官衔及称号,表示政治上的臣属地位,同时也向中原王朝称臣纳贡,接受册封。如前引《麴斌造寺碑》背面所刻高昌王麴宝茂的头衔便是北魏封号、突厥封号和自署三种官衔及称号的混合体,生动地表明了高昌文

---

① 孟宪实《汉唐文化与高昌历史》314页,齐鲁书社,2004年。
② 《资治通鉴》卷一二四,中华书局,1956年。
③ 《魏书·高昌传》2244页,中华书局,1974年。
④ 此亦为唐太宗下决心平定高昌原因之一。
⑤ 《文馆词林校证》卷六六四,"贞观年中巡抚高昌诏一首",249页,中华书局,2001年。

化的多种来源①。

语言上，高昌王国虽然在政治上接受了突厥授予的官衔及称号，以示臣服，但在语言上却始终使用汉字，未使用过突厥文字，而是用汉字来音译突厥语，殊为特别。高昌对突厥语音的译名与中原文献上所见到的译名用字不尽相同，如突厥语 ilik 或 ilig，中原音译为颉利发，而高昌却音译为吉利，这是因为高昌地区的移民主要来自河西，因此，其汉文化是以河西地区的凉州文化为主，即所谓"国人言语与中国略同"②所致。

婚俗上，王室上层遵从突厥的收继婚制。所谓收继婚制，即"父兄叔伯死者，子弟及侄等妻其后母、世叔母及嫂"③。这是游牧民族的一种婚俗，带有强制性，不管是否愿意，一般也不管年龄差别，汉时乌孙亦曾如此。高昌王国从与突厥结姻的高昌王麴伯雅极力反对续娶突厥后母到麴文泰主动要求续娶后母宇文氏，表明高昌王室对突厥的收继婚制已由当初的反对变为接受，并已成为了王室自身的婚姻习俗④。此俗应仅限于与突厥结姻的高昌王室，民间应无跨族通婚现象，因为这被汉文化视为乱伦，是不能被接受的⑤。

葬俗上，坟墓的样式、出土的墓志铭和文书都显示了其与中原地区的汉文化是一脉相承的。但是，也保留有草原游牧民族特有的葬俗。例如，死者的名字和官号都是用汉文记述的，但许多人脸上却盖有覆面（面衣），眼睛上盖着被称为眼罩的金属制眼镜。类似的东西，亦曾在欧亚草原上的坟墓中发现过。这显然是草原游牧民族特有的一种葬俗。

服饰上，依从突厥"被发左衽"的习俗。农耕定居的汉族因日常的生活方式及生产环境与"随畜逐水草"、"穹庐毡帐"的游牧民族不同，服饰上原本是不一样的。但移民高昌后，因受周边游牧民族的影响，也逐渐有所改变。《魏书·高昌传》记载的高昌男子"辫发垂之于背。着长身小袖袍，缦裤裆"显然不是汉族装束。而女子的"头发辫而不垂，着锦颉缨珞环钏"则明显是汉族妇女的打扮。这与《周书·高昌传》"服饰，丈夫从胡法，妇人略同华夏"，《隋书·高昌传》"男子胡服，妇人裙襦，头上作髻"的记载亦相一致。

服饰上受游牧文化的这种影响与官制及婚俗相比，无论在广度还是深度上都要大得多。这在玄奘所记中亚怛逻斯附近的小孤城亦是一例，城中有居民 300 多人，原为汉人，"昔为突厥所掠，后遂鸠集同国，共保此城，于中宅居。衣服去就，遂同突厥；言辞仪范，犹存本国"⑥。小孤城实际是一定居的农业聚落，聚落中流落的汉人已明显具有了突厥化的

---

① 此碑 1911 年发现于吐鲁番，最早著录于《新疆图志》卷八九《金石二》。黄文弼、马雍均作过考释。碑中所记麴宝茂的署衔为"使持节、骠骑大将军、开府仪同三司、都督瓜州诸军事、侍中、瓜州刺史、西平郡开国公、西堇、时多浮跌、无亥、希利发、高昌王"。自使持节以下至西平郡开国公为西魏所授之官爵；自西堇至希利发为突厥所授之官称；高昌王则是麴宝茂自称之尊号。

② 《梁书·西北诸戎传》，中华书局，1983 年。

③ 《周书·突厥传》910 页，中华书局，1971 年。

④ 《隋书·突厥传》记载，隋开皇十年（590）"（麴）伯雅立，其大母本突厥可汗女，其父死，突厥令依其俗，伯雅不从者久之。突厥逼之，不得已而从"。《唐会要》卷九十五记载，"贞观四年（630）其王文泰来朝（原注：泰即伯雅之子也）。妻宇文氏，即隋炀帝所赐华容公主也。请入宗亲，诏赐姓李氏，封常乐公主"。

⑤ 从出土文书所反映的情况看，民间婚娶主要是按照汉民族传统习惯进行的，即《梁书·高昌传》所谓"姻有六礼"是也。

⑥ 《大唐西域记》卷一，78 页，中华书局，1985 年。

倾向。

　　总之,隋唐之际是西域历史上一个大的发展阶段,更是各种民族文化相互交汇、融合的一个重要时期。交融的过程是相互影响、互相吸收;交融的结果则是你中有我、我中有你,最终形成了以多元、交融、开放为特色的西域文化。这是考释"高昌吉利"钱币给我们的最大启示,却是麴文泰当初铸钱时所不曾想到的。

表1:现存"高昌吉利"钱币的实物及来源

时间	实物来源	现存何处	直径(mm)	厚度(mm)	穿径(mm)	重量(g)
清	李佐贤撰	《古泉汇》				
1928 年	黄文弼收集	《吐鲁番考古记》	25	4	7.5	12.5
1938 年	丁福保藏	《古钱大辞典》	25/26		8/7.5	
1939 年	[日]奥平昌洪	《东亚泉志》	25		7.5	
1940 年	吴县包中甫藏	《泉币》杂志	25.5		8	
20 世纪 40 年代	郑家相藏	《例会记录》	25	－ －	8	
1970 年	西安何家村出土	陕西博物馆	26	4	8	10
1973 年	阿斯塔那 519 墓	新疆博物馆	26	3.8	7.5	12.5
1982 年	铜川周昆宁捐赠	铜川博物馆	26.7	3.5	11	12
	吐鲁番出土	吐鲁番博物馆	26.5		8	
1987 年	吐鲁番出土	旅顺博物馆	26/25		8/7.5	
1991 年	吐鲁番出土	《新疆钱币》	26/25		7/7	
	李荫轩捐赠	上海博物馆	26		7.5	7.1
	出土地不详	上海博物馆	25.5	－ －	8	10.2
1994 年	出土地不详	天津博物馆	26		8	12
1995 年	新疆征集	中国钱币博物馆				
1999 年	新疆某地出	台湾个人藏	(蔡养吾《中国古钱讲话》收录)			
1999 年	海外某地	曾泽禄收藏	(《壮泉阁六十寿泉拓集》收录)			
2001 年	西安某地	杨鲁安收藏	26.2	3.2	6.8	9.5
	吐鲁番出土	国内个人藏	26	4	8.5	10.5
	出土地不详	张吉保收藏	(《中国民间钱茂币藏珍》			
	吐鲁番出土	国内个人藏	25.5	4	7.5	12.5
2003 年	吐鲁番出土	国内个人藏	26	4	7	12.81
2004 年	吐鲁番出土	国内个人藏	(由互联网所见,无详细资料)			

　　注:已有线索而未公开报道的个人收藏品估计不下二十枚。

表2:近年发表的有关"高昌吉利"钱币的文章

刊名	期号	篇名	作者
1.《中国钱币》	1984 年第 3 期	西安何家村唐代窖藏钱币研究	陈尊祥
2.《钱币之友》	1984 年创刊号	高昌吉利古钱	周昆宁
3.《内蒙古金融》	1985 年第 2 期	高昌国与高昌吉利古钱	周昆宁
4.《内蒙古金融》	1985 年增刊	海外飞鸿之一	[荷兰]易仲廷
5.《陕西金融》	1985 年专辑四	高昌吉利钱初探	周昆宁
6.《内蒙古金融》	1985 年增刊	高昌国与高昌吉利古钱疑补	卢健生
7.《新疆金融》	1986 年增刊	高昌吉利古钱	卢健生
8.《钱币天地》	1986 年 6—7 期	关于高昌吉利钱的研究	卢健生、周昆宁、邹志谅
9.《苏州钱币》	1986 年总二	高昌吉利钱研究	邹志谅
10.《内蒙古金融》	1986 年专辑	关于高昌吉利钱的探索	卢健生、周昆宁、邹志谅
11.《内蒙古金融》	1986 年专辑	有魔力的中国钱	[英]克力勃
12.《中国钱币》	1987 年第 2 期	旅顺博物馆藏新疆出土钱币	王琳
13.《舟山钱币》	1990 年第 3 期	新疆古代钱币的发现与研究	蒋其祥
14.《甘肃金融》	1994 年第 1 期	天津历史博物馆藏丝路货币	朴金娥
15. 部分城市钱币研讨会	2001 年	新出高昌吉利钱考	杨鲁安
16.《中华珍泉追踪录》	2001 年 3 月上海书店出版社	《"高昌吉利"为高昌国铸币》	关汉亨
17.《新疆钱币》	2003 年第 1 期	关于高昌吉利钱若干存疑问题之浅见	王秉诚
18.《新疆钱币》	2003 年第 3 期	高昌吉利钱收藏漫谈	杨文清
19.《新疆钱币》增刊	2004 年第 3 期	《再论"高昌吉利"钱》	盛观熙
20.《新疆钱币》增刊	2005 年第 3 期	《"高昌吉利"钱之浅谈》	杨晓刚、倪江平
21.《新疆钱币》增刊	2005 年第 3 期	《简论"高昌吉利"钱》	李莱清
22.《新疆钱币》增刊	2005 年第 3 期	《也谈高昌吉利》	宋志永
23.《新疆钱币》	2006 年第 1 期	《从吐鲁番出土文书看"高昌吉利"的铸作时间和钱币性质》	钱伯泉

表3:麴氏高昌王国纪年一览表

名字	谥号	年号	公元纪年	历时
麴嘉	昭武王	承平(1—8)	502—509	24
		义熙(1—16)	510—525	
麴光		甘露(1—5)	526—530	5
麴坚		章和(1—18)	531—548	18

续表

名字	谥号	年号	公元纪年	历时
麴玄喜		永平（1—2）	549—550	2
麴□□		和平（1—4）	551—554	4
麴宝茂		建昌（1—6）	555—560	6
麴乾固		延昌（1—41）	561—601	41
麴伯雅		延和（1—12）	602—613	12
麴□□		义和（1—6）	614—619	6
麴伯雅	献文王	重光（1—4）	620—623	4
麴文泰	光武王	延寿（1—17）	624—640	17
麴智盛			640	

　　注：表1、表2参考了盛观熙《再论"高昌吉利"钱》一文（《新疆钱币》增刊，2004年第3期）。表3参考了孟宪实著《汉唐文化与高昌历史》（齐鲁书社，2004年）。

　　（原载《西域研究》2007年第1期，后收入《中国钱币论文集》第5辑，中国金融出版社，2008年）

大历元宝、建中通宝铸地考

——兼论上元元年(760)后唐对西域的坚守

一

"大历"(766—779)是唐代宗年号,"建中"(780—783)是唐德宗年号,但唐代文献中却从未见有关于大历元宝、建中通宝的记载①。最早记录这两种钱币的是五代的张台,张台的《钱录》虽没有流传下来,但南宋洪遵在《泉志》大历、建中两条中都引用了张台关于这两种钱币的记叙。关于大历钱,"张台曰:大历是代宗年号,计此时所铸"。可见张台并没有看到确凿的文字资料,他的结论仅是依据钱面年号估计的。对建中钱,张台记叙得比较详细:"张台曰:按此钱未施用,今民间往往有之,轻小于开元钱,径一分,重二铢以下,文曰建中通宝,文字漫暗,铜色纯赤,肉好薄小,殊乖白铜大钱之义。"②应该说张台对钱币本身的描述是准确的,但是因为找不到史料依据,把它系于白铜大钱就错了,这一错误也正说明唐末五代时期人们也并不清楚大历元宝、建中通宝钱币的来历。

自宋代以后,人们为了对其有准确的认识,试图发掘新的史料,于是洪遵就把这两种钱币与大历四年正月第五琦在绛州、建中元年九月韩洄在商州铸钱的事联系起来了③,认为"岂非当时铸此耶",后世学者多据此认为当时铸造的就是大历元宝、建中通宝④。

这种推测缺乏根据,首先因为《旧唐书》、《新唐书》的《食货志》都没有明确说明第五琦和

① 唐代钱谱作者中,封演曾历经大历、建中二朝,他所著《续钱谱》未流传下来,南宋洪遵《泉志》引用了封演《续钱谱》中的五条,但都没有大历元宝、建中通宝。如果封演记载了这两种钱币,以其史料的稀少,洪遵当会引用。

② 洪遵《泉志》卷第三,上海古籍出版社,1994年。

③ 《旧唐书·食货志》:大历四年正月,关内道铸钱等使、户部侍郎第五琦上言,请于绛州汾阳、铜原两监,增置五炉铸钱,许之。建中元年九月,户部侍郎韩洄上言:"江淮钱监,岁共铸钱四万五千贯,输于京师,度工用转送之费,每贯计钱二千,是本倍利也。今商州有红崖冶出铜益多,又有洛源监,久废不理。请增工凿山以取铜,与洛源钱监,置十炉铸之,岁计出钱七万二千贯,度工用转送之费,贯计钱九百,则利浮本也。其江淮七监,请皆停铸。"从之。《新唐书·食货志》所记同上。

④ 南宋洪遵《泉志》卷第三、清李佐贤《古泉汇》利集卷八、刘喜海《嘉荫簃泉绝句》卷上、谢堃《钱式图》卷二、戴熙《古泉丛话》卷二、夏荃《退庵钱谱》卷三、张崇懿《钱志新编》卷七、纪昀《钦定钱录》卷八、丁福保《古钱大辞典》下编圆钱类及《历代古钱图说》、关百益《泉影》卷一、国家文物局编《中国古钱谱》、蔡养吾编《衡门百泉谱》等书中均持此说。另有认为是北宋钱,"右建中通宝,钱径径寸,真书,或以为徽宗建中靖国年铸"。见《钱略》,转引自丁福保《古钱大辞典》。

韩洄铸的是什么钱,建中元年所设铸钱炉比大历四年设炉多一倍,但出土发现的建中通宝却比大历元宝更为稀少;其次是不同时间、不同地区铸造的两种不同的钱币,每次又都相互伴随,同时出土,与情理不符。另外,更难以解释的是这两种钱币到目前为止在绛州(今山西省新绛)、商州(今陕西省商县)等中原地区的唐宋窖藏中还从未见有发现[1],而已知的却几乎全部都发现于新疆塔里木盆地北缘以库车为中心的地区。虽然也有人因此推测它们可能是在新疆地区铸造的,但又提不出充分依据[2]。彭信威先生则认为更可能是私铸,但又说"论理当时钱价很低,铜价却很高,牟利者只有销钱为器,岂肯熔器铸钱?⋯⋯唐钱的钱文应当直读,乾封时一度违制,改为环读,旋经更正,论理不应再犯。大历钱(建中钱)却是环读,似乎不是官铸。然而私铸的人多是仿铸旧钱,不应当创铸一种新钱,所以这是一个还有待解决的问题"[3]。遂使这两种钱币的来源成为钱币学、货币史研究领域中的一个难解之谜。

1992年初,新疆库车附近的新和县通古斯巴什唐代古城遗址中又新发现一批大历元宝、建中通宝钱币。1993年5月初,中国钱币学会丝绸之路新疆段历史货币考察队考察途经库车时,专就这一问题作了详细调查,获得了重要的第一手资料,同时,参考有关文献,我们发现大历元宝、建中通宝等钱币应是唐代安西都护府在库车地区铸造的。

本文在实地调查的基础上,结合有关文献资料,对大历元宝、建中通宝等钱币的铸地作一考证,并在此基础上,试就上元元年(760)后唐坚守西域情况作一初步探讨。

二

去新疆考察之前,就听说1992年初新疆库车附近的新和县又出土了一批大历元宝、建中通宝钱币。当年4月曾有人携带200枚建中通宝来京出售,被中国历史博物馆、国家文物管理局及中国钱币博物馆三家收购,据说就是出自新和县发现的那一批。一年后,当我们考察途经库车时曾专就此去新和县文管所调查。据文管所同志介绍,是当地村民在一处叫通古斯巴什的唐代古城遗址中挖城寻宝时挖出来的,数量不少,很快即被抢购一空。后来在文管所同志带领下,我们在距县城西南约40多公里处的一片荒漠中找到了这座古城。

古城四周沙丘群立,芦苇、红柳丛生,四面城墙虽已遭受严重破坏,但仍高达3至4米不等,城垛、马面等防御设施依然清晰可辨。

关于这座古城,1928年黄文弼先生曾来此作过考古发掘并有详细记载:

① 正式发掘报告中,仅1986年6月报道在安徽省全椒县北宋墓中有"大历通宝"伴随开元通宝、周元通宝同时出土,见《文物》1988年第11期。但经核对所附钱币拓图,发现应是五代十国南唐铸的"大唐通宝","唐"字被误识为"历"字而错断为"大历通宝"。按:只有大历元宝,还没有发现有"大历通宝",大历元宝是环读,与对读的大唐通宝是不一样的。另清翁树培《古泉汇考》记道光年间"陈南叔偶得古泉百数十枚于(北京)齐化门小市⋯⋯就中检得大历七、八枚,建中一枚,已如获拱璧"。从何而来,不得而知。

② 马飞海主编《中国历代货币大系·隋唐五代十国》,上海古籍出版社,1991年。孙仲汇等编《简明钱币辞典》163页,上海古籍出版社,1991年。钱伯泉《唐朝丝绸之路的货币经济》,载《全国第二次丝路货币研讨会文集》,见《新疆金融》1991年增刊(2)。

③ 彭信威《中国货币史》295页,上海人民出版社,1987年。

通古斯巴什唐代古城遗址图

旧城在庄南,名通古斯巴什,又称为唐王城,为龟兹大城之一。四面城墙,巍然独存,城四隅尚有突出城垛。城外尚存城垛五。高约9米,周约825米,土砌。南北开门,门宽约1.3米,北门楼尚存,在北门楼东有古房遗址数处。……先掘城内东边垃圾堆处,发现布巾之类,……深0.6米即现土墙,断为房基,再下深1.6米到底,发现干草甚多。又出现胡麻、油饼及木屑之类。……又有一布口袋,可能是盛弓箭之用。……又本地居民在城中拾一残纸,上有唐大历年号,是此城为唐城无疑。[①]

我们发现城中有多处近年新被挖掘过的痕迹,其中位于城东北部靠近当年黄文弼曾挖掘过的垃圾堆一带有一深约1.5米的洞坑,文管所同志告诉我们就是此次出土大历元宝、建中通宝钱币的地方。根据后来我们又从别处了解的情况综合分析可知:这批钱币出土于1992年3月中旬,总数约有3000余枚,其中主要是大历元宝、建中通宝,同时还伴随有少量的开元通宝、乾元重宝及"中"字钱和"元"字钱等[②]。

这是一次关于大历元宝、建中通宝钱币的重要发现,但可惜的是除极少一部分被国家文物部门收购外,大部分都已流失,更可惜的是这么重要的一次出土,竟完全是在破坏文物的非法活动中进行的。破坏了出土的文化层,没能留下其他有价值的资料。但是,仅就出土这件事而言,还是具有重要的学术价值,它告诉我们:

第一,"元"字钱、"中"字钱和大历元宝、建中通宝有密切的关系。

正如清代钱币学家李佐贤在《古泉汇》中指出的那样,"穿上'中'字乃建中之省文,'元'字乃元(宝)之省文,'中'字与建中(通宝)无异,'元'字与大历元宝无异,实建中钱之别品

---

① 黄烈编《黄文弼历史考古论集》247页,文物出版社,1989年。

② 《丝绸之路新疆段历史货币考察纪要》,刊《中国钱币》1995年第1期。初写纪要时,受收藏者提供的拓片影响,认为还有一种酷似"元"字钱的"大"字钱,后经核对实物,发现所谓"大"字钱实为"元"字钱,因"元"字第一笔"一"铸造时因流铜的缘故成为一点,并与"兀"连在一起而误视为"大"字所致。

也"①。这次新和县通古斯巴什古城出土的大历元宝(图 A2－1)、建中通宝(图 A2－2)钱币中就同时伴随有"元"字钱(图 A2－3)及"中"字钱(图 A2－4),证明李佐贤的推断是完全正确的,即"元"字钱及"中"字钱与大历元宝和建中通宝有直接的关系,是由其派生而来。

图 A2－1　大历元宝

图 A2－2　建中通宝

图 A2－3　元

图 A2－4　中

图 A2－5　开元通宝

图 A2－6　龟兹五铢

第二,大历元宝、建中通宝等钱币与新疆库车地区有密切的关系。

为进一步分析并论证这一点,我们有必要先来回顾一下历年来有关大历元宝、建中通宝及"中"字钱、"元"字钱的出土发现情况:

1.1928 年黄文弼随中瑞西北科学考察团来塔里木盆地进行考古发掘时,发现有大历元宝、建中通宝,"大历元宝是在库车大羊达克沁及拜城克孜尔佛洞中掘出,建中通宝出库车克里什千佛洞及焉耆明屋"②。

2.1957—1958 年间,黄文弼第四次来新疆进行考古发掘时,在库车县城东南约 110 公里处的大黑汰沁古城、县城北约 40 公里处的苏巴什古城都有大历元宝、建中通宝钱币的出土,其中县城东郊约 3 公里的哈拉墩遗址中,探方"T10 出'中'字钱及建中通宝钱,T11 也出有'中'字钱,其次还有大历元宝、开元通宝等"③。

① 李佐贤《古泉汇》利集卷八,影印本江苏广陵古籍刻印社,1991 年,又见《中国钱币文献丛书》第十六集,上海古籍出版社,1992 年。

② 黄文弼《塔里木盆地考古记》,科学出版社,1958 年。

③ 黄文弼《新疆考古发掘报告》79 页,文物出版社,1983 年。

3. 1980 年,在轮台县阿克土墩城堡及阔那夏尔古城都曾出土有大历元宝[①]。

4. 1981 年 5 月,在焉耆通往库车路边的兰城子唐遗址中,出土一藏钱陶罐,"内装钱币约五六公斤,出于好奇要了 8 枚,其中开元通宝 5 枚,建中通宝 2 枚,大历元宝 1 枚"[②]。

5. 1984 年,在位于阿克苏与和田之间的麻扎塔格古戍堡中发现乾元重宝 7 枚,大历元宝 1 枚,无文钱 2 枚[③]。

6. 库车县城东郊之皮郎古城(即唐代龟兹国都伊罗卢城)曾出土建中通宝、大历元宝、"中"字钱等[④]。

7. 奇台县唐朝疙疸遗址墙缝中发现 1 枚大历元宝[⑤]。

8. 1959 年,内蒙古和林格尔古城出土一瓮唐代窖藏钱币,其中发现大历元宝 4 枚,建中通宝 4 枚和"中"字钱 1 枚[⑥]。

9. 19 世纪,在俄罗斯西西伯利亚叶尼塞河上游的米努辛斯克开垦土地时,曾发现数量不少的唐代钱币,以开元钱为多,其中就有 2 枚大历元宝和 5 枚建中通宝[⑦]。

另外,20 世纪初来库车一带考察、探险的伯希和发现大历元宝 16 枚,建中通宝 32 枚。同时期的斯坦因、桔瑞超等也都在库车及其附近地区发现有数量不等的大历元宝、建中通宝及个别的"中"字钱、"元"字钱等[⑧]。库车县文管所收藏的 30 多枚大历元宝、建中通宝及"中"字钱、"元"字钱等也都出自库车附近的唐代遗址中[⑨]。

以上发现除个别的大历元宝、建中通宝及"中"字钱出于奇台、内蒙南部的和林格尔及叶尼塞河上游的米努辛斯克外,其余全部都集中在库车及其附近地区。出土范围:东到焉耆明屋唐遗址,西到拜城克孜尔千佛洞,南到于阗经和田河去龟兹的交通要道麻扎塔格古戍堡,北到库车以北的苏巴什古城,都属唐代安西都护府管辖范围。

库车古称龟兹,唐代又称安西,是唐朝经营西域的政治、经济、军事中心——安西都护府所在地。大历元宝、建中通宝等钱币历年出土发现都集中于这一地区,特别是 1992 年 3 月中旬一次出土即多达 3000 余枚,这说明它们应该是在库车地区铸造的,流通使用亦应仅限于库车及其附近地区,即是唐安西都护府在当地铸造发行的。我们认为这和天宝十四载(755)中原发生安史之乱,唐西北驻军精锐东调平乱,吐蕃乘机攻占河西、陇右,切断了西域守军和唐中央的联系这一历史背景有关。

① 《轮台县文物调查》,《新疆文物》1991 年第 2 期。

② 朱树林《兰城子出土的建中通宝和大历元宝》,《陕西金融》1988 年钱币专辑⑨。

③ 侯灿《麻札塔格古戍堡及其在丝绸之路上的重要位置》,《文物》1987 年第 3 期。

④ 王炳华《丝路考古新收获》,《新疆文物》1991 年第 2 期。

⑤ 薛宗正《新疆奇台县出土的中原古钱》,《新疆文物》1987 年第 1 期。

⑥ 赵爱军等《和林格尔唐代窖藏钱币》,《内蒙古金融》1996 年第 1 期钱币专刊。

⑦ 林树山、姚凤《苏联米努辛斯克出土的中国古钱币》(待刊)。

⑧ [法]蒂埃里《一批伯希和发现的唐代钱币》,载《珍藏》1988 年 10 月刊。[英]M. AUREL STEIN "ANCIENT KHOTAN"。[日]《大谷探险队搜集中亚出土佛典资料选》42 页,日本龙谷大学 1988 年。

⑨ 1990 年冬,笔者只身深入塔里木盆地沿线考察钱币出土情况,《新疆钱币》(新疆美术摄影出版社、香港文化教育出版社 1991 年联合出版)所收大历元宝、建中通宝即库车县文管所提供。

三

吐蕃是我国古代藏族在青藏高原建立的地方政权,公元7至9世纪是其强盛时期。为和唐朝争夺对丝绸之路贸易线路的控制,早在唐太宗时期吐蕃就在河西及西域地区多次和唐朝发生冲突。当时唐朝国力强盛,曾有效地扼制了吐蕃的进攻。但天宝十四载(755)"及安禄山反,边兵精锐者皆征发入援,谓之行营,所留兵单弱,胡虏稍蚕食之,数年间,西北数十州相继沦没,自凤翔以西,邠州以北,皆为左衽矣"[1]。遂给图谋已久的吐蕃以可乘之机。

《旧唐书》卷四十《地理志》安西大都护府条中记载了吐蕃入侵河西及西域的大概情形。

> 至德(756—758)后河西、陇右戍兵皆征集,收复两京,上元元年(760)河西军镇多为吐蕃所陷,有旧将李元忠守北庭,郭昕守安西府,二镇与沙陀、回鹘相依,吐蕃久攻之不下。

当时为内忧外患所困挠的唐朝,在河西、陇右失陷后,便完全失去了和西域的联系,直到十多年后仍坚守西域的李元忠、郭昕派遣的使臣于建中二年(781)万里迢迢绕道回鹘来到长安后[2],朝廷才惊喜地发现西域二镇(安西和北庭)仍控制在唐朝留守部队手里。

> 北庭、安西自吐蕃陷河、陇,隔绝不通,伊西、北庭节度使李元忠、四镇留后郭昕帅将士闭境拒守,数遣使奉表,皆不达,声问绝者十余年;至是,遣使间道历诸胡自回纥中来,上嘉之。秋,七月,戊午朔,加元忠北庭大都护,赐爵宁塞郡王;以昕为安西大都护、四镇节度使,赐爵武威郡王;将士皆迁七资。[3]

"贞元二年(786),伊西北庭节度使李元忠卒",同年五月"以伊西北庭节度使留后杨袭古为北庭大都护"[4]。"其后,吐蕃急攻沙陀、回鹘部落,安西、北庭无援,贞元三年(787)竟陷吐蕃"[5]。

安西、北庭失去依托,形势更是危急,史载:"贞元六年(790)冬,吐蕃因葛(罗)禄、白服(突厥)之众以攻北庭,回鹘大相颉干迦斯将兵救之",但为吐蕃所败,"北庭失陷,都护杨袭古率部众二千余人出奔西州",第二年为回鹘诱杀。"自是安西阻绝,莫知存否,唯西州之人,犹固守焉"[6]。此时,唐朝国内藩镇割据,战乱迭出不穷,根本无力顾及西域,音信再次断绝。安西何时陷落不详,郭昕亦下落不明,但考虑贞元四五年间(788—789)悟空归国行经此地时,唐朝在包括安西四镇及北庭在内的西域广大地区仍进行着有效的管理(详见后文)。另外,于阗最早是在贞元六年(790)后失陷[7],西州是在贞元八年(792)陷落的[8],学术界多据此

---

① ⑥ ⑦ 《资治通鉴》卷二二三,中华书局,1956年。

② 李元忠本名曹令忠,大历七年八月庚戌因功赐李姓更名元忠,见《旧唐书·代宗纪》。郭昕是郭子仪"母弟幼明之子,肃宗末为四镇留后"。《旧唐书》卷一二〇有传。

③ 《资治通鉴》卷二二七。

④ 《旧唐书》卷一二《德宗纪上》,中华书局,1975年。

⑤ 《旧唐书》卷四〇《地理志》。

⑧ 敦煌出土编号为 P.3918(2)号文书《佛说金刚坛广大清净陀罗尼经》跋文为贞元九年(癸酉岁),其中记有"去岁西州倾陷,人心苍忙",由此推知西州当陷于贞元八年(792)。

认为安西最早应当是在贞元八年之后被吐蕃攻占。

我们认为大历元宝、建中通宝等钱币可能就是在这一历史背景下，安西都护府为抗击吐蕃、坚守西域而于大历、建中年间即 766 年至 783 年在库车地区铸造的。文献中虽没有发现关于安西都护府当时铸钱的具体记载，但据敦煌出土的 P.2942 号文书《唐永泰元年(765)——大历元年(766)河西巡抚使判集》第 153 至 157 行"瓜州尚长史采矿铸钱置作"条记载，瓜州(今甘肃安西县东南)在唐代宗永泰、大历年间为筹集饷糈，曾"采矿铸钱置作"，后因"数年兴作，量殚力尽，万无一成"而停罢。虽然铸钱具体内容不详，但却告诉我们当时断绝援助的唐朝守军有自行铸钱的先例。特别是联系当时西域形势，并结合大历元宝、建中通宝等钱币的出土发现情况及其自身铸造上的一些特点，我们仍能发现许多线索可以证明上述观点。

首先，河西、陇右失陷后，西域守军失去了后勤供应基地，亦断绝了关内援助。建中四年(783)为平泾原兵变，德宗还曾一度想将安西、北庭割让给吐蕃[①]。此种形势下，郭昕、李元忠为稳定守军，安抚百姓，只有在当地铸钱以筹军饷。大历元宝、建中通宝等钱币历年出土集中于库车地区就说明了这一点。北庭附近的奇台及地处"回鹘道"交通线上的和林格尔古城和米努辛斯克的发现则反映了当时河陇不通，西域守军只有绕道回鹘和中原地区联系这一历史背景。

其次，库车北山盛产铜矿、铁矿，"质颇佳"[②]，当地至今尚保留有铜厂及铜厂河等名称，开采历史可以上溯到战国。据《水经注》引释氏《西域记》记载，汉代即"人取此山石炭冶此山铁，恒充三十六国用"，说明当时已有很高的冶铸技术。同时龟兹还是汉佉二体钱之后直到唐代，西域地区唯一自铸货币的地区。5 至 7 世纪古龟兹国曾仿内地采用浇铸法铸造了五铢钱，近年考古发现的众多龟兹五铢钱及钱范，证明当时龟兹地区已有很高的铸钱技术，这为安西都护府在当地铸钱提供了物质及技术条件。

因此，我们完全有理由认为，当时唐朝西域守军在安西大都护、四镇节度留后郭昕的率领下，为了筹集军饷，坚守西域，同时也表达他们忠于大唐，抗击吐蕃的决心，遂奉唐正朔，采用当时正使用的唐代宗年号"大历"，仿照开元通宝钱的式样铸造了"大历元宝"，到建中二年(781)安西守军经"回鹘道"和朝廷取得联系后才知道大历十四年后德宗继位，已改元"建中"，遂又铸造了"建中通宝"(通古斯巴什古城出土的"李明借粮残契"纪年为大历十五年就说明了这一点)。因时间较短，建中通宝铸造数量比大历元宝要少，同时因形势所迫，建中通宝铸造得比大历元宝更为粗劣。这和出土发现情况完全相符，是一证明。同时，也解释了郭昕等安西将士为何当时不就便采用早已习用的货币如开元通宝、乾元重宝等钱币的式样来铸造货币，而是要铸一种新钱并改变以往的命名惯例，创立一种新的钱币命名体例，即以年号来记名的原因。

另外，大历元宝、建中通宝及"中"字钱、"元"字钱等都"铜色纯赤"(洪遵《泉志》)，是采用

---

①　《资治通鉴》卷二三一，中华书局，1956 年。

②　"铜产城东北北山，质颇佳，不甚旺，历经开采，岁得万数千斤不等。"见《库车直隶乡土志》，《新疆乡土志稿》563 页，中国社会科学院中国边疆史地研究中心编，全国图书馆文献缩微复制中心出版，1990 年。

红铜铸造的。当时中原地区铸钱不用红铜,是用青铜铸造。采用红铜铸钱是新疆及中亚地区铸钱的一大特点,这又是一证明。

大历元宝、建中通宝等钱币式样虽是仿照开元通宝(图 A2-5),但铸造技术却更像龟兹五铢钱(图 A2-6),如图所示,比较粗糙,这是新疆特别是魏晋以来龟兹(库车)地区铸钱的一大特点。此外,发现的钱币中,除大历元宝、建中通宝外,还有其别品"中"字钱、"元"字钱等,面背无郭,铸造技术更简单,也更粗劣,这进一步证明了它们是在战争这一特定的历史条件下,为应急而铸造的。

总之,由以上考证、分析,我们知道大历元宝、建中通宝及其别品"中"字钱、"元"字钱等是唐安西都护府为坚守西域于大历、建中年间(766—783)在安西(今库车)地区铸造的,并非私铸,流通使用范围仅限于当时安西守军主要控制范围即库车及其附近地区,主要是供驻军使用的。明确这一点很重要,不但解决了自五代的张台以来,围绕其铸地及是否官铸等长期困扰钱币学及货币史研究领域的这一不解之谜。同时,在唐史及西域史研究领域也具有重要的学术价值。

四

众所周知,安史之乱是唐朝由盛转衰的转折点,这种转折同样表现在唐与吐蕃争夺西域的斗争中。史载"上元元年河西军镇多为吐蕃所陷"[①],从此,唐中央失去了和西域的联系。

自上元元年(760)河陇失守到贞元八年(792)西州最后失陷,安西、北庭守军是如何在孤立无援的情况下,抗击吐蕃、坚守西域达三十多年的? 对此,我们除了知道这期间西域守军曾于建中二年绕道回鹘和唐中央取得过联系,及贞元初年悟空东归行记中的零星记载外,几乎一无所知,是唐代西域史研究中的一段空白。学术界曾有种比较流行的观点,认为 755 年安史之乱发生后,整个西域都在吐蕃的手中,只有回鹘成为对峙、抗衡的力量。"天宝十四年(755)安史之乱起,河陇以西之地尽失,只有若干孤城在吐蕃包围之下苦战苦撑。建中二年(281)以后,河陇、西域一带都是吐蕃的势力范围"[②]。近年通过对当地出土的汉文及胡文文书的研究,虽否定了传统看法,证明安西四镇及北庭等地在安史乱后很长一段时间内仍奉唐正朔,理应在唐军坚守之中,但具体情况仍然不详。

我们通过对大历元宝、建中通宝等钱币铸地的考证、研究,发现当时虽和唐中央联系中断,精锐又东调勤王,但孤悬塞外的唐西域留守部队仍保持有强大的实力。为抗击吐蕃、坚守西域,唐安西都护府还首次在西域地区铸造发行了货币。这一发现非常重要,为我们研究这一时期的西域史提供了难得的实物资料,补充了文献记载中的空白。下面对上元元年(760)后,唐坚守西域情况试作初步探讨。

1. 安西守军铸行货币,说明当时虽精锐东调,但留守部队仍保留有相当实力,对西域广

① 《旧唐书》卷四〇《地理志》,中华书局,1975 年。

② 王尧《吐蕃简牍综录》7 页,文物出版社,1986 年。

大地区还进行着有效的管理,社会秩序是稳定的。

天宝十四载(755)安禄山反,不及半年,两京失守,玄宗避居四川,太子李亨(即肃宗)即位灵武,号召天下勤王。据记载,安西、北庭两都护府受诏后,即抽调精兵,组成安西、北庭行营,在至德年间(756—758)分三批陆续开赴关内,总数约有一万五千余人①。

据《资治通鉴》记载,安史之乱前,唐朝在西域的驻军有四万四千人,这应仅指汉兵,外加归安西、北庭两都护府节制的番兵,总数最少也有六七万人②。一万五千应诏勤王后,留守部队还应有五六万人左右,仍是一支数量不小的队伍。

据前引敦煌出土 P.2942 号文书第 164—169 行“朱都护请放家口向西,并勒男及女智(婿)送”条记载,可知当时西域地区相对河西还要安定一些。同上第 217—226 行题为“差郑支使往四镇,索救援河西兵马一万人”,其中第 223 行记有“四镇骁雄,伫排风而骤进”。这亦证明当时安西守军的实力还是比较强大的。否则,孤军坚守西域三十多年是不可能的。

另据出土的唐代文书,我们发现在这段时期内,西域地区仍存在着商品货币经济,如阿斯塔那 506 号墓“唐大历某年(766—779)王德广残契”记载③:

　　大历□年五月六日王德广

　　贰阡伍佰文限五月未送

　　　　见官付征利

　　指为记

　　　　(后残)

在近年大量出土大历元宝、建中通宝钱币的通古斯巴什古城,1928 年曾出土过一件“李明借粮残契”④,开首就是:

　　大历十五年四月十二日李明为无粮用

　　遂于蔡明义边使青麦一石七斗

　　粟一石六斗其麦限八月内□□□

同时出土的还有一件“白苏毕梨领屯米状”,文曰:

　　□历十四年米□□三月二十三日白苏毕梨领得

　　□屯米四斗麦(面)壹硕捌斗豉壹

表明大历、建中年间,安西地区的社会秩序是稳定的,商品交易、借贷、屯田等社会经济生活都在照常进行。

总之,至德年间西域驻军虽精锐东调勤王,但留守部队仍有相当实力,对西域广大地区

---

① 《资治通鉴》卷二一八,中华书局,1956 年。
② 《旧唐书·西戎传》,中华书局,1975 年。
③ 《吐鲁番出土文书》第十册,299 页,文物出版社,1991 年。
④ 黄烈编《黄文弼历史考古论集》,文物出版社,1989 年 6 月,需要说明的是白苏毕梨姓白,当是龟兹人,“领得屯米”,表明他应为屯田戍卒,这又说明安史乱后,为坚守西域屯田戍卒开始用当地人充之。

仍进行着有效的管理。上元元年河陇失陷后，西域守军断绝了外援，正是在这种背景下，为解决这批数量不少的留守大军的饷糈、给养来源，四镇节度留后郭昕才于大历、建中年间决定在当地铸行货币的。如果守军数量不多，则完全没有必要自行铸造货币；而在当地铸行货币，则又说明当时安西仍是唐坚守西域的中心，在留守部队的有效管理之下，社会秩序是稳定的，商品货币经济仍在照常进行，否则铸行货币是不可能的，"朱都护"亦不会"请放家口向西"，即把家属送到安西（即库车）去。同时这也说明以郭昕为首的安西留守将士在精锐东调勤王后，是做了长期坚守西域的充分准备的。

2. 钱币出土情况能大致反映当时安西守军主要布防地区及实际控制范围。

大历元宝、建中通宝等钱币不同开元通宝、乾元重宝等同时期的唐代钱币广泛散布于交通线路上，而是基本都集中于成堡等驻军遗址，这说明它们是应当时需要，主要用来供驻军使用的。因此，通过对钱币出土情况的分析、研究，我们应能大致考察出安史之乱后唐安西守军的主要驻防区域。

前已详述大历元宝、建中通宝等钱币几乎全部出土于塔里木盆地北缘以库车为中心的东南及西南地区，出土范围东到焉耆、西到拜城、南到麻扎塔格古成堡，这说明上述地区应是其主要流通使用地区，换言之，亦即唐安西守军的主要驻防区域。

龙朔二年（662），冲出青藏高原的吐蕃开始干涉西域事务，首次在西域和唐朝正式发生冲突，结果唐"以师老，不敢战，遂以军资略吐蕃，约和而还"[①]。从此，吐蕃成了唐在西域的主要威胁。如何抵御来自南部的吐蕃势力就成了唐安西都护府的主要任务，这在安史之乱、河陇失陷后就表现得更为突出。因此，西域留守部队必然设重兵于库车以南地区，全力防御吐蕃来自塔里木盆地南部的进攻，大历元宝、建中通宝等钱币集中出土于这一地区正反映了当时西域这种攻防形势。这在贞元初年悟空东归行记中亦能得到证实，引录如下：

> 自彼中天来汉界，……渐届疏勒（一名沙勒）。时王裴冷冷，镇守使鲁阳，留住五月。次至于阗，……王尉迟曜，镇守使郑据，延住六月。次威戎城，亦名钵浣国，正曰怖汗国，镇守使苏岑。次据瑟得城，使卖诠。次至安西，四镇节度使、开府仪同三司、检校右散骑常侍、安西副大都护兼御史大夫郭昕，龟兹国王白环（亦云丘兹），正曰屈支城。……于此城住一年有余。次至乌耆国，王龙如林，镇守使杨日佑，延留三月。从此又发至北庭州，本道节度使、御史大夫杨袭古。……时逢圣朝四镇、北庭宣慰使中使殷明秀来至北庭。泊贞元五年己巳之岁九月十三日，与本道奏事官、节度押衙牛昕，安西道奏事官程锷等，随使入朝。当为沙河不通，取回鹘路。……（贞元）六年二月来到上京。[②]

结合这段记载，我们可知：

第一，最晚至贞元四、五年间，从疏勒直到于阗包括安西四镇及北庭在内的西域广大地区仍在唐西域留守部队的坚守之中，社会秩序是稳定的，并不像传统认为的那样"安史乱后，

① 《册府元龟》卷四四九，中华书局，1960 年。

② 《悟空入竺记》，载杨建新主编《古西行记选注》125—126 页，宁夏人民出版社，1987 年。

整个西域都在吐蕃的手中"。

第二，于阗以东的且末、若羌（即石城镇）等塔里木盆地东南地区，最晚在贞元四、五年即悟空到来时已被吐蕃攻占。这就是悟空改变东归行程而从于阗向北沿和田河经据瑟得城（今巴楚脱库孜沙来古城）、安西、乌夷国（今焉耆）、北庭绕道回鹘返回中原的原因。

第三，上元元年河陇失陷后，安西守军主要布防于库车南部地区，重点防御吐蕃来自且末、若羌方面的进攻。

3. 对吐蕃攻取西域路线的探讨。

关于唐蕃西域之争，安史之乱前，已多有论述，线索很清楚①。但河陇失陷后，吐蕃是由何路线攻取西域的，则史无记载，亦鲜有论及。我们通过对大历元宝、建中通宝等钱币的研究，认为当时吐蕃很可能是从今且末、若羌一带首先打开进军西域的路线的。

且末、若羌唐代分别称作播仙、石城镇，是吐蕃最早占据的西域地区。这一带原属吐谷浑，龙朔三年（663）吐蕃攻灭吐谷浑后据为己有。此后，唐军虽曾收复，但据吐蕃文献《大事纪年》记载，在开元八年（720）又失陷。天宝年间，唐蕃在这一地区曾展开激烈争夺，最后可能在至德、乾元年间再次陷入吐蕃，若羌米兰古成堡出土的众多吐蕃木简，基本反映的就是这一时期吐蕃占据的情况。

这一地区位于塔里木盆地东南边缘，地处古丝绸之路南道，位置非常重要。往北通过塔里木盆地可直达库车、焉耆，向南以昆仑山、阿尔金山和青海、西藏相接，东去沙州可达河西、陇右，西经丝绸之路南道可至于阗、疏勒。早在敦煌文献《沙州图经》里就记载从若羌通向四方有六条道路②，其中两条东去可到沙州，两条南去可达吐谷浑及吐蕃，其余两条就是通向西域腹地的，即：

一条从"（石城）镇（即若羌）西经新城取傍河路去播仙镇（今且末）"，可达于阗。

一条"北去焉耆一千六百里。有水草，路当蒲昌海（今罗布泊），西渡计戍河（今塔里木河）"，可达库车、焉耆。

这样，占据了且末、若羌的吐蕃就打开了进军西域的通道。据《悟空入竺记》记载，吐蕃从贞元五年（789）冬天开始向西域地区发动了大规模的进攻。考虑当时安西守军主要驻防于库车及其附近地区（这从当地出土发现的大量大历元宝、建中通宝等钱币中已得到了充分证明）。所以我们认为吐蕃应当是从若羌北上，经罗布泊（蒲昌海），渡塔里木河（计戍河），首先攻占了焉耆，断绝了安西和北庭的联系。然后在葛罗禄、白服突厥等的配合下，于贞元六年攻陷北庭，最终切断了西域守军经回鹘和唐中央唯一的一条通道——回鹘道，将西域守军分割包围在安西、西州、于阗、疏勒等处，使之不能相互救援，亦彼此失去了联系，"自是安西阻绝，莫知存否，惟西州之人，犹固守焉"，反映的就是当时这种形势。

贞元八年（792）吐蕃攻陷西州，于阗、疏勒、安西等处亦在这时被吐蕃陆续攻陷。至此，唐朝势力完全退出了西域，吐蕃代之而成为西域新的霸主，只剩回鹘和它相争了。

① 王小甫《唐、吐蕃、大食政治关系史》，北京大学出版社，1992年。

② 池田温《沙州图经略考》，《榎博士还历纪念东洋史论丛》，东京，1975年。

（附记：文章写作过程中，得到戴志强、张季琦、姚朔民三位专家的指导，特别是姚朔民先生提供了补充资料，有些学术观点亦曾作过交流，在此一并致谢！）

（原载《中国钱币》1996 年第 3 期，收入《中国钱币论文集》第 3 辑，中国金融出版社，1998 年。后被日本东洋铸造货币研究所译为日文，全文转载于《方泉处》季刊 1997 年第 19 号）

准噶尔普尔钱考

一、准噶尔汗国的兴衰

准噶尔为我国厄鲁特蒙古四大部落(准噶尔、和硕特、杜尔伯特和土尔扈特)之一①,四部中准噶尔部势力较强。特别是经过部落首领哈剌忽喇(1606—1634)、巴图尔洪台吉(1634—1653)和僧格(1653—1671)三代的努力,准噶尔部在厄鲁特各部加强与清政府交往和抗击沙俄入侵的斗争中,都居于核心地位,为以后汗国的形成奠定了基础。1671 年僧格被刺杀,其弟噶尔丹乘机夺取了洪台吉的位置②。噶尔丹上台后,为了加强对各部的控制,将准噶尔部的政治中心从塔尔巴哈台(今塔城)地区迁到伊犁河谷,"四部虽各有牧地,而皆以伊犁为汇宗地"③。这样,准噶尔汗国形成了。噶尔丹在位 27 年(1671—1697),在其连年发动的战争中,比较重要的是 1678 年对叶儿羌汗国的征服和 1688 年对喀尔喀蒙古的入侵。

叶儿羌汗国是由突厥化的察合台后裔在 16 世纪初在新疆南路以叶尔羌(今莎车)为中心建立的一个封建汗国。到 17 世纪中期统治汗国的察合台后王已经衰弱,代表维吾尔封建农奴主的和卓④势力强大,双方长期争斗不已。噶尔丹利用这一时机于 1678 年出兵征服了叶儿羌汗国。并且一反其父兄抗击沙俄侵略的立场,多次通使沙俄,寻求靠山。在沙俄侵略者的指使下,于 1688 年侵入喀尔喀蒙古地区,直接威胁到清政府的安全。清政府在多次劝阻无效的情况下,对噶尔丹进行了武装反击,1696 年在昭莫多一战全歼其主力。第二年,噶尔丹暴卒。

噶尔丹死后,策妄阿喇布坦(1697—1727)及噶尔丹策零(1727—1754)父子相继成为准噶尔汗。在他们统治时期,虽然曾于 1700 年再次出兵征服叶儿羌汗国并远征西藏,但和噶尔丹时期相比则局势比较稳定,加之他们都重视发展社会生产,所以这一时期准噶尔汗国的社会经济有了较大发展,是最繁荣的时期。准噶尔普尔钱就是这一时期铸造的。

1745 年噶尔丹策零次子策妄多尔济那木扎勒继位为洪台吉,数年后,被其兄喇嘛达尔

---

① "厄鲁特"是清代对我国西部蒙古的称呼,又称"额鲁特"或"卫拉特"。这些名称都是元代"斡亦拉"、明代"瓦剌"的不同音译。

② "台吉"是旧时蒙古族、藏族等地区贵族的尊称。出自汉语的"太子"。成吉思汗时和元代只用于皇子,后来亦用于封赠蒙古及西北边疆地区某些民族的部落首领。"洪台吉"又译"鸿台吉",为众台吉之首。

③ 何秋涛《朔方备乘》卷三十八《土尔扈特归附始末》,咸丰八年刻本。

④ 波斯文"KHwaja"的音译,又译"和加"、"火者"、"和卓木",意为显贵。旧时在信仰伊斯兰教地区,"和卓"往往作为对学者或"圣裔"的一种尊称。

扎赶下台。不久,喇嘛达尔扎又被达瓦齐杀死。达瓦齐上台后又与曾经支持他取得汗位的阿睦尔撒纳为争汗位而交战,直到1757年(乾隆二十二年)清朝最后平定阿睦尔撒纳的叛乱,持续十多年的内乱才告结束。准噶尔汗国也就随之灭亡了。

二、关于准噶尔普尔钱的文献记载

准噶尔普尔钱的最早记载见于清朝定边将军兆惠1759年(乾隆二十四年)的奏折中:"……查回城钱文,俱红铜鼓铸,计重二钱,一面铸准噶尔台吉之名,一面铸回字。"①

清代文献《平定准噶尔方略》、《西陲要略》、《西域图志》、《回疆通志》、《新疆图志》、《皇朝续文献通考》、《石渠馀记》等都有关于此种普尔钱的记载。

《西域图志》卷三十五载:

> 回部旧属准噶尔。所用"普尔"钱文,质以红铜为之,质小而厚,形圆椭而首微锐,中无方孔。当策妄阿刺布坦时,面铸其文,背附回字。噶尔丹策零嗣立,即易名更铸。乾隆二十四年,西域底文,更铸钱文。初仍旧式,后改如内地,面镌乾隆通宝汉字,而以设局地名附于背。

《回疆通志》卷七载:

> ……回地旧用钱文名曰"普尔"以红铜铸之,每五十文为一"腾格"②。其式小于制钱,厚而无孔,一面用帕尔西(即波斯——引者)字铸业尔奇木(即叶儿羌——引者),一面用托特字(即厄鲁特字——原注)铸策妄阿喇不坦及噶尔丹策零字样……重一钱四五分至二钱不等。

其余文献都是辗转传抄,内容基本是一致的。

三、准噶尔普尔钱的形制和铭文识读

准噶尔普尔钱呈椭圆形,一头微尖,酷似桃仁,故黄文弼称之为桃仁形钱③。体小而厚重,自尖端其直径约为1.7—1.8、横径约1.5、厚0.4—0.5厘米,重约6.3—8.2克不等,这与《西域图志》描述的"质小而厚,形圆椭而首微锐,中无方孔",以及兆惠奏折中所说每枚"计重二钱"(合7.46克)完全相符。因此可以证明这种桃仁形钱就是文献中所记载的准噶尔普尔钱,而不是别的什么钱。

目前所见到的准噶尔普尔钱实物只有两个品种,钱币实物分别见图A3-1和图A3-2,

---

① 《清实录》卷五九三。

② "普尔"(pul)、"腾格"(tenge),在明朝陈诚著《西域番国志》中就有记载:哈烈(今阿富汗一带)"交易通用银钱,大者重一钱六分,名曰'等哥'(即腾格,也译天罡——引者),次者每钱重八分,名曰'抵纳'(即'抵纳尔'〔dinar〕之异译——引者),又其次者每钱重四分,名'假即眉'。……'假即眉'之下止造铜钱,名曰'蒲立'(即普尔〔pul〕之异译——引者),或六或九当一'假即眉'钱。"(见杨建新等编注《古西行记选注》282页)帖木儿帝国后中亚操察合台语的民族将铜铸币称作"普尔","腾格"则是对银铸币的称呼。一枚铜币为一"普尔",五十"普尔"为一"腾格",清代一"腾格"合银一两。

③ 黄文弼《塔里木盆地考古记》第六部分"古钱币"111页,科学出版社,1958年。

两种普尔钱的正面铭文不同,但背面铭文是相同的。插图 3 至插图 5 为图 A3－1 和图 A3－2 正背面的文字摹图。

图 A3－1　策妄阿喇布坦　　　　图 A3－2　噶尔丹策零　　　　图 A3－3　黄铜普尔

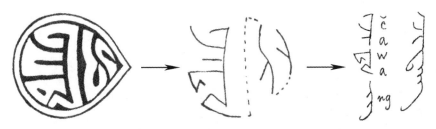

策妄阿喇布坦钱币正面文字摹图

此铭文为托忒文(即厄鲁特蒙古文)。钱币尖端向右,左侧铭文为"Cawang"(策妄),是准噶尔汗策妄阿喇布坦名字的首名,这点托忒文专家的意见是一致的①。右侧部分是什么,目前尚未能确定。

噶尔丹策零钱币正面文字摹图

此铭文应为察合台文,而不是如《回疆通志》所说的托忒文②。钱币尖端向左,铭文为阴文(白线),按自右向左再由上而下的顺序读,为察合台文"Khardan Chirin"(قاردان جرن گگالدان جرن),是准噶尔汗噶尔丹策零的名字。

①　托忒蒙文专家额尔德尼(新疆师范大学教授)、诺尔布(新疆大学中亚文化研究所副教授)、太白(民间文学研究会)都认为该钱币铭文是托忒蒙文"cawang"。

②　瑞绍慧同志首先提出可能是察合台文。

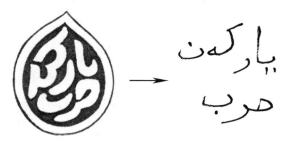

策妄阿喇布坦、噶尔丹策零钱币背面文字摹图

背面铭文为察合台,钱币尖端向上,铭文为阴文(白线),自下而上读为"Zarb Yarkand"(叶尔羌铸造)。按:察合台文系用阿拉伯文拼写的波斯语化的回鹘文,这与文献记载是完全相同的。

另外,我们可以对照《西域同文志》①中分别用察合台文和托忒蒙古文字母记载的策妄阿

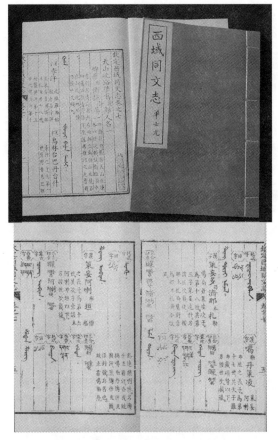

《西域同文志》策妄阿喇布坦、噶尔丹策零辞条

---

① 傅恒等奉敕撰,乾隆朝武英殿刻本,藏故宫博物院。

喇布坦和噶尔丹策零辞条①。

四、准噶尔普尔钱的铸造和流通时间

准噶尔汗噶尔丹于 1678 年首次征服叶尔羌汗国,但没有铸造过钱币②。当时噶尔丹正忙于对邻近部落发动战争,和清政府也发生了武装冲突,实际对叶尔羌汗国的占领很不稳固。噶尔丹死后,叶尔羌汗国曾一度摆脱了准噶尔汗国的控制。策妄阿喇布坦继任准噶尔汗后,于 1700 年再度征服叶尔羌汗国,占领了南疆广大维吾尔族聚居地区,直至其子噶尔丹策零在位时,都对叶尔羌汗国行使了有效的统治。正如《西域图志》指出的:"如汉时,匈奴置童仆都尉,领西域,课诸国赋税;唐时,统叶护称霸西域,命吐屯督赋入。"③准噶尔统治者则指派"德墨齐"专门负责征收南疆地区的贡赋,依靠派驻在各地的哈喇罕及和卓所造的户口、赋役表册,按户索取④。据《和卓传》记载,交纳的贡赋每年是十万腾格⑤。

在策妄阿喇布坦和噶尔丹策零统治时期,准噶尔汗国经济得到了很大的发展,当时的中外文献中对此都有详细记载⑥。这也从一个侧面说明,当时准噶尔汗国国力的增强和经济的繁荣,促进了其货币经济的发展。策妄阿喇布坦于 1700 年后首次命令被征服的叶尔羌汗国于叶尔羌(今莎车)为其铸造面有托忒文"策妄"字样的普尔钱,将其中一部分作为贡赋运往北疆伊犁一带使用。其子噶尔丹策零继位后,则收销面有其父名之旧普尔,改铸为有自己名字的新普尔,如《西域图志》所记载:"按准噶尔部旧征回部普尔钱即以回部所输普尔钱文资用。凡台吉新立,则于钱面易名改铸。其法先铸新钱一万,换易旧钱,新者以一当二,旋换旋铸,旧钱销尽乃已。"⑦但这种做法实际只到噶尔丹策零为止。其后的几任汗王统治的时间都很短,贵族内部为争夺汗位而争斗不已,被征服的叶尔羌汗国也试图摆脱被奴役的处境,准噶尔汗国本身也面临被清政府征服的危险,再顾不上改铸新普尔,所以目前我们见到的只有策妄阿喇布坦和噶尔丹策零这两种面文的普尔钱,而由于噶尔丹策零大量收销策妄阿喇不坦的普尔,改铸成有自己

---

① 以上对准噶尔普尔钱铭文的释读虽然能自圆其说,也解释得通,但我却始终有点信心不足,存在三点困惑:第一,策妄阿喇布坦和噶尔丹策零两种钱币的尖端应该是朝向一致的,而不应该是分右左两个方向;第二,铭文应该是一致的,即或为阴文或为阳文,应统一,而不应该一个为阴文而另一个却是阳文;第三,考虑到两种钱币背面铭文是一致的,都释读为阴文,钱币尖端向上,自下而上读。因此,钱币正面铭文似乎也应该是尖端朝上,自下而上释读才更为合理。关于这一困惑,容待日后再做更进一步的考释和研究。

② 沙俄时代汉学家比丘林说"⋯⋯他(指噶尔丹——引者)第一个在蒙古开始铸造铜币"。对此,准噶尔史专家兹拉特金认为"比丘林有关噶尔丹铸造铜币的论断,在我们所了解的任何史料中都没有得到证实"。见兹拉特金著《准噶尔汗国史》第 234 页。参照其他史料笔者认为兹拉特金的看法比较接近史实,兹从其说。

③ 《西域图志》卷三十四"贡赋"。

④ 《平定准噶尔方略》续编卷三十二,第 12—13 页。另据《和卓传》准噶尔在各回城都派驻哈喇罕 15 名,负责征收赋税及监视维吾尔族人民。

⑤ 见穆罕默德·萨迪克·喀什葛里著《〈和卓传〉——沙敖英译本摘要》,中译文见《民族史译文集》8 集,99 页,中国社会科学院民族研究所历史室 1980 年刊印。按:十万腾格赋税中,大部分应是以货币计算而征收的实物,直接征收的普尔钱是少部分。

⑥ 参看《准噶尔史略》第四章,巴德利《俄国、蒙古、中国》第二卷。

⑦ 《西域图志》卷三十五"钱法"。

名字的普尔,因此目前遗留下来的准噶尔普尔钱中,绝大部分都是噶尔丹策零的普尔钱,策妄阿喇布坦的普尔钱很少,这与历史记载的情况是可以互相印证的。

在噶尔丹策零统治时期,为了发展准噶尔统治中心伊犁地区的经济,曾从南疆迁去了大批维吾尔族劳动人民,从事农业、商业及其他行业的生产。他们在清朝的文献中分别被称为"塔兰奇"、"伯德尔格"、"乌沙克"。据日本学者佐口透估计约有二三万人[①]。他们是准噶尔汗国伊犁地区商业经营的主要从事者,因而也是天山北路普尔钱的主要使用者。另外,普尔钱本身是供给天山南路叶尔羌、喀什噶尔、阿克苏等地商品、货币关系比较发达的维吾尔族人民日常使用的。而广大准噶尔人民则主要从事畜牧业生产,他们的商品交易也大多是以茶马、绢马等物物交换的形式进行,使用普尔钱的机会不多。同时,托忒文本身自1648年(顺治五年)由咱雅班第达在原回鹘式蒙文的基础上创造以来,主要用来书写喇嘛教经典,流行于宗教界,还没有深入到群众日常生活中去,故只在策妄阿喇布坦铸造的普尔钱正面一度使用过,他的继承者就停止使用这种文字而改用在南疆通行的察合台文,这可能就是噶尔丹策零普尔钱正面铭文为什么不再用托忒文而改用察合台文的原因(背面铭文仍用察合台文,没有变动)。

综上所述,我们认为:准噶尔普尔钱只有策妄阿喇布坦和噶尔丹策零两种面文,背文则是相同的。铸地是南疆的叶尔羌(今莎车)。从1700年开始铸造到1760年清政府收换销毁另铸红钱为止,普尔钱的流通时间约为60年,主要流通于天山南路的广大地区及北路的伊犁一带。

五、清政府对普尔钱的回收改铸

清政府在统一新疆后便筹备回收改铸准噶尔普尔钱,统一新疆币值。1759年(乾隆二十四年)定边将军兆惠向清政府上奏:要求改铸旧普尔钱,以铸炮铜七千余斤,先铸钱五十万余文,以换回旧钱改铸新钱。新钱式样仿照内地制钱,每文重一钱二分,或照回钱体质,每文重二钱(实际重二钱左右),一面铸乾隆通宝汉字,一面铸满文及回文(即察合台文)[②]。清政府采纳了兆惠的建议,于1760年(乾隆二十五年)9月开炉"共动用库贮红铜二千余斤,铸钱二千五百串","俟铸足六千串时,均匀散给叶尔羌、喀什噶尔、和阗等城,以新钱一文换回旧普尔钱二文,销毁更铸"。同时计划"库贮铜七千余斤,可得钱一万余串,以此兑换回钱,更铸新钱,始可流通"[③]。从这些记载来看,清政府在收兑旧普尔钱的初期也采取了准噶尔统治者以新易旧,以一换二的办法,规定"每制钱(应为红钱——引者)一文换旧普尔钱二文"。主要目的在于收旧铸新。到1761年因回收的旧普尔钱足够用于销毁改铸,为便于新铸红钱尽快取代旧钱,清政府开始用以一换一的办法。《新疆图志》载乾隆皇帝诏谕:"……交纳旧普尔二枚,换给新钱一文以来,已二、三载矣,谅收旧铸新已可足用,若仍如前例,以二易一,民力恐有难支,于伊等生计无益,嗣后着加恩以普尔一枚换给新钱一文,庶民力纾而普尔亦得以

① 佐口透《俄罗斯与亚细亚草原》157页,吉川弘文馆,1966年。
② 《清实录》卷五九三,乾隆二十四年七月庚午。
③ 《平定准噶尔方略》续编,卷八。

急于收获。"①这样,到 1768 年(乾隆三十三年)收集的旧普尔钱销毁无存后即行停铸,统一币值的工作基本就完成了。

六、关于西藏使用普尔钱及黄铜普尔的情况

从前面的叙述中我们知道,普尔钱是准噶尔汗王策妄阿喇布坦时开始命令被征服的叶尔羌汗国在新疆南路叶尔羌打制的,主要流通于天山南路的广大地区及北路的伊犁一带。但是,《石渠馀记》和《皇朝续文献通考》等文献记载,西藏亦曾使用过普尔钱。"西藏旧用普尔钱,红铜为之,重二钱,质小而厚,外有轮廓,中无方孔,每五十谓之腾格。"②此段文字颇耐人寻味。是否"西藏"为"新疆"之笔误? 但联系准噶尔汗国的历史来分析,可能和策妄阿喇布坦在位时曾侵扰西藏的事件有关。

史载准噶尔策妄阿喇布坦为挟持西藏的达赖喇嘛,号令众蒙古并进而与清朝抗衡,于 1716 年(康熙五十五年)10 月利用西藏真假六世达赖废立之争③,派大将大策零敦多布率兵六千,"绕戈壁,逾和阗大山,涉险冒瘴,昼伏夜行,此年(1717 年,康熙五十六年——引者)由藏北腾格里海突入,败唐古忒(即西藏——引者)兵,围攻布达拉,诱其众内应开门,杀拉藏汗"④,攻占了拉萨。直到 1720 年 8 月被清军赶出西藏止,占领拉萨达三年之久,这期间可能将准噶尔普尔钱随军携带至西藏作为饷糈之用,从而使部分普尔钱流入西藏。

此外,笔者曾见有一种黄铜质的准噶尔普尔钱,较红铜质的重一些,铭文打制粗糙,但显而易见是托忒文的"策妄"字样,并非赝品(图 A3-3)。按准噶尔普尔钱铸于新疆南路的叶尔羌,应均为红铜质,这是新疆南路铸钱的特点⑤,然而为什么又会出现黄铜质准噶尔普尔钱呢? 此事恐又与策妄阿喇布坦侵扰西藏有关。据《西藏通览》、《西藏纪事》等书记载,准噶尔军队占领拉萨后,曾在全城大肆抢劫三天,寺院神庙里的金、银、铜器等贵重财物多被抢走,运往伊犁⑥。返回途中经过叶尔羌,很可能用抢来的一些铜器(西藏使用黄铜),在叶尔羌打制成了普尔钱。这一批钱为数不多,就是我们今天所见到的黄铜质普尔钱。因限于资料,这仅是一种推测。相信随着研究的深入,将会有更准确可靠的解释。

(原载《中国钱币》1990 年第 1 期)

---

① 王树枬《新疆图志》食货三、铜币二"阿克苏"条,上海古籍出版社,1992 年。

② 《皇朝续文献通考》卷十九,钱币一。

③ 1705 年拉藏汗杀第巴(清初西藏地方官名,意为"政务总管")桑结嘉措,捕拿桑结嘉措所立达赖六世仓洋嘉措接送北京(后途死青海),同时于藏中立伊喜嘉措为六世达赖,引起青海蒙古诸台吉的强烈反对,斥为假达赖,另立葛桑嘉措为真达赖,双方争持不下,形成真假六世达赖之争。

④ 见《西藏通览》,转引自牙含章《达赖喇嘛传》41 页,人民出版社,1984 年。

⑤ 新疆南路铸钱从不掺用铅、锡,都是用净铜直接浇铸造钱。张炯伯《后素楼清钱谈》说:"回疆诸钱,悉为红铜,所见黄铜,皆部颁母钱。"

⑥ 参看意大利传教士德斯得利著《西藏纪事》一书,杜文凯编《清代西人闻见录》(中国人民大学出版社,1985 年)中收录有部分章节。另见[美]约翰·麦格雷格著(向红笳译)《西藏探险》(西藏人民出版社,1985 年)。

为平定张格尔叛乱铸造钱币考

张格尔(Jangir)是大和卓波罗尼都之孙,长期流亡浩罕汗国(Qokhand,今乌兹别克斯坦)。嘉庆二十五年(1820)、道光四年(1824)在浩罕汗国统治者的唆使下曾两次入卡作乱,都被清军击溃。道光六年(1826)七月,张格尔第三次作乱,他利用和卓后裔的身份,进行宗教煽动,裹胁白山派信徒攻破喀什噶尔城,后又陷英吉沙、叶尔羌、和田等南疆西四城,全国震动。道光皇帝任命伊犁将军长龄为扬威将军,从关内调集大军36000人,集结阿克苏,经过将近两年的围剿,张格尔于道光八年(1828)初被生俘,后被押送北京处死,叛乱被平定。

《平定回疆战图册·午门受俘仪》(藏故宫博物院)

在平定张格尔叛乱的道光七年(1827)和处理善后的道光八年(1828),在阿克苏铸钱局分别由扬威将军长龄和钦差大臣那彦成铸造了"道光通宝"方孔银钱和铜质的道光"八年十"大钱。这两种钱币不但见证了当年的平叛过程,同时在清代货币史上也都据有重要地位,特考证介绍如下。

一、道光"八年十"大钱

道光"八年十",顾名思义是指道光八年(1828)铸造的"当十"钱,它是清代新疆乃至全国最早铸造的"当十"钱。是道光八年在平定了南疆张格尔叛乱后,钦差大臣那彦成受命主持南疆善后时,在阿克苏局铸造的货币。

那彦成(1764—1833),字韶九,号绎堂,姓章佳氏,满洲正白旗人,大学士阿桂之孙。乾隆五十四年(1789)进士。嘉庆十二至十四年,出任过伊犁领队大臣,喀喇沙尔、叶尔羌办事大臣,喀什噶尔参赞大臣等职。道光八至九年(1828—1829)被任命为钦差大臣赴南疆主持平定张格尔叛乱善后事宜,那彦成对支持张格尔的浩罕实行断绝贸易的强硬政策,被道光帝赞为"秉性刚方、怀才明干"。道光十年浩罕又挟持和卓后裔玉素普在南疆叛乱并出兵侵占喀什噶尔等处,道光帝咎罪那彦成并革职查办。道光十三年(1833)那彦成在"待罪"中病卒,谥"文毅"。著有《那文毅公奏议》八十卷,为研究道光年间新疆历史的重要史料。

为平定张格尔叛乱先后调集的 36000 大军,因系多由内地调来,所携军饷多为白银,日常采购生活所需多系用银,致使阿克苏等南疆市面上"银贱钱贵"。"窃查阿克苏钱局所铸普尔钱文,向系普尔钱一文当制钱五文行使,每银一两兑换普尔钱二百四五十文。自前年(指道光六年——引者)军兴以来,钱价昂贵,每银一两仅换钱八九十文,现今钱价稍平,已换一百余文不等。食用因之增昂,兵民甚属拮据。"[①]在平叛最紧张之际,阿克苏铜厂官兵亦曾调赴前线作战,铸钱局更是一度"暂时停铸",曾计划委托宝伊局代铸红钱。这更使银钱比值大幅波动,由嘉庆至道光初年的 1 两白银兑红钱 250 至 260 文,变为了道光七年的 80 至 100 文红钱。大军撤走后,"钱贵"现象依然继续,严重影响了市面交易。

那彦成经数月的实地考察后,认为解决"钱荒"难题,如增加钱币铸量,则铜量不足;如减重,则更不足取。无奈之下,主张发行大面值货币,即铸行"大钱"。"现查阿克苏铜厂开挖年久,铜斤未能丰旺,与其多方采办,苦累兵回,徒滋糜费,不若将现铸钱文,作为当五、当十两样,分别行使,可期泉布充盈。"[②]因此,那彦成向道光皇帝建议:在原"当五"钱之外,另铸"当十"钱。"所铸钱文,模式围圆,较当五钱加宽一线,背面各添铸'五'字、'十'字,以志区别。按银一两合钱一百一十文,……即可照数少调内地经费。"[③]

对那彦成的币改建议,道光皇帝谕批为:

> 普尔钱以一当五,行用多年,兹那彦成等请改铸当十钱,相间通用,事属创始,必须试行无弊,方为妥协。著详加体察,如果通行便利,固属甚善,倘有轻重换杂,格碍难行之处,即据实奏明停止。将此谕令知之[④]。

道光皇帝虽然态度慎重,但基本还是同意的。那彦成遂于当年即道光八年(1828)在阿克苏铸钱局试铸了"当五"钱(图 A4-1)和"当十"钱(图 A4-2),这就是新疆红钱中著名的

---

①②③ 《钦差大臣那彦成摺——铜斤缺乏请加铸当十普尔钱》(道光八年三月二十四日)。

④ 《清实录宣宗朝》道光八年四月辛卯。

"道光八年五"与"道光八年十"。"八年五"直径为 23—24.6 毫米,重 3—4.1 克;"八年十"直径 27—27.2 毫米,重 5.2—5.4 克。发行后市面反应不错,那彦成遂于第二年即道光九年(1829)将"当十"钱的比例由当初的十分之三提高为十分之五,即"当五""当十"钱各占一半,纪年则仍为"八年"。这是清代最早的纪年钱。正面为"道光通宝"四字对读,背面穿上为"八年",穿下为"五"或"十"。穿左用满文、穿右用老维吾尔文分别标注"阿克苏"。

图 A4-1　道光八年五

图 A4-2　道光八年十

这里"当五"即指 1 枚红钱当 5 枚制钱,这原本就是红钱与制钱的兑换比值,所以"当五"钱实际仍为 1 文的小平红钱。"当十"是指 1 枚红钱当 10 枚制钱,相当于两枚小平红钱,即为折二红钱,实际上是一种大钱。

那彦成铸造大钱的币制改革措施,客观上等于增加了红钱的铸造数量,这在一定程度上缓解了道光年间南疆市面的"钱荒"问题,也节省了部分铸钱费用,按照那彦成奏折中的估计,每年可节省白银 3300 两左右。这些都是积极方面的作用,但也产生了深远的消极影响,主要表现在两方面:

第一,自此以后,南疆各铸钱局所铸小平钱必须加铸"十"字,否则,当地维吾尔族民众认为不是官铸钱,只能折半使用[1]。

第二,"道光八年十"是清朝最早的大钱,为后来咸丰朝广铸大钱的滥觞,并成为主张铸大钱者如御史张修育等的现实依据[2],影响所及远远超出了新疆,在清代货币史上亦占有重要地位。

二、"道光通宝"方孔银钱

为解决镇压张格尔叛乱所造成的"钱荒"难题,早在钦差大臣那彦成在阿克苏铸造道光"八年十"大钱之前,受命节制各路大军、指挥镇压叛乱的扬威将军长龄,已先行奏请道光皇帝,于道光七年(1827)二月,在阿克苏铸钱局铸造了圆形方孔的"道光通宝"银钱。

长龄(1758—1838),字懋亭,姓萨尔图克氏,蒙古正白旗人,尚书纳延泰之子。初由翻译生员补工部笔帖式,步入仕途。早年从征甘肃、台湾、廓尔喀(今尼泊尔)等,历任副都统、总兵、领队大臣、提督、巡抚等。嘉庆十九年(1814)出任伊犁参赞大臣,后代松筠任伊犁将军。

---

① 《新疆图志》卷三十四《食货》三《钱法铜币二:阿克苏局附库车铜币》:"盖缠民不知用意,近来铸钱,无'当十'字样者,缠民疑非官制,不肯行用。故西四城用钱,以无'十'字之新钱,只作半文使用。"

② 《御史张修育摺——建议仿普尔当十钱例铸大钱》(道光二十三年十二月初七日)。

道光六年(1826)以大学士署伊犁将军。同年夏,被授扬威将军出征张格尔,道光八年(1828)初擒张格尔,被授二等威勇公,世袭罔替。道光十年(1830)浩罕入侵喀什噶尔,长龄再次被授扬威将军率军反击并办理善后。后晋太傅、一等公。病逝后,谥"文襄"。

据文献记载,针对"钱荒"难题,长龄认为如果增加红钱铸量,则阿克苏地区所产铜量不足,亦无处采买。因此,他主张利用价格偏低的白银,铸造银钱。"查有口内解到小锭盐课银五万两,口外向不通用,据局员禀称,请将此项银两照普尔红钱之式,改铸银钱,每银钱一个,计重库平一钱,加以火耗,抵作普尔红钱十六文,随时给发运脚等费,与普尔钱兑用,回户商民亦俱乐从。"[1]在奏请道光皇帝同意后,长龄于道光七年(1827)二月,铸造了"道光通宝"圆形方孔银钱(图 A4-3)。

图 A4-3　道光通宝银币(背阿克苏)

该银币由阿克苏铸钱局浇铸制成,圆形方孔,正面为汉文"道光通宝"4 字对读,背面穿左右用满、维两种文字记"阿克苏"。形制及铸造技术完全仿照红钱式样。"道光通宝"银钱重库平 1 钱,抵红钱 16 文。

"道光通宝"银钱仅使用了一年,就不再流通了。估计可能一方面是"道光通宝"银钱与红钱 1 比 16 的折算,使用时多有不便;另一方面市民恐"以银铸钱,或有铅铜掺和,未得足色,不愿行使,以致一年有余不行,而钱价亦不能平减"[2]。但它说明,当年为解决严重的"钱荒"困难,在那彦成筹划铸造"道光八年十"大钱之前,长龄已先行在阿克苏局于道光七年(1827)二月铸造了圆形方孔的"道光通宝"银钱。因折算不便,又恐搀杂造假,于第二年,即道光八年(1828)那彦成铸造"当五""当十"红钱,缓解了"钱荒"压力。而此时长龄也已于道光八年(1828)初押解擒获的张格尔回北京请功去了,自然不再需要铸造"道光通宝"银钱了。

"道光通宝"银钱,是清代新疆铸造的最早银币,同时也是最早铸造的用于流通的圆形方孔银币。早于内地早期的上海银币(铸于咸丰六年)及福建银币(铸于同治三年)。在某种程度上反映了白银由称量货币向计量货币过渡的历史趋势,在货币发展史上有一定的意义。

(原载《中国历史文物》2009 年第 5 期)

---

① 《扬威将军长龄片——请于阿克苏铸普尔式银钱》(道光七年二月初五日)。
② 《钦差大臣那彦成摺——铜斤缺乏请加铸当十普尔钱》(道光八年三月二十四日)。

清代反叛势力及入侵者铸行钱币三考

同治初年,受太平天国、捻军及陕甘回民起义的影响,新疆也于同治三年(1864)首先在库车爆发了反清起义,在起义民众的打击下,清政府在新疆的统治机构基本瓦解,全疆陷入了社会动荡之中。反清起义的主导权后来被伊斯兰教上层封建主窃取,逐渐形成了以库车热西丁"汗和卓"、伊犁艾拉汗"苏丹"、乌鲁木齐妥明"清真王"及和阗哈比布拉"帕夏"等为中心的封建宗教割据政权。清朝统治势力则被迫退守东疆的哈密、巴里坤及北疆北部的额尔齐斯河至塔尔巴哈台(今塔城)一线。这些割据势力后来又都先后被入侵者阿古柏消灭。整个南疆及北疆的乌鲁木齐、玛纳斯等地,都落入了阿古柏的殖民统治之下,致使新疆于19世纪60年代陷入了封建割据、外敌入侵的战乱之中。

反叛清政府的封建主热西丁在库车、哈比布拉在和阗,以及外来入侵者阿古柏侵占南疆期间都曾铸造过钱币。这些地方割据势力以及外来入侵者铸造的钱币,随着光绪年间清政府重新收复新疆而废弃。这些钱币虽然流通地域有限,使用时间短暂,但是作为那段特殊时期的历史见证,它们都真实地记录了那段历史。多年来这些钱币却并未引起国内历史研究者的应有重视,下面拟分别加以考释。

一、热西丁红钱考

库车起义发生于清朝同治三年(1864)六月四日,由回民阿訇马隆首先发动,得到了维吾尔、回等民族的响应,很快攻占库车。据参加起义的新疆拜城的毛拉穆萨·赛剌密于1908年11月完成的维吾尔文献《伊米德史》[①]记载,起义群众在一所麻扎[②]里找到了在当地有重要影响的伊斯兰教伊善派阿尔西丁家族德高望重的热西丁和卓[③],"不管热西丁愿意不愿意,就被扶上了白毡",推举为首领。

热西丁(Rashidin)(? —1867)旧译陆西武田或拉西丁,库车维吾尔族阿訇,他被起义民

---

① 初名《安宁史》,后为表示献给自封为全世界穆斯林领袖而大力推行"大伊斯兰主义"的土耳其苏丹阿不都·伊米德二世而补充修订后更名为《伊米德史》。

② 阿拉伯语 Mazar 的音译,原意为晋谒之处,指伊斯兰教"圣裔"或名人陵墓。

③ 起义者最初选定的领袖为对天山南部世俗势力有重要影响力的鄂对家族的已被革职闲居在家的库车郡王爱玛特,因遭到拒绝,起义者遂杀死爱玛特转而谋求阿尔西丁家族的热西丁和卓的支持。阿尔西丁为加拉力丁的儿子,是他们父子将伊斯兰教传入察合台后裔群体的,因此,自14世纪以来,阿尔西丁家族在天山南部拥有很大的势力。

众推举为首领后,自称"汗和卓"(汉籍中曾误译为"黄和卓"),自封为"圣人穆罕默德最伟大的后裔、宇宙力量的主宰者",宣布"圣战是真主仆人的伟大天职","在什么地方发现卡甫尔,就在什么地方把他们消灭"。反封建专制统治的农民起义,就这样被轻易地引上了以杀戮异教徒为目标的"圣战"歧途。

热西丁在库车建立了政教合一的伊斯兰教"汗和卓"政权后,组织了西征及东征,东征最远到达巴里坤,西征则到了喀什噶尔,对东起哈密西至阿克苏的广阔地区实行了有效管理。影响所及,使当时在和田、伊犁称王的哈比布拉"帕夏"、艾拉汗"苏丹"都派使者赴库车朝拜,成为当时新疆各地割据势力中最大的一支。但是仅仅维持了三年,于同治六年(1867)六月十七日,被浩罕入侵者阿古柏诱杀。

热西丁和卓是伊斯兰教伊善派宗教上层神职人员,因始终未能超脱宗教意识的羁绊,最终将库车人民的反清起义引入了"宏扬伊斯兰教,反对异教徒"的"圣战"歧途。不但葬送了库车人民起义,可悲的是自己也死于打着同样旗子的入侵者阿古柏之手。热西丁和卓始终坚决反对入侵者阿古柏,多次组织西征予以驱逐,虽然没有成功,但热西丁和卓政治上较同时期的其他起义首领如伊犁"苏丹"艾拉汗、乌鲁木齐"清真王"妥明及和田"帕夏"哈比布拉等为进步,具有反抗外来侵略的积极意义。

热西丁曾在库车和阿克苏铸造了有其名字的钱币。热西丁钱币为红铜质,不是采用传统的伊斯兰钱币习用的打压法打制圆形无孔钱币,而是沿用了清政府在库车及阿克苏的铸钱设备、技术,采用源自中原地区的浇铸方式铸造了圆形方孔钱币,是仿库车局折二红钱(即当十钱)形制铸造的。文字虽然仅为察合台文一种,但其钱币无论从铸造技术还是形制上,都属中原货币文化体系,亦应属于清代新疆红钱系列。

图 A5-1　热西丁红钱(库车)　　　　　　图 A5-2　热西丁红钱(阿克苏)

热西丁钱币无金币,亦无银币,只有铜钱一种,分库车版与阿克苏版两种。

1. 库车版:

正面为察合台文,自右向左环读, ساییدت قازی راشددن قان "Sayit Ghazi Rashidin Han (Khan)"(汉译"赛伊德哈孜热西丁汗"),背面铭文ژارپدارداسالتاناتیکوچا"Zarb Daris-Saltana-ti Kucha"(汉译"铸于圣城库车")(图 A5-1)。库车版数量多,版式亦杂,纪年有回历1281年、1283年,纪值为回文٢"2",即为折二红钱。

2. 阿克苏版:

正背面铭文与库车版完全相同,唯将背面کوچا(Kucha,库车)改为اکسو(Aksu,阿克苏)(图 A5-2)。数量、品种都少,无纪年,亦无纪值。

二、哈比布拉天罡银币考

受同治三年(1864)六月库车起义的影响,在拜城任阿奇木伯克的和阗人海孜那奇也于当年潜回和阗聚众起事。将刚从麦加朝觐回到和阗的毛拉①哈比布拉(Habibulla Hadji,？—1866)推拥上王位,建立了割据政权。哈比布拉占据和阗全境后,自称"帕夏"②,建立了伊斯兰教政教合一的政权。

据俄国外交官库罗帕特金《喀什噶利亚》书中记载,阿古柏于回历1283年巴拉艾提月初(1866年12月12日)进占叶尔羌。一周后,以布素鲁克和卓要来和阗朝觐圣人陵墓的名义骗取哈比布拉的信任,在哈比布拉出城相迎时派人将其刺杀于城外阿古柏的营帐。随后,阿古柏又残酷屠杀了五万多起来反抗入侵者、却没有统一指挥的和阗各城村民众,最终控制了和阗。哈比布拉"帕夏"的封建宗教割据政权遂告灭亡。

据《伊米德史》记载,毛拉哈比布拉在和阗称"帕夏"时,曾于1866年"以他自己的名义铸造了钱币"。钱的一面铸有:"宇宙没有其他主宰,唯有真主穆罕默德艾米伊合沙拉木是真主派给人们的使者。"钱的另一面铸有:"和阗打制。"

哈比布拉铸造的钱币只有银币一种,银币圆而无孔,为手工打压制成。重约3.7克,直径约16毫米,厚约2毫米,每枚值白银一钱。两面均为科斐体阿拉伯文,周围边缘饰以伊斯兰风格花纹,属典型的中亚地区伊斯兰货币体系中的天罡银币。

图A5-3　哈比布拉天罡银币

银币正面为古兰经颂词١٢٨٣ لااﻟﻪاﻻ دﻟﻠﻪاﻋا ﻣﻮﻋﺎﻣﻤﺎدون اﺳﻮﻟﺪﻟﻼ لااﻟﻪاﻻ "Lailaha Illalahu Muhammadun Rasulilla,1283"(汉译"真主是唯一的,穆罕默德是真主的使者","回历1283"即1866年)。背面为察合台文,记打制地点 لاﺗﻒ ﺧﻮﺗﺎن ژارپ "Zarb Hotan Latif"(汉译"打制于清真之地和阗")(图A5-3)。

钱币实物与《伊米德史》书中记载的完全一致。哈比布拉天罡银币的回历纪年为1283年,即公元1866年5月16日至1867年5月4日。因哈比布拉是于1866年12月底被杀,因此,哈比布拉银币应造于1866年5月至12月之间,实际仅有半年时间。流通使用只能延续到光绪三年(1877)左宗棠消灭阿古柏,收复新疆为止。因此,哈比布拉铸造的天罡银币,应该是新疆地区流通使用时间最短的货币。

---

① 阿拉伯语 Mawla 的音译,原意为被释放者或被管理者,后衍变为有学问的人,或是对伊斯兰教宗教法官的泛称。

② 阿拉伯语 Padsha 的音译,意为国王。

三、阿古柏钱币考

阿古柏（Yakub Bek）（1825—1877）全名为穆罕默德·阿古柏，为浩罕汗国（Qokhang 今属乌兹别克斯坦）匹斯坎特人，乌兹别克族[1]。年轻时曾任浩罕王朝胡达雅尔汗的侍从，后出任浩罕汗国北部要塞防守官。为人有心计，富有野心，以诡计多端，出尔反尔著称。

阿古柏（1825—1877）像

据《伊米德史》记载，当时乘乱占据喀什噶尔回城的柯尔克孜族奇布察克部落首领思的克，因当地维吾尔族居民不服从他的统治，便联合伽师回民头目金相印[2]派人去浩罕汗国迎请长期流亡在外的伊斯兰教白山派和卓后裔，原本是想借助"和卓"在伊斯兰教徒心目中的声望来加强他的统治，但没想到这却是引狼入室，因为实际引来的是一个阴险狡诈，嗜杀成性，给新疆各族人民带来灾难的恶魔阿古柏。当时，即将被俄国征服的浩罕汗国摄政王毛拉阿里木·库里应"喀什噶尔奸回金相印"之邀，派阿古柏挟持客居于浩罕的和卓后裔张格尔之子布素鲁克于同治四年（1865）一月侵入喀什噶尔。

阿古柏利用伊斯兰教及布素鲁克"和卓后裔"的名义欺骗当地群众，采用各个击破的办法，先后打败了新疆各地的封建宗教割据政权，占领了天山以南除哈密以外全部地区及天山以北的乌鲁木齐至玛纳斯一线的新疆大部分地区。并以赴麦加朝圣为名，将布素鲁克和卓逐出新疆。阿古柏1867年被布哈拉的艾米尔封为"阿塔勒克哈孜"[3]。1873年被土耳其苏丹封为"米拉胡尔巴什"[4]。阿古柏则自称为"毕调勒特汗"[5]，并以南疆喀什噶尔为中心，建立"哲德沙尔"汗国伪政权[6]。阿古柏占领南疆后便先后与俄、英两国勾结，充当侵华工具，出卖新疆主权。派其外甥哈吉·妥拉常驻君士坦丁堡，以奉土耳其为宗主国的名义寻求援助[7]。对内则按照中世纪中亚封建农奴制对新疆各族人民进行残酷的殖民统治长达12年之久，直至光绪三年（1877）底左宗棠率清军重新收复新疆才告结束。

---

[1] 另一说为塔吉克族，约1820年出生。见［英］包罗杰著《阿古柏伯克传》，商务印书馆，1976年。

[2] 光绪三年被清军查获后处死。

[3] 阿拉伯语"Athalik Ghazi"的音译，意为圣教拥护者。

[4] 即"艾米尔"（Amir），意为国王。

[5] 意为洪福之王。

[6] "哲德沙尔"系突厥语音译，意为七城之国，七城即指喀什噶尔、英吉沙尔、和阗、叶尔羌、阿克苏、乌什、库车。

[7] ［英］包罗杰《阿古柏伯克传》，商务印书馆，1976年。

阿古柏在清军收复新疆的进程中于 1877 年 5 月突然死去。关于他的死,历来有自杀和他杀两种说法。据俄国军官库罗帕特金当时在南疆收集情报后写成的《喀什噶利亚》记载,阿古柏是被随从打死的。光绪三年(1877)四月清军收复南疆重镇达坂城后,阿古柏众叛亲离,集团内部亦乱作一团。阿古柏在库尔勒因故与他的秘书发生口角,并用枪柄打死了他,随后又同一司库斗殴。"阿古柏被一下子打得失去知觉,那个巴达吾来特(阿古柏)在经过一些时候的昏迷状态之后,于五月十七日(公历 5 月 29 日)凌晨二点死去。说阿古柏被他的儿子海古拉所毒死,以及他因为同中国人作战失败而服毒自杀的说法,都是没有根据的。"[①]另外《伊米德史》书中亦有大致相同的记载。

阿古柏建立伪政权后,于同治十三年(1874,回历 1291 年)在喀什噶尔设造币厂,按照中亚地区伊斯兰钱币体系,参照浩罕汗国钱币式样,铸造发行了伪"哲德沙尔"汗国货币。系用手工打压制成,钱币正背面均为文字,不用人像或动物图案,周围边缘饰以伊斯兰风格花纹。文字内容及图饰风格基本一致,惟因书体及纪年的不同而有版别上的差别。回历纪年分散在察合台文字母之间,或在正面、或在背面、或一部分在正面一部分在背面,另有两面均无纪年。阿古柏铸造的钱币有金币、银币、铜币 3 种。主要流通使用于以喀什噶尔为中心的南疆各被占领地区。

1. 金币

称作"Tilla"(铁刺),直径 20—21 毫米,重约 3.7—3.8 克,正背面中间铭文均为察合台文,周围环以伊斯兰风格花纹图饰。正面为 سولتان ابدول ازذز "Sultan Abdul Aziz Han (Khan)"(汉译"苏丹阿不都艾则孜汗");背面为داریشسااالتاناتی قاشقار١٢٩١ "Zarb Daris-Saltanati Kashgar 1291"(汉译"铸于都城喀什噶尔,回历 1291")(图 A5 - 4)。纪年有回历 1290 至 1293。

2. 银币

称作"Tanga"(天罡),直径 12—15 毫米,重约 1.7 克左右,正背面中间铭文均为察合台文,周围环以伊斯兰风格花纹图饰。正面为 ابدول ازذز قان "Abdul Aziz Han(Khan)"(汉译"阿不都艾则孜汗");背面为 قاشقار لاتدف ژارب١٢٩١ "Zarb Kashgar Latif,1291"(汉译"喀什噶尔精铸,回历 1291")(图 A5 - 5),纪年有回历 1291 至 1294。

"天罡"银币发现有回历纪年 1295 即公元 1878 年的一种,此前阿古柏已于 1877 年在库尔勒被部下打死,其子伯克胡里仍率残部盘踞喀什噶尔,1878 年 1 月才被逐出新疆。故回历纪年 1295 的天罡银币实际应为阿古柏之子伯克胡里所铸,数量甚少。

3. 铜币

称作"Pul"(普尔),直径 14 毫米左右,厚 2 毫米,重约 3.3 克,红铜质,正背面中间铭文均为察合台文,周围环以伊斯兰风格花纹图饰。正面为 ابدول ازذز قان "Abdul Aziz Han (Khan)"(汉译"阿不都艾则孜汗");背面为 قاشقار ژارب "Zarb Kashgar"(汉译"喀什噶尔铸造")(图 A5 - 6),纪年有回历 1291 至 1293。

---

① [俄]库罗帕特金《喀什噶利亚》,新疆人民出版社,1979 年。

图 A5-4　阿古柏金币　　　　　图 A5-5　阿古柏银币　　　　　图 A5-6　阿古柏铜币

阿古柏钱币正面所铸"苏丹阿不都·艾则孜汗"①，这是当时奥斯曼土耳其帝国苏丹的名字，因阿古柏奉奥斯曼土耳其帝国为其宗主国，自认为其附庸，希望获得土耳其政府对他的承认并以此来获取中亚尤其是新疆穆斯林对其统治的认可。所以在钱币上铸土耳其苏丹之名，以示尊奉。其阴险狡诈、权谋机变由此可见一斑。

阿古柏所铸钱币中，以"天罡"银币数量为最多，银质与重量也最为参差不齐，造假亦最多，流毒亦最深远；"普尔"铜币数量次之；"铁刺"金币数量为最少，亦最为精整。"铁刺"金币1枚合白银1两，或天罡银币20枚。"天罡"银币每枚作银5分。"普尔"铜币与红钱1文等值，50枚普尔合五分天罡银币1枚。

清政府在收复新疆的过程中，先后在南疆重开了库车（光绪四年）、阿克苏（光绪四年）及喀什噶尔（光绪十四年）铸钱局，广铸红钱及光绪天罡银币，用以收缴阿古柏钱币，但实际并未尽绝，成为了阿古柏入侵新疆的历史罪证。

<hr />

① 《沙俄侵华史》第三卷，人民出版社，1981年，第239页说阿古柏"发行铸有（土耳其）苏丹头像和名字的硬币"。此说不对，实际货币上只铸有名字而无头像。

饷金、饷银考

  "饷银银币"是新疆近代银币中的重要一种,由布政使①王树枏于光绪三十四年(1908)四月在迪化水磨沟机器局铸造。除饷银银币外,同时铸造的还有一种"饷金金币"。用"饷金""饷银"之名称呼铸造发行的货币,是新疆所独有的,这与当时新疆所特有的财政来源有关。

  整个清代,新疆的财政始终不能自立,自乾隆二十五年(1760)开始,新疆日常军政开支及遇重大事件所需费用,绝大部分要靠中央和内地各省关协济②。因协济款项主要用于发放新疆驻军的俸饷,所以称之为"饷银"③。以"饷金"命名的金币仅有"饷金金币"一种,以"饷银"命名的银币除"饷银银币"外,另有清末的"喀什饷银"以及民国初年的"壬子饷银"和"中华民国饷银"等,它们共同构成了独具新疆特色的"饷银"系列银币。

一、饷金金币

  饷金金币是清末王树枏任新疆布政使期间,为整顿金融,解决财政困难,于光绪三十三年(1907)五月,奏请度支部同意后采购沙金,使用西式机器在迪化城外水磨沟机器局试铸的金币。因是用以"辅饷糈之不济,顾市面之流通"④,故名为"饷金"。第二年即光绪三十四年(1908)由王树枏委派迪化县典史、试用巡检蔡世长等 4 人,在迪化城外水磨沟机器局督匠铸造⑤。

  据《新疆图志》记载,饷金金币只铸造了一钱(图 A6-1)、二钱(图 A6-2)两种,"其金圆共分一钱、二钱两种,重一钱者抵纹银三两,重二钱者抵纹银六两。阳面铸饷金一钱、二钱字样,阴面铸龙纹,边加缠文饷金几钱字样"⑥。这与实际看到的实物也是一致的,论者一般据此以为饷金金币只有一钱、二钱两种。但是,2007 年 5 月笔者在中国钱币博物馆收藏的金币

---

  ① 俗称"藩司",主管一省经济事务。

  ② 新疆早期岁收饷银有 230 余万两,咸丰朝之前,因社会稳定,新疆所需饷银,各省关均能按期拨解。咸丰元年(1850),太平天国起义爆发,政府财政吃紧,饷银供应开始大规模拖欠并减少,但仍能按年供应。民国以后,新疆就彻底断绝了饷银供应。

  ③ "饷银"有常年例拨的"协饷"和临时拨解的"专饷"两部分构成。

  ④ 《新疆图志》卷三十四《食货》三《钱法·金币》。

  ⑤ 蔡世长在铸造饷金金币过程中,因"显有弊端,且系改名蒙捐",宣统三年(1911)被伊犁将军长庚查处"着即革职,永不续用"。

  ⑥ 《新疆图志》卷三十四《食货》三《钱法·金币》。

迪化水磨沟机器局造币厂旧址(冯霞提供)

中(由中国人民银行总行金库移交)发现有一枚面值为"五钱"(图 A6-3)的饷金金币。

图 A6-1

图 A6-3

图 A6-2

　　该枚饷金五钱金币,工艺精致,铸造精美,形制上与一钱、二钱完全一致,为真品无疑。但是为何在《新疆图志》中只记载有面值为一钱、二钱的饷金金币,而没有五钱呢?经考证,我们发现这是因为《新疆图志》所收资料截止于光绪三十四年(1908)为止,而"饷金五钱"金币应是宣统二年(1910)新疆巡抚联魁因病免职,十月新任巡抚袁大化上任后,另从上海添购新式机器后加铸的。除饷金五钱外,当时还加铸了饷银一两。所以在《新疆图志》中饷金五钱和饷银一两都没有记载。

　　饷金金币一钱者直径 19 毫米,重 3.6 克,抵纹银 3 两;二钱者直径为 24 毫米,重 7.2

克,抵纹银6两;五钱者直径为32.7毫米,重18.29克,抵纹银15两。正面为汉文"饷金一钱(二钱、五钱)"四字对读,外圈空白无图文。背为蟠龙图饰,四周铸有察合台文,龙上首为"Yinsi"(汉译"饷"),龙下首为"Alton"(汉译"金"),龙右侧为"Bir(Ikki、Besh)"(汉译"一"或"二"、"五"),龙左侧为Mishkal"(汉译"钱")。饷金一钱另有正、背两面均无察合台文及察合台文与汉文均在正面两种版式。

《新疆图志》记载饷金一钱、二钱仅"开局四月,共铸金5001两3钱3分"[①]。宣统二年袁大化从上海新购机器后,也仅加铸不及一年清朝就灭亡了。进入民国后,带有龙纹图案的这种前清帝制标志的饷金金币自然也就停铸了。因此,饷金金币实际铸造的时间很短,数量也很少。据记载,发行后又多被商家兑去储存或赠友,向为藏家所珍视。而饷金五钱,就目前所知,仅中国钱币博物馆收藏有这一枚,为海内孤品,堪称中国钱币博物馆馆藏"镇馆之宝"之一[②]。

饷金五钱的发现,具有重要意义,它不仅给饷金金币增添了新的品种,更为研究清末拟试行金本位制的币制改革讨论,提供了新的实物资料。

清代在货币制度上沿用的是传统的银两与制钱复本位制,即"大数用银,小数用钱"。这一制度适用于相对封闭的小农经济,但是鸦片战争后,随着五口通商的开放、对外贸易的增加,其弊端也日益暴露无遗。如同治末年,欧洲各大国多采用金本位制,当时国际上白银产量增加,价格开始逐渐跌落。中国因币制的原因随着对外贸易入超的增加,而于经济上多有不利。特别是《马关条约》、《辛丑条约》签订后,数额巨大的赔款和借款都是以黄金为标准,因白银的贬值,更增加了清政府支付赔款和偿还外债的负担,因此朝野多主张改革币制,废除银两,学习西方采用金本位制。但是遭到了以张之洞等为代表的地方实力派的坚决反对,他们力主实行银本位制,铸造以两为单位的银圆,引发了一场关于币制改革是采用金本位还是银本位的激烈争论。宣统二年(1910)清政府颁布《币制则例》,正式确定采用银本位制,铸造大清银币,这场关于币制改革的争论始告结束,但清朝的历史也走到了尽头,第二年便灭亡了。饷金金币就是在这种背景下唯一作为特例被批准铸造的金币。

据《度支部咨新疆巡抚联魁文——准许新疆制造金元》记载,当时因币制改革的方案尚未确定,但考虑新疆情况特殊,度支部才特批新疆铸造饷金金币:

> 现时币制尚未奏定,本难遽准外省铸造金元。但新疆情形向来与内地稍有不同,既据奏称比照原价换银不易,应准其铸元行使,仍只作为通用之品,不为制币。其每元重量若干,成色如何,是否即用银元机器铸造,原奏均未声叙,应由新疆巡抚于开铸时详细咨明,并将所铸金元拣提一枚,送部查考。[③]

经考证我们发现,光绪末年直至清朝灭亡,在铸造饷金金币前后,户部造币总厂以及吉林、福建、四川等个别省的银圆局也曾先后铸造过几种所谓的"金币"(插图10),如:

1. 吉林银圆局于光绪二十七年(1901)铸造的"金圆流通"。

---

① 《新疆图志》卷三十四《食货》三《钱法·金币》。
② 王永生《饷金五钱考》,载《中国钱币》2007年第2期。
③ 中国人民银行总行参事室金融史料组编《中国近代货币史资料》第一辑"清政府统治时期",中华书局,1964年。

2. 福建官局于光绪二十八年(1902)铸造的"光绪元宝"。

3. 天津户部造币总厂于光绪二十九年(1903)铸造的"光绪元宝"库平一两、库平二钱金币;光绪三十二年(1906)铸造的"大清金币"库平一两、光绪三十三年(1907)铸造的"大清金币"库平一两。

4. 四川省于光绪三十二年至三十四年(1906—1908)铸造的光绪头像金卢比等。

以上几种所谓的"金币",实际上都是未公开发行的"金样",即用铸造银币的模具临时铸造的金质"样币",数量非常少,不属正式流通的货币。只有新疆铸造的饷金金币才是经度支部批准后正式公开发行的流通货币,也是我国最早的机制金币。

吉林银圆局铸"金圆流通"　　　　　　　　福建官局铸"光绪元宝"

天津户部造币总厂铸"光绪元宝"　　　　　天津户部造币总厂铸"大清金币"

四川铸光绪头像金卢比

户部造币总厂及吉林、福建、四川等省银圆局铸造的所谓"金币"

另外,关于饷金金币的铸造时间,后人多根据《新疆图志》记载,认为是光绪三十三年(1907)五月。实际上,那是王树枏当初奏请的时间。据《度支部咨新疆巡抚联魁文——准许新疆制造金元》可知,度支部于光绪三十四年(1908)二月初六日收到光绪皇帝的朱批"著照所请",四月初一日度支部才咨照新疆巡抚联魁准许铸造。因此,饷金金币只可能在光绪三十四年(1908)四月之后才开始铸造。

饷金金币不仅是新疆,也是全国唯一正式发行的、用于流通使用的机制金币。虽然铸造量少,时间也短,在实际流通中的作用亦不大,但它却是王树枏金本位货币思想的具体实践,见证了晚清那场关于本位制币制改革的讨论,具有重要意义。

二、饷银银币

"饷银银币"是清代新疆银币中的重要一种,和"饷金金币"一样,也是由布政使王树枏在迪化水磨沟机器局铸造的一套机制银币,只是铸造时间较"饷金金币"早一年,即于光绪三十三年(1907)六月铸造的。因都是由迪化水磨沟机器局铸造,所以,"饷银银币"的风格、款式与"饷金金币"完全相同。

光绪三十三年(1907)五月,王树枏奏请在迪化水磨沟机器局铸造银圆并派员管理,六月二日开局试铸,四日"颁发银圆局钤记一颗",正式开始铸造。从光绪三十三年(1907)六月开局铸造到光绪三十四年(1908)七月的一年多时间里,除去光绪三十四年有四个月停铸外,总共铸造用银三十二万两[①]。

"饷银银币"有一两、五钱、四钱、二钱、一钱等五种面值,但是在《新疆图志》中,仅记载"铸成五钱、四钱、二钱、一钱四种银圆",而没有"一两"面值的。这和前述"饷金五钱"一样,"饷银一两"亦是新任巡抚袁大化上任后,于宣统二年(1910)十月,另从上海添购新式机器加铸的。而《新疆图志》所收资料截止于光绪三十四年(1908)为止,故未有记载。

"饷银银币"正面中央均为一圆圈,圈内铸汉文"饷银一两"或"饷银五钱(四钱、二钱、一钱)"等四字标注面值;圈外铸有察合台文标注面值,龙上首为"Yinsi"(汉译"饷"),龙下首为"Kumush"(汉译"银"),龙右侧为"Bir(Besh、Turt、Ikki、Bir)"(汉译"一"或"五"、"四"、"二"、"一"),龙左侧为"Sar"或"Mishkal"(汉译"两"或"钱")。背面中央统一铸有一蟠龙图饰,蟠龙四周或铸有察合台文标注面值,或铸有一圆圈,或左右两侧各有一朵六瓣小花,但没有标明铸造地点和年份。因正面有无察合台文及背面有无圆圈或小花而区分为不同的版别。饷银银币以一两及五钱两种面值者为最多,五钱的版式最为复杂。

"饷银一两"(图 A6-4 至图 A6-7)重 34.5 克,直径 40 毫米,厚 2.8 毫米。因新购机器压力不足,币面文字及背面龙纹图饰均甚浅,易磨损,精整者少。

"饷银五钱"(图 A6-8 至图 A6-15)重 17 克,直径 33.7 毫米,厚 2 毫米。有背面加铸四个蝙蝠("四蝠"谐音"赐福")及背面上首铸一个蝙蝠("天蝠"谐音"添福")两种最为特别。

"饷银四钱"(图 A6-16 至图 A6-17)重 14.1 克,直径 32.8 毫米,厚 2 毫米。为新疆乃至全国银币中唯一一种面值为四钱的银币,数量也是饷银银币中最少的。

"饷银二钱"(图 A6-18 至图 A6-21)重 7.2 克,直径 28 毫米,厚 1.9 毫米。数量较少。

"饷银一钱"(图 A6-22 至图 A6-24)重 3.2 克,直径 18.7 毫米,厚 1.4 毫米。数量

---

① 《新疆图志》卷三十四《食货》三《钱法·银币一:迪化局》

较少。

饷银面值"一钱"及"二钱"的银币,因体积小,多被焊有小纽扣,做装饰用,完整者极为少见。

图 A6-4　饷银一两(背两花)

图 A6-5　饷银一两(背维吾尔文)

图 A6-6　饷银一两(背维吾尔文有圈)

图 A6-7　饷银一两(面维吾尔文)

图 A6-8　饷银五钱(背维吾尔文)

图 A6-9　饷银五钱(背无圈无花)

图 A6-10　饷银五钱(面维吾尔文背圈)

图 A6-11　饷银五钱(面维吾尔文背圈、花)

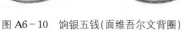

图 A6-12　饷银五钱(面维吾尔文带点背圈)

图 A6-13　饷银五钱(面维吾尔文带花背圈、花)

图 A6-14　饷银五钱(四蝙蝠)

图 A6-15　饷银五钱(一蝙蝠)

图 A6-16　饷银四钱

图 A6-17　饷银四钱(斜四)

图 A6-18　饷银二钱(背维吾尔文)

图 A6-19　饷银二钱(面维吾尔文)

图 A6-20　饷银二钱(面维吾尔文背圈)

图 A6-21　饷银二钱(面下维吾尔文)

图 A6－22　饷银一钱(无维吾尔文)　　图 A6－23　饷银一钱(背维吾尔文)　　　图 A6－24　饷银一钱

三、喀什饷银

"喀什饷银",为宣统三年至民国二年(1911—1913)新疆喀什银圆局仿照王树枬在迪化水磨沟机器局于光绪三十三年(1907)铸造的"饷银五钱"银币。因系土法机具手工压制,所以制作粗糙,版式庞杂。

"喀什饷银"只有五钱一种,重17.6克,直径32.9毫米,厚2.2毫米。正面中央一圆圈,圈内铸汉文"饷银五钱"四字对读。但是,为了和迪化水磨沟机器局所铸"饷银五钱"区别,在正面中心和外圈四面各铸一颗小五角星(迪化铸"饷银五钱"外圈四周各有一维吾尔文单词)。背为蟠龙纹饰,龙纹外罩一圈,但均较迪化铸饷银五钱为小。圈上为汉文"喀什",圈下为老维吾尔文"Zarb Kashgar,Besh Mishkal"(汉译"喀什噶尔造,五钱")及回历纪年1329。外圈左右两侧及汉义"喀什"两字中间,各铸有一颗小五角星。五角星或改为一小圆点或是花朵。因五角星及花纹图饰的大小、位置的不同而有不同的版别(图 A6－25 至图 A6－28)。

民国二年(1913),喀什地区还在铸造带有前清帝制标志——龙纹的饷银五钱银币,似不应该。但它却真实地记录了当时边陲信息闭塞、局势混乱,虽已进入民国但与前清亦无多大变化的社会现实。

另外,喀什银圆局在宣统三年(1911)还铸造过一种"银圆二钱"和"银圆叁钱"的小面值银币。币面虽无"饷银"两字,但根据其风格、铸造年代,特别是背面蟠龙的款式判断,应该是"喀什饷银"五钱银币的辅币。

三钱者正面为"银圆叁钱"汉文四字对读,字外无圈,币面中心为一花朵。背面图文和"喀什饷银五钱"基本相同,中间为一带圈蟠龙纹饰,圈下为老维吾尔文"Zarb Kashgar,Uch Mishkal"(汉译"喀什噶尔造,三钱")及回历纪年1329。只是圈上无汉文"喀什"两字,亦无星及花朵图饰(图 A6－29)。

二钱者正面为"银圆二钱"汉文四字对读,字外带圈,币面中心为一五角星。背面中间为一带圈蟠龙纹饰。因老维吾尔文"Zarb Kashgar,Ikki Mishkal"(汉译"喀什噶尔造,二钱")及回历纪年1329,在正面或背面而分为两种版式(图 A6－30 至图 A6－31)。

图 A6－25　喀什饷银五钱

图 A6－26　喀什饷银五钱(背花)

图 A6－27　喀什饷银五钱(中心点)

图 A6－28　喀什饷银五钱(中心花)

图 A6－29　银圆叁钱

图 A6－30　银圆二钱(背维吾尔文)

图 A6－31　银圆二钱(面维吾尔文)

四、民国饷银

民国以后,新疆虽然早已断绝了中央及内地的"饷银"供应,却也模仿王树枏所铸"饷银银币"而铸造了"壬子饷银"及"民国饷银"两种带有"饷银"名称的银币。

1. 壬子饷银

为机制银币,由迪化水磨沟机器局铸造。实物到目前为止,仅发现有一两及五钱两种面值。风格及款式上,完全模仿光绪三十三年(1907)王树枏铸造的"饷银银币"。

　　银币正面中央均为一圆圈,圈内铸汉文"饷银一两"或"饷银五钱"等四字对读;圈外按逆时针环铸"中华民国元年"六字。背面为民国五色国旗双旗交叉图饰,交叉旗杆上、下分别铸有"壬子"两字。没有维吾尔文,亦无回历纪年。"一两"者重34.8克,直径39.5毫米,厚3毫米;"五钱"者重17.5克,直径33.5毫米,厚2.1毫米。

　　农历"壬子"年为民国元年(1912),因此,"壬子饷银"银币实际上是迪化机器局为民国成立而特别铸造的"纪念币",是新疆银币中唯一阴阳历兼用的银币,也是唯一没有铸维吾尔文的银币。背面五色旗作竖条,不合规范。可能是因路途遥远,信息闭塞,未见国旗标准图形,凭想象而来。

图 A6-32　壬子饷银一两

图 A6-33　壬子饷银一两

图 A6-34　壬子饷银五钱　　　　　　　　　图 A6-35　壬子饷银五钱

此套"壬子饷银"一两(图 A6-32 至图 A6-33)及五钱(图 A6-34 至图 A6-35)银币各有两种版式,区别在背部双旗的旗面图饰上,一种是左右旗面第一排各有五个小圆圈;另一种是左右旗面第 1、3、5 排各有五个小圆圈。因机器压力不足,花纹甚浅,易磨损,精整者少。

2. 中华民国饷银

民国元年至民国五年(1912—1916)喀什银圆局仿迪化机器局"壬子饷银"而铸造的银币,只有五钱一种。系用土法压制。正面中央一圆圈,圈内铸汉文"中华民国"四字对读,圈上为汉文"饷银五钱",圈下为汉文"新疆喀造",圈左右各一五星或花朵。背面为民国五色旗双旗交叉图饰,上方为维吾尔文(由下往上逐行读)"Jong Ha Ming Koi"(汉译"中华民国"),下方为维吾尔文(由下往上逐行读)"Hsang Yin O Chin("饷银五钱"汉语音译)。重16.7 克,直径 33 毫米,厚 2.1 毫米。因正面圈左右图饰或花朵或五星的不同而分为不同的版别(图 A6-36 至图 A6-39)。

图 A6-36　中华民国饷银五钱

图 A6-37　中华民国饷银五钱

图 A6-38　中华民国饷银五钱

图 A6-39　中华民国饷银五钱

伊帖、阿尔泰通用银券考

"伊帖"是清朝末年伊犁将军发行的一种纸币,以制钱为兑换单位,面值有壹千文和贰千文两种,流通范围仅限于伊犁一府二县;"阿尔泰通用银券"是民国初年阿尔泰办事长官公署印发的一种临时钞券(期票),以元为单位,有壹元、伍元、拾元三种面值,仅流通于阿尔泰地区。该两种纸币后来都被杨增新用省票折价收回。伴随伊帖和阿尔泰通用银券的被收回,原独立于新疆省由中央直辖的伊犁将军(民国元年改设为伊犁镇边使)和阿尔泰办事长官公署先后被裁撤,伊犁和阿尔泰行政上被划归新疆省管辖,实现了新疆省的统一。

伊帖和阿尔泰通用银券作为这一段历史的见证,与新疆历史关系重大,特做考证如下。

一、伊帖

"伊帖"是伊犁官钱总局发行的一种纸币。伊犁官钱总局开设于光绪十八年(1892),第二年即光绪十九年(1893)正月初十日伊犁知府潘效苏便在伊犁惠远新城主持发行了"伊帖"纸币。当时主要是为收兑光绪十五年(1889)发行的"油布帖"。在伊犁设立官钱局一事,早在光绪十四年伊犁府守潘效苏就奏请过,光绪十五年二月十三日伊犁将军色楞额再次上奏朝廷,要求设立官钱局,发行制钱票,与制钱搭用。光绪十五年清政府批准在伊犁属下的绥定、宁远各设一官钱局,发行制钱票,面值有 200 文、300 文、500 文和 1000 文四种[①]。因光绪十年(1884)新疆建省时,伊犁地区由保留的伊犁将军管辖,经费由中央直拨。因此,"伊帖"实际是由伊犁将军发行。光绪十八年(1892)伊犁府守潘效苏修"新钱局一所,……在惠远新城,……旋又制 1 千文新票 10 万张,抵银 10 万两,收回旧票",主要是为"清底票而查假票也"[②]。后由袁世凯在天津创办的北洋官报局印制,纸质优良,印刷精美,为竖式大官票,尺寸为 186×110 毫米。正面两侧边框内印有双龙戏珠图饰,因此,又称"伊犁龙票",俗称"伊帖",流通于伊犁一府二县。

据说"伊帖"面值有五百文和壹千文两种,而传世仅见有宣统元年(1909)八月十九日签发的面值为"制钱壹千文"(图 A7-1)和"制钱贰千文"(图 A7-2)两种,均系清宣统元年北洋官报局彩色印刷,纸张及印制都十分精美。壹千文面额的正面主色为蓝黑,背面为棕色;

①② 《新疆图志》卷三十五《食货》四《纸币二:伊犁局》。

贰千文面额的正面主色为棕黑，背面为绿色，但图文内容则完全一致。中间直书汉文"凭票取制钱壹千文（贰千文）整"，数字"壹千"及"贰千"是后填写的。面值上方横书"伊犁官钱总局"，右侧为冠字编号，左侧为发行日期"宣统元年八月十九日"。日期及字号等多处汉文均系用毛笔填写，编号及金额数字上均压盖红泥印章（红压黑）。左下角盖红色长方图章，文为隶书"官钱总局"四字。在竖行龙纹内侧，右边有汉文小字"认票不认人"，左边汉文小字为"失票不挂号"。钱票右边用毛笔书写编号，上盖骑缝章。钞券下首有细小汉文"北洋官报局印"。四个边角印有满文面值"壹两"或"贰两"。伊犁通用制钱，官价制钱一千文合银一两，伊帖面值为制钱壹千文，可抵银票一两，贰千文则抵银票二两。

背面花边框内全是文字，分为三格，上格为汉文布告，文为：

> 为仿假冒事：查制造钱票，原以便携带而资周转。乃有奸徒仿造假票，欺骗害人，已奉军帅（按：指伊犁将军）出示查拿在案。诚恐未及周知，用特布告城乡部落，遇有行使假票者，扭送钱局究办。如不能辨认，务记明来手，以便根究，庶间阎免受欺蒙，不负军帅谆谆谕诫之至意也。官钱局谨布。

中格为同义托忒蒙古文，下格为同义维吾尔文。左上角及右下角印有阿拉伯数码"1"或"2"，右上角及左下角印有汉字"壹"或"贰"。

"伊帖"不同于同时期新疆其他纸币之处，是在正面左右两侧竖形边框内，有一篇三百多字的短文，为宣传纸币的功能及优点。文曰：

> 珠玉珍贵之品，便于收藏携带，而不便于市面流通。铜币重滞之物，便于市面流通，而不便于收藏携带。有流通之益，而无重滞之弊，厥唯纸币。纸币之用，信也，凭也，不过券之一分类。其用之最便利，需之最普通，易繁难为单简，则尤莫过于钱票。布帛菽粟，生人之大命也。士农工商，斯世之营业也。神其交通，易其有无，钱币之用有时或转绌于纸币之下，何也？钱币居子位而纸币居母位也。故利赖尤重，人人乐用之，便安之。乃为之赞曰：钱即是票，票即是钱。取携自如，为其所便。流通尽利，子后母前。无耗无折，子母相权。赢千累万，卷而怀之不盈握。航海梯山，什而袭之不盈椟。藏焉密，输焉速，通便利用处其独。五品之币，百物之需，勿谓片楮，实管其枢。是虚非虚，是实非实，即虚即实，勿失其信用之质。

在票面上印刷短文或格言是近代票帖防伪的通常做法，但如"伊帖"印一篇三百多字的文章，并做纸币功能及优点的介绍，却不多见。这里除作防伪的功能外，可能发行者考虑，伊犁地处西北边陲，交通信息闭塞，又是少数民族聚居区，顾虑新发行的纸币不被接受，还有兼作宣传介绍之用意。

1912年1月7日，受武昌起义的鼓舞，伊犁新军中的革命党人在杨瓒绪等领导下发动起义，革命军一举攻下惠远城，伊犁将军志锐被俘，后被处决。10日成立"中华民国军政府新伊大都督府"，推举卸任的前伊犁将军广福为大都督，随即组织了以李辅黄为前敌总指挥的东进支队，出征省城迪化，与新疆巡抚袁大化调集的省军在乌苏一带交战。2月12日，宣统宣布退位，3月27日，南京临时中央政府电令新省与伊犁双方"速停战事"，后在塔城举行和谈。4月25日袁大化辞职，5月18日北京袁世凯政府任命镇迪道尹兼提法使杨增新为新疆都督,主持与伊犁和谈。政治上不成熟且内部有分歧的伊犁革命党人,被杨增新"共和成立,彼此一家"①的说法蒙骗,使在军政全局均处弱势下的杨增新,反而通过和谈迫使革命党人妥协,于7月和9月先后达成"和议条款十一条"和"新伊组织协议二十条"。规定双方停战,取消新伊大都督府,承认杨增新为主持新疆军政的省都督,原伊犁将军改为镇边使,由广福担任②。原将军、镇边使的职权由省都督杨增新兼行。同年,伊犁设道。从此,原由中央直辖的伊犁地区划归新疆省,军政均归新疆省都督管辖③。

当初,伊犁革命党人与省军交战时,为筹集军费,增印伊帖2854000两。因不能兑现致使伊帖大幅贬值。议和后,为统一全省币制,伊帖由省方以省票六钱折合伊帖一两的比价收兑④。

伊帖因为只有"壹千文"及"贰千文"两种面值,而无辅币,市面交易多有不便。据周东郊《新疆十年》记载:"伊帖每张合银一两,一两以下,无法找零。如用五钱,则将此伊帖撕下一半,如用二钱五分,则撕下四分之一,流通市面。"这种撕下部分票面作找零用的权宜之法,殊为奇特。这可能就是伊帖虽发行数量不少,但实物目前却珍贵难求的原因。

另有一种由"(伊犁)官钱总局"发行的面值为"壹钱"(图A7-3)或"贰钱"(图A7-4)的铜牌,"壹钱"的铜牌有黄铜、红铜两种;"贰钱"的铜牌只有红铜一种。均呈长条形,"壹钱"铜牌重12.3克,长71毫米,宽9毫米,厚2毫米;"贰钱"铜牌重16.5克,长73毫米,宽8.5毫米,厚1.2毫米。正面为汉文"官钱总局"四字,背面中间为汉文"壹钱"或"贰钱"字样,两端各有一简单花卉图饰,图饰中似有一打压戳记,可能作防伪之用。图饰与文字均系手工雕刻,这可能是我国唯一一种以官府名义发行的手工雕刻金属钱筹,且打印有防伪戳记。伊犁通行制钱,官定银钱比价为制钱一千文合银一两。此种铜牌标注面额"壹钱"或"贰钱",应合制钱一百文或二百文,当系代用币性质。此种铜质钱牌在伊犁地区常有发现,也可能是后来为"伊帖"发行的辅币,作找零之用,亦未可知。

另据《新疆图志》记载,光绪三十二年(1906),绥定知县段子麟"以地方行使钱票,内多二寸宽,五寸长,白纸小条,上书'凭条取制钱一串文'或二、三串文不等,盖用商民字号图记,通衢行使,官民均用,为数甚多。从第二年即(光绪)"三十三年二月起,限三个月"即被"一律收回注销"⑤。这种"白纸小条"是因当时铜钱奇缺,而为日常找零之需。因发行时间短,流通范围小,且纸质又不宜保存,故没有实物流传下来。

---

① 杨增新《补过斋文牍》丙集上,文海出版社印行,1965年。
② 1914年(民国三年)2月1日广福病故,杨增新将镇边使改为镇守使,由杨飞霞暂时署理,规定凡重大事件镇守使必须秉承都督,实际成为新疆都督属下的一个地方军事长官。
③ 1916年11月19日,杨增新呈请将塔城参赞改为道尹,归新疆统摄。
④ 实际仅收回49.4%,未收回的50.6%仍流通市面,作为省票的辅币按6折作价继续使用。
⑤ 《新疆图志》卷三十五《食货》四《纸币二:伊犁局》

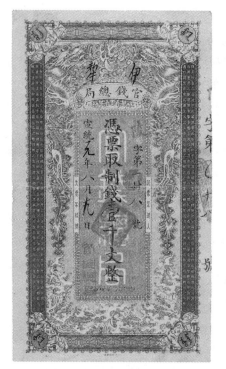

图 A7-1　"伊帖"壹千文

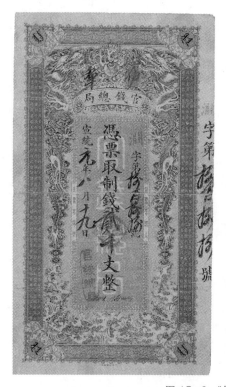

图 A7-2　"伊帖"贰千文

图 A7 - 3　(伊犁)官钱总局壹钱铜牌(黄铜)　　　　图 A7 - 4　(伊犁)官钱总局贰钱铜牌(红铜)

二、阿尔泰通用银券

　　阿尔泰(今译"阿勒泰")地区位于新疆之北,包括阿尔泰乌梁海、新土尔扈特、新和硕特三部。在清代一直隶属于外蒙古的乌里雅苏台将军所属科布多参赞大臣管辖。光绪三十三年(1907)科阿分治,设阿尔泰办事大臣,驻承化寺(今阿勒泰市),但仍归科布多参赞大臣统领。民国成立后,阿尔泰办事大臣改称为阿尔泰办事长官,首任长官为著名的土尔扈特蒙古部首领帕勒塔[1]。后来刘长炳、程克、张庆桐先后继任。阿尔泰地区作为独立的行政区,由北京的中华民国中央政府直接管辖。

　　宣统三年(1911)辛亥革命后,外蒙古地区在沙皇俄国的策划下于当年 11 月 10 日宣布独立。第二年,便派兵攻占了科布多,并挑起科阿战争,企图进一步占领与科布多毗连的阿尔泰地区。因新疆及时派兵增援,于 1913 年 7 月连续两次击退了沙皇俄国支持下的外蒙军队对阿尔泰地区的侵扰,取得了阿尔泰保卫战的胜利。这场胜利虽然暂时粉碎了外蒙古分裂势力对阿尔泰地区的野心,但孤悬于西北边陲,与沙俄及外蒙古相邻且具有重要战略地位的阿尔泰地区的危机仍未解除。

　　面对这一危机,时任新疆省长兼督军的杨增新认为,阿尔泰地区与新疆唇齿相依,"阿存则新疆可保,阿亡则新疆难以独全。阿山应以新疆为根本,新疆应恃阿山为屏障"[2]。因此,呈复中央政府将阿尔泰地区归并新疆省,改区为道,统一管辖。但是,未获北京中央政府的

---

　　① 科阿战争期间,在俄国胁迫下,帕勒塔于 1913 年 10 月和 12 月先后签订丧权辱国的《临时条约》和《中国军队停战条约》,被北京中央政府撤职,所订条约亦被宣布无效。

　　② 杨增新《补过斋文牍》戊集一,文海出版社印行,1965 年。

同意。接替帕勒塔出任办事长官的刘长炳,于1915年7月也曾提出将阿尔泰地区归并新疆。程克接任办事长官后,虽然同意归并新疆,但对设官有不同意见。在张庆桐接任办事长官后,因欠饷引发的一场兵变最终导致阿尔泰地区行政上由北京中央政府直辖而改为由新疆省管辖。

　　兵变发生于民国八年(1919)3月7日,主要是因为欠饷引起。当初,阿尔泰地区由中央直辖,所需军政费用完全由中央财政直拨,且多为中国银行及交通银行发行的钞票,每月定额为2万元。因路途遥远,交通不便,所拨款项经常不能按期运到,为此,时常激起兵变。为了解决这种财政困难,阿尔泰办事长官公署曾自行印发过一种期票(临时钞券),称作“阿尔泰通用银券”,先行发放兵饷并流通市面,待经费拨到后再行兑换。此种临时钞券的发行总额一般以拨款数为限,即亦为2万元,流通于阿尔泰地区。

　　后因北京国库支绌,积欠阿尔泰经费甚多,“阿尔泰通用银券”亦越发越多,终致不能完全兑现。至民国八年(1919),因驻军欠饷甚巨,办事长官张庆桐又贪污扣饷,所发“通用银券”亦无处兑现,遂于3月7日激起驻军哗变,导致财政局长、外交局长等多人被杀,张庆桐本人亦被囚禁,兵变首领甚至宣布阿尔泰独立。这一事变几经周折,最后由新疆省长杨增新以省票7钱收兑“阿尔泰通用银券”1元的比价全部收回没能兑现的“阿尔泰通用银券”[1],并补发军队欠饷,遣散乱军,兵变始告平息。

　　杨增新平息阿尔泰兵变后,即建议阿尔泰地区所需军政费用,此后“概由新疆挹注,不再请领部款,藉以减轻中央负担”[2]。北京中央政府遂同意将阿尔泰地区划归新疆省管辖。民国八年(1919)6月1日,民国中央政府发布大总统令“阿尔泰办事长官着即裁撤,所辖区域归并新疆省,改设阿山道尹一缺”[3]。6月13日杨增新奉大总统令任命周务学署阿山道道尹并设县治、县佐。布尔津设县治,布伦托海设县佐。7月1日阿山道正式成立。从此,原由中央直辖的“阿尔泰特别区”的行政管辖划归新疆省,改称为阿山道,直接由新疆省长兼督军负责管理。

　　“阿尔泰通用银券”在北京印刷,纸质与图案均较精美。货币单位为“元”,与中央拨来的现钞(中国银行及交通银行发行的钞票)一致,亦便于流通及兑换。面值有壹元、伍元、拾元共计三种。因发行时间短,流通范围小,数量亦有限,且纸质不宜保存,实物流传下来的很少,向为收藏界所珍视。介绍如下:

壹圆券(图A7—5)

　　尺寸为146×87毫米,横式,正面主色为蓝灰色,中间图景为阿尔泰行署外景,门前马路上有四轮马车、自行车及行人。左右两侧分别标注面额“壹圆”,左侧“壹圆”两字下方盖有一长方形阳文篆字红泥印小图章,文为“财政局印”,中间上首盖一仿宋体椭圆形章,文为“阿尔泰行政公署财政局”。背面为网状图案,呈浅绿色,中间“壹圆”两字上盖一长方形大官印,文为阳文篆字“阿尔泰财政局关防”,上首票边盖有与正面相同的椭圆形章作为骑缝章,并有毛

---

　　① 因当时中国银行及交通银行两行钞票1元可兑现洋1元,合银7钱2分。以省票7钱抵付现洋1元,名义上亦约略相等。

　　②③ 杨增新《补过斋文牍》戊集一,文海出版社印行,1965年。

图 A7－5　阿尔泰通用银券壹圆钱票

笔骑缝编号。

伍圆券（图 A7－6）

尺寸为 146×87 毫米，横式，正面主色为浅绿色，图案完全同"壹圆"券。但右下角盖有俄文签名图章，正中盖长方形关防大官印，左侧面额"伍圆"上及上端骑缝处盖有财政局的椭圆形章，骑缝处并有毛笔字的编号。背面为网状图案，呈橘黄色，中间"伍圆"二字右侧加盖一满文章，文为"Tabu Yuwan"，是用满文拼读的蒙古语，意为"伍圆"；左侧加盖一哈萨克文章，文为"Bes Yan"（汉译"伍圆"）。

拾圆券（图 A7－7）

尺寸为 160×102 毫米，横式，正面主色为枣红色，图案完全同"壹圆"券。右下角盖有俄文签名图章，但不够清晰。左下角盖有红泥印"财政局印"篆字小图章，此外再无其他图章。背面图案有变化，四角各有一个带边齿的圆轮，呈蓝灰色，中间"拾圆"两字右侧加盖一满文图章，文为"Arban Yuwan"，是用满文拼读的蒙古语，意为"拾圆"；左侧加盖一哈萨克文图

图 A7－6　阿尔泰通用银券伍圆钱票

图 A7－7　阿尔泰通用银券拾圆钱票

图 A7－8　"阿尔泰行营粮饷局"壹两钱票

章,文为"On Yan"(汉译"拾圆")。正中盖一长方形关防大官印,上端骑缝处盖有财政局的椭圆形章及写有毛笔字的编号。

　　传世另有一种"阿尔泰行营粮饷局"壹两钱票(图 A7－8),尺寸为 160×102 毫米,竖式。正面两侧边框内印有两只凤凰图饰,主色为棕色,但文字及凤凰图饰为黑色,票面图文式样与"伊帖"相似,中间直书汉文"凭票取湘平银壹两整",面值上方横书"阿尔泰行营粮饷局",右侧为冠字编号,左侧为发行日期"中华民国　年　月　日"。日期及字号均系用毛笔后填写,在凤凰图饰内侧,右边印有汉文小字"认票不认人",左边汉文小字为"失票不挂号"。四个边角印有大写汉字"壹"。背面为墨绿色,花边框内为托忒蒙古文,意为"阿尔泰行营粮饷局发行的壹两钱票"。四个边角印有阿拉伯数码"1",钞券下首有细小汉字"北京光华石印"。

俄国及前苏联在新疆铸行钱币三考

沙皇俄国是近代侵略我国最积极、也是获利最多的资本主义国家。通过胁迫清政府签订《瑷珲条约》(1858)、《北京条约》(1860)、《中俄勘分西北界约记》(1864)、《中俄伊犁条约》(1881)等不平等条约,先后割占了我国东北和西北 150 多万平方公里的领土,这是大家都比较熟悉的。但是,还有一个方面却是大家比较容易忽视,或者未引起重视,那就是沙皇俄国藐视我国主权,擅自设立银行、发行货币,从经济上对我国进行野蛮的掠夺,这同样也是沙皇俄国侵略我国的重要手段,并给我国人民带来了深重的灾难。仅在新疆地区,沙皇俄国就通过 1871—1882 年军事占领伊犁期间,收销我国货币,强制推行"俄帖、俄元、俄普"等俄国货币,1913 年又通过华俄道胜银行在新疆发行"金币券"攫取大量利益,给新疆各族人民造成重大的经济损失和无尽的精神折磨。

本文拟通过对这些货币的考证,来揭露沙皇俄国在经济上对新疆所进行的野蛮侵略和无耻掠夺。1927 年 2 月苏联羊毛公司在塔城私铸光华元宝一事,虽然其性质与过程都有所不同,结果更不一样,但因为也是与货币有关,所以,也一并论述。

一、"俄帖、俄元、俄普"考

所谓"俄帖、俄元、俄普",是新疆布政使王树枏在《新疆图志》中,对俄国在同治十年(1871)至光绪八年(1882)侵占伊犁期间,在当地强制推行的俄国钱币的称呼。又称为"洋帖、洋元、洋普"。其中"俄帖"是指纸币"卢布","俄元"是指金币"卢布"和银币"戈比","俄普"是指铜币"戈比"。

19 世纪 60 年代末,俄国先后完成了对中亚浩罕、希瓦、布哈拉三大汗国的征服。同治三年(1864)胁迫清政府签订不平等的《中俄勘分西北界约记》,强占中国巴尔喀什湖以东、以南约 44 万平方公里领土,将中俄边界线推近到了伊犁附近。同治十年(1871)四月,在阿古柏占领天山以北的乌鲁木齐至玛纳斯等地后,俄国借口伊犁苏丹政权收留了俄属哈萨克阿勒班部落首领塔扎别克,于 1871 年 5 月 15 日派兵侵入伊犁。伊犁苏丹艾拉汗,在抵抗失败后,弃城投降,俄国军队遂占领了伊犁全境①。俄国最初曾想扶植一个傀儡政权,后选择了直接的军事占领,哄骗清政府说是"代为收复,权宜派兵驻守,俟关外肃清,乌鲁木齐、玛纳斯等

---

① 除伊犁外,俄军还占领了天山以北的大河沿子、精河、乌苏一带。

城克复后,即当交还"①。俄国占领军将伊犁划分为四个管区,"分安俄官四名,管理各众"②。统归俄国的谢米列契省驻军司令部管辖,对伊犁各族人民实行了长达10年之久的殖民统治。直到光绪八年(1882)三月,伊犁将军金顺根据此前签订的《中俄伊犁条约》,率军进驻伊犁,俄国的殖民统治始告结束。

在占领伊犁期间,俄国利用占领的便利,对伊犁进行了肆无忌惮的经济掠夺,其中重要的一项就是用极低贱的价格将市面上流通的宝伊局钱币大量买走,运回俄国销熔后铸造器皿及子弹壳。同时,强迫民众使用俄国货币,致使市面流通的几乎都是俄国货币,即所谓的"洋帖、洋元、洋普",而中国政府自己发行的圆形方孔制钱却极端缺乏,几乎不见踪迹。

俄国在伊犁强制推行的钱币,有纸币、银币、铜币三种。

纸币:为横式钞票,正面上首俄文为"国家信用券"。中间为面额及"本券可向国家银行无限制兑换金币"。背面左侧俄文为"1. 本券可兑换金币,国家用一切财产担保。2. 本券可在全帝国范围流通,其功能与金币相同。3. 如有伪造者,取消其公民一切权利,并科以流放和服苦役"。有1卢布(图A8-1)、3卢布(图A8-2)、5卢布(图A8-3)、10卢布(图A8-4)、500卢布(图A8-5)等面值。

金币:为机制币,正面为俄国双头鹰国徽,背面为沙皇尼古拉二世侧面像。有5卢布(图A8-6)、7.5卢布(图A8-7)、10卢布(图A8-8)、15卢布(图A8-9)等面值。

图A8-1　"俄帖"1卢布

①② 《新疆图志》卷五十四《交涉志》二。

图 A8-2　"俄帖"3 卢布

图 A8-3　"俄帖"5 卢布

图 A8－4　"俄帖"10 卢布

图 A8－5　"俄帖"500 卢布

图 A8-6　"俄元"5 卢布金币

图 A8-7　"俄元"7.5 卢布金币

图 A8-8　"俄元"10 卢布金币

图 A8-9　"俄元"15 卢布金币

　　银币:为机制币,背面有俄国双头鹰国徽,有 2 分 5 厘、5 分、7 分 5 厘(图 A8-10)、1 钱等面值。

　　铜币:为红铜质机制币,背有俄国双头鹰国徽,有 1 分(图 A8-11)、1 分 5 厘、2 分(图 A8-12)、2 分 5 厘、5 分(图 A8-13)等面值。

图 A8-10　"俄元"15 戈比银币

图 A8-11　"俄普"1 戈比铜币

图 A8-12　"俄普"2 戈比铜币

图 A8-13　"俄普"5 戈比铜币

　　因不识俄文,只能凭货币上的数码相区别,使用中自然带来诸多不便。但更为恶劣的是,纸币上虽然标明"可兑换金币","其功能与金币相同",而在实际流通中,据《新疆图志》记载,却是"票与钱皆不能携用出境,即在伊犁换银,而银与钱票均只能折算足银八成,通行成例,若执票取银,则茫茫无处也"[①]。这完全是一场公开的抢劫。

　　俄国占领期间,在伊犁大量收销清朝钱币,特别是宝伊局所铸钱币,强制推行俄国钱币的野蛮做法,给伊犁地区社会经济及各族民众生活带来了沉重负担及灾难。据记载,清朝收复伊犁后,市面清朝钱币奇缺,几乎到了无钱可用的地步。当时,巡抚刘锦棠原计划用红钱统一新疆南北两路的币制,但因顾虑使用红钱,必为经济上仍控制着伊犁贸易的俄国买去销毁更铸,反而为其所乘。"新疆近用红钱,伊犁原可仿行,但俄国素重此铜,若易去改铸洋普,

------

　　① 《新疆图志》卷三十五《食货》四《纸币二:伊犁局》。

稽查恐启争端,不查适足示弱,是红钱一法又碍难通行。"①因此,伊犁将军色楞额、伊犁府守潘效苏奏请,在伊犁地区不使用红钱,而是设立官钱局,一律使用钱票及内地制钱。因制钱"钱质向系黄铜,搀和铅沙",含铜量较低,"俄国素不重此,无虑其私贩"②。致使伊犁地区的货币未能与新疆全省实现统一。

伊犁地区流通使用的制钱是通过向邻近的甘肃及就近的乌鲁木齐购买解决的。"咨督臣谭钟麟转令藩司缴由肃州代购一万串,张掖、武威两县各二万串,皋兰县二万串,分批起解,运至伊犁。新疆藩库旧存制钱数千串,无处动用。并咨抚臣刘锦棠悉数运来,先行开局试办,所需价脚暂由应解伊犁善后银两,分别划扣。"③遂解决了伊犁市面缺钱的困境,"制钱日见流通,洋帖不禁自绝","民生称便,官本不亏,一举两得"④。至此,才又重新在伊犁地区恢复了清朝的货币制度。这就是收复新疆后,其他铸钱局纷纷恢复铸钱,而惟独宝伊局没有恢复铸钱的根本原因。同时也是宝伊局钱币特别是嘉庆、道光以至咸丰、同治红铜质小平钱及各式大钱存留稀少、难求的根本原因。

二、华俄道胜银行新疆金币券考

(一)华俄道胜银行的设立及破产

华俄道胜银行⑤成立于1895年12月22日,它名义上是清政府与俄国合办的一家合资银行,实质是俄国为实现其在远东扩张的需要,假借合办之名,实际由俄国独自操制的一个功能特殊的侵华工具。当时俄国西伯利亚铁路委员会计划在我国东三省扩张铁路势力,修建东清铁路。为筹措资金正向俄国政府申请创办银行。俄国政府也因此而考虑在东亚设立一个拥有广泛权力而为俄国政府所保护的特殊银行。此时,正值清政府因为甲午战败,急需筹措巨额赔款,欲向俄国举借外债。俄国于是便乘机联合法国,在向清政府借款一亿两白银的同时,又以中外合办银行为名诱骗清政府入股。不明底细的清政府,遂同意合办银行⑥。

华俄道胜银行章程在圣彼得堡议定,于1895年11月23日在巴黎签字。参与创建华俄道胜银行的有巴黎霍丁格尔公司银行、巴黎荷兰银行、里昂信托银行及巴黎国家贴现银行等四家法国银行和圣彼得堡国际银行一家俄国银行。根据俄皇1895年12月10日谕旨,华俄道胜银行于12月22日正式成立。总行设于俄国圣彼得堡。资本总额初为600万卢布,法国占股份的八分之五,俄国占股份的八分之三。银行名称上虽然冠有"华俄"二字,其实最初并无中国资本。为了挂上中俄合办的招牌,俄国才又于1898年9月8日(光绪二十二年八月二日),诱迫清政府驻俄公使许景澄在德国柏林与银行代表缔结了《华俄道胜银行契约》五

---

①②③④　《新疆图志》卷三十五《食货》四《纸币二:伊犁局》。

⑤　又译为"华俄银行"或"俄中银行",均系译自俄文"РуССКО-КИТАЙСКИЙБАНКЪ"。但汉译中"道胜"二字不知何意,亦不知出自何处。

⑥　清政府与俄国合办华俄道胜银行的有关文件有四种:(1)1896年的《中俄密约》;(2)1896年的《华俄道胜银行契约》;(3)《华俄银行条例》;(4)《东清铁道会社条约》。可资参考。

条,规定清政府以库平银 500 万两入股(从俄法借款中扣拨),折合 7562000 卢布[①],"与华俄道胜银行合伙开设生意,盈亏均照股摊认,其详细章程,另有合同载明"[②]。虽然中国资本超出俄法资本总额,但董事会中却无中方代表。华俄道胜银行"名为中俄合办,实则大权全握诸俄人之手"[③]。

华俄道胜银行后又于 1898 年和 1902 年两次增资扩股,所增股份均由俄国财政部认购,俄国资本占总股本的 62.5%,完全控制了华俄道胜银行。1910 年 7 月 30 日华俄道胜银行又合并了俄国另一家有法国股份的北方银行,华俄道胜银行改组后俄文名称改为"PyCCKO-A3IATCKINБAHKЬ",英译为"Russo-Asiatic Bank",即俄亚银行。但中文名称未作改动,仍称"华俄道胜银行"。1920 年 8 月 8 日,北洋政府将该行中国股本拨充教育基金,该行从此失去中外合资名义,成为纯粹的外商在华银行,但名称仍未改动。

华俄道胜银行在成立之初,即被沙俄政府授权为对华经济侵略的唯一代理人,在华攫取了包括发行纸币等在内的大量特权。自成立至 1907 年,短短的 12 年间,资本就增加了 150 多倍,到 1913 年即已设有 120 个分行,号称当时"世界第九大银行"[④]。

华俄道胜银行在中国设立的第一家分行在上海,是由 1896 年 2 月 13 日华俄道胜银行股东之一的巴黎国家贴现银行将其上海分行移交华俄道胜银行而来。自此,在中国各地先后设立分行、支行及代理处三十多所,遍布东南沿海及内陆边疆。

1917 年,俄国十月革命后,华俄道胜银行总行被苏维埃政府没收。此前逃往巴黎的俄国董事与法国的股东们又将巴黎分行改为总行,继续营业。直至巴黎总行因投机外汇失败,最后于 1926 年 9 月 25 日宣布停业清理而倒闭。"中国各地分行遂于是月二十六、七两日正式相继宣告停止营业。"[⑤]北洋政府颁布清理道胜银行中国境内各分行命令,特派前国务总理、司法总长王宠惠为督办,在华法国人宝道为会办,襄助督办办理一切。制定了《道胜银行清理章程》,具体负责中国境内道胜银行的清理事宜,为中国投资者挽回了一定的损失。

(二)华俄道胜银行在新疆设立的分行

东北及新疆因与俄国接壤,自然成为华俄道胜银行扩张掠夺的重点。特别是新疆地区,自清末以来,经济落后,财政拮据,币制紊乱,几乎没有金融机构,汇兑上与关内又不能相通。这给华俄道胜银行的扩张提供了便利。为独占新疆金融市场,获取暴利,华俄道胜银行先后

---

① 另有谓中国政府之股款实际并未交出,只是在名义上有 350 万两的投资。实际上,华俄道胜银行资本之总额,在《华俄道胜银行契约》明确记载为,俄国之股款为 600 万卢布,共分 48000 千股,每股 125 卢布,先交四分之一。中国政府之投资为库平银 500 万两,先交十分之七,共 350 万两。据徐义生著《由甲午中日战争至辛亥革命时期清政府的外债》,在向俄法借款的 4 亿法朗中,"扣拨华俄道胜银行中国股份库平银 500 万两,合 7562000 卢布"。说明中国股份当时已全部交出。

② 《东三省外交史略》附录,89—95 页,转引自中国人民银行总行参事室金融史料组编《中国近代货币史资料》第一辑"清政府统治时期",中华书局,1964 年。

③ 杨端六《清代货币金融史稿》254 页,三联书店,1962 年。

④ 献可《近百年帝国主义在华银行发行纸币概况》,173—177 页,转引自《中国近代货币史资料》第一辑"清政府统治时期"。

⑤ 杨端六《清代货币金融史稿》255 页。

在南北疆设立了喀什噶尔、宁远(伊犁)、塔城、迪化(乌鲁木齐)等四家分行(又称分局),不顾我国政府的反对还强行印制发行了纸币。

喀什噶尔分行是华俄道胜银行于 1900 年在新疆设立的第一家分行,行址位于喀什噶尔老城西北角的齐尼巴尔①,归俄属中亚地区的撒马尔罕中心支行管辖。喀什噶尔分行因拒绝使用新疆省财政厅发行的"库官票"(即省票),迫使新疆省政府不得不另外发行一种专在喀什道(包括喀什、和阗两区)行使的"库官票"(即喀票),造成新疆长期币制不能统一。

华俄道胜银行宁远(伊犁)分行旧址

宁远分行成立于 1903 年 12 月,行址位于宁远城(今伊宁市)北,建有四座小楼及铁皮平房,"后因银行歇业,归官抵欠",后改作伊犁行政长官公署。宁远分行归撒马尔罕中心支行管辖。

塔城分行成立于 1903 年,位于城北"贸易圈"内,归设在巴尔瑙尔的西伯利亚中心支行管辖,1920 年初关闭。

迪化分行成立于 1919 年 10 月 25 日,由原宁远分行经理苏沃罗夫从上海办货经甘肃、内蒙古来新疆出售并以此为资本,在迪化大力洋行院内开设迪化分行。新疆省主席杨增新以未获我国政府同意为由进行阻拦,但俄方声称已有华俄道胜银行上海总管理处批准文件,

① 维吾尔语意为漂亮的果园。

照常开业,杨增新亦无可奈何[①]。该分行初租仁中信洋行房产办公,后自盖银行大楼。1927年倒闭,大楼作价给新疆省政府改作招待所。

1917年俄国十月革命后,华俄道胜银行迪化、喀什噶尔、宁远、塔城分行都归上海分行管辖。1926年9月华俄道胜银行总行倒闭后,上海总管理处即分别电告在华各分行,一律于9月25日停业。但停业电令迟至10月8日始达新疆各分行,故在新疆的迪化、喀什噶尔、宁远三分行停业日期较迟,又苟延一年,于1927年秋破产,1928年3月结束清理工作。终结了其在新疆长达28年,如强盗般大肆掠夺的罪恶历史。

(三)华俄道胜银行在新疆发行的金币券

据俄国驻喀什领事给喀什观察使的照会可知,华俄道胜银行新疆分行是于1913年(民国二年)正月在新疆发行纸币的。俄领事照会曰:"道胜银行制造新式金币五种,币内书载满、汉、俄、回四种文字[②],拟自1913年正月起,所有喀什、伊犁、塔城三处分行,凡中国官商各界愿将银两兑换金币,存备应用,可赴各分行交银兑换,毫无赔贴,并买卖交易,诸多便利。将来流通广远,即可在中国用以完纳粮税,或带往内地各省,均能随时兑换。"[③]对此,新疆都督杨增新曾电咨外交部,请予严重交涉,并予以阻止。民国政府交涉的结果也仅仅是"交涉"而已,并未能丝毫阻止其发行纸币的计划。

华俄道胜银行在新疆所发行的纸币,因为以黄金为单位,一般又习惯称之为"金币券"。是以华俄道胜银行喀什噶尔、宁远、塔城三个分行(局)的名义发行,专为在新疆流通使用,并规定可在各该分行兑换黄金,内地京、津、沪、汉亦可通用。票面印有汉、维、满、俄、英五种文字,有壹分、贰分、壹钱、伍钱、壹两五种面值。印刷纸币所用钢板系委托英国伦敦雕刻,在俄国印制,纸质、图案及色彩均甚精美,票面以黄色为主,配色鲜亮,格调新颖。

金币券均为横式,壹分(图A8-14)、贰分(图A8-15)、壹钱(图A8-16)、伍钱(图A8-17)、壹两(图A8-18)五种面值纸币的尺寸分别为:135×79毫米、172×95毫米、183×102毫米、191×104毫米、198×109毫米。每种纸币的正背面均印有云中飞龙图案。以壹分面值纸币为例,具体介绍如下:

---

① 《新疆省长杨增新指令交涉员文——取缔道胜银行在迪化设行》(民国八年七月十四日),杨增新《补过斋文牍》庚集二。

② 票面上实际印有汉、维、满、俄、英五种文字。

③ 《外交部交涉节要》,《俄国银行拟在喀什等处行使金币案》。转引自魏长洪《新疆华俄道胜银行的兴衰》,载《西域研究》1992年第1期。

图 A8－14   "华俄道胜银行金币券"壹分

图 A8－15   "华俄道胜银行金银币券"贰分

图 A8-16　"华俄道胜银行金币券"壹钱

图 A8-17　"华俄道胜银行金币券"伍钱

图 A8－18 "华俄道胜银行金币券"壹两

正面文字以俄文为主,上首一行大写俄文"РуССКО-АЗIАТСКIНБАНКЬ",英译为"Russo-Asian Bank",汉译"俄亚银行"或"华俄银行",中间一行大写俄文英译为"One Fin",汉译"壹分",其下为飞龙底纹图案,图案上印有纸币的编码及俄文"俄亚银行"字样。纸币左、右侧也分别印有立式飞龙图案,其上用俄文与汉文标注"壹分"。四角亦分别标注汉文"壹分"及阿拉伯数字"1",下首花边中印有一行英文小字"Bradbury Wilkinson & Co Ld. Engravers'London"(汉译"伦敦雕版者勃莱特卜·威尔金申有限公司")。

背面上首一行为汉文"俄华道胜银行",中间及左、右两侧分别用维吾尔文、满文、汉文印有:俄华道胜银行宁远、喀什、塔城分局凭票发给足色库平金壹分整。

下首为一云中飞龙图案,花边上沿印有一行淡色英文小字,为伦敦雕版者名字,文同正面。四角之左上和右下用俄文标注面值"1φ",右上和左下用汉文标注面值"壹分"。

整套纸币的设计风格、图案款式、选用纸张、印刷文字等都完全一致,只是因面值的不同而颜色上稍有变化。

(四)新疆商民蒙受巨额损失

金币券发行之初,因规定能兑换黄金,颇具信用,官吏商民争相兑换存储使用,使其迅速在全疆得以流通,形成与新疆省政府发行的官票并行流通的局面。后因银价下跌,以银为本位的官票贬值,金币券的信用更高于官票,以致"市民交易,非俄票不行"。俄国资本完全垄断了新疆的金融市场,并将新疆纳入了俄国统一市场,便利俄国工业品的输入及新疆原料和土特产的输出,成为新疆金融市场的最大威胁。这在新疆财政司长黄立中给北洋政府政事堂的报告中有具体描述:"持俄币即可兑换,商人非俄币不能周转,行旅非俄币不能出境,民间非俄币不能购茶、布,其俄币于京、津、沪、汉均可通用。我国纸币兑换即属困难。……俄人见我纸币信用尽失,遂出以易空手段,希图盈利,计俄币一元,可易省票二两,易伊、塔票三两五六钱。"[①]

华俄道胜银行新疆金币券的发行量,因资料的流散,不知全貌。据民国财政部官员谢彬到新疆调查的记述,"俄在伊塔喀什三处道胜分行,以前共只发行 100 万卢布纸币,民国五年增发至 500 万卢布"[②]。黄立中给北洋政府政事堂的报告中称"华俄银行在新疆发行金币券约有 800 至 900 万两"[③]。

1914 年第一次世界大战爆发,俄国军费增加,财政困难,8 月沙皇下令卢布票停止兑现,随后华俄道胜银行在新疆发行的金币券也停止兑现。金币券因此币值暴跌,新疆商民蒙受了重大损失。为了兑换,前后交涉近十年,最后才以折扣 45%的比例收兑,新疆商民损失惨重。

华俄道胜银行通过在新疆发行最后不予兑现的金币券,以不兑现的纸币换回新疆大量物资,给新疆经济造成巨大灾难。其最终倒闭,民众虽有损失,但从大局而言,实亦为新疆一大幸事。

三、苏联羊毛公司私铸光华元宝考

俄国十月革命后,以英、法、美、日等为首的帝国主义列强视苏维埃政府为洪水猛兽,为了扼杀这一新兴的革命力量而实行了军事干涉及经济封锁政策。新生的苏维埃政府为了打破封锁,宣布废除沙俄与中国签订的一切不平等条约,但北洋政府在政治上追随英、美等帝国主义,继续支持原俄国旧政权。孤悬西北边陲、与苏俄比邻却又得不到中央政府实际援助的新疆省,在省长杨增新的领导下,从新疆现实的处境出发,对苏俄新政府采取了中立主义的不干涉政策,并认定将来俄国"新党必胜"。1920 年 5 月 27 日,在苏俄的要求下,新疆与苏俄签订了临时性局部通商条款新苏《伊犁临时通商条款》,共三十条,在伊犁、塔城设立税关,用条约的形式,使我国收回了自光绪七年(1881)改订伊犁条约以来丧失了 39 年的关税权[④]。沙皇俄国攫取的治外法权、领事裁判权、贸易圈均被取消,在平等的条件下积极开展新疆对苏俄贸易。

1922 年苏联成立,在新疆与苏联的贸易中,1927 年 2 月,曾发生过一起苏联所属羊毛收购公司,在新疆仿铸我国元宝并流通使用的事件。从 2 月到 5 月,时间仅有三个月,所铸银元宝也仅有 150 多枚,随即被查禁。整个过程很简单,目前也早已被人忘却。但在当时,这

---

①③　《前任新疆财政司长黄立中呈政事堂文——详报道胜银行钞券在新势力》(民国四年六月三日),《财政部档》。

②　谢彬《新疆游记》129 页,中华书局,1922 年。

④　如从咸丰元年(1851)的《伊塔通商章程》算起则为 69 年。

件事却惊动了新疆省政府及民国政府财政部曾引起了外交交涉。在南京第二历史档案馆，保留有当时新疆省政府及民国政府财政部有关查禁此事的原始档案。

据杨增新报民国政府财政部的档案《新疆省长咨苏联羊毛公司在华境内铸造元宝拟属止不准再行铸造一案是否有当咨请见复由》，首先发现并查禁私铸元宝案的，是曾经作为杨增新特使去莫斯科祝贺苏联国庆，并受列宁接见的塔城道尹李钟麟。

原来，苏联政府为便于就近收购新疆羊毛，在新疆塔城设立有羊毛收购公司。1927年2月，公司经理克牙孜夫雇佣塔城当地的中国光华银炉工匠潘治，在苏联羊毛公司院内，竟私自将从俄国运来的足色银板倾化后，仿照我国传统的称量货币"元宝"的形制，铸造成银元宝，并刻有"光华银炉"等字样（图 A8－19），用以收购羊毛。5月被当地警察局发现，警察局当即一面派人传知苏联羊毛收购公司经理克牙孜夫暂行停铸，一面传讯铸造银元宝的中国光华银炉工匠潘治到警察局。经审讯潘治并据证人供称，在案发的三个月时间里，已将铸好的150多枚银元宝交给商民去收购羊毛了[①]。

图 A8－19　光华银炉元宝

外国在我国境内私自铸造货币并流通使用，属于严重侵犯"币政主权"的违法行为。"若不由官厅取缔，难保不搀和他物，愚弄乡民，实于币制前途大有妨碍。"并且"塔城现在市上行使之宝，时常发现有假"。因此，新疆省长杨增新认为：

> 铸造元宝乃国家币政之所关，该苏联驻塔毛公司，竟在我境内雇用华民，铸造我国元宝在华使用，姑无论将来难保不搀和他物，愚弄中民。即使始终足色，亦属有碍我国币政，应由该道尹一面严加取缔，一面与驻塔苏联领事交涉，令其转达毛公司，不准再行铸造我国元宝。并候行迪化交涉署，向驻迪领事一致严重交涉，务期禁止铸造，以保主权而重币政。……若不严行禁止，诚恐将来愈铸愈多，或搀和他物，不惟我国商民吃亏，

---

① 《新疆省长咨苏联羊毛公司在华境内铸造元宝拟属止不准再行铸造一案是否有当咨请见复由》，中国第二历史档案馆，全宗号：1027，案卷号：重217，目录号：2。

势必将全疆金融为其操纵,其害伊于胡底。①

财政部对此事很重视,认为:

> 元宝虽非现行法定国币,究系我国旧币之一种。该苏联羊毛公司,纵为便利地方交易习惯起见,尽可以苏联货币按照市价交换通用元宝行使,自无不便之处。乃该公司蔑视我国币政主权,私自雇用银炉华匠仿铸行使,无论其中有无搀和他物,均应严加禁止。②

苏联羊毛公司在我国境内私自铸造"光华元宝"一案,在塔城道尹李钟麟、新疆省长杨增新以及民国政府财政部的共同配合下,及时发现并妥善地进行了查禁,保护了民众利益,维护了国家币政主权。此事说明,新疆地区地处内陆,偏僻落后,币制混乱,长期用银习惯使用以两、钱、分为计价单位的"天罡制",流弊很多,亟待向近代机制币方向发展。但这一过程也如同新疆地区整个社会发展一样,非常缓慢。

---

① 《新疆省长咨苏联羊毛公司在华境内铸造元宝拟属止不准再行铸造一案是否有当咨请见复由》。

② 《咨复新疆省长准咨转侨塔,苏联羊毛公司雇用华人私铸元宝一案应再传讯明白,分别处罚以儆效尤,并将新疆现时通用货币种类查复财政部》。

民国新疆两种未发行(流通)纸币考

民国时期,新疆货币主要是使用纸币,但是,有两种纸币却因故没有发行(流通)。一种是 1925 年"殖边银行"拟在新疆发行的红钱票,虽已基本印好并运抵新疆,但未及发行便因上海分行发生挤兑风潮,导致殖边银行总行倒闭而夭折;另一种是 20 年后即 1945 年,国民政府中央银行在吴忠信主政新疆时,计划用以取代新疆省银行发行的"省币"而印发的"中央银行新疆省流通券",目的是要实现全国币制的统一。该币发行的当日,即发现有错,于是全部收回销毁,虽然发行了,但是最后也没有流通。

前者是因为单纯的经济原因,后者却是人为的政治因素,原因虽有不同,但结果却是一样的。前者让人看到了中国当时金融力量的脆弱,后者则揭示了新疆政治问题的复杂与敏感。

一、殖边银行新疆专用红钱票

"殖边银行"由徐绍桢、王揖唐、许世英等发起创办,于 1914 年 1 月 22 日在北京正式开业,总经理为汪彭年。该行职责声称"主要是为了辅助中国银行对边疆金融力量之所未逮",资本总额为大洋 2000 万元。创办之初,只获准在中国银行未设分行的边疆地区发行纸币。为扩大营业范围,后在中国银行已设分行的地区如天津、汉口、上海、杭州等地也相继设立分行发行纸币,实际上阻碍了中国银行兑换券的推广。财政部币制局因此从 1916 年起多次要求殖边银行收缩发行业务,在内地设立的各分行停止发行纸币,已发行的纸币限期收回封存。但是,殖边银行并未遵照执行,仍是继续滥发纸钞,时常遭到挤兑。1925 年 5 月 1 日,终于因积案所累被政府查封[①]。

殖边银行在全国各地设分支机构 60 余处。股东遍及全国各地,势力最大者为东三省。各地所设分行有一定的独立性,如新疆、云南均各自发行了纸币。殖边银行发行的纸币也是地名券[②],即根据各分行所在地行使货币的习惯而印制不同的种类。

殖边银行新疆分行于民国四年(1915)四月在迪化设立,主要是想解决新疆与关内的通汇问题。这在新疆督军杨增新 1915 年 3 月 13 日给北洋政府的函中说得很明白,"据财政厅

---

① 江苏钱币学会编《中国近代纸币史》840 页,中国金融出版社,2001 年。
② 因各地银两平色、通用银元的不同,所发钞票只能在发票地流通和兑现,故称"地名券"。

长潘震呈称:新疆纸币在省内流行,关内汇兑不通,商贾大困。适接北京殖边银行总管理处公函,推刘文龙来新招股,并筹设分行"。抱着"亦在万不得已中金融畅通之一法"的愿望,杨增新从省库内提银 36000 两,认购殖边银行股票 5 千股,合计银元 5 万元①。同年 8 月设立塔城支行,第二年(1916)一月又设喀什办事处。

刘文龙(1870—1950),字铭三,同治九年生于湖南岳阳,二十岁时来到新疆,先任职于伊犁将军节制下的塔尔巴哈台(塔城),宣统年间以候补道借补迪化知府,后被巡抚袁大化奏参,革职回京。民国四年被任命为殖边银行新疆分行行长,借为殖边银行招股的名义又重新返回新疆。刘文龙素以"范蠡"自居,本拟发行红钱票,在新疆大展宏图。不料因上海分行发生挤兑风潮,致使殖边银行总行倒闭。受此牵连,新疆分行已设计并部分印好的"专用红钱票"还未及编号发行即遭关闭,故此种新疆专用红钱票实际并未发行流通。新疆公安处后来将在刘文龙家中查出的尚未编号发行的"殖边银行新疆专用红钱票",交官钱局会同财政厅当众销毁。因此,"殖边银行新疆专用红钱票"存世极为稀少,为藏家所珍视。

刘文龙(1870—1950)像

殖边银行停业后,刘文龙并未放弃经商,在杨增新支持下,从新疆官钱局借得省票 10 万两,成立"盈丰豫"商号,将新疆土特产及名贵药材运销内地,又将内地京津百货运回新疆,获利颇丰。华俄道胜银行倒闭后,盈丰豫商号又兼办省内外汇兑业务,更是实力雄厚。刘文龙仕途上也大有进展,杨增新时代曾任水利委员会主任、教育厅长,盛世才当政时还曾出任新疆省政府第三任主席,后以谋害督办、颠覆政府的罪名被捕,财产充公,被盛世才关押 11 年,直至 1944 年 10 月吴忠信主政新疆时才被释放。

"殖边银行新疆专用红钱票",专在新疆流通使用,以红钱为单位。有壹百文(图 A9-1)、贰百文(图 A9-2)、肆百文(图 A9-3)三种面额,尺寸分别为 105×64 毫米、125×66 毫米、165×90 毫米,均为横式,在北京印制,较精美。整套纸币的设计风格、图案款式、印刷文字等都基本一致,只是因面值不同而颜色上有所变化。

壹百文、贰百文两种正面图景分别为骆驼商队及长城,均含有"殖边"的意思;背面仅仅印有底纹图案,而无任何文字及数码,原是准备运抵新疆后再加印维吾尔文,编号发行。

肆百文正面:主色为墨绿色,中间为北京颐和园图景,图景上方为"殖边银行"四字,下方为"中华民国五年制"及"凭票即付,不挂失票"。图景左右两侧为对称的花纹图饰,并印有面额"红钱肆百文"。边框四角印有"肆百"。文字均为汉字。背面:颜色为红、黄两色,中间图案上横书草体维吾尔文"Tört Yüz Dachin Mis Pul"(汉译"当红钱四百文铜币"),上首正中横书草体维吾尔文"殖边银行",其下左右两侧分别为小字维吾尔文"不挂失票"及"凭票即

---

① 转引自董庆煊、穆渊著《新疆近二百年的货币与金融》265 页,新疆大学出版社,1999 年。

付"。边框左右两上角为阿拉伯文"400";左右两下角为阿拉伯数码"400"。此票奇特之处为下部正中横书一行法文"Quatre cents supeques rouges"(汉译"红钱肆百文")。新疆纸币上常印有俄文,或偶尔印有英文。印法文的,仅此一例,不知何故。

"殖边银行新疆专用红钱票"还未及与世人见面,便统统作废了。由此,亦可见当时中国金融力量之脆弱。

图 A9-1　殖边银行新疆专用红钱票壹百文

图 A9-2　殖边银行新疆专用红钱票贰百文

图 A9-3　殖边银行新疆专用红钱票肆百文

二、中央银行新疆省流通券

"中央银行新疆省流通券",是国民政府中央银行所发行的四种地名券中的一种[1],是1945年吴忠信主政新疆时[2],民国政府中央银行专为取缔新疆省银行发行的"省币",统一新疆纸币发行权而印制发行的。1945年5月25日,吴忠信利用在重庆参加国民党第六次代表大会之便,与国民政府财政部次长鲁白纯商谈,决定俟新疆省预算确定后,自当年8月1日起新疆省银行停止发行纸币,改由中央银行印制发行"新疆省流通券"。

该"流通券"由中央银行迪化分行发行[3],重庆中央印制厂制版,印刷精美。面值有伍拾圆、壹百圆两种,尺寸大小完全相同,均为164×65毫米,横式。正面中间上方为两行汉字"中央银行新疆省流通券",左面为孙中山正面头像,右面标注面值"伍拾圆"或"壹佰圆"。孙中山头像及面值上方皆印有冠字编码,两侧各盖一正方形篆字图章,分别为"中央银行总裁"和"中央银行副总裁",面值下方边框中标注"中华民国三十四年印",四角印有面值"伍拾"或"壹佰"。边框外侧中间下方印"中央印制厂"一行小字。风格和中央信托局印制处承印的民国三十三年版法币壹百元券完全一致,甚至背面的签字人姓名亦属相同。因为是计划取代新疆省银行发行的"省币",所以"流通券"的币值和新疆省银行发行的省币相同,是法币的五倍[4]。

"中央银行新疆省流通券"仅印制发行了"伍拾圆"(图A9-4)和"壹佰圆"(图A9-5)两种大面值的纸币,而没有小面额的辅币。这是因为,当时规定原新疆商业银行发行的纸币还可以继续流通使用,而新疆商业银行纸币已有辅币数种。另外,在流通券发行之初,国民政府中央银行已经在新疆发行关金券(按一比四的比率和省币同时流通),而关金券的面值自十分至一百元,应有尽有,足敷市面需要。因此,国民政府中央银行计划在新疆省币停发后,再增发"中央银行新疆省流通券"的其他各种面值的纸币。

新疆省流通券背面主要为维吾尔文,边框四角印有阿拉伯数码"50"或"100",中央维吾尔文为印刷体,读作"Ellik Dollar或Yüz Dollar"(汉译"五十元"或"一百元"),左右两侧为阿拉伯数码"50"或"100"及局长李骏耀和副局长田福进的签名。正中上端维吾尔文为手写体,读作"Märkiz Bankisi"(汉译"中央银行"),下端维吾尔文也是手写体,读作"Chini Turkistanda ötädür"(汉译"中国突厥斯坦流通券")。据《新疆金融志》记载,"中央银行新疆省流通券"背面的维吾尔文是由当时在重庆的新疆籍国民政府委员麦斯武德翻译并书写[5]。

---

① 另三种为"中央银行东北九省流通券"、"中央银行台湾省流通券"和"中央银行越南流通券"。

② 吴忠信(1888—1959),字礼卿,安徽合肥人,老同盟会员。历任南京警察总监、淞沪警察厅长、安徽省主席、贵州省主席、蒙藏委员会主任等职,主持边政工作多年。1944年10月接替盛世才任新疆省政府主席,三区革命爆发后于1946年3月离职,在新疆主政18个月。

③ 中央银行迪化分行于1944年1月4日开业,地址最初位于文庙街12号,民国三十五年(1946)5月迁至迪化南关二道桥(今乌鲁木齐工商银行分理处)营业。第二年乌鲁木齐发生"二二五"流血事件后,又迁回原址。

④ 当时新疆"省币"与法币的兑换比例是1比5。

⑤ 《新疆通志》第59卷,见《金融志》122页,新疆人民出版社,1994年。

他将"中国"一词翻译成土耳其文的"Chini","新疆省"译成"Chini Turkistan"(汉译"中国突厥斯坦"),这不是一般的疏忽或误译,而是一个严重的政治错误,具有阴险的政治目的。

图 A9-4　"中央银行新疆省流通券"伍拾圆

图 A9-5　"中央银行新疆省流通券"壹百圆

　　"中央银行新疆省流通券"原计划于 1945 年 8 月 1 日发行,此前,中央银行已将"流通券"15 亿元空运至迪化。因新疆当年预算确定的时间推迟,故延后至 8 月 28 日才在迪化发行,当日上午即被发现译文有错。新疆省政府主席吴忠信遂立即下令,"已发行者设法收回,未发行者暂停发,以便研究补救办法"。吴忠信所谓的补救办法,原是想交新疆省政府印刷厂将错译的维吾尔文"Chini Turkistan"(汉译"中国突厥斯坦")涂掉后再发行,但该厂每日仅能涂改 4800 张,需 40 天才能涂改完。在此种情况下,迪化分行遂决定停止发行。"流通券"从开始发行到停止发行前后仅三天时间,共流出 964 万元,合法币 4820 万元。流通券停发后,为了维持迪化分行业务正常开展,采取了一些应急措施:中央银行总行发行局先后由成都拨运迪化分行 60 亿元关金券;迪化分行就地印制了少量本票发行流通;由新疆省政府令饬新疆印刷厂加工赶印本拟取缔的"省币"借迪化分行以补不足。

　　为尽快收回已发出去的 946 万元流通券,迪化分行还分别在《新疆日报》及该行门前发布公告,要求收兑工作于 9 月底以前完成。迪化市群众可直接到迪化分行兑换"省币",外县群众就近向新疆商业银行各分行兑换。9 月 24 日迪化分行报经中央银行后,将收缴回来的纸币连同库存全部在新疆印刷厂院内销毁。

　　通过这些措施虽然及时粉碎了一起"东突"民族分裂分子借机宣传分裂思想的阴谋,但却打乱了国民政府统一新疆纸币发行权的计划。无奈之下,国民党中央政府只得特准新疆商业银行(后改为省银行)在中央银行缴存 5 万两黄金,作为发行准备金后,并在行政院财政部原派至新疆商业银行的监理官监督之下,继续发行"省币"。直至全国解放后,中国人民银行于 1951 年 10 月 1 日,在新疆发行背面印有维吾尔文的人民币,才结束了新疆"省币"的发行历史。

(原载《西域研究》2008 年第 4 期)

民国新疆割据军阀铸行钱币考

民国二十二年至二十六年（1933—1937）间，因东疆农民起义而导致的甘肃军阀马仲英的侵扰以及南疆"东突"民族分裂势力乘机发动的内乱，使新疆再次陷入了军阀割据的混乱局面。

当时，独霸南疆的喀什区行政长马绍武；由甘肃侵入新疆，并先后与金树仁、盛世才争夺新疆统治权的马仲英；割据和阗的军阀马虎山等为了搜刮民众，筹措经费，都先后发行了钱币。这些钱币只有纸币一种，流通时间短、票面面值大、纸张粗糙、印制简陋、强迫民众接受并造成重大损失是其共同的特点，充分反映了横征暴敛、不顾民众死活的军阀本性。通过这些军阀发行的钱币，可以从一个侧面再现当年局势的动荡以及给各族人民带来的痛苦。本文拟结合实物，对马绍武、马仲英、马虎山所发行的钱币做一考释和介绍。

一、马绍武军用票

马绍武（？—1941），云南籍回族，1914年被新疆督军杨增新委任为库车驻军长官，后任乌什县长。1924年5月帮杨增新消灭拟反叛的喀什提督马福兴后被任命为和阗道尹，1927年调任喀什道尹。马绍武因为是回族"新教"教长马元章后裔，在信奉"新教"的回民中拥有很大影响，为稳定南疆发挥了重要作用。曾被认为"杨将军把马道台安置在喀什，胜于在那里驻扎十万大军"[①]。其在南疆穆斯林民众中的影响可见一斑。因获得了杨增新的充分信任，马绍武在稳定南疆的过程中，也在喀什建立了"独立王国"似的统治，形同割据军阀，直到1933年的动乱。盛世才统治时期曾任新疆民政厅长，1937年被盛世才以"阴谋暴动案"的罪名逮捕下狱，四年后被毒死。

民国二十二年（1933）新疆特别是以喀什为中心的南疆地区，陷入了军阀混战、各自称王的混乱局面。首先是马仲英与盛世才为争夺新疆政权而爆发的战争规模空前，遍及全疆。代表省政府的喀什区行政长马绍武被金树仁任命为"南疆边防总司

马绍武（？—1941）像

---

① 包尔汉《杨增新统治时期》，载《新疆文史资料精选》第一辑，150页，新疆人民出版社，1998年。

令”与各股势力周旋,竭力维持局面。但与省方失去了联系,断绝了省政府的财政援助,为筹措军费,维持地方,马绍武遂以“喀什区行政长兼南疆边防总司令”的名义印发了“喀什区行政长公署纸币”和“南疆边防总司令部军用纸币(钞票)”油布帖等两种流通券,民间则习称“马绍武票”。据记载,它们都是在疏附城内用瑞典基督教行道会开设的铅字印刷所印制的①。

(一)喀什区行政长公署纸币

民国二十二年(1933)三月,马绍武为筹措军需,印制发行了“喀什区行政长公署纸币”,面额有“红钱肆拾文”“红钱壹百文”和“红钱肆百文”三种。

1. 红钱肆拾文(图 A10－1)

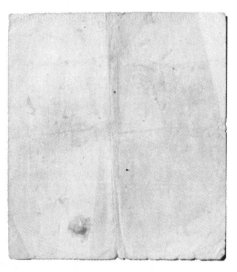

图 A10－1　“喀什区行政长公署纸币”肆拾文

此币系用薄白洋纸或横格办公纸石版单面印刷,尺寸为 116×111 毫米,呈正方形,票面印有汉、维吾尔两种文字。正面为白纸黑字,中央为一圆圈,圈内标注面值“肆拾文”,圆圈上方印有汉文“此票一律通用,如有假造定行治罪”,下方为同义维吾尔文。左侧为“民国廿二年三月　日”字样及一行维吾尔文,汉译“通行喀什各属”,右侧为纸币冠字编号及“通行喀什各属”字样。最上端及最下端分别为“喀什区行政长公署”和“凭票取红钱肆拾文”等字样。盖有一红泥方形篆字大官印,文为“南疆边防总司令之关防”。单面印刷,背面为白纸,无图文,亦未盖章。因选用纸张的不同而有版别上的变化。

2. 红钱壹百文(图 A10－2)

纸质与肆拾文纸币相同,但为石版两面印刷,尺寸为 143×81 毫米,呈长方形,票面印有汉、维吾尔两种文字。正面为白底绿色图文,中央一圆形图案中写有汉文“喀什区行政长公署,凭票即付红钱壹百文”字样,在“壹百文”上盖有“喀什区行政长”长方形阳文篆字章。下

---

① ［瑞典］贡纳尔·雅林《重返喀什噶尔》,新疆人民出版社,1994 年。

图 A10-2 "喀什区行政长公署纸币"壹百文

方横书一长列与圈内汉文同义的草体维吾尔文。券的左侧盖有"南疆边防总司令"长方形阳文篆字章。上端左侧印有"民国廿二年",右侧为手写编码。背面亦为白纸绿色图文,中央一圆形图案,内书汉文"喀什区行政长公署"。图案右侧为汉文"此项官票一律通用,如有假造定行治罪"。左侧为同义的草体维吾尔文。最下端有一行汉文"通行喀和两区属"。

3. 红钱肆百文(壹两)(图 A10-3)

纸质及款式均与壹百文纸币相同,也是石版两面印刷,但较壹百文印刷精致。尺寸为170×103 毫米,呈长方形,正面为白底绿色图文,中间为小河拱桥风景图,图上方有一弧形条框,内书汉字"凭票取足红钱肆百文整",图下为同义维吾尔文。左右两侧梅花图圆圈内竖写面值"壹两"两字。背面白底印黑色文字,几何花纹边框左右两侧分别印有维吾尔、汉两种文字的告示,文曰"喀什区行政长示:此项官票作银壹两,喀和两区一律通用,如有造假定即治罪,民国二十二年三月　日"。并盖有一红泥方形篆字大官印,文为"南疆边防总司令之关防",边角为四个阿拉伯数码"1"字。

(二)南疆边防总司令部军用(纸币)钞票

有纸币和油布帖两种,纸币面值为红钱肆拾文,油布帖面值为红钱肆百文(壹两),名称上又分"纸币"和"钞票"两种。

1. 红钱肆拾文纸币(图 A10-4)

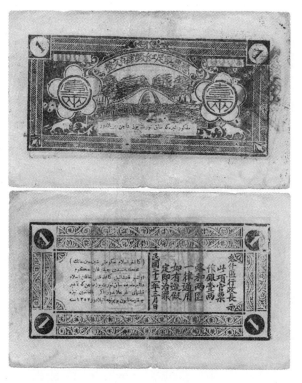

图 A10-3　"喀什区行政长公署纸币"肆百文

图 A10-4　"南疆边防总司令部军用纸币"肆拾文

为长方形,但不规整,长约 118—130 毫米,宽约 95—107 毫米,横式石印单面印刷,式样简单,没有花饰,只有边框。票面印有汉、维吾尔两种文字。中间竖写汉文"肆拾文"三字,上首为"南疆边防总司令部军用纸币",下首为同义草体维吾尔文。左右两侧分别为汉文"通行喀什各属"和"凭票取红钱肆拾文"。边框内右侧为冠字号,左侧为纪年"民国廿二年八月"。右上下角为阿拉伯数字"40",左上角为汉文"四十",左下角为阿拉伯文"٤٠"。

2. 壹两油布帖

　　有两种，民国二十二年九月发行的油布帖上印刷的是"纸币"(图 A10-5)，而在民国二十三年的油布帖上印刷的是"钞票"(图 A10-6)。对此的解释应是马绍武在民国二十二年(1933)八月返回疏附城内为筹军饷，急需印制纸币，当将印版刻好后，却找不到纸张，只能随手找来各色斜纹布料将就印制。因此，就出现了油布帖上印有"纸币"这种不伦不类的事情。等到民国二十三年(1934)再次印制油布帖时，就将"纸币"改成了"钞票"。

图 A10-5　"南疆边防总司令部军用纸币"壹两

　　用油布帖单面石版印刷，油布帖系用桐油浸渍的白布，不畏水湿，比较经久耐磨。面值为壹两，尺寸为 157×92 毫米，为横式，票面印有汉、维吾尔两种文字。所选布料有白布、花布等，用料复杂，印制粗糙，大小不够规整。正面中央圆形图案中为篆书"壹两"二字，右边为汉文"完粮纳税一律通用"，左侧为同义的维吾尔文。上方为汉文"南疆边防总司令部军用钞票"，下方为同义的草体维吾尔文。最上端为汉文"通行喀什各属"。票上盖有长方形红泥阳文篆字大官印，文为"南疆边防总司令之关防"。左侧另有一正方形红泥阳文篆字小官印，文为"南疆边防总司令"。此油布帖仅流通于喀什汉城。

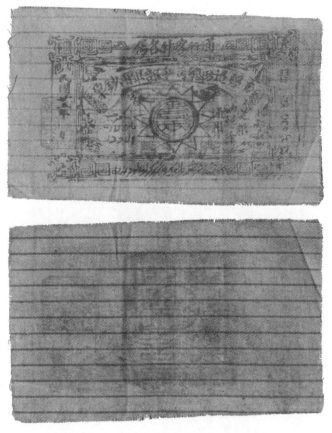

图 A10-6 "南疆边防总司令部军用钞票"壹两

二、马仲英期票

马仲英（1912—?）字子才，甘肃河州（临夏）人，原名马步英，与青海马步青、马步芳为堂兄弟，后因不和而改名为马仲英。1927年，年仅17岁即在河州以"七杆枪吊民伐罪"，反抗冯玉祥国民军在甘肃的统治，震动西北，人称"尕司令"。1930年进入河西，先据甘州，后驻酒泉。1932年2月，被南京国民政府任命为新编三十六师师长。应哈密王府卫队长尧乐博斯之邀，于1931年至1933年打着"奉蒋（介石）总司令命令来新主持一切"的旗号①，并曾以"解救伊斯兰教兄弟"的名义两次率军进疆，先后与金树仁、盛世才争夺新疆政权。1934年7月，在共产党员张雅韶、吴应琪等影响下，马仲英将三十六师交与其姐夫马虎山代理，带二百多随员经伊尔克什塘卡出境去苏联学习。自此一去不复还，下落成了不解之谜②。

民国二十二年（1933）一月，马仲英占领了镇西（巴里坤）、哈密、吐鲁番、奇台等地区，围

---

① 民国二十一年（1932）6月28日金树仁给南京政府的报告，藏新疆社科院历史研究所图书资料室。转引自陈慧生、陈超著《民国新疆史》258页，新疆人民出版社，2007年。

② 王希隆《马仲英赴苏及其下落》，载王希隆主编《西北少数民族历史研究》185页，民族出版社，2003年。

困省城乌鲁木齐。为筹集军饷,马仲英在新疆曾发行过临时流通券
性质的期票,民间俗称"马仲英票"。目前共发现有"镇西公民会流通
券"、"新疆吐鲁番商会流通券"和"奇台县商会流通券"三种。

(一)镇西公民会流通券

民国二十二年(1933)五月,马仲英占领镇西(巴里坤)县城,为筹
措军费,委派县长马寿山及公安局长以"公民会"(即原商会)的名义
印制发行"镇西公民会流通券"。用薄桑皮纸木刻版印制,面值有壹
两、叁两、伍两、拾两四种,尺寸分别为169×103毫米、178×105毫
米、190×108毫米、195×111毫米,均为竖式,票面印有汉、维尔吾两
种文字。纸质及印刷都很粗糙简陋。

1. 拾两(图 A10 - 7)

正面图文为紫色,上半部印有券名"镇西公民会流通券",中间印
有汉文"凭票通用市票银拾两整",金额"拾"是在空格处后添盖的,亦

马仲英(1912—?)像
(这是马仲英送给斯文赫
定的"标准像")

为红色。左侧为"民国二十二年　月　日",下方盖一小长方形篆字
章。右侧为冠字编号,为蓝黑色。票面四周有简单装饰,左、右上角
为"镇西"两字;右、左下角为"纸币"两字。背面图文为棕色,上半部为汉文告示,文为"镇西
县政府示,此项纸币地方有益,完粮纳税流通便利,活泼本境不能兑现,倘有违抗定即严惩。
民国二十二年　月　日"。票面冠字为"松梅竹菊"及"日月星辰"序号排列。盖一红泥长方
形大官印。下方为同义维吾尔文告示。四周有简单装饰,四角印有阿拉伯数字"10"。右边
框上盖有一长方形骑缝章。

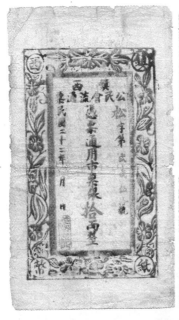

图 A10 - 7　"镇西公民会流通券"拾两

2. 伍两（图 A10－8）

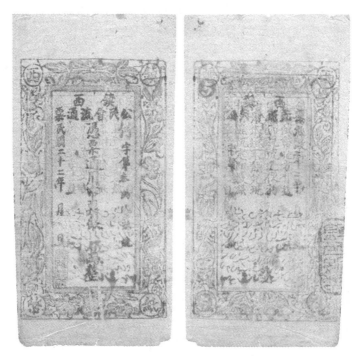

图 A10－8　"镇西公民会流通券"伍两

正面图文为红色，背面为蓝色。图文风格及内容与"拾两"面值者完全相同。

3. 叁两（图 A10－9）

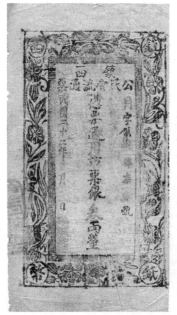

图 A10－9　"镇西公民会流通券"叁两

正面图文为蓝色，背面为绿色。图文风格及内容与"拾两"面值者完全相同。

4. 壹两（图 A10-10）

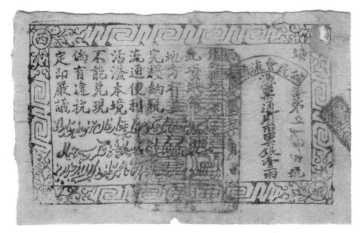

图 A10-10　"镇西公民会流通券"壹两

单面印刷，紫色。票面右侧约三分之一处上首印"公民会流通券"，呈弧形排列。下印"凭票通用市票银壹两"，呈竖排列。左侧为"民国二十二年月日"，右侧为冠字编号，右边框盖一长方形骑缝章。票面左侧约三分之二处为告示，汉文在上，维吾尔文在下，盖一红泥长方形大官印。告示内容及官印与"拾两"面值者完全相同。

（二）新疆吐鲁番商会流通券

民国二十二年（1933）六月，马仲英占领吐鲁番县城，为筹措军费发行"新疆吐鲁番商会流通券"（图 A10-11）。系用薄桑皮纸木刻版印制，尺寸为 212×114 毫米，竖式，面值为五两，票面只印汉文一种文字，除文字及印章外，没有任何装饰花纹或图案。纸质、印刷也都很粗糙简单，完全是战时为应急而印。正面上半部盖一吐鲁番县红色大官印，文为"新疆吐鲁番商会流通券"。中间直书"当官票银伍两整"，左、右边框分别用汉文和维吾尔文印有"流通市面""概不兑换"等字样。背面上半部盖有"吐鲁番县之印"方形大官印，下半部印有汉文布告："此票作为临时通用，限三个月仍由商会以官票收回而示限制。此布。"下边盖一方形图章，右边盖有骑缝章。

据著名探险家斯文赫定《马仲英逃亡记》记载，当时吐鲁番各地都张贴有布告，规定"任何拒绝按照票面标明的价值接受马仲英发行的钞票的人，应予以枪

图 A10-11　"新疆吐鲁番商会流通券"伍两

决"①。说明受此前马仲英发行的"镇西公民会流通券"的教训,吐鲁番民众对此流通券普遍持抵制的态度。

（三）新疆奇台商会流通券

民国二十二年(1933)五月马仲英占领奇台县城,向商会筹款,强迫商会印制发行"新疆奇台商会流通券"(图 A10－12)。只有伍两面值一种,共发行一百万两,未及使用,马仲英便于六月在奇台紫泥泉战败东撤,此票被盛世才行营、奇台县政府借用,流通市面,后经省府全部收兑销毁。

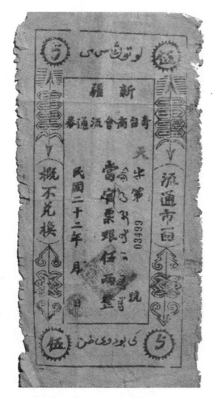

图 A10－12　"新疆奇台商会流通券"伍两

该流通券系用白洋纸木版印刷,尺寸为 195×90 毫米,竖式,面值为五两,票面印有汉、维吾尔两种文字。正面为白纸蓝字,上半部印有券名"新疆奇台商会流通券",中间印有汉文"当官票银伍两整",在金额"伍两"上盖一"奇台商会"篆文方章。左侧为"民国二十二年　月日",在"日"字上盖有一小圆章。右侧为冠字编号,右边框上盖有两个长方形骑缝章。票面左、右两侧有简单装饰,花纹中分别印有"流通市面"及"概不兑换"。右上角、左下角印有汉文"伍";右下角、左上角印有阿拉伯数字"5"。上、下两端及中间共有三处用维吾尔文字母拼写汉字读音,分别是"流通市面""概不兑换"及"当官票银伍两整"。背面为白纸红印,无印

① ［瑞典］斯文赫定《马仲英逃亡记》,宁夏人民出版社,1987 年。

刷图文,上半部盖一方型大章,字用汉文正楷,文为"此票纯为临时通用,限三个月仍由商会以官票收回,以示限制。特布"。其下盖有"奇台商务总会"篆字长方形章。

三、马虎山钞票

马虎山(? —1949),是马仲英的姐夫,1932 年被南京国民政府任命为新编三十六师副师长。1934 年 7 月马仲英去苏联学习时将三十六师交其指挥,任代理师长。

马虎山后来违背马仲英的本意,1937 年 4 月联合喀什的麻木提发动叛乱,盛世才在苏联红军再次出兵帮助下,于 9 月底平定了叛乱,实现了全省的统一。马虎山兵败后经印度逃回甘肃,建国后被镇压。

马虎山在占领和阗期间(1934—1937),对当地各族人民进行了极其残酷的统治。为筹集军饷,曾以"和阗区行政长公署"的名义成立印刷局,委任和阗维吾尔族商人胡大拜地巴衣为印刷局局长,负责印刷钞票,只有"和阗行政长公署流通钞票"一种,俗称"马虎山票",流通于和阗地区及叶城一带。票面印有汉、维吾尔两种文字。系用和阗特有的厚桑皮纸木版印刷,有叁两、壹两、红钱一百文三种面值,尺寸分别为 153×102 毫米、149×102 毫米、98×77 毫米,均为横式。纸质及印刷都很粗糙。

1937 年 9 月省政府平定马虎山叛乱后,于第二年 5 月成立"伪纸币兑换处",以马虎山票 20 两兑换喀票 1 两的比价进行收兑,经 3 个月于 7 月 27 日完成收兑工作。据和阗区行政长潘柏南报告,共收回马虎山票 6166296 两,一部分被当众焚销示众,大部分则交卖造纸厂。

1."和阗区行政长印"纸币(叁两)(图 A10-13)

正面图案为红色,文字为黑色,中央汉文"叁两"二字,右侧为冠字编码,左侧为"民国二十四年月",并盖一汉文正楷黑泥"和阗行政长印"长方形图章,右下方有一阿拉伯数码"3"字,左下方有一维吾尔文"两"字。上方为汉文"和阗区行政长印"字样,四周有简单装饰。背面图案为绿色,文字为黑色。右侧为汉文告示,文为"和阗区行政长示:此票每张三两,每两作红钱四百文,准在和阗区行使。民间完粮纳税,解缴公款,一律通用。如有假造者,从重治罪,并应保重。此示"。左侧为同义维吾尔文。上盖一红印泥阳文篆字"新疆和阗区行政长印"大官印。

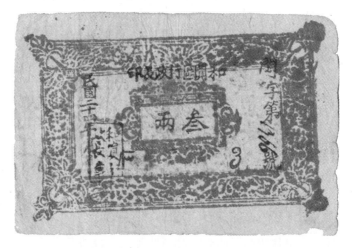

图 A10－13 "和阗区行政长印"纸币(叁两)

2."和阗行政长公署流通钞票"壹两(图 A10－14)

正面图案为绿色,文字为黑色,中央为一椭圆形圈,圈内三角形印框中有汉文"壹两"二字,上为汉文"和阗行政长公署印流通钞票",下为同义维吾尔文。椭圆形圈右侧为冠字编码,左侧为"民国二十四年月"并盖一汉文正楷黑泥"和阗行政长印"长方形图章。右上及左下各有一汉文"壹"字,左上及右下各有维吾尔文"一两"。椭圆形圈上方为汉文"通行和阗各属"字样,下方为同义维吾尔文,四周有简单图饰。背面图案为蓝色,文字为黑色。右侧为汉文告示,文为"和阗区行政长示:此项钞票每红钱四百文作纹银一两,完粮纳税,一律通用。如有假造者,从重治罪。此示"。左侧为同义维吾尔文。上盖一正方形红印泥阳文篆字"新疆和阗区行政长印"大官印。

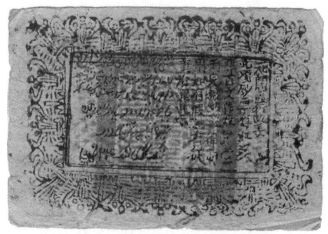

图 A10－14　"和阗行政长公署流通钞票"壹两

3."和阗行政长公署流通钞票"红钱一百文(图 A10－15)

款式及风格完全模仿伪"和阗伊斯兰共和国政府"发行的红钱一百文布币,可能是马虎山于 1934 年 7 月消灭该分裂政权后借用其印版印制的,但删掉了中间原有的战刀和大头棒交叉图案。正面图案为绿色,文字为黑色。仅印一汉文告示,文为"和阗区行政长示:此票每张作红钱一百文。完粮纳税,一律通用。如有假造者,从重治罪。此示"。告示上只盖半个红泥阳文篆字方形大官印,文为"新疆和阗区行政长印"兼作骑缝章之用。无维吾尔文。背面图案为粉红色,文字为红色,是与正面汉文同义的维吾尔文告示,为竖式印刷。

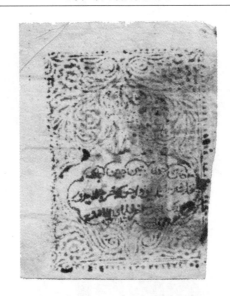

图 A10-15　"和阗行政长公署流通钞票"—百文

"东突"分裂势力铸造(印制)钱币考

"东突"是"东突厥斯坦"的简称,是由"突厥斯坦"一词发展而来。"突厥斯坦"顾名思义,意为突厥人的地域,是个地理概念的名词,在中世纪阿拉伯地理学著作中曾出现过,指中亚锡尔河以北及毗连的东部地区①。随着历史的演进,中亚近代各民族相继确立,到18世纪,"突厥斯坦"的地理概念已相当模糊,在当时的史籍中也已基本无人使用。19世纪初,随着帝国主义列强在中亚地区殖民扩张的深入以及"泛突厥主义"、"泛伊斯兰主义"②思想的传播,"突厥斯坦"一词又被重新提出,并进而出现了将中国新疆塔里木盆地称为"东突厥斯坦"或"中国突厥斯坦"、将中亚河中地区称为"西突厥斯坦"或"俄属突厥斯坦"的提法③,使原本一个单纯的地理名词被赋予了别有用心的政治概念。

泛伊斯兰主义、泛突厥主义思想于19世纪末开始传入新疆④,20世纪初以后,即民国初年,新疆极少数民族分裂分子和宗教极端分子,受国际上伊斯兰教原教旨主义、民族沙文主义思潮的怂恿和煽动,将不规范的地理名词"东突厥斯坦"政治化,成为国内外形形色色的民族分裂分子进行分裂活动的旗号,对新疆社会的稳定造成了严重危害。最早在新疆打出这一旗帜的是在英帝国主义的怂恿和支持下由穆罕默德·伊敏、沙比提·大毛拉等于1933年底在新疆喀什建立的伪"东突厥斯坦伊斯兰共和国"。

一、伪"东突厥斯坦伊斯兰共和国"的出笼及覆灭

"东突厥斯坦伊斯兰共和国"伪分裂政权,是在英国驻喀什领事的支持下,由民族分裂分

---

① 在中亚的地图上,至今仍有两处叫"突厥斯坦"的地名,一处在阿富汗的北部,另一处是哈萨克斯坦的锡尔河东岸、塔什干以北的一个小城镇。

② "泛伊斯兰主义"又译"大伊斯兰主义",创始者是阿富汗人哲马鲁丁,主张将信仰伊斯兰教的人联合统一起来,抵制西方殖民主义的影响,但这种超国家、超民族的狭隘宗教观后被自称"哈里发"的奥斯曼帝国的苏丹阿不都·伊米德二世大肆宣扬。"泛突厥主义"常被错译为"大土耳其主义",主张由土耳其统一所有操突厥语族语言的各民族,即建立一个以土耳其为首领的突厥大帝国。这一思潮最早产生在沙皇俄国境内操突厥语的鞑靼人中,伊思马勒·伽思普林斯基为早期代表人物。

③ 1722年巴黎出版的《帖木儿伯克史》所附地图将整个西伯利亚称作"北突厥斯坦",将新疆称作"南突厥斯坦"。西方著作中甚至还有将兴都库什山北麓哈扎尔人居住地区称作"阿富汗突厥斯坦"。

④ 1908年新疆拜城人毛拉穆尔·赛剌密将《安宁史》补充修订后更名为《伊米德史》,表示是献给"全体穆斯林之首领和伟大的保护者"奥斯曼土耳其苏丹阿卜都·伊米德二世。说明"双泛"思想不但传入新疆,且已被新疆伊斯兰教人士所广泛接受。

子穆罕默德·伊敏、沙比提·大毛拉等利用农民起义以及甘肃军阀马仲英的侵扰而导致的全疆动乱、省政府无暇顾及的空档,于 1933 年 11 月 12 日[①]在喀什成立。

　　20 世纪 30 年代那场波及全疆的动乱,起因是金树仁"改土归流"政策失误引起哈密农民暴动,甘肃军阀马仲英又乘机以"解救伊斯兰教弟兄"为名侵入新疆,先后与金树仁、盛世才争夺控制权而使全疆陷入了动乱之中。

　　当时深受泛伊斯兰主义、泛突厥主义流毒影响的南疆地区,出现了两个秘密分裂组织:一个是 30 年代初在和阗建立的以穆罕默德·伊敏为核心的"民族革命委员会";另一个是活动在喀什的"青年喀什噶尔党"。和阗"民族革命委员会"于 1933 年 4 月 5 日在墨玉农民暴动[②]的基础上成立了"和阗伊斯兰政府"[③],穆罕默德·尼牙孜·艾来木任总统,沙比提·大毛拉任总理,穆罕默德·伊敏自称"伊斯兰艾米尔"掌控实权[④]。控制了自且末至莎车(叶尔羌)一线。6 月开始向喀什进发,8 月占据莎车、英吉沙,兵临喀什城下。

在和阗自称"伊斯兰艾米尔"的穆罕默德·伊敏(前排右)

　　此时的喀什情况极为复杂。代表省政府的喀什行政长官马绍武已被解除职务,除了新赶来的代表"和阗伊斯兰政府"的穆罕默德·伊敏外,另有代表马仲英势力的马占仓、库车暴动首领铁木尔、柯尔克孜民兵头目乌思曼等几股不相统属的武装势力,为了各自利益,正进行着你死我活的争斗。

　　在英国驻喀什领事的怂恿下,沙比提·大毛拉串通和阗"民族革命委员会"与"青年喀什噶尔党"合污一处,于 8 月 25 日成立"和阗伊斯兰政府"驻喀什"管理局",后又于 9 月 10 日

---

　　①　伊斯兰教纪年为 1352 年 7 月 24 日。
　　②　1933 年 2 月 24 日墨玉县农民发动暴动。
　　③　初名"和阗临时政府",后改名为"和阗伊斯兰政府"。接受了国际泛突厥主义组织从土耳其专程派人送来的一面天蓝色的月牙五星旗为国旗。因劫获了金树仁从印度购买的一批军火而壮大了势力。
　　④　当时资料又称此分裂政权为"和阗艾米尔政府"。

成立"东突厥斯坦独立会",取代"管理局",加紧筹备分裂政权。1933年11月12日[①]晚,"东突厥斯坦伊斯兰共和国"伪政权宣告成立[②],公布了伪政权组织纲领、施政纲领和伪宪法。规定以伊斯兰教法规取代中华民国法律制度,以蓝底白色星月旗为"国旗"。公开宣称要脱离南京国民政府,永久独立。邀请被马仲英击败后撤至阿克苏的原哈密王府卫队长霍加·尼牙孜(Khoja Niyaz)出任"总统",沙比提·大毛拉自任"总理";下设九个部,基本都由和阗"民族革命委员会"领导成员和支持分裂的伊斯兰教上层人物担任。穆罕默德·伊敏虽然没有在伪政权中担任职务,因为他掌握和阗"民族革命委员会"实权,两个弟弟又控制着和阗、莎车、英吉沙三处要地,实际上是该伪政权最有势力和影响的人物。

"东突厥斯坦伊斯兰共和国"伪政权出笼后,投靠英印、阿富汗、土耳其、伊朗等国,寻求支持。该分裂政权虽然受到国外泛伊斯兰主义、泛突厥主义分子的广泛欢迎和支持,土耳其各大报纸更是欢欣鼓舞地进行报道,但官方政府都未公开承认和支持[③]。为了维持统治,伪分裂政权在政治上强力推行伊斯兰教法规,设立宗教法庭,对违背教规者滥施酷刑。经济上更是巧立税名,强行搜刮。这种倒行逆施的结果,致使民怨沸腾。所以,1934年2月6日,与盛世才交战失利后撤往南疆喀什的马仲英部属马福元先头部队一到喀什,分裂政权的骨干成员便作鸟兽散了[④]。部分残余人员随沙比提·大毛拉东逃英吉沙,伪"总统"霍加·尼牙孜则西奔中苏边境的伊尔克什塘,与支持盛世才的苏联政府代表商讨"反正"条件。在苏联协调下,霍加·尼牙孜在讨得新疆省副省长的职位后,便宣布脱离主张分裂的伪政权,归服省政府,并致函沙比提·大毛拉命其解散"东突厥斯坦伊斯兰共和国",遭拒后,霍加·尼牙孜于4月中旬带兵抢在马福元部之前进占莎车,逮捕了正在开会的伪"总理"沙比提·大毛拉及部分伪"内阁成员",押解阿克苏交与省政府当局。沙比提·大毛拉这一分裂势力的首恶被处以绞刑[⑤]。但是,另一首恶穆罕默德·伊敏却侥幸逃脱追捕,逃回和阗,企图依靠其兄满素尔为"帕夏"(意为国王)的"和阗伊斯兰政府"继续顽抗。6月初,马仲英部属马虎山进驻和阗,满素尔被杀,穆罕默德·伊敏于7月26日经由赛图拉边卡出逃英印克什米尔[⑥],"和阗伊斯兰政府"也土崩瓦解。至此,南疆出现的伪分裂政权彻底灭亡,一场分裂闹剧如昙花一

---

① 回历为1352年7月24日。

② 伪分裂政权初名"维吾尔斯坦共和国",后改为"东突厥斯坦伊斯兰共和国"。

③ 1933年11月刚上任的英国驻喀什领事汤姆森出席了庆祝大会,只有阿富汗新政变上台的国王查希尔·沙发了贺电,后以"承认东突厥斯坦独立为时尚早"为由,拒绝了正式承认要求。

④ 当时英国驻喀什总领事汤姆森·格洛弗曾记述马福元部队进入喀什的情况是"他们几乎未遇到抵抗,大约800名东干士兵和1200名新兵就迫使1万人的叛军逃离喀什"。引自[英]A.D.W.福布斯著《新疆军阀与穆斯林:1911—1949年民国新疆政治史》,载新疆社会科学院《"双泛"研究译丛》(第1辑),63页,1991年。

⑤ 另有一说是解往省城迪化而死于狱中。

⑥ 穆罕默德·伊敏后从克什米尔前往喀布尔投靠阿富汗国王,并与日本驻阿公使北田正本勾结继续从事分裂活动。于1940年在克什米尔出版了炮制的《东突厥斯坦史》。1943年4月在艾沙动员下由印度飞重庆,投靠国民党。三区革命爆发后于1945年9月随张治中回新疆,后出任省联合政府建设厅长,1947年5月麦斯武德任省主席时又升任副主席兼建设厅长。1949年9月新疆和平解放前夕经塔什库尔干出逃克什米尔。1950年2月在克什米尔首府斯利那加组织"东突厥斯坦侨民联合会"。1953年10月为了和国际上的泛突厥主义合作,移居伊斯坦布尔并加入土耳其国籍,在"突厥斯坦民族统一委员会"任要职。1964年病逝于土耳其。穆罕默德·伊敏是一个顽固的泛伊斯兰主义、泛突厥主义分子,终其一生都在从事分裂活动,最后客死他乡,其思想流毒对后来的"东突"分裂分子有重要影响。

现般灰飞烟灭了。

二、"东突"分裂势力印刷及铸造的钱币

"和阗伊斯兰政府"及"东突厥斯坦伊斯兰共和国"两个分裂政权,虽然历时很短,"和阗伊斯兰政府"前后不及一年,喀什"东突厥斯坦伊斯兰共和国"仅存活了三个月,但为装点门面和筹集经费,也都印制了钱币。

(一)伪"东突厥斯坦伊斯兰共和国"钱币

纸币、布币、银币、铜元四种。据当年曾专程来喀什考察的瑞典人贡纳尔·雅林后来在回忆录《重返喀什噶尔》中的记述,伪"东突厥斯坦伊斯兰共和国"的纸币与布币是用瑞典基督教行道会驻喀什代办处的印刷机印制的[①]。这应该是在英国驻喀什总领事馆的授意下进行的。

1. 纸币:

有壹两和五钱两种面值,都是用白报纸或横格办公纸石版印制,只单一黑色,尺寸分别为156×102毫米和149×91毫米,均为横式。

贡纳尔·那林像

瑞典基督教行道会驻喀什代办处印刷厂

---

① 贡纳尔·雅林(1907—2002),瑞典突厥语学家、外交官,曾于1929—1930年、1978年两次去新疆喀什噶尔考察,著有《重返喀什噶尔》,新疆人民出版社,1994年。

五钱(图 A11 - 1)

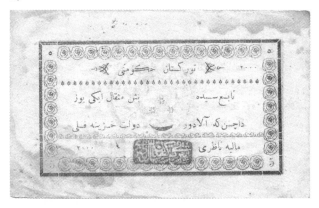

图 A11 - 1　伪"东突厥斯坦伊斯兰共和国"五钱纸币

正背两面均为维吾尔文,正面边框内对称排列有 44 朵花饰,左右上角内各有一小圆圈,左右下角内各有一"5"字。上首维吾尔文"Turkestan Hökümiti"(汉译"突厥斯坦政府"),下首维吾尔文"Maliya Bahliri"(汉译"财政部长"),左侧空白处盖一红印泥长方形空心维吾尔文图章"Sharki Turkestan Jumhuriyeti"(汉译"东突厥斯坦共和国")。正中为一向上弯月,弯月上方有三颗六角星,一上两下呈鼎足排列。在星月两侧有两行维吾尔文,右侧为"Tah-ghisida,Ikki Yüz Dachinka Alador"(汉译"凭票取红钱二百文"),左侧为"Besh Sar-Dölet-Hezine Puli"(汉译"国库币五钱")。左下角和右上角分别印有阿拉伯数字"2000"。背面边框同正面一样,中间为维吾尔文告示,汉译为"此币由帕夏政府统一发行,作喀什银币五钱。若有伪造者,定将依法严办。特此命令"。告示上盖一中间为星月图徽的维吾尔文图章,维吾尔文首尾相连,图章下边有两相对的弯月,中间为伊斯兰教纪年"1352"。

另外,近年又新发现一种五钱面值的纸币,在正面上首维吾尔文"Turkestan Hökümiti"(汉译"突厥斯坦政府")前添加了维吾尔文"Sharki"(汉译"东")一词,全句为"Sharki Turkestan Hökümiti"(汉译"东突厥斯坦政府"),其余文字和图案完全一样,没有变化(图 A11 - 2)。

图 A11-2　伪"东突厥斯坦伊斯兰共和国"五钱纸币

壹两(图 A11-3)

图 A11-3　伪"东突厥斯坦伊斯兰共和国"壹两纸币

正背两面均为维吾尔文,图文较五钱者复杂。正面中间为伪星月图案国徽,其下为伊斯兰纪年"1352",纪年右侧下方维吾尔文为"Maliya Bahliri"(汉译"财政部长"),上盖红印泥图章,维吾尔文为"Sharki Turkestan Jumhuriyeti"(汉译"东突厥斯坦共和国")。其上维吾尔文为"Turkestan Hökümiti"(汉译"突厥斯坦政府")。星月图徽右侧维吾尔文为"Tahghisida,Tört Yüz Dachinka Alador"(汉译"凭票取红钱四百文"),左侧为"Bir Sar-Dölet-Hezine Puli"(汉译"国库币一两")。左右上角为阿拉伯文"1",左右下角为阿拉伯数字"1"。背面中间为维吾尔文告示,汉译为"此币由帕夏政府统一发行,作喀什银币一两,若有伪造者,定将依法严办。特此命令"。告示上盖一中间为星月图徽的维吾尔文图章,维吾尔文为"Sharki Turkestan Bash Vakaliti"(汉译"东突厥斯坦代总统")。左右上角为阿拉伯数码"1",左右下角为阿拉伯文"1",但均倒写。

2. 布币(图 A11－4)

图 A11－4　伪"东突厥斯坦伊斯兰共和国"壹两布币

目前只发现有面值"壹两"一种,用白细布石版印制,图案、文字、颜色、格式、面额、尺寸大小等都与"壹两"面值纸币完全相同。

3. 银币(图 A11－5)

直径 29.2 毫米,厚 1.6 毫米,重 9.2 克。正面中央一圆圈,圈内铸维吾尔文"(1)-Mishkal-1352-Sina"(汉译"壹钱"及伊斯兰纪年"1352")。圈外一圈维吾尔文逆时针首尾相连,"Sharki Turkestan Jumhuriyeti Islamiyesi"(汉译"东突厥斯坦伊斯兰共和国")。背面中央为一伊斯兰向上新月图徽,在新月弧弯内有两行维吾尔文"Zarb Kashgar"(汉译"喀什噶尔造"),其上端又有一颗八角星。新月之下为两枝交叉互生叶状图饰,底部交叉,束以带结。

4. 铜元

有当红钱十文与二十文两种面值。伪"东突"铜元,不是单独制胚打压,而是在原清代铜元、民国铜元以及俄国铜"戈比"上再二次冲压制成,残留的原图及文字仍清晰可辨。

十文铜元(图 A11－6)

直径 28 毫米,重 6 克。正面为两个带叶树枝交叉图案,顶端为星月图徽,共同组成一圆圈。内有维吾尔文为"Milet-Islamiye-1352"(汉译"信仰伊斯兰教的民族"及伊斯兰纪年"1352"),圆圈下方维吾尔文为"Uighuristan Jumhuriyeti, Zarb Kashgar, On Dachin"(汉译"维吾尔斯坦共和国,喀什造,当红钱十文")。背面为国民党党旗与"东突"带伪星月图徽三角旗交叉图案,上方为汉文"当红钱"字样,下方为汉文"十文"字样。伪三角旗以有无花边或花边的不同而有版别上的区别。

二十文铜元(图 A11－7)

直径 33 毫米,重 12.4—14.3 克。正面与十文铜元完全相同,背面汉文"当红钱二十文"全在交叉两旗上方,伪三角旗花边与十文铜元者有所不同。

图 A11－5　伪"东突厥斯坦伊斯兰共和国"银币　　　　图 A11－6　伪"东突厥斯坦伊斯兰共和国"十文铜元

图 A11－7　伪"东突厥斯坦伊斯兰共和国"二十文铜元

(二)伪"伊斯兰共和国和阗政府"钱币

有纸币、布币两种。

1. 纸币(图 A11－8)

尺寸为 154×102 毫米,但大小不够划一,横式,用和阗特有的厚桑皮纸木版印刷,纸质及印刷都很粗糙。面额壹两,正背两面均为维吾尔文。正面中央为大写阿拉伯数码"1",右侧维吾尔文"Bir"(汉译"壹"),左侧维吾尔文"Sar"(汉译"两")。正中盖一椭圆形维吾尔文章,上有维吾尔文"Hotan"(汉译"和阗")字样可辨,章下有用红墨水钢笔手写的阿拉伯数码。下方骑缝处盖一长方形维吾尔文大印,上有伊斯兰纪年"1352",两印均用红印泥加盖。背面应为维吾尔文告示,字小模糊难认。

2. 布币(图 A11-9)

尺寸为97×75毫米,正面为竖式,但背面却是横式,不够规整划一,用白细布石版印制,面额为红钱一百文,应为壹两纸币的辅币。正面图案花纹为绿色,中间为战刀和大头棒交叉图案,其下有三行红色老维吾尔文,汉译为"伊斯兰共和国和阗政府国库发行的货币,红钱一百文"及伊斯兰纪年"1352"。背面图案花纹及文字均为绿色,中间四行维吾尔文为"伊斯兰共和国和阗政府:此票一律通行,如有伪造,定将治罪"及伊斯兰纪年"1352"。下方骑缝处盖一红印泥正方形维吾尔文大印,上有维吾尔文"Hotan"(汉译"和阗")字样可辨。

图 A11-8 伪"伊斯兰共和国和阗政府"纸币 　　　　图 A11-9 伪"伊斯兰共和国和阗政府"布币

三、几点总结

1. "东突"伪分裂政权钱币的种类及特点。

自泛伊斯兰主义、泛突厥主义思想于19世纪末传入新疆以来,以"东突"名义的分裂活动虽然不少,但是,正式建立"东突厥斯坦伊斯兰共和国"并印刷、铸造钱币的分裂势力,仅有

20世纪30年代以穆罕默德·伊敏、沙比提·大毛拉等为首的分裂分子在和阗及喀什建立的两个短命的分裂政权[①]。虽然时间很短暂,但为装点门面和筹集经费,也都铸造、印制了钱币。有纸币、布币、银币和铜元四种。有如下特点:

一、时间短暂。两个伪政权存在的时间,前后加起来尚不及一年,喀什"东突厥斯坦伊斯兰共和国"更是仅存活了三个月。

二、种类众多。伪政权存在的时间虽然短暂,但所铸造、印制的钱币的种类却不少,有纸币、布币、银币和铜元四种,这显然主要是为装点伪政权门面的考虑,这和沙比提·大毛拉曾有在国外游学的经历有关。

三、设计简陋、用料复杂、印制粗糙。如纸币用薄白洋纸、白报纸或横格办公纸石版印制,只单一黑色。和阗则用特有的厚桑皮纸木版印刷。布币所选布料有白布、花布等,大小极不规整。铜元不是单独制胚打压,而是在原清代铜元、民国铜元以及俄国铜"戈比"上再二次冲压制成,残留的原图及文字仍清晰可辨。

四、以纸币、布币为主,银币和铜元数量极少,明显带有掠夺民众的性质。除铜元背面用汉文标明面值外,纸币、布币、银币都只有维吾尔文一种文字。另外,在最初铸造的铜元背面铸有国民党党旗与"东突"带伪星月图徽三角旗交叉图案,带有明显的政治欺骗性。

2. 伪分裂政权最初对"独立"是留有余地的,但后来越走越远,最终走上了分裂的不归之路。

该伪分裂政权最初铸造的铜元上,铸有汉字"当红钱十文(二十文)",并且还保留有带青天白日党徽标志的国民党党旗。而在后来铸造的银币以及印制的纸币(布币)上,则取消了汉字,同时也没有了国民党党旗。这说明,虽然该伪分裂政权的宗旨是要脱离中国实现"独立",但他们最初在"独立"问题上是犹豫的,给自己是留有退路的。后来在英帝国主义势力的唆使、支持和暗示下,一小撮分裂分子产生了幻想,在分裂的道路上才越走越远,最终走上了与祖国分裂的不归之路,自然也就不再使用汉字和带青天白日党徽标志的国民党党旗了。

3. 钱币上清晰记录了"东突"伪分裂政权名称的变化。

1933年11月12日晚宣布成立的分裂伪政权最初称为"维吾尔斯坦共和国",后改称为"东突厥斯坦伊斯兰共和国"。这一变化一般不为人知,但在其铸造的钱币上却有清晰的记录。如:在最初铸造的铜元上自称为"Uighuristan Jumhuriyeti",汉译为"维吾尔斯坦共和国"。但在随后铸造的银币及印制的纸币和布币上,都改称为"Sharki Turkestan Jumhu-riyeti Islamiyesi",汉译"东突厥斯坦伊斯兰共和国"。这一变化充分反映了国内的民族分裂分子与国际泛伊斯兰主义、泛突厥主义分子勾结后共同导演了20世纪30年代发生在南疆的"东突"分裂活动,深刻揭示了"东突"分裂活动的国际背景。

_____

① 1944年11月三区革命爆发后选择于11月12日成立的临时政府也曾一度自称为"东突厥斯坦共和国"并印制了纸币,但1945年冬临时政府改组后,进步知识分子阿合买提江、阿巴索夫、赛福鼎等进入领导层,纠正了初期的一些政治错误,后斗争方向也有调整并接受了中国共产党的领导,成为民主革命的一部分。三区革命初期情况特殊,不属此例。详见《三区纸币(期票)考》。

4. 产生恶劣效果,影响深远,需予以批判。

"东突厥斯坦伊斯兰共和国"是在 20 世纪 30 年代前半期新疆军阀混战、农民起义暴动此起彼伏的特定时期,在帝国主义支持下偶发的一次分裂活动的产物,虽然仅是昙花一现便破灭了,但是,作为新疆历史上的第一个分裂政权,它完成了"东突"分裂主义从思想意识到实践活动的过渡。作为一个恶劣的先例,它建立了伪"东突厥斯坦伊斯兰共和国",铸造、印制了钱币,产生了领袖人物,由此而造成的恶劣效果,影响深远。如 1937 年驻防喀什的麻木提师长外逃后,其部下阿布都尼牙孜发动叛乱就是以建立独立的"东突厥斯坦"为旗帜;1944 年三区革命爆发后所成立的"东突厥斯坦共和国"就是特意选择在 11 月 12 日成立的。以致当前国内外的"东突"分裂势力仍然是以建立独立的"东突厥斯坦"国为号召目标,进行宣传。因此,我们对此应有清醒认识,结合"东突"伪分裂政权所铸造、印制的钱币进行批判,以使民众对其欺骗性有深刻的认识。

三区纸币（期票）考

三区纸币又称三区期票，属于三区历史的一部分。多年来，基本无人涉足，研究者更是寥寥，可资参考的文章仅有董庆煊《新疆近二百年钱币图说》①及陈延琪《新疆三区政府货币的历史考察》②两篇。本文拟通过对三区纸币实物的考释，并结合三区革命历史的进程，就三区纸币的种类、流通阶段、最后收兑以及体现在三区纸币上的三区革命进程的变化做一论述。

一、三区革命历史梗概

1944年11月，在前苏联的支持下，新疆伊宁爆发了反抗国民党统治的武装斗争③，并迅速蔓延到伊犁、塔城、阿尔泰三个行政区④。起义群众11月12日占领伊宁城区后随即宣布成立临时政府。

1945年10月国民政府委派张治中将军来新疆与以阿合买提江为首的三区代表进行谈判，几经反复，于1946年1月2日签署了和平条款十一条及附件一，后又于6月6日签署了附件二⑤。6月18日筹组省联合政府，7月1日省联合政府正式成立，国民党西北行营主任张治中兼任新疆省主席，阿合买提江和包尔汉为副主席。

1948年8月，三区方面在伊宁成立具有全疆各族人民民族统一战线性质的"新疆保卫和平民主同盟"，阿合买提江当选中央委员会主席。1949年8月14日中共中央派邓力群以联络员身份赴伊宁与三区方面联系，三区拥护并开始接受中国共产党的领导。8月23日，三区应邀派代表参加全国政治协商会议，出席开国大典⑥，并积极配合新疆的和平解放，三区革命最终汇入了中国共产党领导下的全国民主革命运动的洪流。

三区方面在反抗国民党专制统治的过程中，除了战绩辉煌的军事斗争外，在金融、货币领域

---

① 《新疆金融》(增刊二)，1986年8月。

② 《西域研究》1995年第3期。

③ 当时称之为"伊宁事变"，解放后则称之为"三区革命"。

④ 当时新疆划分为十个专区，除伊犁、塔城、阿尔泰三区外，还有迪化、阿克苏、喀什、和阗、莎车、焉耆、哈密七区。

⑤ 和平条款为《中央政府代表与新疆暴动区域人民代表之间以和平方式解决武装冲突之条款》，附件一为《关于省政府委员名额之分配》，附件二为《关于三区军队之改编与驻防》。

⑥ 三区代表阿合买提江、伊斯哈克别克、阿巴索夫、达列里汗及迪化"战斗社"负责人罗志五人于8月27日因飞机失事遇难后，三区又于9月8日应邀派出第二批代表赛福鼎、阿里木江及"战斗社"重要成员涂治三人参加全国政治协商会议并出席开国大典。

也开展了卓有成效的斗争。但是多年来，研究三区历史者多从政治、军事以及历史贡献等方面阐述三区革命的功绩，却很少有人注意到在金融货币领域，为解决财政困难以及应局势的变化，三区政府也曾在不同时期以不同的名义印制发行过不同的货币。这些货币作为三区革命历史的见证，都很客观真实地记录了三区革命早期和临时政府改组后，政策上所做的调整。通过考察三区政府在不同历史阶段所发行货币上的细微变化，这非常有助于我们全面、客观地了解三区革命的历史。

二、三区纸币（期票）的种类及考释

1945 年 1 月，临时政府刚一成立就在伊宁市原新疆省银行旧址设立"伊犁银行"，隶属临时政府财政部经济厅管辖，负责发行纸币。11 月 20 日，临时政府将银行与财政分开设置，成立"东突厥斯坦共和国国家银行"，并在塔城和阿尔泰成立分行。1946 年 7 月 1 日，新疆省联合政府成立后，为恢复新疆商业银行在伊犁、塔城、阿尔泰三区的分支机构，将原三区银行即所谓的"东突厥斯坦共和国国家银行"及其下设部门一律改为新疆商业银行的分支机构，称作"新疆商业银行伊犁分行"。1948 年又改称"省商业银行伊犁专区分行"。

三区银行所发行的货币只有纸币一种，属临时钞票，维吾尔文称作"Chek"，汉语习称"三区期票"，只流通于三区境内，与国民政府治下的新疆其他七个区内流通的货币互不通用，也无折合率，构成了一个相对独立的金融货币体系。概括地讲，三区政府所发行的货币大致可分为四个阶段，具体考察如下：

（一）1945 年元月于伊犁，1946 年初于塔城、阿尔泰发行的期票

这是三区政府最早发行的纸币（期票），名称为"东突厥斯坦共和国财政部经济厅所属国家银行期票"（以下简称"国家银行期票"），有 100 元（图 A12－1）、300 元（图 A12－2）、500 元（未见实物）、1000 元（图 A12－3）四种面值，均为横式，用铅字（100 元）或木刻（500 元、1000 元）印刷，尺寸分别为 144×74 毫米、180×85 毫米、200×102 毫米。正背均使用维吾尔、俄两种文字，刻制、用纸及印刷都很简陋，仅四角印有简单花卉图案。正背两面分别用阿拉伯数字及俄文标示的面值和货币单位"元"，其余文字内容和式样也都完全一致，仅是颜色不同而已[1]。正背面上首均用维吾尔文印有"东突厥斯坦共和国财政部经济厅所属国家银行期票"，正面用维吾尔文印"财政部人民经济厅"、"总会计"字样及维吾尔文签名章；背面用维吾尔文印"国家银行行长"、"出纳"字样及维吾尔文签名章。正背面均用阿拉伯数字标注纪年"1945"。盖有星月图徽圆形章，沿星月图徽四周有两圈文字，内圈为俄文，外圈为维吾尔文，但文字漫漶，无法辨认。用阿拉伯数字标示的面值下方，有两行维吾尔文小字，汉译为"此票与原先汉人的钱票以同等价值流通"。因印刷粗糙，时有伪造。截至 1946 年 5 月，共累计发行三亿二千零二十万元[2]。

---

① 100 元面值的纸币正背颜色相同，均为粉红色；300 元和 1000 元纸币的正面为酱红色，而背面却是深蓝色。

② 《报告发行情况》1950 年 5 月 18 日，新疆人民银行档案。因纸币不能满足流通需要，财政部经济厅还于 1945 年 2 月签发有一种代金券性质的"现金支票"，虽可流通但不属于货币。

图 A12－1　"东突厥斯坦共和国财政部经济厅所属国家银行期票"100 元

图 A12－2　"东突厥斯坦共和国财政部经济厅所属国家银行期票"300 元

图 A12-3 "东突厥斯坦共和国财政部经济厅所属国家银行期票"1000 元

此种期票主要在伊犁地区与国民党发行的省币同值流通。塔城与阿尔泰为解决现金短缺，报经三区政府同意，于 1946 年初也分别印发了两种期票，仅限在塔城与阿尔泰当地流通。塔城发行的期票有 2000 元、1000 元、500 元、200 元四种，系用新疆省银行塔城分行的空白支票上加盖木刻章，标注面值，再盖红色印泥的大图章。发行量为五千万元。阿尔泰发行的期票有 100 元、500 元、1000 元、3000 元、5000 元五种，发行数量不详，为横式单面印刷，在阿尔泰县报社用脚踏印刷机印制。票面为哈萨克文，标明"东突厥斯坦共和国阿尔泰专区银行期票"（以下简称为"阿尔泰银行期票"），上边正中为伊斯兰星月图徽，四周有花卉图饰。票面还印有编号，盖有银行公章。塔城与阿尔泰发行的期票流通时间非常短，约有两三个月。因塔城与阿尔泰印发的期票时间短，纸质及印刷都很简陋粗糙，加之数量少，很快即被收兑，实物流传下来的很少。这一时期的三区期票，纸质粗劣、图案简陋、颜色单一、印刷粗糙，完全是为应急而发行。只印有维吾尔文、俄文两种文字，没有汉文。

根据和平条款，三区所需费用由省政府拨款维持，三区遂明确指示塔城"不准再印发货币，过去从伊犁、塔城印发的货币一律收回"，"已经收回的三区货币，再不要流入市场，这批货币整理好上交伊犁"[①]。三区期票由省政府拨基金 3.5 亿，限 1946 年 10 月 1 日至 11 月 30

---

① 《三区档案》伊犁州档案馆，卷 258、卷 296。

日,用省票按同等面值收兑。据三区方面报告,截至1946年5月底,在三区发行的纸币(期票)约四亿四千零贰拾万元,其中,伊犁发行三亿贰千多万,塔城发行五千多万,"盖章省币"七千多万。后来,三区以实际发行大于原报数为由,要求增加兑换基金,未获省方同意。虽然名义上省政府拨付巨款收兑了三区所发行的纸币(期票),但实际上,该种纸币(期票)仍在市面流通。

(二)加盖三区印章的省币及关金券

1945年三区政府发行期票时,为稳定金融,允许新疆商业银行发行的省币继续在三区流通。但随着省币的贬值,省币大量流入三区,抢购物品,严重冲击了三区市场。三区政府从1945年9月15日开始,在三区境内流通的省币上加盖三区"东突厥斯坦人民共和国国家银行"印章,无章的省币自1946年3月10日起不许流通。以九折折扣在4月15日以前到三区银行兑换,过期即停止兑换。盖章的省币为1939年版(1943年发行)的背面有彭吉元签名的100元(图A12-4)及50元(图A12-5)两种。印章加盖在有发行号码的一面,所盖印章为圆形,印章中心为伊斯兰星月图徽,图徽外圈为维吾尔文"东突厥斯坦国家银行"。流通地区为伊犁、塔城、阿尔泰三区,主要在伊犁地区。据1946年5月底

图 A12-4　加盖三区印章的省币 100 元

统计,共给七千万元省币加盖了印章。1947 年 8 月,联合省政府破裂,三区代表撤回,为限制国民政府的关金券在三区流通,三区政府便又采取在关金券上加盖印章的办法,"盖章关金券"每人限 2 万元,关金券面值 100 元折合省币 400 元,共盖章 12500 万元,折合三区期票约 5 亿元。

图 A12－5　加盖三区印章的省币 50 元

　　盖章省币及关金券用的虽然不是三区政府银行发行的纸币,但加盖三区银行印章后,其实际发行部门就变成了三区政府银行。因此,也应视为三区政府发行的货币。

　　(三)1947 年发行带汉文的"新疆商业银行伊犁分行期票"

　　1947 年 8 月,联合省政府破裂后,面对日益贬值的省币及"关金券"大量充斥三区的局面,为稳定金融及物价,三区政府重新采取盖章的方式限制省币及"关金券"的流通。与此同时,三区政府也开始筹备自行印发新的货币,以供流通。

　　新印制的货币称为"新疆商业银行伊犁分行期票",面额有 2000、2500、3000 三种(面值只有数字而未注明货币单位,但实际使用时与省币一样,都以"元"为计算单位),发行总量不详。票面用锡伯文、蒙古文、维吾尔文三种文字标注面值。纸币均为横式,用白道林纸,开始用木版、内嵌铅字印刷,后改为锌版印刷。

图 A12-6 "新疆商业银行伊犁分行期票"2000 元券

　　图 A12-6 尺寸为 170×79 毫米,正面图文为酱紫色,中间图景为伊犁面粉厂和发电厂,两边及四角均为阿拉伯数字"2000",上面正中为维吾尔文"二千",下边为印制年份"1947"。背面图文为蓝色,正中及四角均为阿拉伯数字"2000",上边维吾尔文为"省商业银行伊犁专区分行期票",下边汉文为"新疆商业银行伊犁分行期票",左右两侧分别用锡伯文及蒙古文标注面额"二千"。正面右下及背面左下为行长阿不都拉买合苏木盖红泥的签名印章;正面左下及背面右下为总司库乌买尔伯克阿吉的签名印章。

图 A12-7　"新疆商业银行伊犁分行期票"2500元券

图 A12-7 尺寸为 149×75 毫米,正面图文为淡红色,中间图景为一肩扛葡萄盘的维吾尔族农民,远景为吐鲁番苏公塔,上书蒙古文"省商业银行伊犁分行期票",左右两侧用锡伯文及蒙古文标注面额"二千五百",下书汉文"新疆商业银行伊犁分行期票",左右上角为阿拉伯数字"2500",两个下角为汉文"贰仟伍佰"。背面图文为蓝色,正中图案内为阿拉伯数字"2500",左右两侧维吾尔文为"贰仟伍佰",四角为阿拉伯文"贰仟伍佰"。上边维吾尔文为

图 A12-8　"新疆商业银行伊犁分行期票"3000元券

"省商业银行伊犁分行期票",下边为印制年份"1947",另有行长及总司库的签名。

图 A12-8 尺寸为 175×79 毫米,正面图文为咖啡色,正中图景为伊犁银行,两侧及四角均为阿拉伯数字"3000",上边为维吾尔文"三仟",下边为印制年份"1947"。背面图文为黑色,正中图案内及四角均为阿拉伯数字"3000",上边维吾尔文为"省商业银行伊犁分行期票",下边为汉文"新疆商业银行伊犁分行期票",左右两侧用锡伯文及蒙古文标注面额"三仟"。正背面均有行长及总司库的签名。

(四)1948 年发行维吾尔文"省商业银行伊犁专区分行期票"

1948 年发行的三区期票与 1947 年版基本一致,最大不同是没有汉文,增加了俄文签名。这一变化的背景是随着美国支持国民党发动全面内战,引发了苏联对新疆政策的重新审视,继而逐步恢复并加强了对三区革命的支持,又重新向三区派驻苏联顾问团[1]。这种背景下发行的货币自然也就取消了汉文,但是仍然用维吾尔文标明"省商业银行伊犁专区分行期票"。

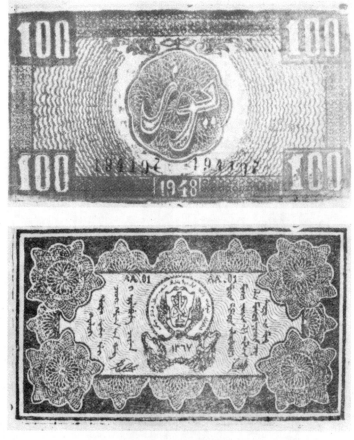

图 A12-9 "省商业银行伊犁专区分行期票"100 元券

① 苏联第一次派有两个顾问团,代号分别是"一号房子"和"二号房子",于 1944 年 11 月 27 日进驻伊宁,1946 年夏季和平条款全部签订后撤退。第二次派顾问团是 1947 年三区委员退出省政府工作后,代号为"阿合买提江第二办公室",8 月上旬邓力群到伊宁前夕撤回苏联。

印制年份除标有公历纪年 1948 外，还用阿拉伯文标注了伊斯兰纪年"1367"。用白色道林纸铅版印制，面额有 100、300、500、1000 四种（面值亦只有数码而未注明货币单位，实际使用时均以"元"为计算单位）。1947 年及 1948 年版"省商业银行伊犁专区分行期票"共发行了三百一十亿元，一直流通到 1950 年 12 月 31 日。

图 A12-9 尺寸为 125×73 毫米，横式，正面图文为酱红色，中间为维吾尔文"百"，四角均为阿拉伯数字"100"，下边中间为公历纪年 1948。背面图文为黑色，中间为一圆形图徽，周围一圈维吾尔文小字为"省商业银行伊犁专区分行期票"，下边为伊斯兰纪年"1367"，左右两侧锡伯文及蒙古文与维吾尔文同义。

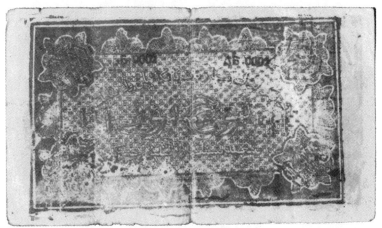

图 A12-10 "省商业银行伊犁专区分行期票"300 元券

图 A12-10 尺寸为 140×80 毫米，横式，正面图文为咖啡色，中间为阿拉伯数字"300"，四角均为维吾尔文"三百"，下边中间为公历纪年 1948。背面图文有红色与蓝色（图 A12-11）两种版别（图文完全一致），中间一行维吾尔文为"三百"，左右两侧锡伯文及蒙古文意为"三百"，上边一行维吾尔文呈弧形，意为"省商业银行伊犁专区"，下边一行维吾尔文意为"分行期票"。

图 A12-11　"省商业银行伊犁专区分行期票"300 元券

图 A12-12　"省商业银行伊犁专区分行期票"500 元券

图 A12-12 尺寸为 76×137 毫米,竖式,正面图文为绿色,上半部图景为双马拉双轮铧犁农耕图,上边为维吾尔文"省商业银行伊犁专区分行期票"。中间及上边两角均为阿拉伯数字"500",下边为维吾尔文"五百"及公历纪年 1948。背面图文为蓝色,上半部图景为人工及收割机割麦图,左右两侧蒙古文及锡伯文意为"五百",图景下边为伊斯兰纪年"1367"及阿拉伯数字"500"。

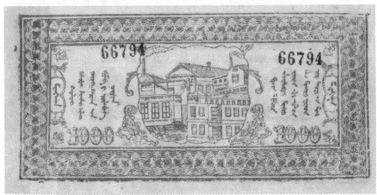

图 A12-13 "省商业银行伊犁专区分行期票"1000 元券

图 A12-13 尺寸为 143×71 毫米,横式,正面图文为蓝色,中间标注阿拉伯数字"1000",左右侧维吾尔文均为"一千",上边横幅内维吾尔文为"省商业银行伊犁专区分行期票",下边左右两侧分别为公历纪年 1948 及伊斯兰纪年"1367"。背面图文为红色,中间图景为楼房建筑,左右两侧锡伯文及蒙古文意为"省商业银行伊犁专区分行期票",并用锡伯文及蒙古文标注面额"千",下边左右均有阿拉伯数字"1000"。

三、几点总结

(一)三区纸币(期票)的种类

三区政府从 1945 年 1 月到 1949 年 9 月间,先后印制发行的纸币(期票)有七种:

第一种是 1945 年 1 月由三区临时政府发行的"国家银行期票",有 100 元、300 元、500

元、1000 元四种面值。

第二种是 1945 年 9 月 15 日由三区临时政府银行盖章委员会发行的"盖章省币"。

第三种是 1946 年由塔城银行发行的"塔城银行期票"。

第四种是 1946 年由阿尔泰地区纸币印刷委员会发行的"阿尔泰银行期票"。

第五种是 1947 年 8 月由新疆商业银行伊犁分行发行的"盖章关金券"。

第六种是 1947 年发行的带汉文的"新疆商业银行伊犁分行期票",有 2000 元、2500 元、3000 元三种面值。

第七种是 1948 年发行的维吾尔文"省商业银行伊犁专区分行期票",有 100 元、300 元、500 元、1000 元四种面值。

这七种货币共同构成了三区政府独立的金融货币体系,但第三种"塔城银行期票"和第四种"阿尔泰银行期票"只限当地流通,不能视为三区的通用货币。第二种"盖章省币"和第五种"盖章关金券"都是经过改造的货币,情况比较特殊,只有第一种即 1945 年 1 月发行的"东突厥斯坦共和国财政部经济厅所属国家银行期票"、第六种 1947 年发行的"新疆商业银行伊犁分行期票"和第七种 1948 年发行的"省商业银行伊犁专区分行期票"才是比较规范的货币,其中又只有第六种和第七种是三区政府货币体系的主体部分。

(二)三区纸币(期票)流通的四个阶段[①]

三区政府独立的金融货币体系大致可划分为四个流通阶段:

第一阶段(1945 年元月至 1946 年 3 月 10 日),为 1945 年"国家银行期票"、"新疆省币"同时流通时期,但以"新疆省币"为主,三区临时政府发行的货币为辅。

第二阶段(1946 年 3 月 11 日至 1946 年 11 月 30 日),为三区 1945 年"国家银行期票"、"塔城银行期票"、"阿尔泰银行期票"、"盖章省币"同时流通时期。此时,三区货币数量已占据首位。据 1946 年 5 月统计,三区"国家银行期票"和"塔城银行期票"流通量已达三亿七千万元,而"盖章省币"仅有七千万元。

第三阶段(1946 年 11 月 30 日至 1947 年 8 月),1946 年 11 月 30 日为三区货币的最后收兑期限,因省政府拨付基金不足,致使三区货币与国民党政府发行的"关金券"、"新疆省币"同时流通,币制非常紊乱。

第四阶段(1947 年 8 月至 1950 年 12 月 31 日),同时流通有 1947 年"新疆商业银行伊犁分行期票"、1948 年"省商业银行伊犁专区分行期票"与"盖章关金券"。三区货币占全部货币流通量的 99%以上,"盖章关金券"所占流通量不及 1%,标志三区独立的金融货币体系的最后形成。

(三)三区纸币(期票)的货币单位及计算方法

三区货币只有纸币一种,但却因有的印有货币单位,有的没印而不完全一样。在 1945 年初发行的"东突厥斯坦共和国财政部经济厅所属国家银行期票"上用维吾尔文和俄文标示货币单位为"元",但在 1947 年发行的带汉文的"新疆商业银行伊犁分行期票"和 1948 年发

---

① 　参考陈延琪《新疆三区政府货币的历史考察》,载《西域研究》1995 年第 3 期。

行的维吾尔文"省商业银行伊犁专区分行期票"上，都只有数码而未注明货币单位，而在实际使用时却与省币一样，都是以"元"为计算单位。

关于三区纸币的计算方法，据邓力群1949年8月26日报中共中央的《特区财政经济情况》记载，"因纸币价值不稳，此间财政预决算会议上不以纸币为计算单位，而是采取对外贸易时土产换工业品的一定比值，作为不变的计算单位。……这样一个单位他们叫做一个索木，索木的价值是不变的，而纸币的价值在市场上则是经常变化的。目前一个索木等于市场价值的纸币22000至22500元，在政府之间结算时一个索木则折合9000元"①。所以，1947年和1948年发行的三区纸币（期票），因为币值不稳的原因，都只印有面值而未注明货币单位，虽然市面上使用时也习惯称为"元"，但是在政府各部门之间进行结算时，则是使用一个相对不变的单位即"索木"来计算的。

（四）三区纸币（期票）的最后收兑

1949年9月25日，新疆和平解放，为安定人心、维持社会稳定并便利人民生活，人民政府于1950年1月28日作出《关于新疆省三、七区金融问题统一决议》。决议规定：1.银圆票与三区期票按银圆票1元折合三区期票1250元的固定比价同时流通于全省境内。2.三区期票停止发行。后又对三区期票只收不付，并限期于1950年12月31日停止流通，从1951年1月1日起，全省只准银圆票流通，以便先用银圆票统一新疆全省货币。从1945年元月到1949年底，三区期票共发行390余亿元，1950年底共收回368亿元，回收量占发行量的94.36%②。从1945年元月最初发行到1950年12月31日最后停止流通，三区期票共流通使用了六年。

（五）1947年、1948年发行的三区纸币（期票）上的重要变化及其意义

三区政府1947年新印制的货币名称为"新疆商业银行伊犁分行期票"，1948年印制的货币名称为"省商业银行伊犁专区分行期票"。这是一个非常重要的变化，因为自三区革命爆发以来，"新疆"这一地名全被"东突厥斯坦"所取代，"新疆省"则被"东突厥斯坦共和国"所取代。如1945年元月印制的纸币就名为"东突厥斯坦共和国财政部经济厅所属国家银行期票"。这里不但货币名称用汉文标注，更重要的是抛弃了原"东突厥斯坦共和国"的称呼，明确称为"新疆商业银行伊犁分行期票"、"省商业银行伊犁专区分行期票"。这一变化具有重要意义，它充分说明1945年冬三区政府改组后，以阿合买提江、阿巴索夫、赛福鼎等为代表的进步知识分子进入领导层，纠正了早期的政治错误，调整了斗争方向，摆脱了泛突厥主义分裂思想的干扰。因此，1947年8月虽然从省联合政府退出，但追求的是反抗国民党的专制统治，已无早期泛突厥主义思想所宣扬的分裂图谋。由此，三区斗争最终引入了全国民主革命运动的正确路线。

---

① 邓力群1949年8月26日报中央《特区财政经济情况》，见中共新疆党史工作委员会与新疆军区政治部编《新疆和平解放》第174页，新疆人民出版社，1990年5月。

② 《新疆通志》第59卷《金融志》第118页，新疆人民出版社，1994年10月。

新疆银圆票考

银圆票是 1949 年 5 月 20 日新疆省政府在国民党统治行将瓦解之际，进行第二次币制改革时发行的纸币①，目的是摆脱省币因受法币及金圆券的拖累而导致的恶性通货膨胀，以期拯救已临崩溃边缘的新疆经济。

银圆票自 1949 年 5 月 20 日发行，到 1951 年 10 月 1 日被印有维吾尔文的人民币收兑，实际流通使用仅有两年半时间。但是，作为一种社会巨变时期使用的过渡性货币，新疆银圆票不但见证了国民党统治在新疆的瓦解、新疆和平解放以及人民政权建立的全过程，而且为稳定社会、保障人民生活以及统一新疆货币，并最终实现新疆货币与全国货币的完全统一，都做出了重要贡献。

一、银圆票发行的背景

1949 年 4、5 月间，国民党政府经过三年内战的打击，军事上主力大部被歼，退守华南一隅；经济上随着法币、金元券的恶性膨胀，更是陷入异常混乱的境地。为了应付时局，已南迁广州的国民政府财政部于 6 月间筹谋恢复银本位制，向行政院报告说：

> 近月以来，度支失调，金融紊乱。人民对于纸币失去信心，不仅政府收支无可凭借，工商买卖亦因交易媒介之缺乏，陷于瘫痪停顿之困境，……我国民间习用银元，信任硬币；自法币、金元券两度贬值以来，此种趋势尤为明显。本部熟思审虑，以为在此时期，为求适合人民心理，顺应社会需求，便于重建币信计，拟先恢复银元本位，以旧有二十三年帆船版银币为标准，准许流通行使。②

当时新疆的省币，因受法币及金元券贬值的拖累，恶性通货膨胀也是一发不可收，以至于在 5 月 10 日发行了我国历史上面额最大的 60 亿圆纸币。关于当时省币的贬值状况，新疆省政府在民国三十八年(1949)五月十日的一道通令中，有具体描述：

> 据报迩来本市物价有如脱缰之马，一日之间数易其价格，尤以银元四月二十日每元市价七佰亿，至三十日已涨至七千亿，十日之间，即超过十倍以上，其他物价亦以银元为

① 第一次币制改革是指 1939 年在毛泽民主持下，发行全省统一流通的不兑现的新疆商业银行纸币，收兑分区流通的"省票"和"喀票"。货币单位废除了沿用已久的以两、钱、分为单位的"天罡制"，使用元、角、分制，第一次实现了新疆全省货币的统一。

② 转引自宇平《新疆省恢复银本位币制经过》，载台湾《钱币天地》第三卷第四期，33—36 页，1981 年。

比例,随之扶摇直上……①

恶性通货膨胀已到了无可挽救的地步。为摆脱困境,新疆省当局便在行政院 7 月 4 日恢复银本位制之前,就先行于 5 月 20 日施行币制改革②,恢复实施银本位制,即恢复银币流通,发行可兑现的银圆票,按银圆票壹圆可兑换省币 6 千亿圆的比例收兑省币。同时,停止金元券流通。

二、银圆票及新版"壹圆"银币考释

(一)银圆票

"银圆票"是国民党统治时期,新疆省当局发行的最后一种纸币。银圆票,顾名思义,是以银圆为本位。改用银本位是为了和金圆券脱钩,即停用金圆券,用新发行的、可以完全兑现的银圆票,收兑因贬值而崩溃的省币。规定银圆票壹圆可兑换省币 6 千亿圆,计划于三个月内将急剧贬值的省币收回。

银圆票面值有壹分、伍分、壹角、贰角、伍角、壹圆等共计六种。全部为横式。从壹分到伍角全部为贾尼木汗的汉文、哈萨克文签名。但壹圆券背面却有两种签名,一种为贾尼木汗的汉文、哈萨克文签名,另一种为白文昱的汉文、维吾尔文签名。这是因为新疆财政厅长贾尼木汗是个顽固的反共分子,新疆和平起义后,他继续参与乌斯满③等匪徒发动的叛乱,1951年被俘获,公审后处决。白文昱为起义的国民党新疆省财政厅副厅长,后被任命为财政厅代理厅长。故新疆和平解放后,所发行的壹圆券银圆票是由代理厅长白文昱签发的。

银圆票因是新疆省当局自行设计发行,与法币及金圆券完全脱钩,所以,银圆票正面没有再用孙中山头像,而是选用了新疆风景及农牧生活等图景。由迪化新疆印刷厂印制。正面印有"新疆省银行"及"银圆票"等字样;背面为维吾尔文"Xingjiang Olka Bankasi"(汉译"新疆省银行"),"Xingjiang Olkalk Kumush Pul"(汉译"新疆省银币")。从 1949 年 5 月至 9 月共累计发行 434.2 万元。

壹分券(图 A13－1):尺寸为 100×47 毫米,正背均为蓝色,正面为森林图景,背为维吾尔文面值。

伍分券(图 A13－2):尺寸为 106×51 毫米,正背均为棕色,正面均无图景。

壹角券(图 A13－3):尺寸为 113×58 毫米,正背均为红色,正面图景为雪山、农田;背为阿拉伯数字面值"10"。

贰角券(图 A13－4):尺寸为 113×56 毫米,正背均为灰色,正面图景近处为河流、森林,远处为高山;背为阿拉伯数字面值"20"。

---

① 《新疆通志》卷五十九《金融志》115 页,新疆人民出版社,1994 年。

② 最早施行银本位币制改革的是青岛市,该市于 1949 年 5 月 14 日起,请示中央银行青岛分行发行银元辅币券。

③ 乌斯满(?—1951),哈萨克族一部落小头目,曾武装反抗盛世才,1946 年任新疆联合省政府委员兼阿山专员,新疆和平解放后,在美英驻乌鲁木齐领事的唆使下,纠集土匪发动叛乱。1951 年被俘获,当年 5 月在乌鲁木齐公审后被处决。

伍角券(图A13-5):尺寸为111×56毫米,正背均为棕绿色,正面图景为单马拉犁春耕图;背面中间为妇女采桑图。

壹圆券:尺寸为134×55毫米,正背均为浅蓝色,正面图景左为单马拉犁春耕图,右为双马拉收割机夏收图;背面中间为森林图景,签名有贾尼木汗(图A13-6)和白文昱(图A13-7)两种。

图A13-1　"银圆票"壹分

图A13-2　"银圆票"伍分

图 A13-3　"银圆票"壹角

图 A13-4　"银圆票"贰角

图 A13-5　"银圆票"伍角

图 A13-6　"银圆票"壹圆(贾尼木汗签名)

图 A13-7 "银圆票"壹圆(白文昱签名)

1949 年 9 月 25 日新疆和平解放。为安定人心、维持社会稳定并便利人民生活,人民政府发布通告,明令原以新疆省银行名义发行之银圆票,为新疆暂时的合法货币,允许继续流通使用,但停止兑现。同时,根据流通需要,又新发行了面值为伍圆及拾圆(分大、小两种型号)两种新版银圆票,亦均为横式。因银圆票已停止兑现,故新版银圆票下首已无"凭票即付银币伍圆(拾圆)"字样,1950 年迪化新疆印刷厂印制。背面为时任新疆省人民政府财政厅厅长辛兰亭的汉文、维吾尔文签名,流通全省。

伍圆券(图 A13-8):尺寸为 150×60 毫米。正面为红色,左侧雪山、农田图景与壹角券相同;右侧河流、森林图景与贰角券相同。背面为棕色,中间为森林图景,与壹圆券相同。

拾圆券(大型)(图 A13-9):尺寸为 153×76 毫米。正面为墨绿色,左侧图景为火车;右侧图景为大轮船。背面为棕色,图文与伍圆券相同。

拾圆券(小型)(图 A13-10):尺寸为 130×65 毫米。正面为蓝色,左侧图景为五农民水中插秧;右侧图景为水牛犁地。背面为棕红色,图景为工厂厂房。

图 A13 - 8　"银圆票"伍圆

图 A13 - 9　"银圆票"拾圆(大型)

图 A13-10 "银圆票"拾圆(小型)

（二）新版"壹圆"银币

1949年5月20日，国民党新疆省当局推行第二次币制改革，在发行可兑现的纸币——"银圆票"的同时，还铸造了一种面值为"壹圆"的新版银币。这是新疆历史上唯一一种以"圆"为单位的银币，此前新疆所铸银币均以两、钱、分为单位，即所谓"天罡制"，所使用的多为湘平。

该银币由"新疆省造币厂"铸造，正面中央铸汉文"壹圆"，周围饰以麦穗组成的圆圈，圈上为"新疆省造币厂铸"，圈下为"民国卅八年"，圈左右两侧标注两花朵。背面中央为一圆圈，圈内铸阿拉伯数字"1"及老维吾尔文"Dollar"（英译"元"）。圈上为老维吾尔文"Xingjiang Ölkälk Pul Kuyush Zawutida Kuildi"（汉译"新疆省造币厂铸"）。圈下为公元纪年"1949"。汉字"壹圆"有实心（图 A13-11）、空心（图 A13-12）；阿拉伯数字"1"有尖足（图 A13-13）、方足（图 A13-11）等版式上的变化。另有一种是将正面"民国卅八年"改为公元纪年"一九四九年"（图 A13-14），是1949年9月25日新疆和平解放后所铸。

图 A13-11 壹圆银币(实心、方足)

图 A13－12　壹圆银币(空心)

图 A13－13　壹圆银币(尖足)

图 A13－14　壹圆银币(一九四九)

　　新疆省造币厂因机器设备陈旧落后,造币技术亦欠精湛。"因铸造技术欠佳,重量多不一致,经中央银行哈密分行抽样衡量的结果,最重者仅及库平七钱一分二厘,最轻者尚有不足七钱者。"①加之当时新疆正酝酿和平起义,政局动荡,人心惶惶。因此,这种"壹圆"机制银币铸造极为粗糙。新疆和平解放后,人民政府将民国纪年改为公历,又继续铸造,直至1951年10月1日发行印有维吾尔文的人民币统一全省货币,才被限期回收,停止流通。

　　新版"壹圆"银币的版式亦极为繁杂。据说有二十多种之多,大致上可分为:双"四九"、双空体、右挑"壹"、左拐"八"、扁平"八"、入型"八"等六种版式。

<hr />

①　转引自宇平《新疆省恢复银本位币制经过》,载台湾《钱币天地》第三卷第四期,2页,1980年。

银圆票仅限新疆使用,它省不能流通;新版"壹圆"银币亦不准携带出境。因此,新疆第二次币制改革时所发行的银圆票及新版"壹圆"银币,流出新疆省境外者极为稀少。加之时间短,数量少,向为收藏者所珍视。

新疆省政府当时为了提高银圆票的信用,曾由财政厅副厅长白文昱两次拨出黄金2000两于8月在新疆造币厂铸造了面值一钱的"新疆金币",每枚含金量重为库平一钱,并掺入10%的铜,金币声音亮、光泽好。原计划于9月1日发行,后来新疆政局骤变,9月25日新疆宣布和平起义,故未发行,所铸金币后由造币厂交银行上解,未留下样品[①]。

三、银圆票的贬值

银圆票发行后物价暂时得到控制,人心稍微安定。但不久就因发行准备金被国民党中央银行运走,银圆票无法保证兑现而开始贬值,通货又再次开始膨胀。

据记载,"自9月16日起,银圆票的兑现愈加困难,银元市价升至二元三角,已达一倍以上,至9月21日又价升至四元二角,竟高达四倍以上"[②]。随着贬值的不断加深,银圆票渐渐成为了不兑现的纸币。

时任新疆省主席的包尔汉面对省库存银有限[③],无法足额兑现的困境,曾特别致电国民党中央银行总裁徐可亭,请求发还新疆省此前缴给中央银行之发行准备金。文曰:

> 中央银行徐兼总裁可亭兄:本省财政厥竭,危机严重,不能不改革币制。经于五月二十日开始发行银元及银元券,十足兑现。月余来币信逐渐建立。从七月一日起,即将以前发行之省币悉数收回。惟库存白银有限,如仅赖少数准备金,必无法持续。即改币后之初步币信基础,亦必为之摧毁。查本省以前缴存中央作为省币准备金之金银外币,总值黄金五万两左右。现因省币收回,已由本省自理,对央行似无缴付准备金之必要。而现在发行之银币,又系由本省负责,十足兑现。又本案本府前经派员,除奉代总统李、前行政院长何俯允,令交贵部迅即办理,迄今数月之久,未承赐拨。各族人民金以金银属于本省人民所有,中央决不至强制留用,因而怀疑本府对此案办理之不力,指摘备至。务请体察实情,迅赐拨还为荷。新疆省政府主席鲍尔汉。已陷府计。[④]

据查,新疆省政府上缴中央银行黄金外汇是1946年的事。因为当时中央银行已在新疆省设立迪化、哈密两所分行,最初曾发行关金券,与省币同时流通。后于1946年起发行"中央银行新疆省流通券",原拟收回新疆省银行的发行权,达到统一发行货币的目的。但因民族分裂分子麦斯武德将"新疆省"的维吾尔文译为"中国突厥斯坦",致使"新疆省流通券"发

---

① 《新疆通志》卷五十九《金融志》90页。另在涂治1949年7月7日经邓力群报中央的关于《迪化方面财政经济情况》的报告中,亦有记载。见"中国共产党新疆历史资料丛书"《新疆和平解放》210页,新疆人民出版社,1990年。

② 转引自宇平《新疆省恢复银本位币制经过》,载台湾《钱币天地》第三卷第四期,3页,1980年。

③ 包尔汉(1894—1990),维吾尔族(另说塔塔尔族),祖籍新疆阿克苏,出生于俄国喀山,1912年回国,初经商后从政,先后任新疆省民政厅副厅长、迪化专员等,省联合政府成立时任副主席,1949年1月接替麦斯武德任新疆省政府主席,为新疆和平解放作出重要贡献。

④ 转引自宇平《新疆省恢复银本位币制的经过》,载台湾《钱币天地》第五卷第五期,33—36页,1981年。

行当天便发现有错,立即停发并收回销毁。南京政府无奈,只得特准新疆商业银行(后改为省银行)继续发行省币,由行政院财政部原派至该行的银行监理官加以监督。另由新疆省银行在中央银行缴存黄金5万两,作为发行准备金。此项黄金经中央银行迪化分行点收后,运至兰州转运上海,由中央银行总行集中保管。另有美金40余万元,系新疆省当时委托中央银行向国外购买机器的,以供新疆发展工业之用。后因内战爆发,未能将机器运至新疆,到了1949年,国民党统治每况愈下,本身处于财源不足,即将垮台的困境,已无力发还这笔黄金外汇。到了1949年9月25日新疆宣布和平起义,脱离了国民党阵营,这笔钱就更不可能归还给新疆了。

四、银圆票的收兑

新疆和平解放后,10月11日省府委员兼迪化市长屈武和省府委员兼财政厅副厅长白文昱等奉命赴酒泉,代表和平起义的新疆省当局向人民解放军彭德怀副司令员报告新疆的政治经济情况[①]。为安定人心、维持社会稳定并便利人民生活,彭德怀曾指示,新疆可继续使用银圆票,暂不发行人民币。11月26日中国人民银行西北区行进一步明确,应将新疆银圆票与国民党政府的伪币区别看待,可继续流通,在经过一段时间准备后,再以合理比价收回,统一流通人民币。

人民政府为稳定银圆票币值,还从兰州给新疆调运10万银元作发行准备金。后又从兰州调运10万匹布、5万块砖茶及部分食糖进疆,以稳定物价,回笼银圆票。同时,开通了新疆与内地的汇兑,将银圆票与人民币联系起来,以支持银圆票的发行。

当时新疆在伊犁、塔城、阿尔泰三区流通使用"三区期票",银圆票只在新疆另外的七区流通使用。三区期票与银圆票既互不通用,亦不兑换。为统一新疆省流通的货币,人民政府于1950年1月28日作出《关于新疆省三、七区金融问题统一决议》。决议规定:(一)银圆票与三区期票按银圆票1元折合三区期票1250元的固定比价同时流通于全省境内。(二)三区期票停止发行。后又对三区期票只收不付,并限期于1950年12月31日停止流通,从1951年1月1日起,全省只准银圆票流通,以便先用银圆票统一新疆全省货币。

在用银圆票统一新疆全省货币的过程中,为促进关内物资输入新疆,稳定物价,人民政府特意提高了银圆票对关内人民币的汇率,汇率初定为银圆票1元折合人民币500元。后分三次调整,使之符合客观比价:第一次于1950年7月12日调整为1比450元;第二次于1951年3月21日调整为1比400元;第三次于1951年4月3日调整为1比350元。至此,比价调整得比较符合实际,用人民币统一新疆货币的条件成熟。中央人民政府随即决定用人民币收兑新疆银圆票,统一全国货币。1951年9月21日,政务院总理周恩来签署了发行

---

① 刘永祥、陈方伯、白文昱《新疆省政府宣布和平起义的经过》,载《新疆文史资料精选》第3辑,136—153页,余骏升主编,新疆人民出版社,1998年。

印有维吾尔文的人民币的政务院命令①。命令全文如下：

为了统一币制，并照顾新疆各民族的习惯起见，决定在新疆省发行带维吾尔文的人民币兑回新疆省银行所发行的银圆票，并规定办法如下：

一、责成中国人民银行自一九五一年十月一日起限期以带维吾尔文的人民币，收回新疆省银行所发行的银圆票，收兑比价仍照现行牌价，即新疆省银圆票一元兑换人民币三百五十元。

二、此带维吾尔文之人民币准在全国流通，同时不带维吾尔文之人民币亦可在新疆省内流通。

三、自一九五一年十月一日起，新疆省境内一切计价、计帐、契约等，均改为以人民币为法定货币本位。一九五一年十月一日以前债权债务关系，均按本命令规定的比价折合人民币计算清偿。

希即遵照办理。此令。

总理　周恩来　1951 年 9 月 21 日

至此，印有维吾尔文的人民币收兑了银圆票，新疆真正实现了与全国货币最后的完全统一。从此，新疆的历史也进入了一个崭新的纪元。

（原载《新疆大学学报》2008 年第 1 期）

---

① 中国人民银行货币发行司编《人民币图册》165 页，中国金融出版社，1988 年。

色章郭木金币考

"色章郭木"是西藏地区历史上曾铸造、使用过的一种金币的名称，因其图案精美、数量稀少，并带有浓郁的民族风格，向为钱币收藏界所珍视。但是，限于资料，关于其铸造使用背景、停铸原因等在广大钱币爱好者中始终是一个不解之谜，甚至还流传有一种错误观点，认为"色章郭木"金币是西藏上层一小撮民族分裂主义分子为从事西藏独立而铸造的[①]。这不但与史实不符，是一种错误认识，而且极为有害，很容易被社会上别有用心者利用。事实上"色章郭木"金币不但和"藏独"毫无关系，而且是本世纪初西藏地方政府为抵御英殖民主义者侵略势力的日益渗透而铸造发行的，具有强烈的抵御外来入侵的爱国色彩。因此，有必要结合当时的文献资料，就"色章郭木"金币的铸造背景、停铸原因及其铭文、图案等做一考证，以期澄清社会上流传的错误认识。

一

"色章郭木"金币是西藏噶夏地方政府于 1918 年在拉萨铸造发行的，只流通使用了三年，到 1921 年便停铸了。虽然时间很短，数量也有限，但是却具有非常重要的意义，这和当时西藏地区特殊的历史背景有关。

众所周知，英国殖民主义者对西藏的侵略野心由来已久，早在 1876 年签订的中英《烟台条约》中，英国即乘机列进了一项有关西藏的专条，规定英人可以"探访"印度西藏间的路线。由此，开始了对我国领土西藏的侵略。经过西藏人民 1886—1888 年、1903—1904 年的两次英勇抗击，打破了英国殖民者的侵略梦想。1912 年腐朽没落的清王朝在辛亥革命的打击下崩溃了，全国陷入了军阀混战的局面。在北洋军阀把持下更迭频繁的中央政府形同虚设，消弱了对边疆地区的管理。英国殖民者乘机又加紧了对我国西藏地区的侵略。当时，曾因抗英失败而被迫流转外地多年，历经艰辛才又重新回到拉萨的十三世达赖喇嘛阿旺·罗桑土登嘉措，在西藏广大僧俗民众抗英激情的感染下，又一次进行了驱逐英国侵略势力的努力。

正是在这种历史背景下，英国殖民主义者在印度铸造发行，同时也大量流通于西藏地区

---

① 1992 年发行中国钱币珍品系列纪念章之一种"色章郭木"金币纪念章时，曾有群众来信提出异议。全国人大、外交部、国家民委、统战部等部委亦来专函询问。

的一种"铁剌"金币,就成了十三世达赖喇嘛首先要努力驱逐的对象。为此,十三世达赖喇嘛于 1918 年委派亲信达桑占东[①]在罗布林卡西侧筹建了罗堆(nor stod)金币厂,当年即批准仿照英属印度"铁剌"金币的式样,铸造了"色章郭木"金币。原计划用"色章郭木"金币来取代市面上流通的"铁剌"金币,并以此杜绝西藏财富的大量外流。

西藏罗堆金币厂

"铁剌"(Tola)金币因其重量而得名,直径 22.7 毫米,厚 2.2 毫米,正面铸有一大象图案,背面铸有"币重一铁剌及含金量百分之百"等字(图 A14-1 至图 A14-3)。"色章郭木"金币重量和"铁剌"金币一样,直径略大,为 26.5 毫米,厚 1.4 毫米,略薄于"铁剌"金币,面值藏银二十两(图 A14-4)。按金币上的年代,分别有藏历纪年十五绕迥第五十二、五十三和五十四年,即 1918 年、1919 年、1920 年三种版别。到 1921 年,由于世界金价大幅上涨,每铁剌黄金涨至藏银三十两,并发现英印商人在用货物大量套购金币,致使西藏黄金外流,如继续铸造便会亏本,因此"色章郭木"金币实际只铸造了三年,便于 1921 年停铸了。

图 A14-1 铁剌(Tola)金币

图 A14-2 铁剌(Tola)金币

---

① 又名罗桑纳加,因与贵族擦绒家族之女结婚又被称为擦绒夏培。1885 年出生于一个农奴家庭,早年在曾陪同达赖喇嘛到蒙古的朗杰扎仓喇嘛处为僧,后逐渐成为达赖喇嘛的亲信近侍,1913 年被封为贵族并委以重任,一身兼有噶伦、藏军、造币厂及兵工厂重要职务。后因从事"藏独"活动,1930 年被达赖喇嘛免职。

图 A14-3　铁剌(Tola)金币

图 A14-4　色章郭木金币

日本僧人多田等观当时入藏习经并深得十三世达赖喇嘛宠信,后又亲自参与策划了"色章郭木"金币铸造工作,后著有《入藏纪行》一书,有较为详细的记载:

　　那是我入藏不久的事情,西藏曾就准备铸造金币一事与我商谈。在此以前他们的银币是在尼泊尔铸造的,西藏只有银币,当时大部分还实行物物交换。于是,我说日本是个金本位的国家,并拿出了剩下的日本金币给他们看。我还把其中的二十元的金币给达赖喇嘛看。因为西藏有丰富的金子,所以决定铸造金币,并开始向我询问各种问题。他们先把金子做成圆形,再从两边夹成图案,费了很大的劲儿才铸造出周围的花纹,不过总算铸出了金币。……然而事过不久,这些金币在市场上突然消失。这是因为西藏商人把金币带到了印度,印度以高出纯金几倍的价格收买了西藏金币。与贩运羊毛相比,带少量金币到印度是既不需带行李,又可以赚大钱的。西藏政府认为这是英方的毒辣阴谋,是想掠走西藏的黄金,于是停止了金币的铸造,中止了采掘黄金的工作,并却还封闭了金矿穴。对于以前开采所余黄金则做成金条保存在布达拉官内。①

二

　　"色章郭木"是藏语"gser tram skor mo"的音译,"色章"意为黄金,"郭木"是圆钱之意,合起来即表示金元、金币的意思。正面有一圆圈,圆圈中央是一卧狮图案,另有藏文为铸造年代。圆圈外刻有八个佛教吉祥图案,藏语叫"扎西达皆",金币最外圈是一圈珠串。背面中央为一佛教吉祥图案,周围铸有藏文,音译为:"dgav ldan pho brang phyogs las rnam rgyal",即"甘丹颇章,曲列朗杰",意译为"甘丹颇章,超越或战胜四方"。另有藏文"二十两"字样,边缘也是一圈珠串。另发现有色章郭木银试机币(图 A14-5)。

　　对于金币上的狮子图案和"甘丹颇章,曲列朗杰"的铭文,有人认为表示有"藏独"含意,并由此认定"色章郭木"金币是为宣传西藏独立而铸造的,和达赖喇嘛出逃印度事件有关。这完全是一种无稽之谈。

---

　　① [日]多田等观《入藏纪行》93 页。多田等观(1890—1967),出生于日本秋田市的一个僧侣家庭,研究中国喇嘛教的著名学者。1913 年从不丹潜入西藏,经十三世达赖喇嘛批准入色拉寺习经达十年之久,期间曾为西藏地方政府策划过开征人头税和铸造金币等重大活动。1923 年返回日本,由他口述,经牧野文子整理完成《入藏纪行》一书。书中详细记载了作者旅藏期间的僧侣生涯及当时藏族人民的生活,保留有很多重要史料。国内有钟美珠译本,列为"西藏学参考丛书"第二辑,1987 年内部出版。

图 A14－5　色章郭木银试机币

　　据文献记载,清代西藏地区和内地一样,都是在中央政府的统一管理下,按照一定的标准、形制设局铸造货币的。"驻藏大臣派汉官会同噶伦对所铸造之章卡(即硬币)进行检查,以求质量纯真。"①如同五十六个民族共同创造了中华民族一样,中华钱币文化也是由各个兄弟民族共同创造的。但由于历史上各民族、各地区发展的不平衡,反映在钱币文化上,不同历史时期、不同地区也有其各自不同的特色,如:中原地区多以铜为币材,钱币上以文字为主;新疆、西藏等边疆地区则喜用金银,钱币上常出现动物图案(新疆的汉佉二体钱以骆驼、马为图案,西藏钱币上则常用狮子图案,云南地区则长时期使用海贝),这些都反映了中华钱币文化形式多样的特点。

　　货币上使用狮子图案,是藏族人民的传统,它起源于一个古老的传说。相传,很早以前,在雪域高原西藏,生活有许多动物,但由于经受不住冰雪严寒的袭击,都纷纷迁徙。最后连大象也不耐严寒而迁到温暖的南方去了,只有雄狮经受住了严寒的考验,仍在冰雪的西藏高原上生活、繁衍,成了藏族人民勤劳勇敢的象征②。就像中原地区人民心目中的龙一样,狮子便成了藏族人民尊崇的图腾偶像。据考,早在 1631 年,尼泊尔帕坦土邦为西藏地方铸造的坦卡银币正面中央就有一雄狮图案(图 A14－6)③,1641 年尼泊尔币制改革后为西藏铸造的茂哈银币正面中央也是一雄狮图案(图 A14－7)。西藏地方自铸货币中,最早出现雄狮图案的则是 1909 年铸造的"桑冈郭木"一两银币(图 A14－8)④。

图 A14－6　　　　　　　　　　　　　　　图 A14－7

①　《钦定章程》,转引自牙含章《达赖喇嘛传》63 页,人民出版社,1984 年。
②　肖怀远《西藏地方货币史》42 页,民族出版社,1985 年。
③　朱进忠主编《中国西藏钱币》46 页,中华书局,2002 年。
④　肖怀远《西藏地方货币史》。

"色章郭木"金币正面中央,是一典型的藏族人民传统习用的"卧狮"图案,它与境外民族分裂主义分子所宣扬的所谓"日月普照、高山流水、昂首雪山雄狮图"(图 A14－9)是不一样的,两者有本质的区别,应严格区分开,否则,容易引起误会,产生不良影响。

图 A14－8 桑冈郭木　　　　　　　　　　　　　图 A14－9 雪山雄师图

"甘丹颇章"是指五世达赖喇嘛罗桑嘉措建立的政教合一黄教地方政权的名称。它来源于一历史事件。据西藏文献记载,1518 年二世达赖喇嘛根敦嘉措,在担任哲蚌寺第十任池巴任内,接受了乃东大司徒扎西扎巴的捐献,将哲蚌寺内的一座青石殿堂修缮后改名为"甘丹颇章",为居住之地。此后历世达赖喇嘛在未执政前,都居住在哲蚌寺的"甘丹颇章"宫内。1642 年五世达赖喇嘛在著名的西蒙古和硕特部汗王固始汗的扶持下,最初就是在"甘丹颇章"殿堂内建立黄教政权的,以后藏族人民就习惯于用"甘丹颇章"这一称呼来代指原西藏政教合一的黄教地方政权[①]。"曲列朗杰"意为超越四方或战胜四方,这就如同新疆地区的汉佉二体钱上铸有佉卢文铭文"大王、王中之王、众王之王"一样,是反映了一种民族的自豪感。这在历史上受中央政府统一管辖下的边疆少数民族地区铸造的钱币中,是普遍存在的,不足为奇。

如前所述,"色章郭木"金币 1918 年开始铸造,到 1921 年就停铸了,只铸造了三年,而十三世达赖喇嘛是在 1910 年 2 月到 1912 年 4 月间流转到印度的,十四世达赖喇嘛则是在 1959 年外逃印度的,两者之间没有任何联系,更不可能如社会上曾流传的那样,"色章郭木"金币"是西藏一批上层分子,在英帝国主义策划下,为阴谋宣传西藏独立而铸造的"。正相反,它是以十三世达赖喇嘛为代表的西藏广大僧俗民众,在本世纪初英殖民主义者日益加紧侵略西藏的历史背景下,为抵制英属印度"铁刺"金币的大量流入,保全西藏人民的利益而铸造发行的。后来虽因世界金价的上涨及外商的大量套购,导致"色章郭木"金币被迫停铸,但它仍具有抵御外来侵略势力的积极意义,同时作为一段历史的见证,它也集中体现了历史上勤劳、勇敢的藏族人民热爱祖国、反抗外来侵略的优良传统。

(原载《中国钱币论文集》第四辑,中国金融出版社,2002 年)

---

① 牙含章《达赖喇嘛传》,人民出版社,1984 年。

第二部分　钱币文化研究

钱币文化与中外文化交流

　　世界古代钱币文化概括地讲大致可以划分为两大体系,一个是以古代希腊—罗马为代表的西方钱币文化体系;另一个是以古代中国为代表的东方钱币文化体系。古代东西方两大钱币文化体系因为植根于不同的文明,产生于不同的地区而各有特色。它们之间相互影响、交流、融合,共同构成了人类社会丰富多彩的钱币文化。

　　钱币因其特殊的功能和属性而不同于一般的物品。它产生于特定的历史条件下,采用当时最先进的技术手段,与最广泛的普通民众发生联系,并有一定的承继性及延续性。因此,钱币作为特定历史时期文化的载体,其材质、形制、文字、图案、尺寸、重量等都既有共性,又各有特色,能形象地反映一个国家、一个民族,在一定历史时期文化上的一些特点。

　　世界上最早的钱币,产生于公元前7世纪末小亚细亚半岛的吕底亚。它是一种利用河流中天然的金银合金颗粒,打上印记而成的简陋的椭圆形金属币。一面仅有一个打印记号,另一面常为一种线条简单的动物图案,已开始使用铭文。吕底亚的铸币技术后来被希腊接受,在希腊文明的影响下,而远播四方。罗马帝国最初使用一种方形铜块为钱币,但不久即全部吸收了希腊钱币文化并进一步将其发扬光大,形成了世界钱币文化体系中,以希腊—罗马为代表的西方钱币文化体系。

　　波斯、印度等东方国家因亚历山大的东征而接受了希腊钱币文化。阿拉伯等信仰伊斯兰教国家的钱币虽有所不同,但亦属西方钱币文化体系。其特点是:币材多用金、银等贵金属;钱币图饰多为人物头像或动物图案;采用打压法制成;形制为圆形无孔;铭文多记打制地点、年代、国王名字以及宗教颂词等,并打印有徽记及神像,具有浓厚的宗教色彩。

西方钱币文化体系的打制币

　　我国地处亚洲东部,植根于农耕经济的我国古代钱币文化,完全不同于古代希腊—罗马以商业为根基的西方钱币文化。因此,独自发展形成了一套完整的、系统的、具有东方特色的钱币文化体系。其特点为:币材多用铜、铁等贱金属;钱币图饰不用人物或动物图案而为文字;技术上采用范铸或翻砂浇铸制成;形制上来源于原始农具,早期为刀、布等形状,后统一为圆形方孔;铭文多记币值、年号及地点等。

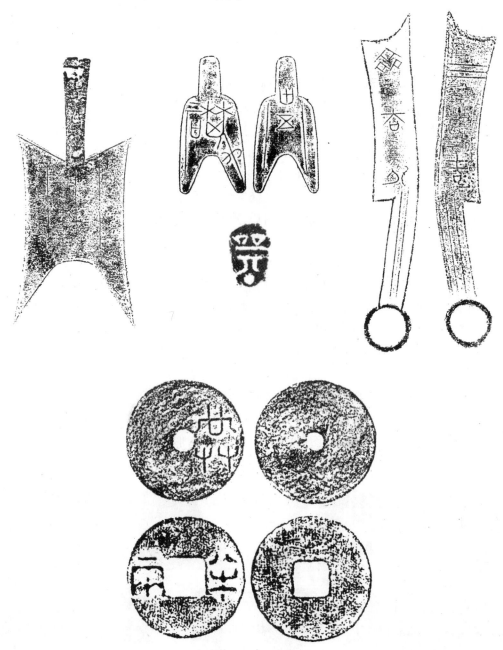

东方钱币文化体系的浇铸币

我国是世界上最早发明使用货币的国家之一,同时,又是世界上最早发明使用纸币的国家,中国古代钱币文化源远流长并独具特色。自商代出现最早的金属铸币——青铜贝币开始,我国的钱币文化已有三千多年的历史。它不但是我国绵延五千年、悠久灿烂的中华历史文化的重要组成部分,同时更是世界上两大钱币文化体系中,独占半壁江山的东方钱币文化的代表。我国古代钱币文化在中外文化交流中,扮演了重要的角色,影响所及,已经远远超出了钱币本身以及周边的国家和地区。

我国古代钱币文化在中外文化交流中,对周边国家和地区的影响,概括地讲,主要体现在三个方面:

一、对周边国家和地区的影响

我国古代以“圆形方孔”铜钱为代表的、具有东方特色的钱币文化,对周边的朝鲜、日本、琉球、越南以及印度尼西亚、马来西亚等东南亚国家和地区产生了深远而广泛的影响。这些国家和地区不但大量流通使用中国铜钱,而且还都曾经长期仿照中国钱币形制,铸造钱文为汉字的圆形方孔铜钱。这种铜钱因为材质、文字、重量、尺寸、形制等与中国铜钱完全一致,相互混杂使用,跨境流通,共同构造了东方钱币文化体系。如:

1. 朝鲜

据文献记载,朝鲜半岛在10世纪前主要是使用铁或“五综布”等实物货币,“国出铁,韩岁倭皆从取之,诸市买卖皆用铁,如中国用钱”[1]。“凡诸贸易,皆以铁为货”[2]。10世纪以后的王氏高丽王朝,开始于996年仿照中国圆形方孔铜钱式样,铸造了“乾元重宝”背“东国”,钱文和唐乾元重宝同文,制作也仿唐,只是钱背加铸“东国”两字,以示区别。此后又铸过“东国通宝”、“东国重宝”、“海东通宝”、“海东重宝”、“三韩通宝”、“三韩重宝”等钱币。或称通宝,或称重宝;或直读,或旋读;或篆书,或隶书,或楷书,无不显示它们深受宋钱文化的影响。此后,又过了三百多年;到李氏朝鲜王国时期,才又铸造了“朝鲜通宝”、“十钱通宝”、“常平通宝”等。在朝鲜古代钱币中,以“常平通宝”使用时间最长、数量最大、版别也最为复杂[3]。

① 《魏书·东夷传》,中华书局,1974年。
② 《后汉书·东夷传》,中华书局,1965年。
③ 文字上有隶书、楷书、篆书等书体,并有直读、环读的区别;材质上有铜、铁、银等不同质地。

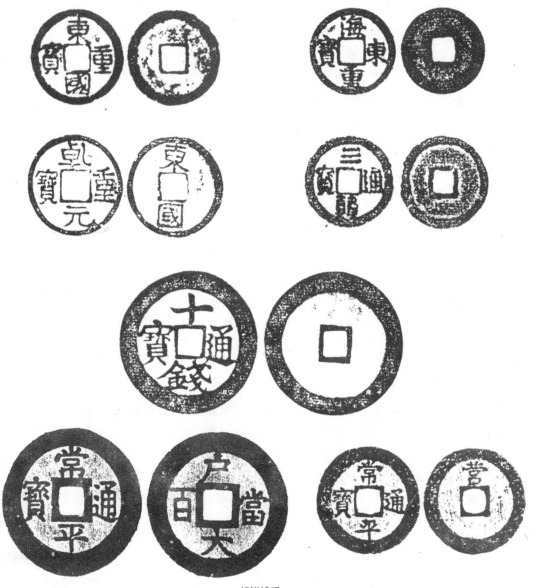

朝鲜钱币

2. 日本

据文献记载,日本是受中国影响而开始使用铜钱的。天武天皇十二年(683)颁诏"自今以后,必用铜钱"①。铜钱的来源,最初全是从中国输入,被称为"渡来钱",以宋钱为最多,唐钱、明钱次之。日本也曾大量仿铸过中国古钱,主要是仿铸宋钱,被称为"长崎贸易钱"。甚至到了明代日本仍"由琉球、高丽以得中国之钱为样,本国照样铸之"②。元明天皇于和铜元

---

① 《日本书纪》,佚存书坊印行,明治18年(1885)。

② [明]李言恭、郝杰著《日本考》卷之二"贸易"。

年(708)，在奈良仿照唐朝"开元通宝"钱铸造了"和同开珎"①，有银质、铜质两种，这是日本历史上最早的自铸货币。此后，在250年间又铸有"万年通宝"、"神功开宝"、"隆平永宝"、"富寿神宝"、"承和昌宝"、"长年大宝"、"饶益神宝"、"贞观永宝"、"宽平大宝"、"延喜通宝"、"乾元大宝"等11种货币，和"和同开珎"一起，统称"皇朝十二钱"。德川幕府时期铸造有"庆长通宝"、"元和通宝"、"宽永通宝"等。其中，江户时代的"宽永通宝"钱，从宽永三年(1626)开始，一直铸造到明治初年，历时240多年，日本各地都有铸造，版式有几百种，是日本古代钱币中使用时间最长、数量最大、版别最复杂的钱币。

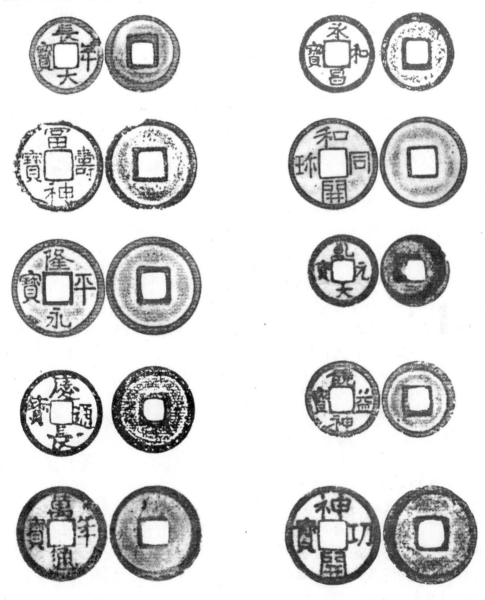

---

① "珎"字是真笔"寶"字的中间部分。

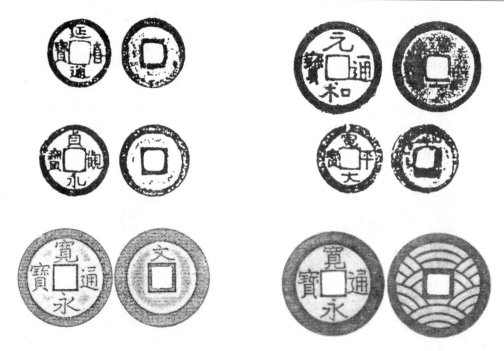

日本钱币

3. 越南

越南北部地区在宋朝之前为中国封建王朝的一部分，流通使用中国钱币，不曾铸造钱币。966 年丁部领削平"十二使君"割据势力，建"大瞿越"国，史称丁朝，于 970 年仿照中国圆形方孔钱式样，铸造了"太平兴宝"背"丁"年号钱，这是越南历史上最早的自铸钱币。此后，前黎朝铸"天福镇宝"，李朝铸"顺天大宝"、"明道元宝"、"天符通宝"、"大定通宝"、"正隆元宝"、"治平元宝"；陈朝铸有"建中通宝"、"政平通宝"、"元丰通宝"、"绍隆通宝"、"开泰元宝"、"绍丰元宝"及通宝、"大治"元宝及通宝；胡朝铸"圣元通宝"并发行"通宝会钞"纸币；后黎朝铸"顺天元宝"、"绍平通宝"、"大宝通宝"、"大和通宝"、"延宁通宝"、"天兴通宝"、"光顺通宝"、"洪德通宝"、"景统通宝"、"端庆通宝"、"洪顺通宝"、"光绍通宝"、"统元通宝"。此后，北方割据的莫朝以及南部的后黎朝、南阮朝、西山政权也都铸造了各自的年号钱，其中以后黎朝显宗使用了 47 年的"景兴"年间铸造的钱币最为繁杂，有：通宝、巨宝、大宝、泉宝、至宝、用宝、重宝、中宝、内宝、正宝、顺宝等十多种。

受中国影响，古代越南铸造的钱币，几乎全部为年号钱，有的年号甚至是直接借用中国的，如"明道""建中""治平""元丰"等有 28 种之多。钱币上使用的都是汉字，也有篆、隶、楷等书体。因材质、文字、大小、形制等与中国钱币完全相同，经常混杂使用。甚至在货币制度上，越南也有类似中国的省陌制度，如陈朝时期曾规定以 69 文当 100 文行使，上缴税收时则以 70 文当 100 文，700 文当一贯。越南现在使用的货币单位"盾"（Đông），实际对应的就是汉字"铜"，这是因为历史上越南受中国影响长期使用铜钱，越南语称铜钱为"dong bac"，于是,由"铜"而引申为货币的单位,只是称为"盾"而不是"元"①。

① 范宏贵、刘志强《越南货币中的汉越语词和货币单位》,载《广西金融研究》,2008 年增刊(总第 429)。

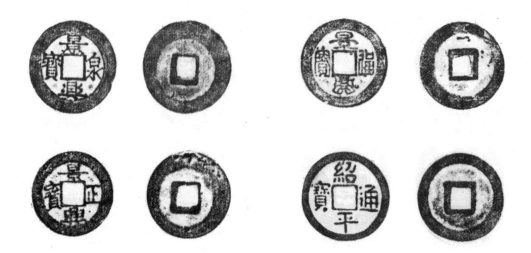

越南钱币

4. 印度尼西亚

印度尼西亚旧称爪哇，早在唐、宋时期就使用中国钱币，这在文献记载及后来的出土发现中都得到了证明。曾随郑和下西洋的马欢在《瀛涯胜览》爪哇国条记载"买卖交易，行使中国历代铜钱"。旧港国条记载"市中交易亦使中国铜钱，并用布帛之类"。著于明中叶的《西洋朝贡典录》也说爪哇"其民富，其交易用中国铜钱"。宋庆龄在1956年《访问印度尼西亚的报告》[①]中记有当地发现开元、皇宋、万历及清代各年号钱的情况。

据记载，当地早期主要是翻铸宋代钱币，最早翻铸的年号钱是"咸平元宝"，另有"景德元宝"、"元丰通宝"、"至道元宝"、"皇宋通宝"等。从16世纪20年代开始，也曾仿照中国圆形方孔钱式样铸造过铜钱、铅钱和锡钱，圆形方孔，文字为粗劣的"SZE TAN元宝"、"太平元记"等铅钱。17世纪末至18世纪初，伊斯兰教王国兴起后，各邦国钱币开始带有伊斯兰钱币特色，但实力雄厚的华侨商人仍有自铸钱币权力，如井里汶王室就将铸币权承包给当地华侨首领陈祥哥，铸有"史丹裕民"、"史丹利民"、"邦其兰宝"[②]等带汉字的方孔钱。客家人建立的后来以公司闻名的行政组织如"大洪公司"、"德顺公司"等也铸有带汉字的方孔钱，有的还带有满文，类似于清代制钱。这种钱币直到1854年大洪公司被荷属东印度公司并吞后才消失。但是至今在印尼仍有人把唐宋年间的中国铜币，作为宗教仪式中不可缺少的神器和祭品，巴厘岛上的人们则以中国古代的铸币做随身佩带的护身符。

① 《人民日报》1956年9月27日。

② 史丹即苏丹(Slutan)，"史丹裕民"即苏丹使人民富裕之意。"邦其兰宝"即邦其兰(Pangeran)的通宝之意。

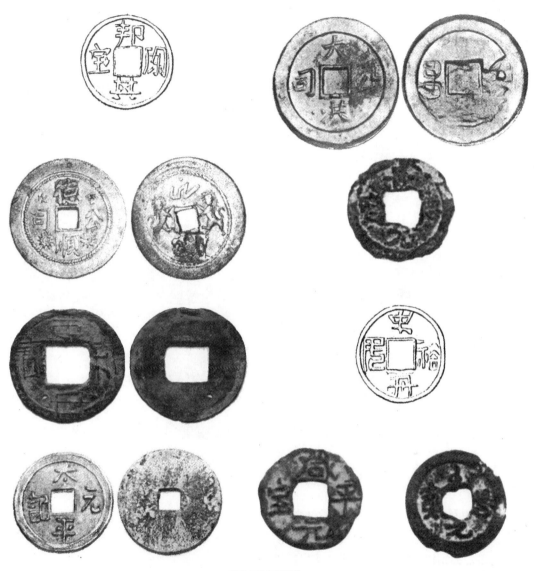

印度尼西亚钱币

5. 马来西亚

马来西亚的土著居民最早使用贝作为钱币，在 8 世纪以前，随着大批中国人的移入，带来了大量的圆形方孔钱币。因携带方便、使用便利而逐渐代替贝币成为当地主要流通的货币并被许多地区仿制。15 世纪中期，在马六甲等港口定居的中国人为解决小额找零货币短缺问题，仿照中国钱币发行了私铸的锡币，称作柔克①。这种锡币一面为汉字，一面为阿拉伯文，铸有发行人或公司的名字，有的还铸有满文。如："乾盛通宝"、"裕记信用"、"振春公司"、"永隆公司"等。主要是在赌场使用或与当地苏丹铸造的"锡帽钱"一起流通，并有固定比价。

———————————

① Jokor，为马来语，意为中间是空的。

马来西亚当地发行的锡币，一开始基本上是中国钱币粗劣的仿制品，直到 1793 年，才出现了正规的白锡币。

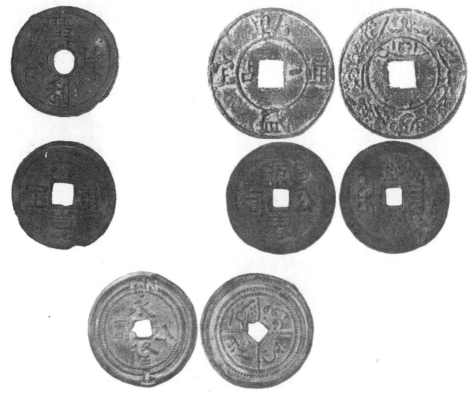

马来西亚钱币

6. 周边其他国家

琉球的秦久王于 1453 年铸造了汉文"大世通宝"钱，这是琉球历史上最早的自铸钱币。后来又铸造了"世高通宝"、"金圆世宝"、"中山通宝"等钱币。泰国最早使用一种源自海贝、形制特殊、被称作"子弹银"的银币，以"铢"为单位，有的还标有中文。在曼谷王朝之前的吞武里王朝四世皇郑明曾发行过一种中间为泰文"暹罗京都"，四周为中文"郑明通宝"的金币。泰国至今仍采用"铢"作为货币的名称和主币单位，影响之深由此可见一斑。约 5 世纪时，缅甸在圆形金属片上打制吉祥图案，上有中国五铢钱的"五"字，明显是受中国五铢钱的影响。老挝、菲律宾、文莱、新加坡等东南亚国家和地区都曾出土发现过大量的唐宋时期的中国钱币，并有使用元代中统钞的记载。

 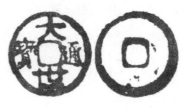

琉球钱币

泰国钱币

这种以钱币文化相互交汇、融合为内容的中外文化交流,源远流长,且影响深远而广泛。古代遗留下来的钱币,作为历史的见证,更是形象地揭示了古代东方以中国为核心的汉文化圈,对周边国家和地区的影响,这种影响不但是我们今天研究中国与周边国家和地区之间文化交流不可或缺的重要实物资料,其本身也已成为中外文化交流的一部分。考察古代中国钱币文化对东南亚地区的影响,对于我们今天深入理解当今人民币在边境贸易中的跨境流通现象很有启发意义,说明这不仅仅是个经济问题,更有着深厚的文化背景和历史原因。

二、丝绸之路钱币文化

丝绸之路是古代联系东西方之间政治、经济、文化交流的桥梁。它不但是一条连贯欧亚大陆的东西方贸易之路,更是一条沟通古代东西方文化的交流之路。东方的中华文化,西方的希腊、罗马文化,以及贯穿于这条路线南北两侧的农耕文化、游牧文化等都通过民族迁徙、宗教传播以及商品交易、人员往来而彼此传播,相互影响,从而促进了各种文化之间的相互交汇、影响与融合。这种东西方之间文化上的交流、融合,在丝绸之路贸易中充当交换媒介的钱币身上,得到了更为具体、集中且形象的体现。如:

1. 古于阗国铸造的"汉佉二体钱"

汉佉二体钱又名"和阗马钱",因主要发现于新疆和阗地区且背面大多打印有一马形图案而得名。是1—3世纪古代新疆和阗地区打制的一种地方货币。

汉佉二体钱为红铜质,分大钱和小钱两种类型,是以希腊钱币德拉克马与四德拉克马为祖型,仿贵霜钱币打压而成。圆形无孔,正面用篆书汉字标记面值,大钱为"重廿四铢铜钱",小钱为"六铢钱"。背面中央是一马或骆驼形图案,四周为一圈佉卢文,内容为"大王、王中王"以及打制此钱的国王的名字。

汉佉二体钱

汉佉二体钱是目前已知新疆历史上最早的自铸货币。不同于内地铸钱用浇铸,而是采用源自古希腊的打压法;也不同内地流通币上不铸动物图案,仅是文字的传统而打印有马或骆驼形图案;钱币上有汉字和佉卢文两种文字,汉字记面值,佉卢文记国王的名字;以内地货币的重量单位"铢"作为它的纪值单位。大钱和小钱的重量是按1:4的比例兑换。这样不但和当时中亚地区流行的源自希腊的德拉克马和四德拉克马的货币系统能兑换,同时也能和当地大量流通使用的汉"五铢"钱兑换(五个"六铢钱"换六个"五铢"钱)。汉佉二体钱就如同它的名称一样,很典型地具有东西方两大钱币文化体系交融的特点,是伴随丝绸之路东西方文化特别是钱币文化的交流、融合而产生的。

2. 古龟兹国铸造的"汉龟二体钱"

汉龟二体钱指广泛出土发现于新疆库车地区的一种圆形方孔铜钱。因钱币的正背面或铸有龟兹文"ㅗ",或铸有汉文"五铢(朱)",或同时铸有这两种文字,故又被称为"龟兹五铢"或"汉龟二体五铢钱"。是魏晋到唐朝初年古代新疆库车地区铸造的一种地方货币。

汉龟二体钱为红铜质,根据正背面所铸文字的不同,大致可分为四种类型,钱币上的龟兹文"ㅗ",据新疆考古研究所的张平先生说,季羡林先生释读为50,如果此说成立,那么龟兹文"O"就应该为货币单位,表示的可能是"铢"的十分之一,即"10 黍"。

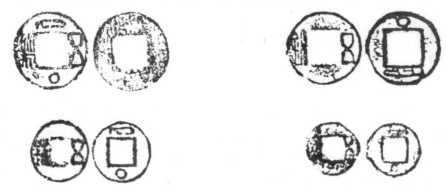

汉龟二体钱

汉龟二体钱,是古龟兹国采用中原地区的浇铸技术,仿汉五铢钱铸造的货币。形制为中原地区传统的圆形方孔钱式样,也用"铢"为货币单位,应属汉代五铢钱范畴,但较汉五铢钱粗劣。为照顾西域地区使用货币的习惯,材质选用的是红铜而不同于中原地区使用青铜。除汉文外,钱币上另用龟兹文标明了面值。龟兹文又称焉耆—龟兹文(旧称吐火罗文),是

3—9 世纪居住在新疆地区操印欧语言的民族所使用的一种文字,是由一种印度婆罗米文字的变形——中亚斜体字母组成,是一种音节字母,自左向右横写。记录的语言属于印欧语系伊朗语族的东支。

3. 突骑施、回鹘等游牧民族铸造的圆形方孔钱

突骑施与回鹘都是我国北方操突厥语的游牧民族,均兴起于蒙古高原,唐朝中后期突骑施游牧于中亚河中地区,回鹘的一支则生活在西域高昌一带,归安西都护府管辖,使用开元通宝钱,并曾铸造了突骑施钱及回鹘钱。

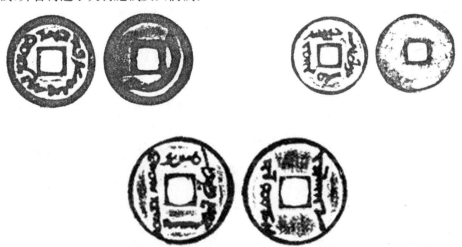

突厥施、回鹘铸造的圆形方孔钱

突骑施钱正面为用粟特字母拼写的突厥语,可转写为:"Türgiš qaγan bir b(a)q(ï)r",汉译为"突骑施可汗一钱"。背面没有文字,为一印戳符号标志,形似弯弓,有的是单形弓,有的是双形弓。

回鹘钱有双面铸文字和单面铸文字两种。双面文钱有对读、旋读两种读法。按对读(上下左右顺序)可转写为:"Kül bilgä bögü uyγur tngri qaγan",汉译为:"阙·毗伽·莫贺·回鹘天可汗"。按旋读(逆时针顺序)可转写为:"Kül bilgä tngri bögü uyγur qaγan",汉译为:"阙·毗伽·天·莫贺·回鹘可汗"。两种读法均能解释通,但根据双面文"回鹘钱"铭文的书写方式,特别是比照同时期的突骑施钱(旋读),我们认为"回鹘钱"铭文似应对读更合理。背面的回鹘文穿上可转写为:"il turmïš",读作"颉咄登密施"。其中"颉"又译为"吉利",为王或国家之意。穿下可转写为:"yarlïqamïš",意为"保有"或"敕命"。背文全称之意为:"国家保有"或"奉王命颁行",与面文相呼应。单面文钱只可旋读(逆时针顺序)为:"ïduq yarlïq yürzün",汉译为:"亦都护准予通行"。背面无文字。这里"阙"意为名誉,"毗伽"意为贤明,"莫贺"意为智慧,"亦都护"意为福乐之君主或神圣。

突骑施钱与回鹘钱都是仿照唐代开元通宝钱币式样所铸,采用的是源自中原地区的浇铸技术,式样为圆形方孔,青铜质。唯一的区别就是将汉字变为粟特文或回鹘文。粟特文为中亚粟特人使用的一种文字,源于阿拉米文字,后被突厥语各部借用并在笔画上略作变化,

因主要为回鹘人所使用,故又称"回鹘文"。最初是从右向左横写,后来可能是受汉文影响或与汉字连写的关系,改为竖写。这些都反映了唐代中原文化对西域地区的广泛影响。

4. 昭武九姓仿开元通宝钱铸造的"汉粟二体钱"

中亚阿姆河和锡尔河之间的泽拉夫珊河流域,在古代文献中被称作粟特地区,又称索格底亚那(Sogdiana)。这里分布有众多大小不等的、以绿洲农业及商业贸易为基础的城邦国家。其中以撒马尔干为中心的康国最大,此外还有安国、东曹国、曹国、西曹国、米国、何国、史国、石国等。不同时期,或有分合,史称"昭武九姓"。

粟特地区的"昭武九姓"各国,地处丝绸之路交通要冲,商业贸易发达,粟特商人更是以善于经商而闻名。唐朝设立安西都护府管理西域后,在保障丝绸之路贸易与交流的同时,中原汉文化也加强了对中亚地区的影响。这在昭武九姓各国铸造的"汉粟二体钱"中表现得尤为明显。

所谓"汉粟二体钱"又称粟特青铜钱,是昭武九姓各国仿照开元通宝钱币,采用中原地区浇铸技术铸造的圆形方孔钱。一种正面铸"开元通宝"汉字,背面为粟特文;另一种是两面均为粟特文;还有一种是一面是粟特文,一面是图徽或汉字。这一地区直到八世纪末唐朝势力退出,阿拉伯势力占领并推行伊斯兰化后,还曾经铸造过一种阿拉伯文的圆形方孔钱,影响之深,可以想见。

汉粟二体钱(含阿拉伯文圆形方孔钱)

5. 高昌国铸造的"高昌吉利"钱币

高昌吉利钱币为唐朝初年麴氏高昌国所铸,圆形方孔,青铜质,系浇铸而成。正面为汉文隶书"高昌吉利"四字旋读,背面无文(见图 A1－1)。钱体大而厚重,制作精良。直径 25.5 毫米,穿 7 毫米,重约 14.3 克。

"吉利"是突厥语"王"ilik 或 ilig 的汉字音译,即文献中"颉利发"或"颉利"的异译。"高昌吉利"意为高昌王,是用汉字拼读的古突厥语(参前文),这是高昌地区特有的一种文化现象,它是中原地区农耕的汉文化与西域地区游牧的突厥文化相互交汇、融合的结果。这与高昌地区特有的民族构成及其地理位置有关。

高昌位于吐鲁番盆地,居民主要为来自中原地区的汉族移民,文化上属于内地移民带来的汉文化。而环绕四周的则是以突厥等为代表的草原游牧民族文化。在两种完全不同文化的相互影响下,形成了以汉胡交融为特色的高昌文化。"高昌吉利"钱币的铸造就典型地反映了这种文化上的相互交流与融合。

6. 回鹘铸造的"日月光金"钱币

日月光金钱币,出土于唐代北庭回鹘佛寺遗址,是唐朝时改信摩尼教的回鹘所铸。为方孔圆形,直径 24.4 毫米,重 5.23 克,一面铸汉文"日月光金"四字环读。另一面铸的是突厥鲁尼文的草体形式,文意与汉文"日月光金"完全对译。

回鹘初信萨满教。唐代宗宝应二年(763)牟羽可汗时改信摩尼教。摩尼教是公元 3 世纪中叶由波斯人摩尼(Mani)所创,是在琐罗亚斯特教的基础上,融合各种不同信仰而成。日月崇拜是其最大特点。摩尼教是在唐朝被称为"昭武九姓"的中亚粟特人传入中国的,唐人不明其教义,称其为"摩尼教",宋人因其教徒崇拜日月,而改称"明教"。

"日月光金"钱币形制上与同时期的回鹘钱及突骑施钱一样,完全仿照开元通宝钱币,采用中原地区的浇铸技术,有轮有郭。但为了表示其宗教信仰,铸有汉字"日月光金",特别有一种边缘带八个突出齿轮,形似"法轮",显然不是做流通使用的,可能是用做宗教活动的一种"法器",更从一个侧面证明"日月光金"钱币具有浓厚的宗教色彩,与摩尼教有密切的关系。这反映了中原地区的汉文化、西域回鹘等草原游牧文化以及随粟特人而传入的摩尼教等不同文化相互之间交融的特点。

日月光金钱币

三、元代中国纸币制度和雕版印刷技术的西传过程及影响

我国是世界上最早发明使用纸币的国家,中国古代成熟的纸币制度,历史上曾对周边国家和地区产生了深远的影响。据《史集》等波斯文献记载,波斯(伊朗)在伊利汗国统治时期曾仿照元朝印制过纸币。虽然时间不长,很快就失败了,但产生过重要影响,在中外文化交流史上占有重要地位。

1. 波斯(伊朗)推行的纸钞及与元代纸币制度的关系

波斯(伊朗)在伊利汗国[①]第五任伊利汗乞合都(1291—1295 年在位)统治时期为解决财政困难,曾于 1294 年仿效元朝强制推行纸币制度。

据多桑《蒙古史》记载,是一位叫亦速丁木匝发儿(Yzz-ud-din Mozaffer)的大臣在汗国财政万分困窘的情况下,希望模仿元朝使用纸币来摆脱财政困境。在当时因出使而停留在伊利汗廷的元朝丞相孛罗的指导下,乞合都于 1294 年 9 月 12 日(伊斯兰历 693 年 10 月 19 日)开始在都城帖必力思发行纸钞。

当时伊利汗国不具备使用纸币的条件,完全是为了搜刮金银财宝,是一场超经济的掠夺,遇到了各阶层的强烈反对。在强制实行两个多月后便被迫废除,重新又恢复了金属货币的流通。

伊利汗国发行的纸钞没有实物流传下来,但在波斯文献《瓦撒夫书》及后来的多桑《蒙古史》中有记载。

《瓦撒夫书》:"这是一种上面写有汉文方形字的矩形纸。在上部的两侧写有任何钱币中都通行的术语'除了安拉之外再无他神'和'穆罕默德是安拉的使者'。在下面是用藏文所写的'仁钦多吉'(大金刚),用阿拉伯文写作 Ayrynhyntwrjy(大通宝)……在矩形的中央依纸币而画的一个小圆圈中,大家可以读到'1/2 迪拉姆'……一直到十第纳尔。其最下面则是这几行文字:世界的帕迪沙(即国王——引者)于 693 年强行发行吉祥钞。伪造者要株连其妻小一起受刑,然后被处死,其财产被没收'。他们为各地都寄去一张印好的钞票以便鼓吹纸币的好处。我眼下看到了寄往失剌思的一份。我们从中读到当全民族都由于社会制度的威力而均接受这种钞票时,他们立刻就会看到食品价格降低、粮食变得很便宜和贫富变平等等。"[②]

多桑《蒙古史》:"钞以纸制,其形长方,上有汉文数字,钞上两面皆著回教之词,曰'上帝(即安拉,又译真主——引者)外无他上帝,摩诃末(今译穆罕默德——引者)是上帝之教徒'。钞下著亦怜真朵儿只(Irentchin Tourdfi)之名,盖诸博士所上乞合都之尊号也。钞中有圈,内著钞价,自半答剌黑木(Drachme,冯承钧按:每答剌黑木重约三分有奇)至十第纳儿不等,

① 又译作伊儿汗国(Ili-Khan),是中世纪蒙古西征后形成的四大汗国之一。1258 年旭烈兀攻灭阿拔斯王朝后建立,初以马腊格为国都,后定都大不里士,领土包括伊朗、伊拉克、高加索和小亚细亚。称雄西亚近一个世纪,1353 年被帖木儿帝国灭亡。

② 转引自[法]阿里·玛扎海里《丝绸之路:中国—波斯文化交流史》349 页,耿昇译,中华书局,1993 年。

下著禁令曰'世界之主在六九三年(1294)颁发此顺利之钞,有伪造者并其妻子处死,财产籍没'。"同时规定:"在各州建钞库,各库各有其库使、书手、出纳员及其掾属,法令禁止全国使用金银,除汗与诸大臣外,不许以金银制器皿及金锦。其因此失业之金银匠由钞库赡给之,凡持昏钞至钞库掉换新钞者,钞库扣收其价百分之十,其赴外国之商人以钞易金者,必须逾境始许使用。"①"曾命官吏在诸城宣告,其买卖不用钞而用其他货币者处死,其不以金银送钞库易钞者亦处死。"②

由此,可知伊利汗国的纸币:

第一,以纸印制,呈长方形,印有汉字、阿拉伯纪年及穆斯林祈祷时用语。

第二,以金银为本位,面额由半答剌黑木至十第纳儿分为若干等。

第三,印有赏罚条例,严禁伪造。

第四,为推行纸币,全国各地都设有钞库,负责出国商人兑换金银及回收昏钞,工本费按纸钞面额收取百分之十。

第五,严令禁止金银流通,拒绝使用纸钞者皆处死。

很明显,伊利汗国的纸钞完全是仿照元朝的纸币制度来设计发行的。但同时为照顾波斯广大穆斯林的传统,使其便于接受,又在纸钞上印有伊斯兰教徒祈祷时的用语"除了真主之外别无他神,穆罕默德是真主的使者",这也是中亚地区伊斯兰钱币上的习用铭文。钞面汉字,可能是元朝政府颁发的"辅国安民之宝"或"王府定国理民之宝"等汉文专用印章。

以昏换新,工本费收取高达面额的百分之十(元朝每贯仅收三分),这也充分反映了乞合都行钞的目的完全是为了收刮财富。

总之,伊利汗国的纸钞从其形制、面额到发行管理上,都是在元朝丞相孛罗的具体指导下,参照中统元宝交钞来设计、发行的,几乎完全都是照搬元朝的纸币制度。

2. 波斯伊利汗国仿效元朝推行纸币制度对中外文化交流的影响

乞合都仿行元朝钞法仅维持了两个多月便宣告失败,从挽救汗国财政危机的角度讲没有任何意义,但在中外文化交流史上却做出了重要贡献。

第一,说明我国古代钱币文化影响所及并非像传统所认为的那样仅限于日本、朝鲜、越南等东亚及东南亚的国家和地区,实际上更远达波斯(伊朗)等西亚地区。

中国是世界上最早发明使用货币的国家之一,同时也是世界上最早发明使用纸币的国家。以中国为代表的东方钱币文化,对周边国家和地区曾产生了深远影响。但传统认为这种影响,仅限于朝鲜、日本、越南及琉球等东方国家和地区仿照中国采用浇铸技术铸造圆形方孔钱上。实际上,这种影响不仅体现在圆形方孔式样的金属货币上,还应该包括纸币。随着对外贸易及文化交流的日益扩大,特别是蒙古的西征,以中国为代表的东方钱币文化对中亚、南亚、西亚等地区也产生了深远影响。波斯(伊朗)伊利汗国在财政危机时,首先想到仿照元朝发行纸币就说明了这一点。

---

① 多桑《蒙古史》下册 248 页,中华书局,1962 年。

② 阿不法剌治《世界史略》600 页,转引自多桑《蒙古史》下册 249 页。

　　第二，使当时的波斯、阿拉伯人最早认识了中国的纸币制度，并进而传入了欧洲。

　　中国早在宋代就已开始使用纸币，当时世界上其他国家还都停留在只知道使用金属货币阶段。纸张虽然在12世纪中叶就已传入欧洲，但欧洲还根本想不到能用它作交易媒介进行商品买卖。直到《马可·波罗游记》问世后，才听说"中国人用棉纸制成通用货币进行商业贸易"，"用最便宜的材料能交换最贵重的东西"①，但被视为天方夜谭，难以致信。在这种背景下，乞合都在波斯仿效元朝实行纸币制度，使当时的波斯、阿拉伯人因此而认识了世界上最早实行的中国纸币制度，并进而传入欧洲，不仅使之大开眼界，学会了使用纸币②，同时更为其后来进行大规模的商业活动带来了便利。波斯语中至今仍将纸币称作"钞"（Chao）③，其影响之深可以想见。

　　第三，中国雕版印刷技术的西传。

　　印刷术是中国古代的四大发明之一。早在8世纪初，唐朝即已开始使用雕版印刷技术大量印刷佛经、书籍传播知识了，而同时期的波斯、阿拉伯及欧洲基督教的寺院里却还停留在完全依靠手抄古代传本的古老方式上，有可能接触书籍的仅限于宗教人士及贵族。在这种背景下，1294年波斯仿照元朝"钞印用木为版"的技术印刷纸币，是雕版印刷技术西传的最早记录，具有十分重要的意义。正如著名印刷史专家卡特（Thoms Francis Carter）分析的那样，"它们（指波斯纸币——引者）作为钱币，是一文不值的，但如果落入有发明天才的人手里，却可以成为对文明的极可宝贵的东西，其次，这种纸币的发行，也表示大不里士当时已经有一些知道如何印刷的工匠"④。"这是木板印刷术传入伊朗的例子。"⑤并进而又经埃及于14世纪末传入欧洲⑥，打破了教会对知识的垄断，扩大了受教育的范围，"对欧洲人的思想和社会都有深刻的影响"，甚至可以说"西方世界现代文明进程中的几乎每一项成就都以不同方式与印刷的引进和发展有联系"⑦。

　　（根据2007年11月16日在新加坡召开的"古代亚洲区域货币的发现与研究"学术研讨会上的发言稿整理，原发言稿刊登在《亚洲钱币》2008年第1期）

---

　　① 《马可·波罗游记》，陈开俊等译，福建科学技术出版社，1982年。

　　② 瑞典于1661年、美国于1690年、俄国于1768年、英国于1797年、德国于1806年首次发行纸币。见［英］李约瑟《中国科学技术史》第五卷第一分册《纸和印刷》（钱存训著）89页注①。

　　③ ［美］劳费儿《中国伊朗编》394页，林筠因译，商务印书馆，1964年。

　　④ ［美］卡特《中国印刷术的发明和它的西传》147页，吴泽炎译，商务印书馆，1991年。

　　⑤ 朱杰勤《中国和伊朗历史上的友好关系》，《历史研究》1987年第7期。

　　⑥ ［美］德克·卜德《中国物品传入西方考证》，《中外关系史译丛》第一辑，上海译文出版社，1984年。

　　⑦ ［英］李约瑟《中国科学技术史》第五卷第一分册《纸和印刷》（钱存训著）329页。

丝绸之路钱币(新疆段)考察报告

根据中国钱币学会丝绸之路钱币研究组的工作计划,1993年5月在新疆组织了一次丝路钱币实地考察活动。考察队由中国钱币学会副秘书长姚朔民领队,成员有丝路钱币研究组组长单位甘肃钱币学会的于廷明,中国钱币学会的苏建东,我则以成员单位新疆钱币学会的身份负责组织筹划整个考察行程。新疆大学中亚文化研究所原所长冯锡时教授应邀参加了考察队。考察队于1993年5月6日从乌鲁木齐出发,途经焉耆、库尔勒、轮台、库车、拜城、阿克苏、喀什、阿图什、塔什库尔干、莎车、叶城、和田、且末、若羌,回到库尔勒,再经由吐鲁番,于6月4日回到乌鲁木齐,历时一月,行程6300公里,取得了很大收获,现作一简要介绍。

一、学术方面

为便于分析,按考察路线所涉及的钱币内容,参考文献记载,并结合近年出土发现情况及当前学术界研究状况分四个地区、七个专题进行介绍。

(一)库尔勒至库车地区(包括焉耆、新和)

库尔勒至库车一线地处塔里木盆地北缘,是汉代丝绸之路"北道"(后世又称"中道")所经过地区,历史上属古焉耆国和古龟兹国范围,现在则分属巴音郭楞蒙古族自治州和阿克苏地区。这里土地肥沃,水源丰盛,是塔里木盆地周缘自然条件最好的地区之一,同时也是北疆交通南疆的必经之地。因其位置重要,西汉政府经营西域时,这里是最早屯田、驻军地区。新疆最早屯田开始于贰师将军李广利征伐大宛之后,据《汉书·西域传》记载:"自贰师将军伐大宛之后(前101),西域震惧,多遣使来贡献。汉使西域者益得职。于是自敦煌西至盐泽(今罗布泊)往往起亭,而轮台、渠犁皆有田卒数百人,置使者校尉护,以给使外国者。"[①]同时,这一地区也是自汉朝以来直到唐朝历代中原王朝经营管理西域的政治、经济、军事中心所在地,汉代的西域都护府所在地乌垒城就在今天轮台县境内,唐代的安西大都护府就设在今天的库车。

随着政治的稳定,联系的增多,带来的必定是商贸的繁盛。《史记》:"驰命走驿,不绝于

---

① 《汉书》卷九十六《西域传》,中华书局,1975年。

时日,胡商贩客,日款于塞下。"①《唐大诏令集》:"伊吾之右,波斯以东,商旅相继,职贡不绝。"②这些记载,都是当时中外贸易繁盛情况的具体反映。

伴随屯田、驻军、商贸往来必然是大量的中原王朝钱币流入这一地区,几十年来的考古发掘及此次考察都充分地反映了这一点。中原地区的五铢钱、开元通宝、乾元重宝等钱币在我们所经过的各地的文管所、博物馆都有详细的陈列,同时在黄文弼及新疆考古所近几十年的考古发掘报告中,也都有众多的详细报道,这里就不一一介绍了,主要谈三个问题:

第一,汉代钱币和唐代钱币在西域地区虽然都有发现,但其来源和作用并不完全一样,是有区别的。

根据我们掌握的情况,汉五铢钱主要集中发现在当时屯田遗址及驻军的烽火台、戍堡等地区,如"在今沙雅东哈拉哈塘附近有一道汉代的古渠,……(古渠)两旁有一些汉代城垒和农田遗址,出土过五铢钱"③。这说明屯田及驻军应是汉五铢钱的主要来源。据《汉书》记载,当时汉政府为使人们踊跃戍边,特准许并鼓励戍边人员可以携带家属及私人财物。在他们中间,有很多人原来就是商人,他们是使用货币的。又据《史记·大宛列传》记载,当时西域地区(除和阗外)虽不能肯定完全不使用货币,但到目前为止,还没有发现除汉佉二体钱以外的其他自铸货币。因此,我们认为西域地区发现的汉五铢钱主要应是屯田戍卒及驻守官兵带来并在他们之间使用后遗留下来的。正是由于他们的使用,才带动了当地商品交换形式的变化,促进了其货币经济的发展,于魏晋时期在古龟兹国首先产生了当地最早的自铸货币——龟兹五铢线。

到了唐代情况发生了变化,虽然屯田及驻守官兵的使用是中原地区钱币流入的原因之一,但更主要的则是伴随中外贸易而流入的。这是因为,西域地区自魏晋以来,受中原特别是汉代的影响,已有使用并仿内地铸造货币的历史。同时,这一时期,随着唐朝统一西域,中外贸易空前繁盛,对货币特别是铸造精美、形式统一的唐代货币的需要量很大。这不但在吐鲁番、哈拉和卓阿斯塔那古墓群出土的唐代文书中有许多使用货币的记载,同时唐代钱币的出土也能证明。根据考古材料,我们发现,唐代钱币除在屯田或驻军等遗址中有发现外,在遍布中亚的古代丝绸之路商道上,都有更多的发现,数量远较汉五铢钱为多。如1979年中央电视台和新疆社科院考古所联合举行的楼兰考察活动中,在经白龙堆去楼兰途中,于罗布泊东北端古丝道上一次就发现了970多枚"开元通宝"钱④。另据黄文弼《塔里木盆地考古记》记载:"唐钱在新疆南部散布极广,我所采获者,有'开元通宝''乾元重宝''大历元宝''建中通宝'四品,开元钱散布于库车裕勒都司巴克一带较多,如色当沁、卡勒克沁、砖头城及库车东北苏巴什古城,均有发现。而焉耆四十里城旧城及吐鲁番三堡旧城亦有出土,大多在唐代遗址中。'乾元重宝'是在库车城附近遗址中所拾。'大历元宝'是在大羊达克沁及拜城和色尔佛洞中掘出。'建中通宝'出库车克里什千佛洞及焉耆明屋。此就我所采拾地点而言,

① 《史记》卷一二三《大宛列传》,中华书局,1975年。
② 《唐大诏令集》卷一三〇,中华书局,2008年。
③ 孟池《从新疆历史文物看汉代在西域的政治措施和经济建设》,载《文物》1975年第7期。
④ 穆舜英《神秘的古城楼兰》72页,新疆人民出版社,1987年。

唐钱流通决不止于此数地也。"①

汉、唐钱币在西域地区这种来源及作用上的不同，是丝绸之路发展的直接结果，同时也是丝绸之路由发展到繁盛的形象反映。

第二，关于龟兹五铢钱。

龟兹五铢钱最早在宋洪遵《泉志》中已有简单记述，清朝道光年间在北京附近也有个别发现②，但都未能引起注意。本世纪初，随着斯坦因的考古发掘及三十年代黄文弼的报道才开始引起学术界重视，特别是近几年在库车文管所、新疆考古所等同志的努力下，积累了大量的实物资料，结合此次实地调查，使我们对龟兹五铢钱有了比较深刻的认识。

1. 龟兹五铢钱是古代龟兹国的自铸货币。这在玄奘《大唐西域记》卷一《屈支》条中有清楚记载："屈支（即龟兹）货用金钱、银钱、小铜钱。"这里的小铜钱当指龟兹五铢钱。另外，近年考古发现古龟兹国范围内有数量众多的龟兹钱范出土，亦是证明。

2. 龟兹五铢钱可粗分三种类型。

一类是龟兹小铜钱。其特点是很像内地的剪边五铢，无文无廓，多出土于库车县内，1958年苏巴什古城一次出土五百余枚③，另在巴楚图木舒克古城亦有出土，出土时常伴随有小铜钱、坩锅残块、铜渣等。

二类是龟兹"五朱"钱。式样同小铜钱，但面铸"五朱"，铸文很浅，亦无廓，式样、版别及发现数量都较少，亦主要集中在库车县境，但巴楚脱库孜萨莱古城1959年曾伴随钱范一起有出土④。

三类是带有龟兹文的铜钱，又称"汉龟二体钱"。有内、外廓，都很浅，这种类型钱币数量很多，版式、文字多样，是龟兹五铢钱的主要部分，亦主要发现于库车境内，1986年一次就出土了一万余枚⑤，另外在轮台也有发现。

3. 龟兹五铢钱的铸行时间当在5世纪中叶到7世纪之间，一类龟兹小铜钱可能是仿自两晋以来河西及中原的"小钱"模式，工艺较落后，当早于第三种类型即带龟兹文的龟兹五铢钱，第二种类型当介于两者之间，是过渡时期铸造的。

4. 龟兹五铢钱是我们目前已知新疆地区最早仿内地采用浇铸法铸造的钱币。同时它的第三种类型即"汉龟二体钱"很典型地反映了中西货币文化交融的特点。

第三，关于"大历元宝"、"建中通宝"的铸地及和"元"字钱、"中"字钱、"大"字钱的关系。

"大历元宝"、"建中通宝"都是唐代钱币，但在中原地区的唐宋钱币窖藏中从无发现，而在地处边疆的塔里木盆地北缘以库车为中心的地区，却时有发现。这引起钱币界的广泛注意，甚至也有人根据这两种钱币本身铸造粗劣，有新疆铸钱的特点而认为可能是在新疆地区

①　黄文弼《塔里木盆地考古记》127页。

②　李佐贤《古泉汇》卷四，10页。

③　黄文弼《新疆考古发掘报告》86页，文物出版社，1983年。

④　李遇春《新疆维吾尔自治区文物考古概况》，载《文物》1962年第7、8合期。

⑤　张平《龟兹五铢的考古发现及其有关问题》，载《西北史地》1986年第4期。

铸造①,但又提不出充分的根据,仅仅是一种推测。此次考察途经库车时,我们专就这一自宋代就困惑钱币学术界近千年的难题作了详细调查,获得了重要的第一手资料。

早在考察之前,就听说新疆库车附近的新和地区,不久前曾出土过一批大历元宝、建中通宝钱币,也有人认为是假钱,在钱币界影响不小。到库车向文管所同志了解情况后,刘松柏所长随即派维吾尔族同志买买提带我们去新和县,县文管所一位姓陈的年轻同志知道此事,带我们由新和县向西南行走约40公里,在一片沙丘群立、芦苇、红柳丛生的固定沙漠地带找到一处叫通古斯巴什的唐代古城遗址。城中有好几处被挖掘的痕迹,小陈告诉我们其中一处就是曾经出土大历元宝、建中通宝的地方。据他讲,是当地文物贩子雇佣附近村民来挖城寻宝时挖出来的,很快即被乌鲁木齐钱币贩子购去,数量相当大。根据后来我们又从别处了解的情况综合分析可知,这批大历元宝、建中通宝出土时间约在1992年3月中旬,出土钱币中主要是大历元宝、建中通宝,另外还伴随有少量开元通宝、乾元重宝及"中"字钱、"元"字钱,还有"大"字钱。"大"字钱很少,仅有几枚。

可惜的是这批钱币大部分都已流失,更可惜的是这么重要的一次出土,竟完全是在偷盗文物的非法活动中进行的,破坏了出土的文化层,没能留下其他有价值的资料。但仅就出土这件事而言,还是很有意义的,它说明"元"字钱、"大"字钱是由大历元宝衍生的,"中"字钱应是由建中通宝衍生的。除去上述钱币铸造工艺粗劣,有新疆铸钱的特点外,这次出土又提供了新的、更具说服力的证据。

为说明这一问题,我们有必要先来回顾一下有关大历元宝、建中通宝及"中"字、"元"字、"大"字等钱币的出土发现情况及文献记载。

大历元宝和建中通宝钱币的最早记载见南宋洪遵《泉志》,记为"史氏不叙铸作之因",并引《代宗实录》认为可能是大历四年(769)所铸,另外在清代翁树培《古泉汇考》中记载清朝道光年间在北京曾有出现。"陈南叔偶得古泉百数十枚于齐化门小市……就中检得大历七、八枚,建中一枚,已如获拱璧。"

前引黄文弼《塔里木盆地考古记》记有"……大历元宝是在库车大羊达克沁及拜城克孜尔佛洞中掘出,建中通宝出库车克里什千佛洞及焉耆明屋"的记载。

1958年黄文弼又来库车地区进行考古挖掘时,在大黑汰沁城、苏巴什古城、哈拉敦遗址都有大历元宝、建中通宝钱币的出土。其中在哈拉敦遗址还发现有"中"字钱(见《新疆考古发掘报告》)。

1981年5月在焉耆通往库车路边的兰城子出土了一个藏钱陶缸,"内装钱币约五、六公斤",作者朱树林"出于好奇要了8枚,其中开元通宝5枚,建中通宝2枚,大历元宝1枚"②。

吉木萨尔(北庭)唐遗址中曾发现1枚建中通宝③。

另外,当年来库车一带考察、挖掘的斯坦因、橘瑞超、伯希和等都发现有数量不等的"大

---

①　孙仲汇等《古钱币图解》39页,上海书店,1989年。

②　朱树林《兰城子出土的建中通宝和大历元宝》,载《陕西金融》钱币专辑9,1988年。

③　薛宗正《新疆奇台县出土的中原古钱》,载《新疆文物》,1987年第1期。

历元宝"、"建中通宝"及个别的"中"字和"元"字等钱币[1]。

这些发现除 1 枚出于北庭外,其余全部都集中在库车及其附近地区,是唐代西域政治、经济、军事中心安西大都护府所在地。同时考虑 755 年唐朝发生安史之乱,当时西域重兵东调长安,西北边防空虚,吐蕃乘机占据河陇,切断了安西、北庭与唐中央的联系。北庭节度使李元忠、四镇节度留后郭昕统领将士闭境坚守,十余年与唐中央"道路梗绝,往来不通"。直到 781 年使者才经"回鹘道"间道入朝,唐中央这才知道二镇(安西、北庭)尚有唐军坚守的这一历史背景[2],我们完全可以认为大历元宝、建中通宝及"中"字钱、"元"字钱、"大"字钱等钱币就是在这种历史背景下,安西都护府为坚守西域于大历年间(766—799)和建中年间(780—783)在库车地区铸造的。因时间比较短,又值战争时期,故铸造比较粗劣,主要是供在库车一带驻守的官兵使用的。历年考古发掘特别是这次大量出土都为这一结论提供了充分的依据。

(二)喀什至莎车地区(包括阿图什)

喀什汉唐时称疏勒,现代维吾尔语称喀什噶尔。历史上喀喇汗朝、西辽都曾建夏都于此。莎车的称呼始自汉代,现代维吾尔语称叶尔羌,曾是著名的叶尔羌汗国的都城,现在是喀什地区的一个县。阿图什是克孜勒苏克尔克孜自治州首府,距离喀什仅 40 公里,历史上归喀什管辖,境内克尔克孜族人口不及一半,通用维吾尔语,信仰伊斯兰教,生活习俗和维吾尔族相同。这一地区位于塔里木盆地西南部,地处丝绸之路南道和北道汇合处,喀什、莎车都属西域三十六国,是塔里木盆地周缘古代著名文化中心。现在则是新疆维吾尔族主要居住地区,同时也是伊斯兰教文化最繁荣的地区,喀什曾号称"东方小麦加"。

在这一地区考察期间,虽然也能经常发现出土的汉、唐甚至宋、元、明时期中原地区的钱币及佛教文化遗址,但是感受最强烈的还是新疆地区的伊斯兰教文化。在我们考察的古代文化遗址中,仅有喀什附近的莫尔佛塔一处是属于佛教文化遗址,其余都是属于伊斯兰文化遗址。同时发现伊斯兰教的传入对新疆地区钱币文化的发展产生了重大影响,在一定时期内曾被完全纳入了伊斯兰钱币文化体系。

伊斯兰教是在 10 世纪中叶后开始传入新疆的,并为当时以回鹘为主体的喀喇汗王朝逐渐接受,著名的萨图克·布格拉汗第一个皈依了伊斯兰教,并定伊斯兰教为国教,后来他以传播伊斯兰教有功而著称于世,其陵墓仍保存在阿图什。伊斯兰教的传入是整个中亚历史上的一件大事,在新疆钱币文化的发展史上也有深远的影响,它导致新疆地区的钱币文化,在 10 至 18 世纪中期即从喀喇汗王朝至清政府重新统一新疆这一历史时期被完全伊斯兰教化了。伊斯兰钱币文化源于古代的希腊和罗马,采用打压法铸钱。但因伊斯兰教禁止偶像崇拜,因此,钱币上不用人像或图形,而是打铸上文字,主要是《古兰经》上的经文。

新疆地区自铸的货币中,最早属于伊斯兰钱币文化体系的是喀喇汗朝钱币。这种钱币,

---

① 斯坦因《古代和阗》第三卷。《大谷探险队收集中亚出土佛典资料选》42 页,日本龙谷大学 1988 年出版。蒂埃里《一批伯希和发现的唐代钱币》,载《珍藏》1988 年 10 月刊。

② 《资治通鉴》卷二二七,中华书局,1956 年。

在以喀什一带为中心的塔里木盆地南缘地区时有发现,其中以 1980 年 3 月阿图什县逊他克乡托库尔大队发现的一次钱币窖藏最为著名,共出土钱币 130 多公斤,约 18000 枚左右①。钱币是打压制成,圆形无孔,亦无外廓,但边缘有一圈连珠纹,两面都打印有阿拉伯科裴体铭文,正面多用《古兰经》中的经文"除了安拉别无真神,穆罕默德是安拉的使者"。背面则多记当时汗王的名字。除喀喇汗朝的钱币外,察合台汗国时期的铜币、银币、金币,中亚浩罕汗国军官阿古柏侵占喀什等地时打制的普尔铜币、天罡银币、铁刺金币以及当时和阗的艾比不拉打制的银币等也都属于伊斯兰钱币文化体系。这类钱币上,一般还都打印有造币厂地址及伊斯兰历纪年,因此在文献资料相对比较缺少的中亚史研究中能起到证史、补史的作用,有重要的学术价值。但是,在伊斯兰教传入之前则不是这样,那时新疆地区铸造的钱币同中原地区一样,都属于东方钱币文化体系,如早期的龟兹五铢钱及后来的高昌吉利钱、大历元宝、建中通宝、"中"字钱、"元"字钱、"大"字钱、突骑施钱、回鹘钱等,都是仿内地采用钱范浇铸而成,圆形有孔,币面文字或是纪值或是纪年号。清朝乾隆二十四年重新统一新疆开叶尔羌等七个铸钱局铸造的"红钱"等亦属于这一钱币体系。因此,可以说以伊斯兰教的传入为界,可将新疆的钱币文化划分为三个不同的阶段,即仿中原自铸钱币阶段(5 世纪中叶到 10 世纪中叶)、受伊斯兰钱币影响阶段(10 世纪到 18 世纪中期),按中央统一规制铸造钱币阶段(1759年开始)②,这不但是新疆钱币发展的一大特点,同时也是丝绸之路钱币的一大特点。掌握住这一特点,才便于全面分析各个不同时期各种钱币的相互联系及具体每枚钱币的特征。

另外,文献中对中原地区翻砂、浇铸等铸钱工艺都有比较详细的记载,但对中亚地区打压铸币工艺则没有记载,是一个空白,关于这方面的知识,在内地很难得到,但在研究中亚民族钱币,特别是研究丝路钱币时,却是非常重要和必备的。因此,在喀什、莎车及叶城等处考察期间,我们通过观察、了解当地维吾尔族传统手工业作坊的生产工序、生产工具及其产品,加深了对新疆地区历史上受希腊、罗马及伊斯兰文化影响后打铸钱币工艺的认识,同时也提高了鉴别假钱的能力。

(三)和田至若羌地区

从和田经于田、民丰、且末到若羌全程约 954 公里,这一带地处塔里木盆地的东南边缘,是传统的丝绸之路南道经过地区。虽然现在自然条件很差,交通也比较闭塞,但在古代特别是汉、唐之际,这里却很繁盛,是东西方经济、文化交通的大动脉,其中和田、于田、民丰、若羌等都是古代丝绸之路沿线的著名文化名城。特别是和田,地处丝绸之路南道——古代中原地区交通印度、贵霜的必经之地,历史上和印度西北地区不仅有商业、宗教上的往来,同时文化上亦受其影响很深。这在当地铸造的钱币中表现得很典型,最著名的就是汉佉二体钱。

"汉佉二体钱"又名"和阗马钱",是公元 1—3 世纪古代于阗国打制的一种地方货币,因其背面大多打印有一马形图案而得名。有大钱和小钱两种类型,正面,大钱作"重廿四铢铜

---

① 蒋其祥《新疆阿图什县出土的喀喇汗钱币窖藏清理简报》,载《文物》1985 年第 12 期。

② 这里主要是从伊斯兰教的传入对新疆货币产生的影响这一角度来分析的,如严格讲,应划分四个阶段,其中还有更早期即公元 1—3 世纪受中原、贵霜共同影响,古于阗国铸造的汉佉二体钱。

钱"，小钱作"六铢钱"；背面中央是一马或骆驼形图案，四周是一圈佉卢文，多纪当时打制钱币的国王的名字。这次考察和田地区，当地文管所收藏有三枚"汉佉二体钱"，特别其中有一枚背面是骆驼形图案的，引起了大家很大的兴趣。这枚钱币是1989年从洛甫县杭桂乡苏力塔木沙漠采集的，与克力勃在《和阗汉佉二体钱》中分为第十型的完全一样，正面中央是一"丫"形图案，有的学者解释为"元"字，四周是汉文篆书"六铢钱"三字，背面中央是一骆驼形图案，四周一圈为佉卢文。

　　汉佉二体钱是目前已知新疆地区历史上最早的自铸钱币，很有地方特色。它不同内地铸钱用钱范浇铸，而是采用源自古希腊的打制法；也不同于内地流通币不铸动物图案仅是文字的传统，而打印有马或是骆驼形图案；但是钱币却打印有汉字，并且是以内地传统的重量单位"铢"作为它的纪值单位的。大型和小型的重量是按1∶4的比例兑换的，这样不但能和当时中亚地区流通的德拉克马和四德拉克马系统的货币兑换，同时也能很便利地和内地铸造但在和田等地也流通使用的五铢钱兑换（五个六铢换六个五铢）。因此汉佉二体钱就如同它的名称一样，很典型地具有东西方两大钱币体系交融的特点，是伴随着丝绸之路东西方文化特别是中原地区和印度地区两种不同系统的钱币文化交流、融合而产生的，反映了和田地区在古代丝绸之路交通中特别是通往印度的交通中所具有的枢纽作用。

　　另外，通过由和田至若羌沿线的考察，同时结合有关文献记载，我们发现汉唐之际丝绸之路三条基本干线中，主要通道（或是路线）是有变化的，主要表现在若羌在汉代和唐代丝绸之路交通中的作用是不一样的。

　　汉通西域是从西安西出阳关经白龙堆沙漠南缘首先到达鄯善（位于罗布泊西北，不同今鄯善县），然后分两路，一路南下经米兰到若羌（汉时称扜泥），再沿南道西行；另一路是从鄯善西北行至焉耆，然后走北道西行。但因当时车师前部（今吐鲁番）一带是在匈奴势力控制下，丝绸之路北道上"匈奴奇兵时时遮击使西国者"[1]。"至宣帝时，遣卫司马使护鄯善以西数国，……时汉独护南道，未能尽并北道也"[2]。不仅西汉时是这样，东汉时亦复如此。因此，汉代丝绸之路虽分塔里木盆地南北两道，但实际上主要是依靠南道。去北道诸国，往往也先由南道西行至疏勒（今喀什噶尔）后，再继续沿北道而去，路程虽较远，但比较安全。如《后汉书·班超传》载汉章帝建初八年，李邑带着汉政府赐给大小昆弥的大量锦帛，护送乌孙使者回国，即南经若羌到于阗而去。还有张骞由大月氏回来，李广利伐大宛东归，都走的是南道。因此，南道上的若羌在整个汉代丝路交通中具有重要的枢纽地位。但到唐朝时，情况就发生了变化，丝绸之路三条基本干线中，以通过天山以北的"北新道"最为重要，是当时东西往来的主要通道。

　　"北新道"在我国史籍中，最早提到的是《三国志》裴注所引《魏略·西戎传》，当时称"新道"，但很简略、笼统[3]，以后在《隋书·裴矩传》中才有较为详细的记述，"北道从伊吾，

---

①　《史记》卷一二三《大宛列传》，中华书局，1975年。
②　《汉书》卷九十六《西域传》，中华书局，1975年。
③　《三国志》卷三十注引《魏略·西戎传》："从敦煌玉门关入西域，前有两道，今有三道……从玉门关西北出，经横坑、辟三陇沙及龙堆，出五船北，到车师界戊己校尉所治高昌，转西与中道合龟兹为新道。"

经蒲类海铁勒部,突厥可汗庭,度北流河水,至佛林国,达于西海"[1]。即指从长安出发,经过今哈密、吐鲁番或是经巴里坤、吉木萨尔,沿天山以北西行到伊犁,然后可南下,经中亚河中地区(阿姆河与锡尔河之间地带)再向西去,又可继续从伊犁西行,过咸海、里海和黑海北面直达地中海的路线。这条路线在唐代也称为"北道",现在有人又称为"草原道"。它的出现虽然并不晚,但繁荣却是在唐代,并成为唐朝交通西域的主要路线。这是因为从汉代以后,中国长期处于分裂局面,由北方兴起的许多民族如匈奴、鲜卑、柔然、厌哒、突厥等都曾先后经过和占据天山以北地区。他们虽然一方面为这条路线的开辟和经营做出了重大贡献,但另一方面经常的割据和战争又使其受到干扰。因此,只有到了唐代完成了西北边疆的统一,才为其畅通创造了条件。同时这条路线比起沿塔里木盆地的两条来,不仅大大地缩短了东西方的距离,还可摆脱翻越葱岭及跋涉白龙堆沙漠的困境,因此成为唐代丝绸之路交通中的主要路线。这样,就很少经过若羌了,致使若羌在这一时期及其以后的丝路交通中的地位日趋减弱。但联系到考察途经和田时,当地文管所同志曾告诉我们墨玉县阿克萨莱乡曾出土8.5公斤宋钱,还有参观新疆自治区博物馆时,博物馆的同志介绍曾在瓦石峡遗址(位于且末去若羌途中)发现数量不少的宋代铁钱(材料尚未公布)。这两条线索很重要,它提醒我们若羌在唐以后传统的丝绸之路交通中虽然作用降低,大不如以前了,但在沟通西域经青海与中原地区的交通即"羌中道"又称"青海道"的交通中仍起重要作用,特别是在唐中后期吐蕃占领塔里木盆地东南部后,这条路线在西域交通中原中起重要作用,应引起我们的重视。

在这一地区考察期间,我们还发现丝绸之路南道不但和现在的交通线差别较大,而且丝绸之路本身在汉代和唐代也是有变化的。汉代丝路南道往北深入塔里木盆地较多,如汉代遗址扜弥古城、且末古城、尼雅古城等,现在几乎全部都被淹埋在塔克拉玛干大沙漠里了。而唐代线路则比较靠南,离现代交通线较近。丝路北道则不一样,在北道上汉代和唐代时的变化不大,距现代交通线很近,从公路上能很清楚地看到远方的烽火台彼此连成一线与现在的公路平行。这可能是塔里木盆地南缘因塔里木河上游灌溉用水日益增多,下游河水日趋减少,导致沙漠化较快的原因,同时也说明塔里木盆地南缘的沙漠化是早在汉代就已开始了。

(四)吐鲁番地区

在吐鲁番地区我们虽然仅考察了一天半时间,但已被它高度繁荣的古代文明所吸引并体会到这一地区在古代丝绸之路交通中有枢纽地位的重要作用。

吐鲁番绿洲,是东部天山中间一块面积不算太大的山间盆地,它的北面是著名的博格达山,南面是地势不高的觉罗塔格(维吾尔语"山"的意思),往东经过哈密(伊吾)或是巴里坤(蒲类)可到敦煌与中原地区相通,往西经达坂城可达乌鲁木齐(唐代称轮台)、伊犁(唐代称弓月),往北有路直通吉木萨尔(北庭),向西南可达焉耆等地,位置很重要,不但地处古丝绸之路东西交通要冲,同时也是天山南北交通的必经之地。

---

① 《隋书》卷六十七《裴矩传》,中华书局,1973年。

这里最初为车师前部地,汉初为匈奴控制,西汉为抗击匈奴在此屯田时筑高昌壁,驻有戊己校尉、西域长史,是汉朝一个重要的屯田中心。魏晋时沿袭旧制,设有戊己校尉,直到十六国时期的前凉于327年扩为高昌郡,置郡太守。继前凉之后,高昌郡又先后为后凉、西凉、前秦、北凉所统治。460年北凉为柔然所灭,立阚伯周为高昌王,这是高昌建国之始。高昌国继阚氏、张氏、马氏之后于501年由麹氏统治,麹氏高昌国传九世十王于640年被唐朝统一,设置西州,后来又被吐蕃、回鹘先后占领。频繁的历史变迁,留下了众多的古代文化遗址,著名的有高昌故城、交河故城,位于火焰山中的吐峪沟石窟和柏孜克里克石窟以及具有重要考古价值的哈拉和卓阿斯塔那晋唐古墓群等,都先后出土了一批十分珍贵的历史文物,其中特别是哈拉和卓阿斯塔那晋唐古墓群出土的上万件文书和近百枚波斯银币,还有"高昌吉利"铜钱等,都引起国内外学术界的轰动,具有重要学术价值。如:高昌郡、高昌国、西州三个不同时期的文书或是解决了东晋十六国历史的疑难,或是扩大了北朝及隋朝史研究的领域,或是丰富了唐史研究的内容,并最终奠定了能和敦煌学相提并论的"吐鲁番学"的基础。联系《隋书·食货志》中关于"河西诸郡或用西域金银之钱,而官不禁",及吐鲁番文书中众多关于使用银钱的记载来考察出土的波斯银币,则能给我们以新的启发。而"高昌吉利"钱币的出土则科学地否定了曾在钱币学界影响很深的丁福保、黄文弼等提出的"高昌吉利"为元代钱币之说,并为最终解开"高昌吉利"钱之谜提供了重要的前提。

二、其他方面

为时一个月的丝绸之路考察,除实地调查、了解了古代丝路沿线的文化遗址,收集了钱币及与钱币有关的资料外,同时还参观了私人钱币收藏者的藏品,并与当地对钱币有兴趣的领导同志及一般的钱币爱好者进行了座谈、交流,也都收到了积极的效果,具体介绍如下:

1. 喀什地区人民银行副行长刘伟建同志,库车县人民银行的杨行长都是有多年集币经验的钱币爱好者,在他们的带动下,周围都有一批积极性很高,钱币知识面较广的钱币爱好者及收藏者。但以往他们经常都是个人私下活动,没有成立组织。通过这次考察期间在喀什、库车等地同他们的交流、宣传,都积极性很高地计划成立钱币学会,此工作现正在筹备之中。因他们基础条件都很好,学会组织相信很快就能正式成立。同时考虑喀什、库车两地在古代丝绸之路交通中的作用,这两地学会的成立,一定会对新疆及丝绸之路钱币研究起到积极作用。

2. 考察期间参观了喀什麻恒、艾克拜尔,乌鲁木齐雷中峋等钱币收藏者的藏品并进行了座谈和交流,反映都很不错。其中喀什地区人民银行的维吾尔族干部艾克拜尔同志受此次考察活动的影响,为表示对中国钱币事业特别是此次丝路货币考察工作的支持和贡献,在喀什将包括2枚察合台金币、1枚中亚浩罕汗国金币在内的215枚多年珍藏的金、银、铜钱币全部一次性捐献给了中国钱币博物馆,姚朔民副秘书长代表中国钱币博物馆接受了捐献。另外,还有一位新疆著名钱币收藏家也表示愿将自己的部分钱币捐给中国钱币博物馆,手续正在办理中。

　　通过考察期间的参观、宣传及捐献活动,不但为钱币博物馆扩大了藏品,同时更主要的是宣传了收集、研究钱币的目的及意义,并因此对新疆塔里木盆地沿线基层的钱币事业及广大钱币爱好者起到了积极的推动和教育作用。

三、几点体会

　　丝绸之路钱币因资料比较分散,同时涉及方面又比较广泛(如民族文字、民族史、东西文化交流史、中亚历史地理等学科),因此在进行研究时,深入基层实地的调查、了解就显得比较重要。这次丝绸之路新疆段的考察仅是一次尝试,只有将实地考察和文献记载结合起来进行研究,丝绸之路钱币研究工作才能推向深入。下面结合此次考察就有关丝绸之路钱币研究中的几个方面谈几点体会。

　　第一,关于"丝绸之路钱币"的概念问题

　　这是一个很复杂、敏感但同时也很现实的问题,在丝路钱币研究中经常要涉及到,已有学者就这一问题发表过意见,个别同志甚至认为丝路钱币是不存在的。这里根据自己对这一问题的思考,谈点个人的初步看法。

　　众所周知,"丝绸之路"这一名称是 19 世纪 70 年代德国著名地理学家冯·李希霍芬首先使用的。他在《中国——亲身旅行的成果和以之为根据的研究》一书中,把"从公元前 114年到公元 127 年间,中国与河中地区(指中亚的阿姆河与锡尔河之间的地带——引者)以及中国与印度之间,以丝绸之路为媒介的这条西域交通路线",叫做丝绸之路。以后德国的东洋史学家阿尔巴特·赫尔曼在他著名的《中国与叙利亚间的古代丝绸之路》一书中主张,应该"把这一名称(指丝绸之路——引者)的涵义进而一直延长到通向遥远西方叙利亚的道路上去",他说"虽然在与东方的大帝国(指中国——引者)进行贸易期间,叙利亚始终未与它发生过什么直接关系。但是,正如我们首次了解到的夏德研究的结果,尽管叙利亚不是中国生丝的最大市场,但也是较大的市场之一。而叙利亚主要就是依靠通过内陆亚洲及伊朗的这条道路获得生丝的"。赫尔曼的这一主张后来得到了以格鲁塞为首的一些西欧汉学家们的支持和阐述。19 世纪末到 20 世纪初,众多的西方"探险家"到我国西北边疆进行"考察"、"探险",如斯坦因等,他们不但多次使用"丝绸之路"或"丝绸贸易路"的名称,而且在新疆及中亚一带"发现"和找到了古代中国与亚、非、欧交往的许多遗址、遗物,又用实物证实和说明了丝绸之路的存在和发展,引起世界范围内学术界的极大兴趣和关注。这样,"丝绸之路"就成为从中国出发、横贯亚洲、进而联接非洲、欧洲这条陆路通道的总称。

　　"丝绸之路"是一条贸易之路,正是因为东西方之间及沿线各绿洲点(中转站)对彼此商品贸易差价巨额利润的追逐,才保证了丝路的贯通,并能绵延不断地发展下去。因为是贸易之路,就存在商品交换,就有钱币流通,即"丝绸之路钱币"是存在的,换言之,凡是在丝路贸易中充当了交换媒介的钱币就是"丝绸之路钱币"。有如下几方面的内容:

　　一类是线路沿线如新疆、中亚等地铸造的带有明显东西方钱币文化交融特点的钱币。

如古于阗国铸造的汉佉二体钱、于阗汉文钱,古龟兹国铸造的汉龟二体钱,中亚粟特地区发现的汉粟二体钱,还有突骑施钱、回鹘钱、察合台钱币等都属这类。

二类是中原王朝在内地铸造,但因参与丝路贸易,在丝路沿线(包括国外)出土发现的钱币。如和田麦力克阿瓦提汉遗址出土的45公斤汉五铢钱,墨玉县阿克萨莱乡出土的8.5公斤宋代钱币,还有在中亚、西沙群岛等地发现的开元通宝、永乐通宝等钱币都属这类。

三类是伴随中外丝路贸易而流通进来的境外钱币。如波斯银币、东罗马金币、阿拉伯金银币及早期的贵霜钱币等都属这类。

四类是在丝路贸易中有时充当交换媒介或价值尺度的实物货币。如丝绸、棉布、茶叶等。

其中,一、二、三类应是"丝绸之路钱币"的主要组成部分。

第二,关于丝绸之路的路线问题

我们现在一般认为传统的丝绸之路(这里仅指丝路绿洲道,不包括海上丝路、南方丝路及北方草原丝路)有三条,即沿塔里木盆地南缘的南道、北缘的北道(又称中道)、沿天山以北的北新道(又称北道或草原道),这是历史上丝路交通的主要干线,但不能简单地理解为就这三条路线。实际上丝绸之路交通,历史上更多的是代表一种方向,路线是众多的,特别是东西方向的干线之间,还存在着众多南北向的支线将它们彼此联系在一起,形成东西南北纵横交错、十分复杂的交通网。关于这一点,在《隋书·裴矩传》中就有明确记载,"其三道诸国,亦各自有路,南北交通"。如汉代,北接姑墨(今阿克苏),南抵于阗,通过塔克拉玛干大沙漠就有一条路线将北道和南道连接起来。当时汉通乌孙经常就是由南道到于阗再北折姑墨通乌孙的。这条路线因沿于阗河,目前仍偶有牧民行走。到了唐代,这种纵横东西南北的交通路线就更多了,这从当时唐朝政府在西域设立的行政机构和军事设施中就能看出。唐政府在西域除安西、北庭两大都护府外,还设有都督府、州及众多的"军"、"守捉"、"城"、"镇"等,它们既是行政和军事要地,同时也是一些交通中心。它们之间各自有路,彼此相通,从而形成一条条纵横交错的路线。

第三,关于西辽及叶尔羌汗国的钱币问题

西辽(1124—1211)和叶尔羌汗国(1514—1680)是分别由我国历史上的契丹和回鹘民族在西域建立的两个少数民族政权。西辽是由辽朝宗室耶律大石在金灭辽后率余部西迁中亚地区后建立。疆域东起土拉河,西到咸海,北越巴尔喀什湖,南尽阿姆河、兴都库什山。在蒙古兴起前,西辽称雄于中亚,左右形势近百年。叶尔羌汗国是由东察合台汗国后裔赛依德建立,以叶尔羌(今莎车)为都城。疆域西达帕米尔与印度莫卧儿帝国为邻,北以天山和哈萨克、瓦剌为界,东到嘉峪关和明朝相接,南以昆仑山和西藏相依。1680年被准噶尔汗国攻灭前,一百多年间一直控制着天山以南塔里木盆地各绿洲。

这两个政权在西域地区立国时间都不短(西辽87年,叶尔羌汗国166年),在西域占有重要地位,产生了重大影响,但是关于它们使用钱币的情况,到目前为止,学术界仍是一无所知。

根据魏特夫和冯家昇先生的研究,西辽定都巴拉沙衮后,曾发行过自己的钱币,他们认为《古泉汇》卷十五著录的"康国通宝","显然是哈剌契丹王朝奠基人铸造"。因为耶律大石有一个年号为"康国",而未见到其他帝王用过这一年号。《钱录》卷十二记载,宋代学者1149年提到一种"感天元宝"的钱币。耶律大石的皇后塔不烟的称号为"感天皇后",同样也未见其他帝王用过这一称号或年号。所以他们认为"这种钱币很明显是西辽铸造,感天皇后正是在五年前登基"。同时,他们还认为西辽的铜币是依据汉族钱币的模式铸造①。然而很遗憾,在已大量发现的中亚中世纪古钱币中,还未见到任何一枚西辽王朝铸造的钱币,这是一个谜。同样的情况,在《中亚蒙兀儿史》(又名《拉失德史》)中曾多次提到叶尔羌汗国每个汗王都曾打制过自己的钱币②,同时在《利玛窦中国札记》中也有关于叶尔羌汗国使用钱币的记载③。但是,到目前为止,在塔里木盆地(包括叶尔羌汗国都城莎车在内)的各个绿洲点上,始终没有见到任何一枚叶尔羌汗国的钱币。这确实又是一个谜。

　　这两个谜不但是新疆钱币研究中的重要内容,同时,在丝绸之路钱币及少数民族钱币研究领域也都占有重要的地位,应作为我们今后研究工作的重点课题组织攻关。相信随着钱币学界和考古界、史学界联系的日益加强,特别是经过大家的共同努力,这两个学术之谜是一定能解开的。

　　以上三点,仅是结合此次考察,就丝绸之路钱币及少数民族钱币研究中的几个问题谈了我个人的一点看法和体会,很粗浅,也很不成熟,错误之处在所难免,请各位学界前辈、专家指正。

(部分内容曾在《中国钱币》1994 年第 3 期发表)

---

① 魏特夫、冯家昇《中国社会史:辽》664 页。转引自魏良弢《西辽史纲》129 页注释②,人民出版社,1991 年。
② 米尔咱·马黑麻·海答儿《中亚蒙兀儿史》356 页,新疆人民出版社。《扎剌斯史》160 页、177 页、199 页。
③ 利玛窦·金尼阁《利玛窦中国札记》(第十一章《契丹与中国》)545 页,何高济等译,中华书局,1983 年。

关于丝绸之路钱币研究的几点思考

什么是"丝绸之路钱币"？"丝绸之路钱币"这一称呼是否科学？其具体内涵又包括哪些钱币？这在钱币学界还是个有争议的问题,存在着两种截然不同的学术观点:一种是质疑"丝绸之路钱币"这一称呼的科学性,否认其存在;另一种则是随意套用"丝绸之路钱币"这一名称,以致谈论的内容和丝绸之路毫无关系时也随意滥用,有泛"丝绸之路钱币"的倾向。这里不揣简陋,拟就"丝绸之路钱币"谈点看法,供大家参考。

一、"丝绸之路"名称的由来

在讨论"丝绸之路钱币"之前,有必要先来回顾一下"丝绸之路"这一名称的由来。

众所周知,丝绸是我国古代劳动人民最早发明和使用并传入欧洲的[①],但是"丝绸之路"却是个外来词,是从英语"The Silk Road"直译过来的。英语的"The Silk Road"一词,源自德语,最早是由19世纪70年代德国著名地理学家冯·李希霍芬[②]首先提出并使用的,他在《中国——亲身旅行的成果和以之为根据的研究》一书中,把"从公元前114年到公元127年间,中国与河中地区以及中国与印度之间,以丝绸贸易为媒介的这条西域交通路线",叫做"Seidenstrassen"（丝绸之路）[③]。现在广泛使用的"The Silk Road"则是它的英译名称。

冯·李希霍芬(1833—1905)像

---

① 希腊语称"蚕"为"赛尔",称蚕丝产地或贩卖丝绢的人为"赛里斯",据说就是由汉语的"蚕"字转译的(见姚宝猷著《中国丝绢西传史》37—38页,商务印书馆,1944年)。根据古罗马地理学家斯特拉波的著作,大约在公元前3世纪时,西方已把中国称作"赛里斯"国。可知,当时中国的丝绸已传入了西方。

② 冯·李希霍芬(Richthofen,F.V.)(1833—1905),德国著名地理学家、旅行家,1859年曾以地质学家身份随普鲁士外交使团出使远东,先后访问过锡兰、日本、台湾、菲律宾、曼谷、印度等地,因受太平天国运动影响而未进入中国大陆。在结束游历美国后,于1868—1872年间,曾连续7次进出中国,最后一次几乎花费了两年时间(1871—1872)对我国北部和西部进行了旅游和考察。1872年回国后,经过5年的研究,出版了《中国——亲身旅行的成果和以之为根据的研究》一书,共三大卷,外加一部地图集。参考罗绍文《西域钩玄》100页,兰州大学出版社,2002年。冯·李希霍芬像选自《不列颠百科全书》14卷,275页,中国大百科全书出版社,1999年。

③ Richthofen,F.V.:China,Bd.1,Berlin,1877,454 ff.

后来德国的东洋史学家阿尔巴特·赫尔曼(Hermann,A.)在他著名的《中国与叙利亚间的古代丝绸之路》一书中主张,应该"把这一名称(即丝绸之路——引者)的涵义进而一直延长到通向遥远西方叙利亚的道路上去"。他说"虽然在与东方的大帝国(指中国——引者)进行贸易期间,叙利亚始终未与它发生过什么直接关系,但是,正如我们首次了解到的夏德研究的结果,尽管叙利亚不是中国生丝的最大市场,但也是较大的市场之一,而叙利亚主要就是依靠通过内陆亚洲及伊朗的这条道路获得生丝的"[①]。

赫尔曼的这一观点得到了以格鲁塞为代表的欧洲汉学家的支持和阐述。19世纪末到20世纪初,众多的西方探险家到我国西北边疆进行"考察"、"探险",如斯坦因、伯希和、斯文赫定等。他们不但多次使用"丝绸之路"或"丝绸贸易路"的名称,而且,在新疆及中亚一带还发现和找到了古代中国与亚、非、欧交往的许多遗址、遗物,其中不乏钱币,用实物证实和说明了"丝绸之路"的存在和发展。这一发现引起了世界范围内学术界的极大兴趣和关注。这样,"丝绸之路"就成为从中国出发,向西横贯亚洲,进而连接非洲、欧洲的陆路通道的总称。近年,随着中西文化交流史研究的日益深入,又新提出了"海上丝绸之路"的概念,同时,陆上丝绸之路也增加了"南方丝绸之路"及北方的"草原丝绸之路"两条通道,从而使"丝绸之路"学成为一门国际性的热门研究课题。

概括地讲,丝绸之路是古代联系、沟通东西方之间政治、经济、文化、军事等领域交流的通道和桥梁。要实现这个通道和桥梁的作用,我们认为丝绸之路首先应该是一条贸易之路。正是因为东西方之间以及沿线各绿洲点(贸易中转站)对彼此商品贸易差价巨额利润的追逐,才确保了这条贸易之路的贯通和顺畅,并使之能够不断地发展延续下去。因为丝绸之路是一条贸易之路,就必然存在商品交换,有商品交换,自然就有钱币流通。因此,我们认为"丝绸之路钱币"的提法是成立的,内涵也是明确的。换言之,凡是在丝绸之路贸易中充当了交换媒介的钱币应当就是丝绸之路钱币。

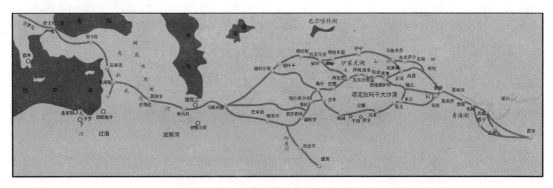

丝绸之路示意图

其次,丝绸之路还应该是一条古代东西方文化的交流之路。东方的中华文化,西方的希腊、罗马文化,以及贯穿于这条路线两侧的波斯文化、印度文化、伊斯兰文化等都通过商贸往

---

① Hermann,A.:Die AltenSeidenstrassen Zwischen China und Syrien,Berlin,1910,10ff.

来、物品交换而彼此转播，相互影响，从而促进了各种文化的交流与融合。丝绸之路所具有的这一传播文化的功能，决定了在丝绸之路贸易中充当交换媒介的钱币，即丝绸之路钱币具有其特殊性，它更多的是从对外贸易、文化交流的角度来考察货币，与我们一般所谈论的某某国家铸造了某某货币的论述是不一样的。也正是因为有人忽视了丝绸之路在沟通东西方贸易和文化传播上的重要作用，才会提出"没有一个丝绸之路国，怎么会有丝绸之路货币"这样一个不是问题的问题。

二、"丝绸之路钱币"的内容

在分析丝绸之路钱币所包含的内容之前，同样需要就东西方两大钱币文化体系略作介绍。一般认为世界古代钱币文化可大致划分为两大体系，一个是以古代希腊—罗马为代表的西方钱币文化体系[①]；另一个是以古代中国为代表的东方钱币文化体系[②]。古代东西方两大钱币文化体系因为植根于不同的文明，产生于不同的地区，而各有特色。

西方钱币文化体系的特点是：币材多用金、银等贵金属；钱币图饰多为人物头像或动物图案；采用打压法制成；形制为圆形无孔；铭文多记打制地点、年代、国王名字以及宗教颂词等，并打印有徽记及神像，具有浓厚的宗教色彩。

东方钱币文化体系的特点是：币材多用铜、铁等贱金属；钱币图饰不用人物或动物图案而为文字；技术上采用范铸或翻砂浇铸制成；形制为圆形方孔；讲究书法字体上的变化，有楷、隶、行、草等不同书体，因字体的不同而形成"对钱"；铭文多记币值、年号及地点等。

根据前面对丝绸之路钱币特点的分析，以及古代东西方两大钱币文化体系的介绍，我们认为丝绸之路钱币在内容上应该包括以下四个方面：

第一，中原王朝在内地铸造，但因参与了丝绸之路贸易，在丝绸之路沿线（包括境外）出土发现的钱币。如：

新疆和田麦力克阿瓦提汉代遗址出土的 45 公斤汉五铢钱，墨玉县阿克萨莱乡出土的 8.5 公斤宋代钱币，途经罗布泊的古代商道上，散落着的 970 多枚开元通宝、乾元重宝等唐代钱币。还有在中亚、非洲以及南海、菲律宾等东南亚地区出土发现的开元通宝、永乐通宝等钱币都属此类。

第二，境外国家和地区铸造的钱币，伴随丝绸之路贸易而流入我国境内后遗留下来的外国钱币。如：

新疆的吐鲁番地区以及甘肃、青海、宁夏、陕西、河南、山西等地出土发现的贵霜钱币、波斯萨珊朝银币、东罗马金币、阿拉伯金银币等都属此类，其中尤以 1959 年新疆乌恰县境内深

---

① 波斯、印度等东方国家因亚历山大的东征而接受了希腊货币文化。阿拉伯等信仰伊斯兰教的国家的货币虽有所不同，但总体上亦属西方货币文化体系。

② 包括历史上深受中国古代文化影响的朝鲜、日本、琉球、越南以及印度尼西亚、马来西亚等东南亚国家和地区。

山中修路时,在石缝中发现的 947 枚波斯萨珊朝银币最有典型意义[①]。

第三,丝绸之路沿线如新疆、中亚等地铸造的明显带有东西方两大钱币文化体系相互交融特点的钱币。如:

1. 古于阗国铸造的汉佉二体钱(俗称和阗马钱),采用源自古希腊的打压法制成,圆形无孔,一面打印有马或骆驼形图案及一圈佉卢文,另一面打印有汉字,并用中原地区传统的货币重量单位"铢"作为它的纪值单位。

2. 古龟兹国铸造的汉龟二体钱(俗称龟兹五铢钱),采用源自中原地区的范铸技术浇铸而成,圆形方孔,同时使用汉文和龟兹文两种文字,明显仿自汉代五铢钱,但较粗劣。

3. 突骑施钱及回鹘钱,采用浇铸技术制成,圆形方孔,分别铸有粟特文和回鹘文,明显仿自唐代开元通宝钱。

4. 粟特青铜钱,中亚昭武九姓各国仿照唐朝开元通宝钱币形制,圆形方孔铜钱。正面为"开元通宝"或昭武九姓王徽、族标,背面为王名、称号等。

5. 高昌吉利钱及日月光金钱,形制为圆形方孔,使用的都是汉文,高昌吉利钱"吉利"两字是用汉字拼读的古突厥语,意为王(见图 A1-1)。日月光金钱中"日月"两字明显带有浓厚的外来宗教摩尼教的色彩,背面文字为一种变体的突厥文。

6. 喀喇汗朝钱、察合台钱、准噶尔普尔钱,均采用打压法制成,圆形无孔,多用阿拉伯字母中的科斐体[②]拼读突厥语(或夹杂有回鹘文、巴思八文及汉文等),记有地名、伊斯兰教纪年等(准噶尔普尔钱稍有例外)。

以上六种类型钱币,都很典型地具有东西方两大钱币文化相互交融的特点,是伴随丝绸之路贸易往来,东西方文化特别是钱币文化的相互交流、融合而产生的。这部分应该是丝绸之路钱币的核心内容与主题部分。

第四,在丝绸之路贸易中曾充当过交换媒介或价值尺度的实物货币。如:

丝绸、棉布、茶叶、食盐等实物,在一定的时期和特定的范围内,曾经充当过交换的媒介或价值的尺度,在丝绸之路贸易中扮演过货币的职能,也应该属于丝绸之路钱币,但这部分不是丝绸之路钱币的重点。

三、开展丝绸之路钱币研究的意义

主要表现在如下几方面:

第一,可以补充文献资料的不足和缺失。

因中亚地区多为游牧民族,往来迁徙频繁,又没有记载历史的传统,其历史发展线索多间断地保留在其他民族文献中,而这部分记载也难免因为转译的原因而经常导致对音的差

---

① 夏鼐《中国最近发现的波斯萨珊朝银币》,载《考古学报》1957 年第 2 期。夏鼐《青海西宁出土的波斯萨珊朝银币》,载《考古学报》1958 年第 1 期。夏鼐《综述中国出土的波斯萨珊朝银币》,载《考古学报》1974 年第 1 期。

② 7 世纪产生于幼发拉底河畔的科斐城,因以得名,特点是笔画笔直、规整。

错,给研究工作带来诸多不便;这时,就需要借助钱币提供的信息来弥补文献资料记载的不足和缺失。如贵霜帝国、哈喇汗王朝等最基本的王族世系就是靠钱币学提供的线索建立起来的,否则,其王族世系将无从排定,也就更谈不上深入的研究了。再如我们借助大历元宝、建中通宝等钱币提供的线索,基本可以理清安史之乱后,孤悬塞外的唐朝安西守军坚守西域的大致情况,勾画出那一段宏阔的历史背景。

第二,可以形象地见证东西方文化的交流和融合。

伴随古代沟通东西方文化交流的丝绸之路贸易的广泛开展,文化的交流与融合也是全方位地在进行。这种融合、发展在钱币文化中也得到了形象而具体的体现。如通过对丝绸之路沿线出土钱币地点的研究,可以清晰地勾画出历史上丝绸之路线路的变迁和伴随中外贸易进行的东西方文化交流的轨迹;如通过对波斯伊利汗国仿照元朝使用纸币的研究,可以阐明中国古代印刷术的西传及纸币文化对西方的影响。通过对高昌吉利钱币文字的考释,可以揭示出隋唐之际高昌地区来自中原地区农耕的汉文化与西域地区游牧的突厥文化相互融合的特点。丝绸之路钱币作为一种文化的载体和历史的见证,在东西文化交流方面扮演了重要角色,并成为这种文化交融的不可多得的历史的见证。

第三,可以直观地揭示出新疆与祖国内地的关系。

丝绸之路钱币作为人类文明的重要内容,不仅是商品交换的媒介,更是文化的载体、历史的见证以及不同历史时期政治、经济、文化和科学技术发展的缩影,能够非常客观地揭示出新疆与祖国内地的关系。如:

1. 新疆地区铸造的钱币上分别使用有汉文、佉卢文、龟兹文、粟特文、回鹘文、突厥文、回鹘式蒙古文、察合台文、托忒式蒙古文、满文、锡伯文等多种民族文字。充分证明了历史上新疆地区是多民族共同生活繁衍的历史事实,无可辩驳地证明新疆文化不是由哪一个民族单独创造的,而是由生活在新疆的各个民族共同创造的。

2. 新疆地区最早的自铸钱币汉佉二体钱的纪值单位,使用中原地区传统的货币重量单位"铢",龟兹五铢钱、高昌吉利钱、日月光金钱、回鹘钱、突骑施钱、大历元宝、建中通宝等,都是采用源自中原地区的浇铸技术,铸造圆形方孔钱。都充分证明了早在两千多年前新疆地区与内地因商贸的关系而连为一体,新疆地区的钱币文化也是我国历史悠久的中华钱币文化的重要组成部分。

3. 历代中原王朝所铸造发行的钱币,在新疆各地几乎都有考古发现,而且是数量巨大,种类繁多,自汉朝至清代,历朝皆有,绵延不断。这些出土钱币更以铁的事实真实地反映了历史上新疆地方与祖国历代中央政权在政治、经济、文化上的密切联系。

(原载《中国钱币》2010 年第 2 期)

王树枏货币思想研究

王树枏(1851—1936)像

王树枏(1851—1936)，字晋卿，晚号陶庐老人，直隶新城人。光绪十二年(1886)中进士，派在工部任主事。第二年被选为四川青神县知县，此后又先后调任资阳、新津、富顺县任知县。光绪二十一年(1895)因受四川总督刘秉璋案牵连，被革职。适值张之洞任两江总督被聘为幕僚，翌年，又应陕甘总督陶模邀请到兰州督署任职四年。光绪二十五年(1899)出任中卫知县，后调任兰州道。光绪三十二年(1906)调任新疆候补道台，署理布政使职，颇思有所作为，如改定南疆州县征收粮草的标准，废除不合理规定；整顿旧驿站，创设邮局分支机构；创办新疆通志馆，编撰《新疆图志》；整顿金融，发行纸币，引进西式机器，铸造货币等。王树枏为政不免专擅，遭巡抚联魁嫉恨，宣统三年(1911)五月离任回京。民国三年(1914)受赵尔巽之聘入清史馆任总纂。民国十五年(1926)航海赴日本开文化会并作考察。民国十七年(1928)又应奉天督办杨宇霆之请出任萃升书院主讲。民国二十五年(1936)去世，终年85岁[①]。

王树枏学识广博，酷爱文史、考古，亦擅长书画。于易书小学、诗文字画以及外国历史无不精通，且著述颇丰，他撰著的《陶庐丛刊》竟达20多种，如《彼得兴俄记》、《希腊春秋》、《新疆小正》、《新疆礼俗志》、《新疆国界图志》等。注重地方志的编撰，主要有《奉天通志》260卷、《冀县志》20卷、《新城县志》24卷、《法源寺志》8卷，尤以主纂并亲自参加编撰的《新疆图志》最为重要，是新疆建省后第一部比较完整的志书，共有117卷，汇集资料丰富，保存不少原始文献档案，为研究清朝后期新疆历史的重要资料。另外，王树枏还整理张之洞奏议、函电、文集成《张文襄公全集》300多卷，又编辑了杨增新文牍日记的一部分，保存了不少重要资料。与王树枏同为光绪丙戌年进士，后又在甘肃为同僚的叶昌炽在《缘督庐日记钞》中，曾

---

① 见王会安撰《王树枏传略》(作者系王树枏先生之孙)。王树枏撰《陶庐老人随年录》，见"近代史料笔记丛刊"，中华书局，2007年。

有赞语云："在陇上同官中固为巨擘,北方学者除南皮以外,亦未能或之先也。"所誉确当。

王树枬任新疆布政使期间,正是清朝末年内忧外患,国力日衰,社会矛盾日益尖锐,财政收入日趋拮据,入不敷出的艰难时期。这种困境,在完全依靠中央和内地各省及海关协济"饷银"度日的新疆更为突出。身为布政使的王树枬,为解决新疆财政困难,就整顿金融、改革币制提出了一系列颇有新意的主张,同时,更利用其身为主管一省经济事务的布政使这一身份的便利,进行了积极的实践。王树枬的货币思想主要体现在由他亲自撰写的《新疆图志》卷三十四《食货》篇中,本文拟以此为基础并结合货币实物,试做分析介绍。

一、关于货币的起源

王树枬认为,货币是伴随社会生产的发展、商品交换的频繁而产生的。其发展、演变经历了"以布易粟,以茶易马"的物物交换,"以价贵质轻之物(皮币玉币)"充当一般等价物,"以价贵、质坚、形简之物"固定充当一般等价物即"金银钱币出焉"等三个阶段:

> 方村落时代,人民去蛮风未远,足不履百里外之途;耳不闻百里外之事。应事接物,不出一乡一井间,其知识之简陋;交涉之简单,以布易粟,以茶易马,故不嫌其累,而且安焉。迨夫生人既多,竞争加繁,人智加巧,交际加多,交通较远,昔时物与物交换者,重量艰阻,既不便于远携;价格参差,又不利于市易,遂一变而以价贵质轻之物以为代。于是而皮币玉币,见重当时。此等时代既过,生人愈密,竞争愈甚,人智愈趋奇巧,交通愈加便利,则皮玉为物,又以其易朽善毁,不利久用也,则不得不求价贵、质坚、形简之物以易之,故金银钱币出焉。①

王树枬认为货币是商品生产、商品交换发展到一定阶段的产物,最后是固定在金银等贵金属上的一般等价物。这一认识无疑是抓住了货币的本质,应该说是正确的,同时也是先进的。

二、关于货币制度

王树枬认为,货币制度伴随人类的发展、社会的进步也在不断发展变化。"人类之交通日繁,钱币之进化益精。""钱币之变易,人类进化之所由系也。"一个国家的货币制度对其国家实力、经济发展的影响至关重要,即"币制精纯之国,必称富强于世界"。他认为:

> 大通之世,国与国相竞,大抵富强在工,而辅之以商。其提纲也,则在钱币。富强之国,其金元必周行于世界,其银行必遍及于各埠,其国内各种币制必能划一使用,而无地异价变畸轻畸重之弊。故其商务可以任其力之所能及,而商民无受制他国金融界下之虞,以阻其进路,英其最者焉。反观之,其贫弱者,必其币制之最紊者也,必其省省不相通融,处处受牵制者也,必其不以金为本位者也,必其银行业不能遍及者也,中国其最者

---

① 《新疆图志》卷三十四《食货》三《钱法》。

焉。是故贫富强弱,判若天渊,其原因虽不尽在钱币,而钱币实居其最甚之一也。处兹世界大通,人类相竞之世,而犹持村落州县主义以自缚其进行之手足者,其奈之何而不贫且弱也。①

这里,他从货币制度的角度将清朝与英国比较后,认为:中国之所以贫弱、落后,其紊乱、落后、不健全、不合理的货币制度是一个重要原因。这方面,新疆因地处西北边陲,对外贸易频繁,英、俄等列强虎视眈眈,正四周窥伺,其如同"自缚手足"的落后货币制度,弊端表现就尤为严重,危害也更为紧迫:

微论一国,即新疆之一省已兼其病焉,价之太低故也。俄津等商可以劣货而售昂值。金币之未畅也,故俄商可以金元银票(即俄帖子)重价居奇(伊塔喀什等处最受其亏)。银行之未设也,故外贷不能吸收以备己用,而俄津商贩往往满载生银以归乡里。是故生银愈少,市面愈空,所持为流通者仅此无值之纸币耳。呜呼,长此不改必有坐毙之一日,而其害岂仅在协饷之不济哉。②

各国通用之币,以金为本位。中国自有黄金,不以铸币。每年出口金砖、金叶,值银三千万两之多。国宝外流,真元内斫,奇赢贵贱,惟人所操,深患隐忧,未知何底矣。英、俄两国垂涎已久,现在鼓铸金圆,为异日用金之起点,则必广开金矿,总纳于官,而不许有抑勒偷漏之弊。目前虽不能一律改用金币,而种子既茂,华实堪期。且既以此为市易之利用,则非如向之仅供玩饰,置黄金于无用,以启外人之窥伺也。③

因此,他主张必须改革新疆落后的货币制度,实行金本位,广铸金元;设立银行,发行纸币。具体改革方案是:

以金为本位而辅之以铜元,以纸币为介绍,以生银为抵代,夫而后于迪化、喀什、宁远三处设立银行,以便于内地大清等银行呼吸一致。色米、阿慕斯克、天津、北京、上海各设分行,一则收内省之资财;一则杜本省生银之外流。广铸金元,少铸银元,以高抬银价,销毁红钱,仿铸内省当一、当十二种铜元,以昭划一,而便通行。④

实行金本位,符合货币发展规律及国际趋势,且"新疆为产金奥区","如和阗、如塔城、如乌苏、如于阗皆产金",亦有金矿可供采掘。但是,当时无论是全国还是新疆,均不具备实行金本位的条件。故光绪三十三年(1907),王树枏在迪化城北水磨沟设局铸造的"饷金金币",发行不久即行停铸,宣告失败。至于在俄境设立银行,吸收外资的想法,固然美好。但是,在当时历史条件下,更属幻想,是无法实现的。

三、关于纸币

王树枏在总结前人之说的基础上,将使用纸币的好处,概括为有八大便利:

---

①②③④　《新疆图志》卷三十四《食货》三《钱法》。

　　钞票之利,前人言之已详,一曰造之便捷,二曰行之广远,三曰齐之也轻,四曰藏之也简,五曰无成色之好丑,六曰无称兑之轻重,七曰革银匠之奸偷,八曰杜盗贼之窥伺,皆较之他物为币有特别之利益。[①]

并进而认为:

　　且他物为币,其用有时辄穷,用钞票则造百万即百万,造千万即千万,操不涸之财源,其为利也大矣。新疆岁入不敷岁出,协饷又不能年清年款。行用钞票历有年所,而通融借贷一节,维系尤非浅鲜。如必谓金银铜币历久不坏,纸币数年而一更,前项工料化为乌有,其言固亦不谬,但鳃鳃然以是为虑,焉仰未矣。[②]

　　即认为纸币完全可以代替金、银、铜等金属货币而大量发行,取之不尽,用之不竭,完全可以视需要而大量印发,这就解决了新疆协饷之亏欠,岁不敷出的财政困难。

　　王树枬这一段关于纸币为"不涸之财源"的论述,与前述主张实行金本位时的"无值之纸币"的观点是矛盾的,显然是受了道光年间主张无限制发行不兑现纸币的王鎏所宣扬的"凡以他物为币皆有尽,惟钞无尽,造百万即百万,造千万即千万,则操不涸之财源"[③]这一荒谬观点的影响。

　　纸币是从货币流通的职能中产生出来的,马克思曾精辟地指出:

　　既然货币流通本身使铸币的实际含量同名义含量分离,使铸币的金属存在同它的职能存在分离,所以在货币流通中就隐藏着一种可能性:可以用其他材料做的记号或用象征来代替金属货币执行铸币的职能⋯⋯因此,相对地说没有价值的东西例如纸票,就能代替金来执行铸币的职能。只是这些纸票确实是代替同名的金额来流通,它们的运动就只反映货币流通本身的规律,这一规律简单地来说就是:纸币的发行限于它象征地代表金(或银)的实际流通数量。[④]

　　根据这一政治经济学原理,我们知道金属铸币在流通中实际含量同名义含量可以脱离。例如,有些五铢钱,名为五铢实则不到五铢,但照样可当五铢钱使用,因此,用一张纸作为价值符号,由国家法律规定来作为货币流通也是完全可以的,但必须要有充足的准备金及完善的管理制度作保证,纸币才能代替金属货币充当流通手段。如果纸币发行额超过它所代表的贵金属的实际流通量,纸币本身的价值就会贬值,这就是我们通常所说的通货膨胀。

　　王树枬上述关于纸币为"不涸之财源"的论述,应主要是从宣传纸币的优点出发,为其即将发行的"老龙票"作推介。实际上他在主持新疆官钱总局发行一百万两"老龙票"(图 B4-1)纸币时,特别注重信誉,完全遵循了纸币发行的客观规律,备有充足的准备金,因而老龙票一直保持了良好的信用。这在他后来自订年谱《陶庐老人随年录》中曾不无得意地说:"余所造百万纸币至今仍照常行使,与民国以后所制之币贵贱有天壤之别,其行与不行在乎信与不信,无他术也。"[⑤]

①②　《新疆图志》卷三十四《食货》三《钱法·纸币》。

③　王鎏《钱币刍言·钱钞议一》,转引自彭信威《中国货币史》677 页注⑨,上海人民出版社,2007 年。

④　《马克思恩格斯全集》第二十三卷,145—146 页。

⑤　王树枬《陶庐老人随年录》69 页。

图 B4-1　老龙票

四、关于机器铸币

机器铸币源自西方，是近代以来各国铸币的主要方式，这既是近代货币的一大特点，同时，亦是近代货币发展的大趋势。但是，中国几千年来习惯于使用传统的翻砂浇铸技术铸造钱币，只是到了光绪八年（1882）吉林试铸厂平银币，中国才开始出现机器铸币。新疆则更晚，直到20多年后的光绪三十三年（1907）才出现机器铸币。此前，一直采用手工土法（范铸或打压）铸造钱币。

有鉴于此，王树枏决定引入西式机器铸造货币。他利用赴京向度支部汇报工作之便，曾专程去天津造币厂参观，对机器铸币的流程、工艺及效果都做了详细的考察。这在《新疆图志》卷三十四《食货》篇中都有具体而细致的描述：

> 西人制钱纯用机器，大小不同，每日可成四、五万枚，五、六万枚不等。其法先将钱质熔成胚板，然后压成条，复将条凿成钱胚，然后淘洗凿印，而钱以成，此其大略也。无已，请言其详：熔胚板之法，用冶缸取汁入铁模。铁模每副四块，合而为一，套以铁圈，倾入钱质，而松其圈，上之螺丝钉，即成钱板，长二寸，厚三分，宽八分，是为胚板，再压成条。其机器中累铜轴，有机轮将胚板夹紧于三轴之中，轮动则穿过成条，宽厚恰于钱同，而长约三尺左右，是为条。再用机器将条压令平直，前后左右无所参差。即由条中凿成为饼，每分时可凿一百六十枚，是为钱胚，然后以药水磨擦，使之明亮圆均，更以机器印花，使之精致工细。机器下方上圆，高四尺许，全器俱用纯钢制成，中有二钢模，上下相对，模上镂花甚细，即钱之两面花纹也。模前有铜管，下设钢钱，将钱胚叠入管内，机动

则一胚落于钳口,夹入模心,上下一击,钱由模底漏积一处,所成甚捷。可见工省而效速,莫如机器也。①

王树枏如此不厌其烦地描述及介绍,正是为了说明较之传统土法铸币"工省而效速,莫如机器也"。返回新疆后,王树楠即于光绪三十三年(1907),在迪化城北水磨沟机器局引进新式机器铸造了机制货币,有"光绪通宝"(宝源·新十)红钱(见图 C6-9)、"光绪元宝"(图 B4-2)和"宣统元宝"(图 B4-3)铜元、"饷金金币"(见图 A6-1 至图 A6-3)以及"饷银银币"(见图 A6-4 至图 A6-24)四种,这是新疆近代机器铸币之始。

总之,清朝末年任新疆布政使的王树枏,面对经济落后、币制混乱的新疆,从整顿金融、改革币制的目的出发,就货币的起源、货币制度、纸币以及机器铸币等方面提出了一系列的主张及建议,并开创性地在新疆设立官钱局,发行纸币;引进新式机器,铸造机制金币、银币等,标志新疆货币制度与货币流通开始向近代化方向缓慢地推进。同时,王树枏对新疆所面临的危机亦有清醒的认识,指出"世运有转移,政策有变更,大势所趋,应者生存,违者败亡,虽有贤者,不能不因其变而通之"②的客观规律,体现了其顺应潮流,积极变通的改革思想,具有积极意义。

图 B4-2　光绪元宝　　　　　　　　　　　图 B4-3　宣统元宝

① 《新疆图志》卷三十四《食货》三《钱法·铜币》。
② 《新疆图志》卷三十四《食货》三《钱法》。

波斯伊利汗国仿行元朝钞法

——兼论中国印刷术的西传

中国是世界上最早发明使用纸币的国家，早在唐代就出现了具有现代汇票性质的"飞钱"。宋代的"交子""会子"已是比较成熟的纸币，金代承袭宋制继续使用纸币并有所发展，到元代则在宋、金的基础上更趋完善，实行纯纸币制度，金银和铜钱都不许流通。这在当时世界上是最早的，同时也是比较先进的，对周边国家曾产生了深远的影响，波斯（伊朗）、日本、印度、越南、朝鲜等国都曾仿照元朝使用过纸币。限于资料，日本、印度、越南、朝鲜等国的具体情况不详，波斯使用纸币在《史集》、《瓦撒夫书》等波斯文献中有记载，虽然时间不长，很快就失败了，但产生过重要影响，在中外文化交流史上占有重要地位，可是多年来并未引起学术界的应有重视。本文拟在考证有关文献的基础上，对七百多年前中外文化交流史上这一重要历史事件做一全面考察。

一、伊利汗国行钞的背景

波斯在伊利汗国[①]乞合都（1291—1295年在位）统治时期仿效元朝推行纸币制度是有原因的。乞合都是著名的伊利汗旭烈兀长子阿八哈之次子，1291年续其兄阿鲁浑后为第五任伊利汗，当时汗国正面临着严重的社会危机。

首先，自1220年蒙古西征后，波斯等地迭遭战火，社会经济受到毁灭性的破坏。波斯早在成吉思汗征讨中亚花剌子模国时就遭到了洗劫，后来旭烈兀征服时期（1252—1258）所受的破坏就更为严重。1256年旭烈兀攻打木剌夷时，凡稍作抵抗的城堡在被攻破后无不"尽毁之"，俘获及归降之军民亦被"屠灭殆尽"。1258年蒙古军队攻占报达（今巴格达），在杀戮、抢劫之后又纵火焚城，"大火延续达17天之久，居民死者达80余万人"[②]，中世纪阿拉伯世界最繁华的城市被彻底毁灭了。被征服地区的人口（即纳税人）因惨遭杀戮普遍锐减，耕

---

① 又译作伊儿汗国（Ili-Khan），是中世纪蒙古西征后形成的四大汗国之一。1258年旭烈兀攻灭阿拔斯王朝后建立，初以马腊格为国都，后定都大不里士，领土包括伊朗、伊拉克、高加索和小亚细亚。北与金帐汗国为邻，东与察合台汗国以阿姆河为界，西南与埃及马木鲁克苏丹王朝的叙利亚相接，称雄西亚近一个世纪，1353年被帖木儿帝国灭亡。帝国诸汗与元朝同为托雷系后裔，关系密切，自称伊利汗（意为"藩王"），表示称臣于中国元朝大汗，汗国因以得名。

② 韩儒林主编《元朝史》上册，168页，人民出版社，1986年。［波斯］志费尼《世界征服者史》下册，第三部，何高济译，内蒙古人民出版社，1981年。

地面积则因大片良田被划为牧场也急剧缩小,"有些地方达到了十分之九"[1],就像一位伊朗史学家所说的那样,"蒙古人对伊朗的城市居民大肆屠杀,都市的文明和先进的农业经济横遭破坏,后果严重,使伊朗花费了好几个世纪来恢复自己"[2]。

其次是伊利汗国对外战争失利,失去了掠夺财富的途径。1260 年 9 月伊利汗国在与埃及马木鲁克苏丹争夺叙利亚的艾音扎鲁特战役中,统帅战死,全军覆灭,失去了已占领的幼发拉底河以西叙利亚全部领土。同时在西北部高加索一带与术赤系各金帐汗争夺阿塞拜疆的斗争中亦均告失败[3],断绝了惯于通过对外战争带来财富的途径。

另外,乞合都挥霍无度,滥行赏赐,造成国库空虚。1291 年阿鲁浑被毒身亡,乞合都继位,但蒙古统治集团内部仍争斗不止,宗王合赞(阿鲁浑嫡子)控制着呼罗珊,拜都(旭烈兀庶子塔剌海之子)据有答忽哈,拥兵自重,都是强有力的汗位竞争者,乞合都的统治很不牢固,危机四伏。为稳固统治,只得采用大量赏赐的办法来求得将领及被征服地区封建主们的支持。1292 年 11 月乞合都任命波斯人撒都鲁丁(又译撒都只罕)为宰相兼财政大臣,专行搜刮财宝。史书记载"伊利汗乞合都奢侈无度,滥行赏赐,弄得国库空虚"。"乞合都滥用无度,自窝阔台以来,厚赐臣下无有逾于此蒙古汗者。其赐诸可敦,每次常有三十万之多,其受诸大臣或其他君主贡献之物,常不过目……从前在阿鲁浑因滥杀而充溢之库藏,至是因赏赉为之罄尽。前此珍宝概为乞合都分赐于诸可敦妃主"[4]。

上述各种因素加在一起就造成了十三世纪末伊利汗国严重的经济危机,只得靠连年举债勉渡难关。史载"两年间撒都只罕不得不举债五百万,全国之岁入共一千六百万,通常岁出须七百万,余皆供非常岁出与乞合都赏赐之需"[5]。在这种财政万分困窘的情况下,有人想到了元朝畅通无阻、万般灵验的纸币,并希望通过它来摆脱财政困境。

二、乞合都决定仿效元朝使用纸币

据多桑《蒙古史》记载,是一位叫亦速丁木匝发儿(Yzz-ud-din Mozaffer)的大臣首先想到仿照元朝使用纸币的。他向宰相撒都只罕建议,"税课既不足以应君主之需与诸可敦宗王及军队之用,而力又不能举债,设若一旦国有军事,则嫉者见宰相不能求财以饷军,将以此为宰相罪。若征新税,将适足以至民怨而竭民力。我有一策,可救此弊,此策即在采用中国钞法,凡交易皆用钞则将使现金充盈于国库矣"[6]。

撒都只罕闻之如获至宝,立即将这一建议奏报乞合都。乞合都遂向当时服务于伊利汗廷的元朝丞相孛罗询问关于中国使用纸币的情况。孛罗告诉他,"纸币是盖有皇印的纸,它

---

① [波斯]拉施特《史集》,伊斯坦布尔抄本,673 页。A.K.阿伦德斯译本第三卷,309 页,转引自[苏]И.П.彼特鲁舍夫斯基《拉施特及其历史著作》。

② [伊朗]D.伊思范安《蒙古入侵对伊朗历史进程的影响》,载《第四届国际蒙古学家大会论文集》第一辑,1985 年。

③ 拉施特《史集》第三卷《旭烈兀传》、《阿鲁浑传》,余大钧译,商务印书馆,1986 年。

④ 多桑《蒙古史》下册,第六卷第三章,246 页,冯承钧译,中华书局,1962 年。

⑤ 多桑《蒙古史》247 页。

⑥ 多桑《蒙古史》248 页。

代替纸币通行于整个中国。中国使用的硬币是巴里失（银锭），便被送入国库"①。"因为乞合都是个非常慷慨的君王，他的赏赐费用极大，世上的金钱对他来说不够用，所以他赞成推行此事"。遂于"1294 年 5 月初召开了有关纸币的会议"。

据《史集》记载，当时统治集团内部对发行纸币有两种截然不同的观点，争论很激烈。"众异密中最明白道理的失克秃儿那颜说'纸币将造成国中经济崩溃，给君王造成不幸，引起剌亦牙惕（农民）和军队的骚动'。撒都拉丁向君王奏告说'因为失克秃儿那颜很爱黄金，所以他竭力说纸币不好'。最后乞合都接受了撒都拉丁的建议"，决定仿效元朝"从速印造纸币"。"7 月派撒都拉丁和孛罗、异密阿黑不花、脱合察儿、探马赤—奇纳等前往帖必力思（今伊朗大不里士，当时为汗国都城——引者）印造纸币"。经过近两个月的准备，撒都拉丁等"印造了许多纸钞"，"1294 年 9 月 12 日（伊斯兰历 693 年 10 月 19 日）正式在帖必力思城发行纸钞"。

三、波斯纸钞的行用及失败

波斯历史上以使用金银币为主，波斯萨珊朝银币在中亚一带曾被作为国际性货币广为流通，很少使用铜币，更从未用过纸币。纸币本身没有价值，但可作为价值符号充当交换手段。它只能是商品交易发展到一定阶段的产物，同时还必须有充足的准备金及完善的管理制度作保证。当时伊利汗国不具备这些条件，乞合都是因为汗国财政来源枯竭，为搜刮金银财宝用于挥霍而强制推行纸币制度的，是一种超经济的掠夺，这就决定了伊利汗国纸币在行用过程中必然会遇到来自社会各阶层的强烈反对。

据《史集》记载，伊利汗国在讨论使用纸币时失克秃儿那颜就曾激烈反对。当 1294 年 9 月 12 日在帖必力思城正式发行时，更是受到了广大商人、市民的普遍抵制。

"约一星期左右，人们害怕被处死接受了纸钞，但人们用纸钞换不到多少东西。帖必力思城的大部分居民不得不离开，他们想从集市上买些商品和食品随身带走，结果什么也买不到，人们便躲到园林里去吃水果。城里由于没有人住而完全荒废了。商队不再从那里经过……在偏僻的小巷里，食物收取硬币出卖，人们常因这种交易杀死，贸易和征收关税完全停止了。"

正常的社会秩序、经济生活被打乱了，带来的必然是抢劫和整个社会的动乱。

史载："二流子和流氓们每夜埋伏在园林里的路上，如果不管哪个可怜的人竟然能弄到一哈尔瓦尔谷物或一蓝子水果，他们就从他手中夺走，如果他反抗，他们就说：'卖给我们吧，给你们无比美好的纸钞，告诉我们，你是从那里买到东西的。'简而言之，人们被不幸所包围。"②

当不堪忍受时，市民利用集体礼拜之际，举行了暴动，在答应使用货币交易后，暴动才

---

① 《乞合都传》227 页，见拉施特《史集》，余大钧译，商务印书馆，1986 年。
② 《旭烈兀传》228 页，见拉施特《史集》。

平息。

时群众思乱,官府军队颇苦无法以抑之。诸穆斯林于星期五日群集礼拜堂为祈祷呼吁,旋公然诉其不平,已而共诅提倡钞法之业速丁木契非儿,后竟欲害丞相与其从者,丞相得脱围逃[1]。"人民在暴动中,迫丞相之弟忽都不丁许用现金买卖,事后杀乱民数人以惩"[2]。

不但广大市民、商人反对用钞,蒙古统治集团内部也有人拒绝接受,据《史集》记载,"当(合赞汗)来到西模娘时,兀尔都—不花带着几哈尔瓦尔纸钞以及(印造纸钞的)需用品如白纸、印章等从乞合都处前来。合赞汗说:'在这些地区,铁器和武器由于过于潮湿而不耐久,纸张怎么能耐久。'他遂下令将这些东西全部焚毁。"[3]

"丞相见钞之为害,乃与其僚属共请于汗,许用现金购买粮食,已而决定废钞,人民大悦"[4]。"(乞合都)颁布命令可用硬币进行食物贸易。因此,人们振作起来,开始公开用硬币进行贸易,于是逃走的人们开始返回城里,在短时期里城市开始繁荣起来,最后推行纸币的事失败了,放弃了,人民摆脱了这一沉重负担"[5]。

这样,乞合都仿效元朝而强制推行的纸币制度,因遭到人民的普遍抵制,行用范围仅限于都城帖必力思及其附近地区,未及推广即造成市场瘫痪、群众暴动,带来了整个社会的动乱,同时更加剧了蒙古统治集团内部的矛盾。在实行两个多月后便被迫废除,只得又重新恢复金属货币的流通。乞合都本人也因此在行钞的第二年即 1295 年 3 月爆发的王位争夺战中被宗土拜都击杀身亡[6]。

四、波斯纸钞的形制及受元钞的影响

伊利汗国发行的纸钞没有实物流传下来,当时的学者,后来被任命为宰相的拉施特在《史集》中亦未作具体描述,但在当时的史学家奥都剌所著《瓦撒夫书》及后来的多桑《蒙古史》中都有比较详细的记载。

《瓦撒夫书》:"这是一种上面写有汉文方形字的矩形纸。在上部的两侧写有任何钱币中都通行的术语'除了安拉之外再无他神'和'穆罕默德是安拉的使者'。在下面是用藏文所写的'仁钦多吉'(大金刚),用阿拉伯文写作 Ayrynhyntwrjy(大通宝)……在矩形的中央依纸币而画的一个小圆圈中,大家可以读到'1/2 迪拉姆'……一直到十第纳尔。其最下面则是这几行文字:世界的帕迪沙(即国王——引者)于 693 年强行发行吉祥钞。伪造者要株连其妻小一起受刑,然后被处死,其财产被没收。'他们为各地都寄去一张印好的钞票以便鼓吹纸币的好处。我眼下看到了寄往失剌思的一份。我们从中读到当全民族都由于社会制度的威力

---

① 奥都剌《瓦撒夫书》第三册,转引自多桑《蒙古史》249 页,冯承钧译,中华书局,1962 年。

② 阿不法剌治《世界史略》601 页,转引自多桑《蒙古史》249 页。

③ 《合赞汗传》268 页,见拉施特《史集》,余大钧译,商务印书馆,1986 年。

④ 多桑《蒙古史》249 页。

⑤ 《乞合都汗传》228 页,见拉施特《史集》。

⑥ 《乞合都汗传》231 页,见拉施特《史集》。

而均接受这种钞票时,他们立刻就会看到食品价格降低、粮食变得很便宜和贫富变平等等。"①

多桑《蒙古史》:"钞以纸制,其形长方,上有汉文数字,钞上两面皆著回教之词,曰'上帝(即安拉,又译真主——引者)外无他上帝,摩诃末(今译穆罕默德——引者)是上帝之教徒'。钞下著亦怜真朵儿只(Irentchin Tourdfi)之名,盖诸博士所上乞合都之尊号也。钞中有圈,内著钞价,自半答剌黑木(Drachme,冯承钧按:每答剌黑木重约三分有奇)至十第纳儿不等,下著禁令曰'世界之主在六九三年(1294)颁发此顺利之钞,有伪造者并其妻子处死,财产籍没'。"同时规定"在各州建钞库,各库各有其库使、书手、出纳员及其掾属,法令禁止全国使用金银,除汗与诸大臣外,不许以金银制器皿及金锦。其因此失业之金银匠由钞库赡给之,凡持昏钞至钞库掉换新钞者,钞库扣收其价百分之十,其赴外国之商人以钞易金者,必须逾境始许使用"②。"曾命官吏在诸城宣告,其买卖不用钞而用其他货币者处死,其不以金银送钞库易钞者亦处死"③。

另外,彭信威《中国货币史》、韩儒林主编《元朝史》及卡特《中国印刷术的发明和它的西传》、劳费儿《中国伊朗编》等书中也有关于伊利汗国纸钞的介绍,内容简单,同多桑《蒙古史》基本一致④。

由此,可知伊利汗国的纸币:

第一,以纸印制,呈长方形,印有汉字、阿拉伯纪年及穆斯林祈祷时用语。

第二,以金银为本位,面额由半答剌黑木至十第纳儿分为若干等。

第三,印有赏罚条例,严禁伪造。

第四,为推行纸币,全国各地都设有钞库,负责出国商人兑换金银及回收昏钞,工本费按纸钞面额收取百分之十。

第五,严令禁止金银流通,拒绝使用纸钞者皆处死。

①　转引自[法]阿里·玛扎海里著《丝绸之路:中国——波斯文化交流史》349 页,耿昇译,中华书局,1993 年。按:书中误将元廷丞相孛罗记成了明代出使中亚帖木儿帝国的陈诚。

②　多桑《蒙古史》248 页,冯桑钧译,中华书局,1962 年。

③　阿不法剌治《世界史略》600 页,转引自多桑《蒙古史》249 页。

④　彭信威《中国货币史》564 页:"钞面有中国字,大概是仿元代钞票的格式,全国各省都设有钞库。"韩儒林主编《元朝史》下册 339 页:"所制钞为长方形,上面印有八个汉字,中间圈内印钞值,其下为海合都(即乞合都——引者)的喇嘛教名。"卡特《中国印刷术的发明和它的西传》147 页:"纸币的价值自半个蒂尔哈姆(dirham)起至十个帝纳尔(dinar)止,纸币的式样,直接照抄忽必烈发行的纸币,甚至连纸币上的汉字也如法炮制,作为图样的一部分,汉字'钞'也原样照印……每张纸币上都印有阿拉伯文,说明纸币发行于穆罕默德纪元 693 年(1294)。"劳费儿《中国伊朗编》394 页:"这些纸币是完全摹仿忽必烈的纸币,连中国字都照抄下来作为票面上图案的一部分,中国'钞'字也被使用了,后来波斯人把这字改为'Cao'。"

很明显,伊利汗国的纸钞完全是仿照元朝的纸币制度来设计、发行的①。但同时为照顾波斯广大穆斯林的传统,使其便于接受,又在纸钞上印有伊斯兰教徒祈祷时的用语"除了真主之外别无他神,穆罕默德是真主的使者",这也是中亚地区伊斯兰货币上的习用铭文。钞面汉字,可能是元朝政府颁发的"辅国安民之宝"或"王府定国理民之宝"等汉文专用印章②。

以昏换新,收取工本费高达面额的百分之十(元朝每贯仅收三分),这也充分反映了乞合都等行钞的目的完全是为了收刮财富。

总之,可以说伊利汗国纸钞从形制、面额到发行管理上几乎完全都是照搬元朝的纸币制度,这其中,元朝丞相孛罗起了重要作用。

据《雪楼集》卷五《拂菻忠献王神道碑》记载,孛罗是蒙古多儿边人氏,在元朝曾担任过御使中丞、大司农卿、御使大夫、枢密院副使等要职。至元二十年(1283)忽必烈命他以丞相职衔出使伊利汗国,后留任伊利汗廷,再没有返回元朝。孛罗是位杰出的蒙古族学者,精通蒙古各部落以及成吉思汗建国以来的历史,熟悉元朝的各种典章制度③。乞合都曾向他询问关于元钞的情况。伊利汗国纸钞从开始讨论到最后印刷、发行的整个过程,孛罗都是主要的参与者,这就决定了乞合都发行纸钞只能完全照搬元钞。

据《元史》第四十二《食货志》记载,"世祖中统元年(1260)始造交钞","是年(中统元年)十月,又造中统元宝钞","(至元)二十四年(1287)改造至元钞"。此后虽又于武宗至大二年(1309)九月发行至大银钞,顺帝至正十年(1350)发行过至正钞,但皆"旋即罢印",又都是1294年在乞合都行钞之后才发行,于本文讨论无关,只有"中统、至元二钞,终元之世,盖常行焉"。但其中哪一种元钞是乞合都行钞的蓝本呢?

沈福伟先生在《中西文化交流史》一书中认为伊利汗国"纸币完全仿元朝至元宝钞"④,我们认为这与史实不符。据前引《拂菻忠献王神道碑》记载,孛罗是在至元二十年(1283)离开元朝的,此后再未返回,至元宝钞是在至元二十四年(1287)才发行,孛罗根本没有见过至元

---

① 关于元代使用纸币情况,《元史》卷九十三《食货志》有记载:"世祖中统元年始造交钞,以丝为本。每银五十两易钞一千两,诸物之直,并从丝例。是年十月,又造中统元宝钞。其文以十计者四,曰:一十文、二十文、三十文、五十文。以百计者三,曰:一百文、二百文、五百文。以贯计者二,曰:一贯文、二贯文。每一贯同交钞一两,两贯同白银一两。五年,设各路平准库,主平物价,使相依准,不至低昂,仍给钞一万二千锭,以为钞本……初,钞印用木板,遂改造至元,自二贯至五文,凡十有一等,与中统钞通行。每一贯当中统钞五贯文。随路设立官库,贸易金银……伪造者处死,首告赏钞五锭,仍以犯人家产给之。""不许自用金银打造发卖,若已有成造器皿,赴平准库货卖。"(《整治钞法条例》见《元典章》二十《户部》卷之六《钞法》)关于元钞的形制,《中国古钞图辑》收有实物照片,以中统元宝交钞为例,介绍如下:呈长方形,钞面分为三部分,最上部为钞名,其次是金额及两旁的字料和字号,金额下面有横列钱贯的图案。字料和字号之上各有两行字,一行汉字,一行八思巴蒙古文。第三部分是若干行文字,有"中书省奏准印造中统元宝交钞宣课差役内并行收受不限年月诸路通行"。其次是元宝钞库子和攒司的签押处以及印造库子和攒司的签押处。然后又有一行"伪造者斩,赏银五锭,仍给犯人家产"。后面是中统年月日、元宝交钞库使和副判的签押处,印造库使和副判的签押处,最后一行为中书省提举司的签押处。

② 伊利汗国的公文、诏书及和罗马教皇的往来信件中常盖有元朝政府颁发的汉文专用章。详可参看拙作《试论拉班·扫马出使欧洲及其影响》,刊《新疆大学学报》1988年第3期。

③ 据《史集》记载,拉施特在编写《史集》过程中,曾得到孛罗的密切配合,这部具有极高价值的学术名著中关于蒙古史和元史部分,就是两人合作完成的。

④ 沈福伟《中西文化交流史》232页,上海人民出版社,1985年。

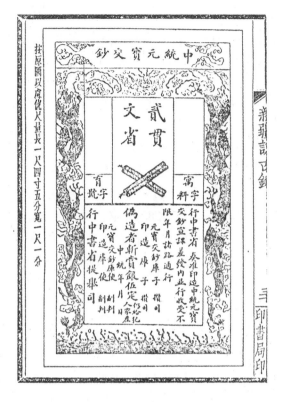

新疆吐鲁番地区发现的"中统元宝交钞"摹本(引自王树枏《新疆访古录》)

宝钞。所以当乞合都询问元钞的情况时，孛罗只可能就比较熟悉的中统元宝交钞作介绍，而不可能介绍他没有见过的至元宝钞。因此，伊利汗国不可能"完全仿元朝至元宝钞"来"照式刻印"，而只可能是参照中统元宝交钞来设计、发行纸币。

五、乞合都行钞的启示及对中外文化交流的贡献

乞合都仿行元朝钞法仅维持了两个多月便宣告失败了，从挽救汗国财政危机的角度讲没有任何意义，"反因建筑钞库雇佣掾属大费帑金"[①]，更加重了汗国各种社会危机，乞合都本人也因此而被杀身亡。但是乞合都仿行元钞这件事本身却给我们以很多启示。

第一，波斯发行纸币失败的原因并不是因为纸币本身，而是因为伊利汗国当时不具备发行纸币的客观条件，同时发行者也不了解纸币造成的。

纸币是从货币流通的职能中产生出来的，马克思曾精辟地指出，"既然货币流通本身使铸币的实际含量同名义含量分离，使铸币的金属存在同它的职能存在分离，所以在货币流通中就隐藏着一种可能性：可以用其他材料做的记号或用象征来代替金属货币执行铸币的职能……因此，相对地说没有价值的东西例如纸票，就能代替金来执行铸币的职能"。"只是这些纸票确实是代替同名的金额来流通，它们的运动就只反映货币流通本身的规律，这一规律简单地来说就是：纸币的发行限于它象征地代表金(或银)的实际流通数量"[②]。

根据这一政治经济学原理，我们知道金属铸币在流通中实际含量同名义含量可以脱离。例如，有些五铢钱，名为五铢实则不到五铢，但照样可当五铢钱使用，因此，用一张纸作为价值符号，由国家法律规定来作为货币流通也是完全可以的，但必须有充足的准备金及完善的管理制度作保证，纸币才能代替金属货币充当流通手段。如果纸币发行额超过它所代表的金属的实际流通量，纸币本身的价值就会贬值，这就是我们通常所说的通货膨胀。宋、金、元及明清各代纸币后来之所以贬值，都是因为发行数量远远超过市场需要量造成的，另外，作

---

① 多桑《蒙古史》249 页，冯承钧译，中华书局，1962 年。

② 《马克思恩格思全集》23 卷，145—146 页。

为强制推行纸币的权利机构的国家必须是政局稳定,否则纸币将会随着政权的更迭而形同废纸。

十三世纪末的伊利汗国不具备这些客观条件,当时汗国经济贸易的发展还没有达到需要纸币这种先进的交换手段的程度,同时统治者也不完全了解纸币,天真地认为"凡交易用钞则将使现金充盈于国库矣"。遂在汗国财政来源枯竭的情况下,为搜刮财富,摆脱危机而求助于纸币,完全违背了纸币发行的规律,是一种超经济的掠夺,带来的只能是灾难,必然以失败告终。

第二,说明我国古代货币文化影响所及并非像传统所认为的那样仅限于日本、朝鲜、越南等东南亚国家和地区,实际上更远达波斯(伊朗)、印度等中亚、南亚地区。

中国是世界上最早发明使用货币的国家之一,同时也是世界上最早发明使用纸币的国家,独自发展形成了一套不同于西方的、完整的、具有东方特色的货币文化体系,对周边国家和地区曾产生了深远影响。但传统认为这种影响仅限于朝鲜、日本、越南及琉球等东方国家和地区仿照中国采用浇铸的方式铸造圆形方孔钱式样的货币上。实际上,这种影响不仅体现在方孔圆形式样的金属货币上,还应包括纸币。同时随着对外贸易及文化交流的日益扩大,特别是蒙古的西征,使以中国为代表的东方货币文化对中亚、南亚等地区也产生了深远影响。波斯伊利汗国在财政危机时,首先想到仿照元朝发行纸币就说明了这一点。

第二,乞合都发行纸币的尝试虽然失败了,但在中外文化交流史上有其积极的一面。

中国早在宋代就已开始使用纸币,当时世界上其他国家还都停留在只知道使用金属货币阶段。纸虽然在 10 世纪中叶就已传入欧洲,但欧洲还根本想不到能用它作交易媒介进行商品买卖。直到《马可·波罗游记》问世后,才听说"中国人用棉纸制成通用货币进行商业贸易","用最便宜的材料能交换最贵重的东西"[1],但被视为天方夜谭,难以致信。在这种背景下,乞合都在波斯仿效元朝实行纸币制度,使当时的波斯、阿拉伯人因此而认识了世界上最早实行的中国纸币制度,并进而传入欧洲,不仅使之大开眼界,学会了使用纸币[2],同时更为其后来进行大规模的商业活动带来了便利。波斯语中至今仍将纸币称作"钞"(Chao)[3],影响之深可以想见。

乞合都仿效元朝使用纸币带来的另一个结果是我国雕版印刷术的西传。

印刷术是中国古代的四大发明之一。早在 8 世纪初,唐朝即已开始使用雕版印刷技术大量印刷佛经、书籍传播知识了,而同时期的波斯、阿拉伯及欧洲基督教的寺院里却还停留在完全依靠手抄古代传本的古老方式上,有可能接触书籍的仅限于宗教人士及贵族。在这种背景下,1294 年波斯仿照元朝"钞印用木为版"的技术印刷纸币是雕版印刷技术西传的最

---

① 见《马可·波罗游记》,福建科学技术出版社,1982 年。第一位报道中国使用纸币的欧洲人是法国传教士鲁布鲁克,1253 年奉法王路易九世之命出使蒙古,1255 年归国著有《鲁布鲁克东行记》(国内有何高济译本,中华书局,1985 年),记有:"契丹通行的钱是一种棉纸,长宽为一巴掌,上面印有几行字,像蒙哥印玺上的一样。"这里指蒙哥时印的蒙古纸币,不是忽必烈时印的元钞。此行记系教皇的报告,影响不大。

② 瑞典于 1661 年、美国于 1690 年、俄国于 1768 年、英国于 1797 年、德国于 1806 年首次发行纸币。见李约瑟《中国科学技术史》第五卷第一分册《纸和印刷》(钱存训著)89 页注①。

③ [美]劳费儿《中国伊朗编》394 页,林筠因译,商务印书馆,1964 年。

早记录,具有十分重要的意义。正如著名印刷史专家卡特(Thoms Francis Carter)分析的那样,"它们(指波斯纸币——引者)作为钱币,是一文不值的,但如果落入有发明天才的人手里,却可以成为对文明的极可宝贵的东西。其次,这种纸币的发行,也表示大不里士当时已经有一些知道如何印刷的工匠"[1]。"这是木板印刷术传入伊朗的例子"[2]。并进而又经埃及于14世纪末传入欧洲[3],打破了教会对知识的垄断,扩大了受教育的范围,"对欧洲人的思想和社会都有深刻的影响",甚至可以说"西方世界现代文明进程中的几乎每一项成就都以不同方式与印刷的引进和发展有联系"[4]。

　　(部分内容曾在《中国钱币》1994年第4期及《文史知识》1995年第2期发表。1997年参加在德国柏林召开的国际钱币学委员会第12届大会并作宣读,会后全文收入论文集:International Numismatic Congress Abstracts of Papers Berlin 1997,XII.)

---

①　[美]卡特《中国印刷术的发明和它的西传》147页,吴泽炎译,商务印书馆,1991年。
②　朱杰勤《中国和伊朗历史上的友好关系》,载《历史研究》1987年第7期。
③　[美]德克·卜德《中国物品传入西方考证》,载《中外关系史译丛》第一辑,上海译文出版社,1984年。
④　[英]李约瑟《中国科学技术史》第五卷第一分册《纸和印刷》(钱存训著)329页,科学出版社、上海古籍出版社,1990年。

新疆发现的越南钱币及其来源探讨

越南旧称"安南",清朝嘉庆七年(1802)改国号为越南[①]。中越两国是一衣带水的邻邦,历史上就有密切的经济、文化联系。据史书记载,越南的吴朝早在公元 10 世纪中期,就已开始仿中国铸造方孔圆钱,同时也流通使用中国钱币[②]。13 世纪以后,随着两国经济、文化交往的进一步密切,越南钱币也开始流入我国,特别是清代中、后期,在两广、福建等沿海地区,越南钱币流传很广。道光九年(1829),两广总督就有专折,请严禁外国轻钱流入:"……广东省行使钱文内,有光中通宝、景盛通宝两种最多,间有景兴通宝、景兴大宝、嘉隆通宝,谓之夷钱,搀杂行使,十居六、七。……并有数处专使夷钱……不可不防其渐。"

近年,在地处西北边陲的新疆地区,也经常有越南钱币的出土发现。本文拟结合越南钱币在新疆的出土发现情况及有关历史文献的记载,试就其来源作一简单分析。

据统计,新疆发现的越南钱币主要有:

1. 新疆奇台古城遗址出土 4 枚,其中"景兴通宝"2 枚,"永寿通宝"2 枚[③]。

2. 乌鲁木齐头屯河一带 1986 年在建筑施工时,曾出土一批清代钱币,其中搀杂有十多枚越南钱币,主要是"景兴通宝"、"景兴大宝"、"景兴至宝"、"永盛通宝"等。

3. 新疆文物商店收藏有七枚越南钱币,其中"景兴通宝"3 枚、"永寿通宝"3 枚、"嘉隆通宝"1 枚。据工作人员介绍,这几枚越南钱币都是近年从乌鲁木齐二道桥一带居民中收集来的。

4. 民族博物馆收藏有 3 种越南钱币,即:"景兴通宝"、"景盛通宝"、"光中通宝"。

5. 昌吉市文物管理所收藏有 3 枚越南钱币,其中"景兴通宝"2 枚、"永寿通宝"1 枚。

6. 1986 年夏,邱德美在奇台县废品收购站发现"景兴通宝"、"景兴巨宝"各 2 枚。

7. 米泉市文化馆文物办杨万鹏收藏有"天符元宝"、"圣元通宝"等 23 种。

8. 戴良佐收藏的有"成泰通宝"、"景盛通宝"、"嘉隆通宝"等 3 种[④]。

由出土发现情况可以看出:

第一,目前已知在新疆发现的越南钱币,全部都发现于北疆一带,特别是乌鲁木齐市及

---

① 阮福映在法国的部分援助下,于清嘉庆七年统一安南,正式称帝,建元嘉隆,入请贡献乞封,拟以"南越"为国号。清政府因南越包括两广在内,不准"南越"之名而改为"越南",表示"越地之南"。越南因以得名。

② [越南]明峥著,范宏科、吕谷译《越南史略》,三联书店,1958 年。

③ 薛宗正《奇台发现的中原古钱》,载《新疆文物》1987 年第 1 期。

④ 戴良佐《流入新疆的越南古钱简析》,见戴良佐著《古钱币探索》,华商国际出版有限公司,2005 年。

其附近地区出土较为集中。

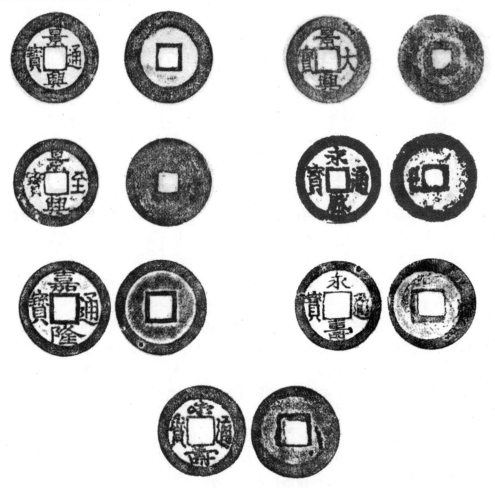

新疆出土发现的越南钱币

第二,发现的越南钱币中主要是"景兴通宝",另有"景兴大宝""景兴至宝""永寿通宝""永盛通宝""嘉隆通宝"等,但都数量较少。

查阅文献可知,"永寿"是越南后黎朝神宗年号(1658—1661),"永寿通宝"就是在永寿年间所铸,版式甚多。"永盛通宝"是在越南后黎朝裕宗永盛五年(1790)铸造的;"景兴"是越南后黎朝显宗年号(1740—1777),"景兴通宝"及"景兴大宝""景兴至宝"等都是在景兴年间铸造的,"通宝钱文篆、隶、真三体,真书者背文多种,另有巨宝、太宝、大宝、内宝、至宝、重宝、中宝、正宝、泉宝、永宝、顺宝、用宝等"[①]。"嘉隆通宝"是越南阮世祖嘉隆二年(1802)铸造的,有铜、铅两种。

我国中原地区特别是东南沿海一带因靠近越南,在彼此频繁的商品交易中互有钱币流散进来,这是很正常的。但是,地处内陆的新疆地区远离越南,相互间也没有直接的贸易往

---

① 《中国古钱谱》495页,文物出版社,1989年。

来,伴随新疆和中原地区商品交换而流散进来少量的越南钱币是可能的,这就如同新疆发现的日本"宽永通宝"钱币一样,应数量有限,在新疆使用关内制钱的北疆地区都有可能发现。但实际上,新疆出土发现的越南钱币却多集中在乌鲁木齐及其附近地区。对此,仅解释为因一般的贸易关系而流散进来恐不全面,可能还有其他的原因。这应和清朝乾隆年间曾迁移过一部分越南人来新疆屯田之事有关。

据《越南史略》及《清实录·高宗朝》记载,18世纪前半叶,越南虽然名义上仍是黎氏王朝,但北部却在郑氏集团的控制下。郑氏统治残暴,引起农民起义,其中有一支是由黄文质领导的。黄文质祖上曾割据越南北部称雄,后来被郑氏推翻,两家是世仇,遂乘机于乾隆五年(1740)率众起义,反对郑氏①。乾隆三十四年(1769)黄文质死后,子黄公缵统其部众,因受王族黎维密之逼,黄公缵失败后逃入我国云南,"请求内附"。清政府遂将黄公缵及其眷属二百余人安插在云南边境一带。然而黄公缵等"实非安静之人……间与土司等以小忿争竞"。后来便被移到内地,"亦不能谨守法度"②。乾隆三十六年(1771)清政府将他们分为二部,"解往极北之黑龙江、乌鲁木齐等处分散安插"。

以黄公缵为首的一部分被安插到乌鲁木齐,其余则安插到黑龙江③。当时越南国王曾两次向清政府索要黄公缵等人,但清政府都以"伊等既因投生而来,岂可听其仍回尔国就死……于情理未合"等理由拒绝了④。

黄公缵等二十二户、一百余人于乾隆三十六年(1771)九月被清政府解至乌鲁木齐,安排在头屯河垦区。"查迪化(即乌鲁木齐)所属土墩子地方,地肥水足,堪资生计,即将乌鲁木齐招垦之地每户拨给三十亩,并借给农具、籽种、马匹、房价,责成头屯河把总弹压。"⑤报请清政府批准后,这些越南人便同回、汉族一样,享受民屯的待遇在那里安家落户了。后来不见于史籍记载,但乌鲁木齐头屯河一带至今仍保留有"安南工"这一地名⑥。

乾隆二十四年(1759)清政府统一新疆,第二年(乾隆二十五年,1760)即在南疆设立叶尔羌铸钱局,按照关内制钱式样铸造带维吾尔文的"红钱",收缴并销毁原流通使用的准噶尔普尔钱。红钱仅流通使用于天山南路,天山北路即北疆地区则统一使用内地制钱。因此,黄公缵等迁来新疆时将随身携带的越南钱币掺杂在制钱中一起使用是完全可能的。新疆出土发现的越南钱币"景兴通宝""景兴大宝""景兴至宝""永寿通宝""永盛通宝""嘉隆通宝"等基本都是这一时期的钱币,且多集中出土发现于乌鲁木齐市及其附近的头屯河地区也正说明了这一点。

（原载《中国钱币》1996年第4期）

---

①　[越南]明峥著,范宏科、吕谷译《越南史略》,三联书店,1958年。

②　《清实录·高宗朝》卷八八四,16—17页。卷八八八,5—7页。

③④　《清实录·高宗朝》卷八八八,5—7页。

⑤　《清实录·高宗朝》卷八九三,27—28页。

⑥　纪大椿《"安南工"地名的来历》,《新疆历史研究》1985年第3期。

新疆钱币概述

一、新疆在沟通东西方钱币文化交流中的作用

新疆古称西域,位于我国西北边陲,地处亚欧大陆腹地。面积 160 多万平方公里,占全国的六分之一。东面及南面与甘肃、青海、西藏等三省区相邻;东北面、北面以及西面与蒙古、俄罗斯、哈萨克斯坦、吉尔吉斯斯坦、塔吉克斯坦、阿富汗、巴基斯坦、印度八国接壤,有长达 5600 多公里的边界线。地理环境的基本特征可概括为:周围和中部是高山,高山之间是盆地,盆地中间是沙漠,即所谓"三山夹两盆"。北部及东北部为阿尔泰山,南部及西南部是阿尔金山—昆仑山—帕米尔高原,中部为东西走向的天山。

天山北部与阿尔泰山之间是准噶尔盆地,盆地中部是我国第二大沙漠古尔班通古特沙漠,属温带干旱的荒漠和半荒漠气候,盛行的西北风通过山口能将北冰洋及大西洋的冷湿气流带入,形成降雨。因此气候亦较湿润,有利于森林和草场的生长,当地居民多从事游牧的畜牧生活,形成所谓"不田作种树,随畜逐水草"即游牧的"行国"[①]。

天山南部与阿尔金山—昆仑山之间,则是塔里木盆地,盆地中部是我国第一大沙漠即塔克拉玛干沙漠,属暖温带极端干旱的荒漠气候,雨量极少,气候异常干旱。但高山上的冰雪在夏季消融后,形成的河流为灌溉农业提供了稳定而充足的水源,并且日照充分,有利于农作物的生长,当地居民多从事定居的农耕生活,"颇知田作",形成土著的所谓"城郭之国"[②]。

新疆西部是古代被称为"葱岭"的帕米尔高原及伊犁河谷,游牧民族和商旅们通过山间以及河谷间的通道与中亚、西亚、欧洲等地相联系;东部地势比较平坦与开阔,通过河西走廊这一天然通道,新疆地区早在史前时期便开始与中原地区进行频繁的交往,这已得到众多考古发现的证实。

新疆这一特殊的地理位置决定了它在古代联系、沟通东西方之间的商贸往来、民族迁徙、宗教传播、文化交流上具有重要的地位。特别是在近代海路交通大规模开通之前,东西方几大文明古国之间的所有联系与往来、沟通与交流多是通过新疆地区,即借助被后来称为"丝绸之路"的交通路线来实现的。因此,新疆是世界上著名的几大宗教如印度佛教、叙利亚

---

① 《汉书·西域传》,中华书局,1975 年。
② 《后汉书·西域传》,中华书局,1973 年。

景教、波斯摩尼教、西亚火祆教、阿拉伯伊斯兰教等宗教的传播之地；也是著名的几大文明如中华文明、希腊—罗马文明、印度文明、波斯文明、拜占廷文明、阿拉伯文明的荟萃之地；同时，还是分属于汉藏、阿勒泰、印欧三大语系的佉卢文、焉耆—龟兹文、于阗文、摩尼文、汉文、梵文、吐蕃文、粟特文、回鹘文、突厥文、回鹘式蒙古文、察合台文、托忒式蒙古文、满文、锡伯文等文字的通行使用之地；更是古代游牧民族如匈奴、月氏、乌孙、鲜卑、柔然、嚈哒、铁勒、高车、回鹘（回纥）、黠戛斯、突厥、契丹、蒙古等迁徙活动、交替兴盛的重要舞台。这种宗教传播、文明交流、文字传承、民族迁徙的结果，使得新疆地区明显地具有东西方文化相互交汇、融合的特点。而这种交汇、融合，在新疆地区历史上所铸造使用的钱币上，体现得尤为具体与形象。

亚欧大陆的东西两端，因为地理、气候等环境的不同以及民族、宗教、语言、文字、传统等方面的差异，形成了不同的文明。其中，古代东西方之间的钱币文化也如同东西方之间的其他文化一样，具有明显的不同。

"东方钱币文化"以古代中国为代表，它植根于中国古代传统的农耕经济，适用于相对封闭的、以自给自足为特点的小农经济，对外贸易相对不发达。因此钱币文化的特点为：币材多用铜、铁等贱金属，用于满足日常的小额交易；钱币图饰不用人物或动物图案，而只有文字，反映了"汉字"这一表意的象形文字丰富的文化内涵；技术上采用范铸或翻砂浇铸制成，可增加铸钱数量并降低制作成本；形制上为体现中国古代天圆地方的宇宙观，而铸成圆形方孔，这样便于锉磨边郭的残存流铜，同时也便于穿绳携带；铭文多纪币值、年号及地点等。同一种钱币因文字采用篆、楷、隶、草等不同的书体，形成不同的版别，反映了以中国为代表的古代东方文化中书法艺术的博大精深及独特魅力。

"西方钱币文化"以古代希腊—罗马为代表，它是在继承原小亚细亚半岛古国吕底亚钱币的基础上形成的。植根于地中海周围古代发达的商业经济，其钱币文化的特点是：币材多用金、银等贵金属，以适应大宗的对外贸易需要；钱币图饰多为人物头像或动物图案，充分表现了古代希腊—罗马文化中精湛的造型艺术；采用打压法制成也便于体现高浮雕图案的艺术效果；形制为圆形无孔，可减少流通中的磨损；铭文多纪打制地点、年代、国王名字以及宗教颂词等，并打印有徽记及神像，具有浓厚的宗教色彩。波斯、印度等东方国家因亚历山大的东征及随后希腊化的影响而接受了希腊钱币文化。阿拉伯等信仰伊斯兰教国家的钱币，虽然因为伊斯兰教反对偶像崇拜，不用人像或动物图案，全部使用文字，铭文为伊斯兰教《古兰经》中的颂词，与希腊—罗马钱币有所不同，但伊斯兰钱币总体上亦属西方钱币文化体系。

二、古代新疆钱币（汉代至明代）

公元前3至公元前2世纪，地处欧亚大陆腹地的中亚及新疆地区几乎同时受到了来自西方和东方的强烈冲击和影响。

首先是来自西方的冲击，公元前334年希腊共主亚历山大大帝（前356—前323）渡过赫勒斯湾海峡开始东征波斯。希腊远征军曾到达中亚阿姆河和锡尔河流域的布哈拉和塔什干附近,在位于锡尔河岸的霍占德筑亚历山大里亚城,受到当地土著的顽强抵抗,亚历山大本人也陷入危地几乎无法脱身。后南下克什米尔沿印度河行至河口又向西北到达波斯波利斯[①]。希腊人的东征虽因公元前 323 年亚历山大的英年早逝而停止,但被占领地区随后开始的"希腊化时期",却将希腊文明传入了中亚及印度北部地区。其中,最典型的事例就是希腊殖民者在中亚地区建立的各希腊化城邦如大夏(巴克特利亚)等,都仿照希腊本土打制带有希腊铭文的钱币。

东方的影响则以汉武帝建元二年(前 138)张骞应募出使西域为标志,拉开了中原王朝经营西域地区的帷幕。汉宣帝神爵三年(前 60)西汉政府在龟兹(今库车)以东的乌垒城(今轮台附近)设立西域都护府,西汉中央政府对包括新疆在内的广大中亚地区行使了有效的管理。伴随驻军、屯田以及商旅、使臣们的频繁往来,中原地区包括钱币文化在内的汉文化,也开始传入新疆及中亚广大地区,并产生了深远影响。

新疆地区特殊的地理位置,决定了它同时受到来自东方和西方两大钱币文化相互交汇、互相融合的影响。这种交融的过程是相互影响、互相吸收;交融的结果则是你中有我、我中有你,最终产生了以多元、融合为特色的新疆地区的自铸钱币。东西方两大钱币文化上的这种相互交融,在新疆地区目前所知最早的自铸钱币——"汉佉二体钱"上,体现的最为形象与直接。

汉佉二体钱(Sino-Kharosthi Coin)又名"和阗马钱",因主要发现于新疆和阗地区且背面大多打印有一马形图案而得名。这是 1 至 3 世纪古代新疆和阗地区打制的一种地方钱币,是目前所知新疆地区历史上最早的自铸钱币。汉佉二体钱分为大钱和小钱两种类型,大钱有汉字"重廿四铢铜钱",小钱上汉字记作"六铢钱"。它是以希腊钱币德拉克马与四德拉克马为祖型,仿贵霜钱币打压而成。技术上它不同内地铸钱用钱范浇铸,而是采用源自古希腊的打压法;也不同内地流通币上不铸动物图案仅是文字的传统而打印有马或骆驼形图案。但是在钱币上却打印有汉字,并且是以内地传统的货币重量单位"铢"作为它的纪值单位。大钱和小钱的重量按 1∶4 的比例兑换。这不但和当时中亚地区流行的源自希腊的德拉克马和四德拉克马的钱币系统能兑换,同时也能很便利地和内地铸造但在西域地区也大量流通使用的汉"五铢"钱兑换(五个"六铢钱"换六个"五铢"钱)。"汉佉二体钱"就如同它的名称一样,很典型地融合了古代东西方两大钱币文化的特点。

新疆地区的钱币文化与新疆地区的历史进程一样,从 10 世纪的喀喇汗王朝开始,以伊斯兰教东传为特点的新疆地区文化上的伊斯兰化为分界线,可大致划分为前后两个阶段。

在喀喇汗王朝之前,新疆地区的钱币文化受以汉、唐为代表的中原钱币文化的影响为主,所铸造的钱币也主要是仿制"五铢钱"与"开元通宝"钱币,如:古龟兹国铸造的"龟兹五铢"钱及小铜钱、麴氏高昌王国铸造的"高昌吉利"钱、回鹘汗国铸造的"日月光金"钱、高昌回鹘王国铸造的"回鹘钱"、突骑施汗国铸造的"突骑施钱",以及唐代坚守西域的安西都护府守军在与中央政府失去联系后铸造的"大历元宝""建中通宝"及其别品"中"字钱、"元"字钱等。

---

① ［古希腊］阿里安著《亚历山大远征记》,商务印书馆,1979 年。

这些钱币都是采用源自中原地区的浇铸技术,铸造形制为圆形方孔的铜钱,无金币,亦无银币。它们因为出自不同的民族,处于不同的历史时期,受不同宗教及文化的影响,使用的文字不尽相同,所铸造的钱币也都各有特点,表现各异,但总体上与中原地区的钱币一样,都属于东方钱币文化体系。

10世纪下半期,从喀喇汗王朝驻守喀什噶尔的萨图克·博格拉汗最先接受伊斯兰教为开端,新疆地区文化上开始了漫长的伊斯兰化过程。这一过程直到14世纪中叶,东察合台汗国的脱忽鲁帖木尔汗率领16万帐蒙古人皈依伊斯兰教为标志,始告完成。伊斯兰教将《古兰经》的语言和文字视为神圣不可侵犯,规定只能用阿拉伯语诵读,用阿拉伯文字书写,不允许信徒将其译为当地民族的语言文字。受此影响,新疆地区从喀喇汗王朝10世纪以后打制的钱币开始,就明显地带有伊斯兰文化的特点,后来的察合台及叶尔羌汗国打制的钱币就更属于标准的伊斯兰钱币文化体系。如喀喇汗王朝打制的"阿尔斯兰汗"及"桃花石可汗"钱币、察合台汗国各位汗王打制的各种金银铜币、叶尔羌汗国打制的铜币等。这些钱币技术上都是采用源自希腊—罗马的打压法制成,形制均为圆形无孔,文字多为阿拉伯文的科斐体①,内容多是伊斯兰教《古兰经》中的颂词。除文字外,钱币上没有人物或动物图案。基本都有金币、银币、铜币等种类。这一时期的钱币虽然也是各有差异,但因为都是在接受伊斯兰教以后打制的,总体上具有浓郁的伊斯兰文化风格,属于西方钱币文化体系中的伊斯兰钱币文化。

只有准噶尔蒙古汗国因为不信仰伊斯兰教而是信仰藏传佛教,所以在其征服叶尔羌汗国后于叶尔羌打制的"策妄阿喇布坦"及"噶尔丹策零"普尔钱不属于伊斯兰钱币文化,是个例外,但仍属于西方钱币文化体系。

三、清代新疆钱币

乾隆二十四年(1759)清朝政府重新统一新疆,第二年便设立叶尔羌铸钱局,收缴销毁原准噶尔普尔钱,仿照内地制钱式样铸造发行了新货币。清朝政府在新疆先后设有7个铸钱局,钱局数量虽是全国各省最多的,但所铸钱币却是最少的。

清朝政府在汉唐"督统治理"和"羁縻治理"的基础上,先后对新疆采取了"军府治理"和"建省治理"等更高形式的管理,是历代中央王朝治理新疆最完备的。伴随管理方式与内地的逐渐一体化,新疆货币与内地逐渐统一的趋势也在加强,但仍保留有浓郁的边疆民族特色。如种类上,发行的钱币有与全国统一的"制钱",也有仅限于南疆流通的"红钱";材质上,不但有铜钱(黄铜和红铜),也有金币、银币、铜元、铁钱和纸币,更有新疆特有的"油布帖";技术上,有传自中原的浇铸技术,有引自西方的机器铸造技术,更有新疆传统的使用手工机具、土法打制技术;称量单位上,不用元、角、分制,而习用"天罡制",即以两、钱、分纪值。光绪初年以后,受湘军影响,使用湖南的"湘平",而不再使用户部的"库平"。

---

① 7世纪产生于幼发拉底河畔的科斐城,因以得名,特点是笔画笔直、规整。

清朝政府在新疆发行的钱币,大致可分为三个阶段:

第一阶段:乾隆二十四年至道光七年(1759—1827)共 68 年,是清代新疆货币制度与货币流通的开创、发展及相对稳定时期。

第二阶段:道光八年至光绪三年(1828—1877)共 50 年,是清代新疆货币制度与货币流通逐渐陷入混乱,以致形成重大曲折的时期。

第三阶段:光绪四年至宣统三年(1878—1911)共 33 年,是清代新疆货币制度与货币流通的恢复、发展及向货币近代化方向缓慢前进的时期。

乾隆二十四年(1759)清政府重新统一新疆,第二年便接受定边将军兆惠的建议,设立叶尔羌铸钱局,在宝陕局技术工匠及设备的支持下,于收缴并销毁原准噶尔普尔钱的同时,仿照内地铸造发行了新的货币。清政府在销毁准噶尔普尔钱、统一新疆货币制度的过程中,根据南、北疆的不同情况,选择施行了两种不同的货币制度。在北疆如同内地各省一样,按照统一的定制铸造并行使制钱。但是在南疆地区,为照顾当地维吾尔民众习用红铜的传统,铸造的不是内地各省通用的制钱,而是选用红铜,铸造并流通使用后来被称为"红钱"的圆形方孔钱。为便于当地民众使用,在钱币的背面还特别用维吾尔文字标明了铸局。南疆的"红钱区"与北疆的"制钱区",大致是以吐鲁番地区的托克逊为界,划区流通使用的①。红钱与制钱基本按照 1 比 5 的比值兑换。

清朝政府在新疆地区曾先后设立了叶尔羌、阿克苏、乌什、宝伊、喀什噶尔、库车、宝迪(迪化宝新局)等七个铸钱局,是全国各省中设铸钱局最多的地区。但是,新疆七个铸钱局实际铸造钱币的总量还不及内地大省一年所铸钱币的数量,这是由当时新疆经济规模的总量以及人口的数量决定的。

清政府根据新疆地区的不同情况,在南北疆分别实行"红钱"与"制钱"两种不同的货币制度,初期是成功的,对稳定新疆,恢复经济起了积极作用。但是,自 19 世纪 20 年代开始,流亡中亚浩罕汗国的和卓后裔张格尔,在浩罕汗国统治者的唆使及支持下,先后四次窜入南疆喀什噶尔、叶尔羌等地,发动叛乱②。给南疆地区的政治、经济造成严重的破坏。表现在货币上,则是道光八年(1828)负责善后的钦差大臣那彦成实行币制改革,铸造了"当十"大钱。虽然在一定程度上缓解了南疆"钱荒"的困难,也节省了部分铸钱费用,但是却成为后来咸丰广铸大钱的滥觞,并被主张铸大钱者援引为现实可行的依据③,影响所及远远超出了新疆,在清代货币史上亦占有重要地位。

咸丰年间,在全国赶制大钱的热潮中,新疆各铸钱局也不甘落后,纷纷铸造了大钱。南疆红钱区的阿克苏、库车、喀什噶尔、叶尔羌等 4 个铸钱局所铸大钱都只有"当十""当五十""当百"三种面值,且都是红铜一种。北疆制钱区宝伊局、宝迪局所铸大钱则比较复杂,材质

---

① 倭仁《莎车行记》:"宿托克逊,制钱行使止此,以西皆用红钱。"见杨建新等编注《古西行记选注》,宁夏人民出版社,1987 年。

② 分别是嘉庆二十五年(1820)、道光四年(1824)、道光六年(1826)、道光八年(1828)。

③ 《御史张修育摺——建议仿普尔当十钱例铸大钱》(道光二十三年十二月初七日),中国人民银行总行参事室金融史料组编《中国近代货币史资料》第一辑"清政府统治时期",中华书局,1964 年。

上有黄铜、红铜及铁钱;币值上除"当十""当五十""当百"三种基本面值外,另有宝伊局铸造的"当五百""当千"两种特大面值的,以及"当四"和宝迪局铸造的"当八十""当八"等面值独特的大钱,这是因为当时北疆制钱与白银的兑换比价为制钱 800 文合银 1 两所致。

清政府在新疆地区推行的货币制度,因同治三年(1864)爆发的库车起义以及随后的阿古柏入侵南疆和俄国乘机侵占伊犁而遭到了彻底的破坏。当时新疆南北两路全部沦陷,清朝势力退守在东疆哈密一线。入侵者阿古柏于同治十三年(1874,回历 1291 年)在喀什噶尔设造币厂,按照中亚地区伊斯兰货币文化体系,仿照浩罕汗国货币式样,铸造发行了伪"哲德沙尔"①汗国货币。有金币、银币、铜币三种。主要流通于以喀什噶尔为中心的南疆各被占领地区。俄国则在伊犁大量收销清朝钱币,特别是含铜量相对较高的宝伊局所铸钱币。将其运回俄国销熔后铸造器皿及子弹壳,同时强制推行俄国货币。

清政府在新疆的货币制度完全崩溃,等到光绪年间重新收复新疆后,南疆市面上流通的既有阿古柏货币,又有未曾收尽的原准噶尔普尔钱,而红钱却极端缺乏。伊犁地区市面上清朝货币更是奇缺,几乎到了无钱可用的地步。因铜料来源的稀少及工本费的高昂,迫使首任巡抚刘锦棠只能选用红钱制度来统一新疆全省货币,而终究未能与全国统一使用的制钱相一致。伊犁地区因顾虑俄国将红钱买去销毁,故设立官钱局,使用钱票(油布帖)及内地制钱。致使新疆全省货币未能与全国实现统一,而伊犁地区的货币则又未能与新疆全省实现统一。

光绪初年左宗棠重新收复新疆后,为照顾南疆民众习用天罡银币的习惯,便利市面交易,曾于光绪三年(1877)在南疆的库车、阿克苏、喀什噶尔、叶尔羌、和阗以及英吉沙等地区仿照阿古柏天罡银币式样,打制了面值为五分的、正面铸有铭文"光绪银钱"的小天罡银币,用以收缴阿古柏天罡银币。光绪六年(1880)又打制了面值为"足银壹钱"的方孔银币,计划用它替代此前为应急而打制的光绪天罡银币。后因成本过高,足银壹钱方孔银币使用不及一年便停铸了。但是,足银壹钱以湘平为纪重单位的做法,却被继承下来,从此以后,新疆铸造的银币均用"湘平"而不用库平,成为一大特色。

新疆从光绪九年(1883)便开始筹备的建省工作,是新疆地区历史上的重大事件,当时南疆最重要的两大铸钱局——阿克苏局与库车局都特地铸造了"乾隆通宝"背"九"及"光绪通宝"背"九年十"两种建省纪念币,以示庆祝。另外,库车局在光绪末年还铸造了"光绪丁未"(1907)和"光绪戊申"(1908)两种以农历干支既纪年又纪名的红钱,在增加红钱种类复杂性的同时,更是一种创新,于不经意中打破了中国古代钱制上的命名惯例②。

光绪十八年(1892)至光绪三十三年(1907)首先由喀什创制,后来阿克苏和迪化先后仿造的"光绪银圆"系列银币,正面只有汉文,再无任何花饰。背面为老维吾尔文,四周饰以阿拉伯风格的花草图案及回历纪年。其图文风格为新疆所独创,与内地各省同一时期所铸造

---

① 系突厥语音译,义为七城之国,七城即指喀什噶尔、英吉沙尔、和阗、叶尔羌、阿克苏、乌什、库车。

② 我国古代钱币,自唐朝武德四年(621)铸造"开元通宝"以来,一直以"宝"为文,名称有"通宝""元宝""重宝"等,并冠以当时的年号,形成惯例,直至民国初年,还曾铸过"民国通宝"。

的机制"龙洋"以及光绪三十一年(1905)新疆喀什仿造的龙洋如"光绪元宝""大清银币""宣统银币""宣统元宝"等都明显不同,极富新疆地方特色。

光绪年间,新疆在颇具近代货币思想的布政使王树枏主持下,开创性地设立官钱局,发行纸币。王树枏发行的纸币名称为"新疆纸币",因四周边框为双龙戏珠图饰,民间又习称为"老龙票",它是新疆地区最早由省府发行的纸币①,面值为红钱肆百文(合白银一两),印刷精美,信誉较好。民国元年,新疆藩库为应急在迪化仿"老龙票",印制的小型"老龙票"(因尺寸较小)以及民国二年(1913)新疆省财政司(厅)发行的"大龙票",虽然都使用民国纪年,但却继续沿用清朝官衔"甘肃、新疆承宣布政使司布政使"或加盖"甘肃、新疆布政使司之印"。这些都从一个侧面真实地反映了民国初年,虽已实行共和,但地处西北边陲的新疆仍一切如旧的政治形势。新疆建省后仍保留的"伊犁将军",则于光绪十九年(1893)在伊犁地区印制发行了以制钱为单位的纸币——"伊帖"。面值为制钱壹千文及制钱贰千文(制钱壹千文合白银1两),流通于伊犁一府二县。"伊帖"因面额较大,又无辅币,流通中可撕下一半或四分之一作找零之用的作法,殊为特别。另外,在伊犁地区还发现一种呈长条形的铜牌,材质有红铜和黄铜两种,由"(伊犁)官钱总局"发行,面额为"壹钱"及"贰钱"两种,可能是后来为"伊帖"找零之用而发行的辅币。

王树枏除设立官钱局,发行纸币外,还于光绪三十三年(1907)五月在内地各省纷纷引入西方机器,压制近代机制币的大潮中,在迪化城外水磨沟机器局引进新式机器,铸造近代机制货币,有"光绪通宝"红钱、"光绪元宝"铜元、"饷银银币"及"饷金金币"四种。其中"饷金金币"是新疆唯一、同时也是全国最早铸造的正式流通使用的机制金币,标志着地处西北边陲的新疆,货币制度也随同内地一样,开始了缓慢的近代化过程。这一时期南疆的喀什银圆局仿照迪化水磨沟机器局所铸"饷银银币"和"壬子饷银",采用土法机具,使用传统的手工打制技术,分别打制了"喀什饷银"和"民国饷银"银币,共同构成了独具新疆特色的"饷银"系列银币。另外,王树枏还提出了不少有见地的货币思想,收录在由他负责主持编撰的《新疆图志》卷三十四《食货》篇中。

四、民国早期新疆钱币

民国以后,新疆主要使用纸币。如同清代新疆的铜钱是划分为"红钱区"和"制钱区",分区流通的一样,民国时期,新疆的纸币也区分为"省票区"与"喀票区",实行分区流通。基本上也是以南北疆为界,只是"喀票区"仅限于喀什道所属的喀什、和阗两区。而同为南疆的阿克苏道及北疆的镇迪道、伊塔道及阿山道等都统一流通使用省票,被称为"省票区"。

---

① 新疆最早的纸币,是喀什道尹袁尧龄于光绪十四年(1888)为解决红钱不足向藩库借银五千两,设立喀什官钱局后印发的兑换红钱四百文的纸币。此种纸币因用进口的洋纸(俄国普通道林纸)印刷,且有简单的花纹图案,俗名"洋纸花票",但无实物保留下来。

造成新疆这种"一省之票不能通行一省"[①]，而需分别发行两种货币，分区流通的混乱局面的一个重要原因，是因为 1895 年 12 月以中俄合股名义成立的"华俄道胜银行"喀什分行拒绝使用新疆省财政厅发行的"库官票"（即省票）。虽经交涉亦未奏效，迫使新疆省政府不得不另外发行一种专在喀什道（包括喀什、和阗两区）行使的"库官票"（即喀票），造成新疆长期币制不能统一。所谓的"省票"与"喀票"，实际上均为"新疆财政厅库官票"，其图案、告示、尺寸、纸张、色彩等都完全相同，只是加盖或加印了"专行喀什道属"等字样即为"喀票"，未加盖或加印的为"省票"，以示区别。"喀票"的信誉要稍好于"省票"。

省票区内主要行使纸币（省票），辅币亦为属于纸币性质的"油布帖"。银币、铜元、红钱等硬通货则较少，只在民国六年及七年由迪化银圆局铸造了"壹两"银币一种和"新疆通用"铜元、"中华民国"己巳与庚午铜元以及阿克苏铸造的"中华民国"铜元（有机制与范铸两种）等几种。

喀票区内也主要行使纸币（喀票），但是银币、铜元、红钱等硬通货较省票区内丰富。银币主要有"喀什饷银""壬子饷银"及"民国饷银"等，铜元主要有各式版别的"民国铜元"和"中华民国"铜元。

除了新疆省政府发行的"省票"与"喀票"外，民国初期及中期因政局变化不定，新疆在特定的地区及特殊的时间段内，还曾经流通使用过一些特殊的货币，如，阿尔泰行营粮饷局发行的壹两钱票以及阿尔泰办事长官印发的临时兑换券性质的"阿尔泰通用银券"，"公聚成"等私家商号发行的钱票，沙俄侵华工具"华俄道胜银行"发行的纸币"新疆金币券"及银锭，苏联羊毛收购公司在塔城私铸的"光华元宝"50 两银锭，"东突"民族分裂势力发行的货币，军阀马仲英及马虎山发行的纸币，喀什区行政长马绍武印发的军用票等。另外，还有为解决新疆与关内的通汇问题，已印制而实际并未发行的"殖边银行新疆专用红钱票"。可谓五花八门，不一而足。

民国初年杨增新主政新疆时，社会环境安定，"省票"与"喀票"主币的面额都仅有"壹两"一种，且信用卓著，商民乐用。又因俄国发生十月革命，卢布价格暴落，俄国货物停止输入，新疆土特产品且大量输出俄境，省票用途扩大，并能随时足额兑现，加之携带便利，省票与喀票价格竟至与纹银相等，"甚至票银高于现银"。但是，好景不长，民国十七年（1928）发生"七·七政变"，新疆省主席杨增新被刺身亡，金树仁上台，社会矛盾日趋激化，相继爆发了哈密、吐鲁番等东疆农民起义以及甘肃军阀马仲英侵扰新疆等事件。民国二十二年（1933）又发生"四·一二政变"，金树仁下台，盛世才接掌政权，为与马仲英争夺新疆全省的控制权，爆发了遍及全疆的盛马大战。南疆地区则发生了"东突"民族分裂势力的内乱。直到民国二十六年（1937）在前苏联三次出兵相助之下[②]，盛世才最终平定全疆，结束了历时将近十年的战乱。

这一时期，因连年战乱不断，财政入不敷出，浩繁的军政开支全靠印发毫无准备金且已

① 《财政部档》：《新疆民政长杨增新咨财政部文——请拨中国银行纸币抵制俄帖》（民国三年五月二十三日），中国人民银行总行参事室编《中华民国货币史资料》第二辑，上海人民出版社，1986 年。

② 第一次是 1933 年 11 月以"塔尔巴哈台志愿军"名义从霍尔果斯入境，帮盛世才消灭了张培元。第二次是 1934 年 1 月以"阿尔泰军"名义从塔城巴克图卡入境，解了马仲英对乌鲁木齐的围困。第三次是 1937 年 9 月以"新疆归化军骑兵第八团"的名义从乌恰县吐尔嘎特入境，消灭了马仲英余部马虎山和麻木提。

形同废纸的纸币来维持。因省票贬值速度的加快,从民国二十一年(1932)开始改印大面值省票。面值由原来的"红钱四百文"(实际相当于白银一两)改为"红钱银"叁两、伍两、拾两三种,第二年即民国二十二年(1933)印发的省票更直接标明"伍拾两"。起初省票 50 两还可以兑换大洋 1 元,后跌至 75 两、100 两、500 两、1000 两兑换大洋 1 元。到民国二十五年(1936)每大洋 1 元已折合省票 2000 两,民国二十七年(1938)末竟至每 4000 两折合法币 1 元了。仅仅 10 年,省票贬值速度之快,可谓惊人。因省票的剧烈贬值,曾有面值为"红钱肆百文""贰千文"的省票及面值为"拾两"的新疆省银行期票,虽已设计好,但未及发行,即已不适用贬值的需要了。

随着"省票"的急剧贬值,"喀票"亦随之开始贬值,也是从民国二十一年(1932)开始,改印面值为叁两、伍两等大面值的"喀票"。因战乱等原因,"喀票"改由喀什当地印制。纸质、油墨及印刷等都极为简陋、粗糙。形制上改原竖式为横式,原"专行喀什道属"字样亦改为了"行使喀什、和阗两区属"。这是因为和阗已于民国九年(1920)从喀什道另分设为和阗道,后又改为和阗行政区的缘故。"喀票"的贬值程度没有"省票"般剧烈。

盛世才在前苏联支持下,击败各路对手实现全省统一后,实行"反帝、亲苏、民平、清廉、和平、建设"等六大政策,成为与中国共产党合作建立抗日民族统一战线的基础。新疆经长年战乱,百废待兴,应盛世才邀请,大批联共及中共党员来新疆工作。新疆当时成为了支持全国抗日的大后方。中共早期的著名理财专家毛泽民,应盛世才之邀,经中央同意,化名周彬,于民国二十七年(1938)二月来新疆工作并出任新疆财政厅代厅长,主持币制改革,开始全面整顿濒临破产的新疆财政金融。

毛泽民对新疆财政及币制进行的改革,首先是从改制"新疆省银行"开始的[①]。1939 年 1 月 1 日,毛泽民将金树仁时期创设的官办银行"新疆省银行"改制为官商合办的"新疆商业银行"。2 月 1 日发行全省统一流通的不兑现纸币——"新疆商业银行纸币"。新疆商业银行发行的纸币,简称"新省币"或"省币",由新疆印刷厂(即今新华印刷厂)负责印刷。面值有拾圆、伍圆、叁圆、壹圆、伍角、贰角、壹角、伍分、叁分、壹分共计 10 种。背面右下侧有财政厅代厅长毛泽民签名,左下侧为新疆商业银行总经理张宏舆签名。"省币"的货币单位废除了沿用已久的以两、钱、分为单位的"天罡制",如同内地一样统一使用元、角、分制。"省币"虽然为商业银行发行,但为官方通货,流通全省。

为增加民众对新发行"省币"的信心,毛泽民曾利用召开全疆第三次代表大会之机,将所有库存的黄金、白银全拿出来,让代表参观,并要求代表返回各地进行宣讲。经过这一番宣传介绍,重新树起了新疆各族民众对本已谈虎色变的纸币的信心,遂使省币的发行工作得以顺利进行。省币按 1 元兑换省票 4000 两、喀票 160 两的比价,限期收兑"省票"与"喀票"。从 1940 年元旦开始,所有原来以两为单位的省票和喀票全部废止,统一流通新发行的省币。原先滥发纸币、通货膨胀的问题得以控制。至此,已划区流通了 30 多年的新疆省内地区性

① "新疆省银行"是金树仁于民国十九年(1930)七月一日创设的,为官办银行,隶属新疆财政厅。资本薄弱,分支机构少,管理方式落后,业务范围狭窄,主要是承担省财政厅的金库出纳业务。

货币——"喀票",才最终退出历史舞台,新疆历史上第一次实现了全省货币的真正统一。

五、民国后期新疆钱币

1942年初,随着国际、国内局势的变化,新疆的政治形势也发生了逆转。此前依靠苏联的支持并与中国共产党合作,积极推行"六大政策"的盛世才于1942年3月开始反苏、反共并全面投靠国民党。7月在新疆工作的陈潭秋、毛泽民、林基路等中共党员被捕,并于1943年9月27日被盛世才秘密杀害,成为他投靠国民党的见面礼。1944年8月29日,国民政府发表明令,准免盛世才本兼各职并撤消新疆边防督办公署,改任盛世才为国民政府农林部长,任命吴忠信为新疆省政府主席,吴忠信上任前由第八战区司令长官朱绍良暂代。9月11日盛世才飞往重庆就职,结束了他在新疆11年零5个月的独裁统治,国民党中央政府全面接管了新疆。

新疆商业银行自1939年2月发行毛泽民签名的纸币后,到1948年12月1日又重新改名新疆省银行之前,以"新疆商业银行"的名义又新发行过两次共计13种新版面值的纸币。

一次是在1943年到1946年,由彭吉元(盛世才妹夫)任财政厅长,新发行了面额为伍圆、拾圆、伍拾圆、壹百圆等4种新版面值的省币,并再版了1939年版的拾圆、壹圆、伍角、贰角、壹角等几种省币,但背面签名均改为彭吉元一人的中、英文签名。

另一次是从1946年到1948年11月,国民党接管新疆后发行的面额为贰百圆、伍百圆、贰千圆、伍千圆、壹万圆、贰万圆、拾万圆、贰拾万圆、伍拾万圆等共计9种面值的新版省币。背面有财政厅长卢郁文的中、英文签名以及财政厅长贾尼木汗的汉文、哈萨克文签名。这一时期"新疆商业银行"印制发行的新省币均仿照"法币"式样,正面全部为孙中山头像。

国民党政府接管新疆后,在吴忠信和张治中两任主席主政时期,曾先后进行了两次旨在取消新疆"省币"发行,收回新疆纸币发行权的努力,但均告失败。第一次是因为"东突"民族分裂分子的捣乱破坏,第二次则是因为改组省政府后,各方"需款甚切,省库开支日增,而中央补助经费迟迟未蒙核定,当时唯有继续发行省币以为补救"[①]。致使国民党中央政府以"法币"清兑"省币",统一新疆币制的计划被迫无限推延,新疆亦因此而成为当时全国唯一独立发行"省币"的省份。

吴忠信主政新疆时,于1945年8月28日发行了"中央银行新疆省流通券"。原计划用它替换新疆商业银行发行的"省币",并最终统一新疆纸币的发行权。在重庆任国民政府委员的新疆籍代表麦斯武德,是个顽固的"泛突厥主义"民族分裂分子,他在将"流通券"上的汉字翻译成维吾尔文时,乘机将纸币上的"新疆省"译为维吾尔文的"中国突厥斯坦",企图借机宣传其泛突厥主义的分裂思想。该"流通券"在迪化发行当日即被发现有错,新疆省政府当即将其限期收回,连同库存全部在新疆印刷厂院内销毁。此举虽然及时粉碎了民族分裂分

---

① 《行政院致中央银行代电——新疆币制分期实施办法暂缓实施》(民国三十六年二月四日),中国人民银行总行参事室编《中华民国货币史资料》第二辑,上海人民出版社,1986年。

子的阴谋,但是却打乱了国民政府统一新疆纸币发行权的计划。

后来,在张治中出任新疆省联合政府主席期间,国民党政府又拟订了《统一新省币制分期实施办法》,计划"先自(民国)三十五年七月一日起改用法币为一切公私交易计算单位,再自(民国)卅六年一月一日起停发新币,然后在(民国)三十六年七月一日至三十七年六月底期间以法币收清新币"①。但是,因为"目前新省府经临事业各项费用需款既切,而中央拨发空运新省法币又属不敷,为因应实际情形起见,对于新省所用货币似宜暂维现状,原拟统一新省币制分期实施办法,似宜暂缓实施,俟至适当时期再行停发新币。惟新币发行额及其缴交准备金情形,似仍应按月分报本部及中央银行备查"②。无奈之下,国民党中央政府只得特准新疆商业银行(后改为省银行)在中央银行缴存 5 万两黄金,作为发行准备金后,继续发行"省币",直至 1949 年 5 月 20 日新疆省政府施行第二次币制改革,发行银圆票为止,才结束了新疆"省币"历时 10 年的发行历史。

1944 年 11 月底,即在盛世才投靠国民党政府去重庆就职后的两个月,新疆的伊犁、塔城、阿尔泰三区便在苏联的支持及策划下,爆发了反抗国民党统治的斗争,后在伊宁市成立了三区政府。1945 年元月,三区政府在伊宁市原新疆省银行旧址设立银行,并印发了属临时钞票性质的"期票",只流通于三区境内,与国民党统治的新疆其他 7 个区内流通的货币互不通用,也无折合率。

"省币"发行初期,因法币在新疆境内不能流通,与法币亦不能兑换,因此"省币"币值比较稳定。抗日战争期间,苏联援华的大批物资都通过新疆运往内地,运费需由新疆先期垫付,再由国民政府拨付法币归还新疆。因新疆境内不流通法币,新疆当局只能用法币到兰州、西安等地采购物资运回新疆。同时,内地来新人员用法币购物,亦受限制。对此,蒋介石曾亲自电示:"新疆是中国领土,为了顾全大局,新疆应通用法币,并将通用日期电告中央"③。当时主持新疆财政金融工作的毛泽民以新疆情况特殊为由,陈述了客观困难,坚决拒绝法币在新疆境内流通。蒋介石亦无可奈何,只得与新疆省当局协商,最后确定新疆向中央银行缴纳巨额发行准备金后,继续发行省币。同时在哈密设立法币与省币兑换点,法币按 1 比 1 的比价兑换成省币后再使用。实际上这一时期法币仍不能在新疆流通,直至 1942 年盛世才公开反苏反共,投靠国民党后,中央银行哈密分行才于 1943 年 10 月 20 日设立,法币才开始在新疆流通,与省币并行使用。

1944 年 1 月 4 日,中央银行迪化分行与中央信托局迪化分局同日开业。中央银行迪化分行是国家银行,有统一发行货币的权力,但是在新疆它却不能发挥这些作用,仅发行关金券,未发行法币。中央银行迪化分行所发行的关金券有:100 元、250 元、500 元、1000 元、2000 元、5000 元、10000 元、20000 元、25000 元、50000 元等 10 种面值。关金券与省币的比价为关金券 0.25 元折合省币 1 元。关金券在新疆发行不到 10 个月,各地便纷纷拒用。市

---

①　《中央银行档》:《行政院致中央银行代电——新疆币制分期实施办法暂缓实施》(民国三十六年二月四日)。

②　《中央银行档》:《行政院致中央银行代电——新疆币制分期实施办法暂缓实施》(民国三十六年二月四日)。

③　《新疆通志》卷五十九《金融志》119 页,新疆人民出版社,1994 年。

面上流通的法币均系国民党军政人员及商人携入。因法币的贬值,兑换比例由原来的1比1改为省币1元兑换法币5元,这一比例此后再未变动。1944年9月国民党全面接管新疆后,党、政、军等机关在新疆普遍设立,法币亦随之开始源源不断流入新疆。在法币、关金券不断贬值的冲击下,原来相对比较稳定的省币也受到巨大影响,发行失去控制,开始加速贬值,终至一发而不可收。

1948年12月1日,根据国民政府颁布的《省银行条例》,"新疆商业银行"又被重新改名为"新疆省银行"。此后,新疆省银行发行的纸币开始与金圆券挂钩。折算比例为省币60万圆兑换金圆券1圆。以"新疆省银行"名义发行的新版纸币有壹百万圆、叁百万圆、陆百万圆、叁千万圆、陆千万圆、陆亿圆、叁拾亿圆、陆拾亿圆等共计8种面值。因受法币及金圆券恶性贬值的拖累,新疆省银行发行的省币也开始了急剧的贬值,大面值省币不断出笼。新疆省政府在民国三十八年(1949)五月十日的一道通令中,对当时的物价飞涨曾有具体描述:

> 据报迩来本市(指迪化)物价有如脱缰之马,一日之间数易其价格,尤以银元四月二十日每元市价七佰亿,至三十日已涨至七千亿,十日之间,即超过十倍以上,其他物价亦以银元为比例,随之扶摇直上……查自金圆券贬值以来,省币亦随之跌落。各族各界莫不蒙受重大影响。[1]

为了应对几近崩溃的恶性通货膨胀,新疆省银行曾于1949年5月10日,发行了面值为十位数即陆拾亿圆券的纸币,这是我国历史上面值最大的一张纸币,同时它也是新疆省银行进行第二次币制改革前发行的最后一张纸币。这一时期发行的纸币面值虽然很高,但币值却极低。几近天文数字的陆拾亿圆券也只能买一盒火柴,需6千亿圆才能兑换大洋壹圆。如按1939年开始发行省币时,省币壹圆抵换大洋壹圆来计算,则10年间省币实际已贬值6千亿倍,其贬值速度可谓空前绝后。

面对恶性贬值已形同废纸的省币,新疆省当局被迫早于国民政府行政院恢复施行银本位制之前,就在1949年5月20日率先进行了第二次币值改革,以便从金融上切断同南京政府的联系,摆脱法币及金圆券恶性贬值对新疆省币的拖累。改行银本位后,新疆省造币厂铸造了面值为"壹圆"的银币,这是新疆银币中唯一以"圆"为单位的银币。在铸造"壹圆"银币的同时,还发行了可兑现的"银圆票",用以收兑因贬值而崩溃的省币并与金圆券脱钩。"银圆票"面值有壹分、伍分、壹角、贰角、伍角、壹圆等共计6种。规定银圆票壹圆可兑换省币6千亿圆。不久即因银圆票发行过多,无法保证兑现而开始贬值,通货又再次开始膨胀。

另据记载,新疆省政府当时为了提高银圆票的信用,曾拨出黄金2000两于8月在新疆造币厂铸造了面值一钱的"新疆金币",重库平一钱。并决定每"新疆金币"折合银币拾元。原计划于9月1日发行,后来政局骤变,9月25日新疆宣布和平起义,故未发行,所铸金币后由造币厂交银行上解,未留下样品[2]。

---

① 《新疆通志》卷五十九《金融志》115页,新疆人民出版社,1994年。

② 《新疆通志》卷五十九《金融志》90页。另在涂治1949年7月7日经邓力群报中央的关于《迪化方面财政经济情况》的报告中,亦有记载。见"中国共产党新疆历史资料丛书"《新疆和平解放》210页,新疆人民出版社,1990年。

　　就在银圆票发行之时,国民政府还给新疆空运来大批金圆券,作为国民党机关和军队的经费。因受到新疆省当局的坚决抵制,中央银行只好将已运至哈密的金圆券又原封运回[①]。

　　1949 年 9 月 25 日,新疆和平解放。为维持社会稳定并便利人民生活,新疆省人民政府发布通告,明令原以新疆省银行名义发行的"银圆票"为新疆暂时的合法货币,允许继续流通使用,但停止兑现。同时,根据流通需要,又新发行了面额为伍圆及拾圆(分大、小两种型号)两种新版银圆票,流通全省。1950 年 2 月省政府又发布通告,规定银圆票与三区期票的固定比价为银圆票 1 圆折合三区期票 1250 元,两种钞券同时流通于新疆全省境内。后对三区期票只收不付,1950 年 12 月 31 日三区期票被停止流通,以便先用银圆票统一新疆全省货币。同时,还从兰州给新疆调运 10 万银元作发行银圆票的准备金。后又从兰州调运大量匹布、砖茶及食糖进疆,以稳定物价,回笼银圆票。开通了新疆与内地的汇兑,将银圆票与人民币联系起来,以支持银圆票的发行。

　　在银圆票统一新疆全省货币后,经政务院批准,1951 年 10 月 1 日,中国人民银行在新疆发行背面印有维吾尔文的人民币,有伍百元、壹仟元、伍仟元、壹万元等 4 种面值,按银圆票 1 圆兑换人民币 350 圆的比例,收回银圆票,最终实现了新疆货币与全国币制的完全统一。

六、几点启示

　　回顾、考察并总结新疆地区两千多年来钱币产生、发展及其演变的历程,我们发现:

　　第一,新疆地区铸造的钱币上同时使用有多种民族文字的事实,充分证明历史上新疆地区共同生活繁衍有多个民族,这无可辩驳地证明新疆文化不是由哪一个民族单独创造的,而是由生活在新疆的各个民族共同创造的。

　　第二,新疆地区的钱币文化是我国历史悠久的中华钱币文化的重要组成部分。新疆钱币以其浓郁的边疆民族特色,更为中华三千多年的钱币增添了丰富的色彩。

　　第三,因地处东西方文化相互交流的"丝绸之路"要冲,新疆地区的钱币文化明显具有古代东西方钱币文化相互交融的特点,并成为这种文化交融的不可多得的历史的见证。

　　第四,我们还发现两千多年间,随着历史进程的曲折与反复,新疆地区的钱币在特定的地区及特殊的时间段内,受各种因素的影响,期间虽然也有反复与曲折,甚至是倒退,但有一种趋势却是不可逆转的,那就是新疆地区的钱币文化与中原地区的钱币文化逐渐统一的趋势不可逆转。

　　以上四点是我们研究、考察新疆地区两千多年来钱币文化产生、发展及其演变历程的最大启示。

　　(原文为《新疆历史货币》一书的"绪论"部分,标题为后加,原载《边疆民族历史研究》2009 年第 2 辑)

---

　　① 包尔汉《新疆省政府起义的回忆》,见《新疆和平解放》385 页,新疆人民出版社,1990 年。

研究新疆钱币的重要意义

　　钱币,一般又习惯称为"古钱币"或"历史货币",指退出流通领域的货币。钱币作为人类文明的重要内容,不仅是商品交换的媒介,更是各个时代政治、经济、文化及科学技术发展的缩影。作为文化的载体和历史的见证,钱币能够客观真实地记录历史上各地区、各民族之间,政治、经济、文化上的相互联系和影响。新疆钱币就客观真实地揭示了历史上新疆作为地方政权与祖国历代中央政府在政治、经济、文化上不可分割的紧密关系。因此,作为一种历史上遗留下来的实物资料,新疆钱币在新疆历史研究中,具有一般文献资料所不具备的重要学术价值和现实意义。但是,遗憾的是,新疆钱币的重要价值,多年来并未引起学术界及有关部门的应有重视。这里不揣简陋,拟结合自己多年从事新疆钱币研究的体会,就研究新疆钱币的重要意义谈点看法,供大家参考。

一、新疆钱币具有重要的学术价值

(一)补充文献记载之不足

　　新疆古称西域,位于我国西北边陲,地处亚欧大陆腹地。历史上曾有很多游牧民族在这里繁衍生息,他们基本都没有记载历史的习惯,其他民族的一些零星记载也大多残缺不全。这使我们在研究其历史特别是最基本的王族世系时,只有依靠钱币学提供的线索来完成。如,古代大月氏西迁后建立的贵霜帝国和回鹘西迁后建立的哈喇汗王朝,如果不是借助钱币学提供的打制年代、地点、王名、族徽等信息,其王族世系将无从排定,也就更谈不上深入的研究了。

　　再如,唐朝天宝十四载(755)爆发安史之乱,驻守西域的主力部队东调平乱,吐蕃乘机攻占了陇右河西等地,切断了留守西域的安西守军与唐中央政府的联系。文献中关于此后西域的历史基本没有记载,是个空白。但是,我们通过对库车等地出土发现的大历元宝(见图A2-1)、建中通宝(见图A2-2)等钱币的研究,发现最晚至贞元四、五年间,即788年或789年,从疏勒直到于阗包括安西四镇及北庭在内的西域广大地区仍在唐西域留守部队的坚守之中,为了筹措经费并表示忠于大唐坚守西域的决心,他们还专门铸造了货币,社会秩序是稳定的,并不是像传统认为的那样"安史乱后,整个西域都在吐蕃的手中"。大历元宝、建中通宝等钱币实物,不但填补了文献资料对安史之乱后西域30多年历史记载的空白,更勾画出孤悬塞外的唐朝安西守军坚守西域那段宏阔、悲壮的历史场景。

(二)纠正文献记载之不确

新疆及中亚地区很多民族的历史及其发展的线索,多间接或是零星地保留在其他民族的文献中。这些记载就难免因为转译的原因而经常导致对音的差错,或是记载的不准确,给研究工作带来诸多不便。这时,我们就需要借助实物资料提供的信息来弥补文献资料记载的不足或缺失。而钱币作为重要的实物资料,是历史的见证,正好能够发挥这种功能。

如,准噶尔汗国普尔钱上的铭文,清代《西域图志》《回疆通志》等汉文文献中都记载的是"一面用帕尔西(即波斯——引者)字铸业尔奇木,一面用托忒字铸策妄阿喇布坦及噶尔丹策零字样"。但是,我们通过考证普尔钱实物,发现噶尔丹策零钱币(见图 A3-2)两面使用的都是帕尔西字即察合台文,没有使用托忒蒙古文。通过普尔钱这一实物资料纠正了《西域图志》《回疆通志》等文献记载的不准确。

再如,阿古柏在浩罕统治者的支持下,乘同治年间新疆爆发反清农民起义之机,于同治四年(1865)一月挟持客居于浩罕的和卓后裔张格尔之子布素鲁克侵入喀什噶尔,利用伊斯兰教及布素鲁克"和卓后裔"的名义欺骗当地群众,采用各个击破的办法,先后打败了新疆各地的封建宗教割据政权,占领了天山以南除哈密以外全部地区及天山以北的乌鲁木齐至玛纳斯一线的新疆大部分地区,建立"哲德沙尔"汗国伪政权。对内按照中世纪中亚封建农奴制对新疆各族人民进行残酷的殖民统治。对外则投靠西亚的奥斯曼土耳其帝国,寻求支援。关于这一点,文献中记载的很模糊,并不明确,致使后人对此认识不清晰,仅知道他投靠英国和俄国,而实质上投靠奥斯曼土耳其帝国才是阿古柏的本意,这在阿古柏打制的金银铜三种货币上都有非常明确的证明(见图 A5-4 至图 A5-6)。因为,在钱币的正面阿古柏都打制有当时奥斯曼土耳其帝国苏丹的名字"苏丹阿不都·艾则孜汗",以此表示阿古柏奉奥斯曼土耳其帝国为宗主国,自认为其附庸,希望获得土耳其政府对他的承认并以此来获取中亚尤其是新疆穆斯林对其统治的认可。另外,《沙俄侵华史》第三卷(人民出版社 1981 年版),第239 页说阿古柏"发行铸有(土耳其)苏丹头像和名字的硬币"。此说不对,在阿古柏铸造的货币上只打印有名字而无头像。钱币作为一种历史的见证,在这里就完全弥补和纠正了文献记载的不确切。

(三)见证了文化的交流和融合,并成为重要的实物见证

钱币作为文化的载体,较其他文物更多地承载了文化交流和融合的信息。新疆因地处丝绸之路这一古代东西方文化相互交流的要冲,新疆钱币明显地具有古代农耕文化与游牧文化、东方货币文化与西方货币文化相互交融的特点,并成为这种文化交融的不可多得的历史的实物见证。

如,通过对高昌吉利钱币(见图 A1-1)文字的考释,我们发现"吉利"两字是借用汉字的音,拼读的古突厥语 ilik 或 ilig(汉语意思为王,中原文献上一般译作颉利发或颉利),高昌吉利实际表示的意思是高昌王。这里借用汉字的音来拼读古突厥语,是隋唐之际高昌地区特有的一种文化现象。高昌吉利钱币揭示出当时来自中原地区的农耕的汉文化与西域地区游牧的突厥文化相互交流、融合的特点,并成为这种交流、融合的历史的见证。

再如,古于阗国铸造的汉佉二体钱(俗称和阗马钱),这种钱币不同内地铸钱用钱范浇

铸,而是采用源自古希腊的打压法;也不同内地流通币上不铸动物图案仅是文字的传统,而打印有马或骆驼形图案,这明显都是受西方货币文化的影响。但是钱币上却打印有汉字"重廿四铢铜钱"及"六铢钱",并且是用中原地区传统的货币重量单位"铢"作为它的纪值单位,这些显然都是受到中原地区五铢钱的影响。大钱和小钱的重量按1∶4的比例兑换,这不但和当时中亚地区流行的源自希腊的德拉克马和四德拉克马的货币系统能兑换,同时也能很便利地和内地铸造但在西域地区也大量使用的汉代五铢钱兑换(即5个六铢钱换6个五铢钱)。汉佉二体钱很典型地具有古代东西方两大货币文化相互交融的特点,并成为这种交融的经典的实物见证。

二、新疆钱币具有重要的现实意义

新疆是一个多民族聚居区,地处祖国的西北边陲。自汉宣帝神爵三年(前60)西汉政府在龟兹(今库车)以东的乌垒城(今轮台附近)设立西域都护府开始,新疆就正式归属中央政府管辖,成为祖国不可分割的一部分。但是,20世纪初以后,即民国初年,受国际上泛伊斯兰主义、泛突厥主义思想的影响,新疆极少数民族分裂分子和宗教极端分子,如穆罕默德·伊敏、艾沙·玉素甫、麦斯武德·沙比尔等打起"东突"民族分裂的旗帜,出版书籍、刊物,编造历史,在新疆与祖国内地的关系问题上混淆视听,进行蛊惑宣传。如妄称新疆历史是由某一个民族单独创造的、历史上新疆就是一个独立的国家称为"东突厥斯坦"等。这些荒谬的宣传虽然错误百出,经不起学术验证,但是对新疆社会的稳定和发展却造成了严重危害。因此,从历史上阐述清楚新疆地方政府与历代中央政府的关系就是一项具有重要现实意义的学术课题。而钱币作为一种历史的见证,在说明新疆与祖国内地关系方面具有更直观的、一般文献所不能替代的作用。

第一,新疆地区铸造的货币上分别使用有汉文、佉卢文、焉耆—龟兹文、粟特文、梵文、吐蕃文、回鹘文、突厥文、回鹘式蒙古文、察合台文、托忒式蒙古文、满文、锡伯文等多种民族文字,充分证明了历史上新疆地区是由多个民族共同生活繁衍的历史事实,无可辩驳地证明了新疆文化不是由哪一个民族单独创造的,而是由生活在新疆的各个民族共同创造的。

第二,新疆地区最早的自铸货币"汉佉二体钱"的纪值单位,使用中原地区传统的货币重量单位"铢",就充分证明了早在两千多年前新疆地区与祖国内地因商贸的关系而连为一体,货币文化上与中原地区一样同属东方货币文化体系的重要组成部分。

第三,古龟兹国铸造的"龟兹五铢"钱及小铜钱、麴氏高昌王国铸造的"高昌吉利"钱、回鹘汗国铸造的"日月光金"钱、高昌回鹘王国铸造的"回鹘钱"、突骑施汗国铸造的"突骑施钱",以及唐代西域守军铸造的"大历元宝""建中通宝"及"中"字钱、"元"字钱等,都是采用源自中原地区的浇铸技术,铸造圆形方孔钱。这明显是源自中原地区,说明新疆地区的货币文化是我国历史悠久的中华货币文化的重要组成部分,并以其浓郁的边疆民族特色,为了中华三千多年的货币文化增添了丰富的色彩。

第四,历代中原王朝所铸造发行的货币,在新疆各地几乎都有考古发现,而且是数量巨大,种类繁多,自汉朝至清代,历朝皆有,绵延不断。这些出土钱币更以铁的事实真实地反映了历史上新疆地方与祖国历代中央政权在政治、经济、文化上的密切联系。

楼兰古商道上发现的中原钱币

通过对新疆钱币的研究,能够客观、真实地反映新疆历史的本来面貌,对于人们全面而正确地认识新疆的历史和民族关系,特别是新疆与中原内地的关系有重要学术价值;同时,对于加强民族团结,反对民族分裂,消除"东突"民族分裂分子荒谬宣传所产生的恶劣影响,维护祖国的统一和新疆的稳定,亦具有重要的政治意义。这也正是我们研究新疆钱币的现实意义所在。

(根据2007年11月16日在新疆钱币学会第五次会员代表大会上的讲话稿整理,原讲话稿刊于《新疆钱币》2007年第4期增刊)

第三部分　清代新疆铸钱局研究

叶尔羌局

一、叶尔羌局的设立及其铸钱

（一）叶尔羌局的设立

叶尔羌铸钱局是清政府在新疆设立的最早的铸钱局，于清朝统一新疆后的第二年即乾隆二十五年（1760）经定边将军兆惠奏准设立。但是叶尔羌本地并不产铜，在叶尔羌设局的主要目的是为收缴并销毁原准噶尔普尔钱，这在兆惠于乾隆二十四年七月给乾隆皇帝的一份奏折中，说得很明确：

兆惠(1708—1764)像

> 回部钱文，应行改铸。查回钱俱红铜鼓铸，计重二钱，一面铸准噶尔台吉之名，一面铸回字。因所产铜少，每以新钱一文，易旧钱二文，销毁更铸。今虽未便全收改铸，现有铸炮铜七千余斤，请先铸钱五十余万文，换回旧钱另铸。或照内地制钱，每一文重一钱二分，或即照回钱体质，一面铸乾隆通宝汉字，一面铸叶尔羌清文及回字，并呈样请旨酌定。①

收缴准噶尔普尔钱后，如何改铸，兆惠在奏折中提出了两个办法：一是如同内地一样，铸造制钱，即"照内地制钱，每一文重一钱二分"；一是另外铸造，"即照回钱体质，一面铸乾隆通宝汉字，一面铸叶尔羌清文及回字"。兆惠本人显然是倾向于第二种办法，并制作好了钱文式样呈报乾隆皇帝"请旨酌定"。

兆惠的意见很快得到了乾隆皇帝的认可，乾隆并将兆惠所呈钱文式样"交钱局铸造二百文，发往为式"②。乾隆皇帝钦定的钱币式样为：采用内地各省通用的圆形方孔的制钱式样，正面用汉字铸"乾隆通宝"四字，背面用满文及回字标注地名叶尔羌字样。"从各省之例，附

---

① 《清实录·高宗朝》卷五九三，乾隆二十四年七月庚午。
② 《回疆通志》卷七《喀什噶尔·钱法》。

彼处城名于其幕,而正面遵用天朝年号,以彰同文之制;幕文兼用回字者,从其俗也"①。照顾当地习俗,每枚重二钱,且用"提净红铜"制成,不掺杂铅锡。故新铸钱币色泽红润,习惯称之为"红钱",但当地民众则仍称之为"普尔"或"雅尔马克"②。

乾隆皇帝对此非常满意,当看到叶尔羌大臣呈报所铸"乾隆通宝"钱币后,曾诗兴大发,当场赋诗一首,诗曰:

> 昨岁元戎奏定功,早筹鼓铸市廛通。即看大冶范熔就,仍属司农职掌同。
> 宝是乾隆来自外,钱殊景德去由中。用权子母底其贡,载戢干戈省厥躬。
> 天佑西师藏大功,劳徕泉府贵流通。形犹腾格因其俗,宝铸乾隆奉此同。
> 景德开元溯所有,和亲互市鉴于中。箧藏诇谍声灵畅,垂德怀柔慎自躬。③

(二)叶尔羌局沿革及大事纪要

叶尔羌局因主要是为收缴并销毁原准噶尔普尔钱而设,本地又不产铜,铸钱所需铜斤除"以军营备带余铜"外,就全靠收缴的原准噶尔普尔钱。因此,随着收缴、销毁工作的进展,叶尔羌局或开炉鼓铸或停铸亦时有变化。

乾隆二十五年(1760)设局,有炉两座,维吾尔、汉工匠共九十九名,其中有八名技术工匠是应兆惠要求,清政府转命陕西巡抚从宝陕局派来作技术指导的。因为叶尔羌虽然为准噶尔汗国铸造过普尔钱,但那是用源自西方的打压法制造,清朝铸钱采用的是传统的东方浇铸法,因此,铸造"乾隆通宝"的技术及设备只能由内地来提供。据记载,宝陕局工匠携带铸钱所需成套器具两副,三月中旬从西安出发,历时五个多月,于八月始抵叶尔羌,九月即开炉铸钱④。当地维吾尔、汉工匠,在宝陕局工匠指导下,"以军营备带余铜,铸钱五十余万。易回部旧钱销毁更铸新钱。初议得新钱十万腾格,即停铸"⑤。新铸造的钱币"给叶尔羌、喀什噶尔、和阗三城通用"⑥。

叶尔羌局以及后来的阿克苏局、宝伊局都是在宝陕局技术工匠主持下筹建的,所铸钱币都带有明显的宝陕局特点,这从乾隆当朝所铸造的"乾隆通宝"钱币正面文字上可以清楚地看出它们之间的关系。后铸的钱币则都逐渐没有了宝陕局特点,所体现的则是浓郁的新疆特有的地方特点和民族特色。

①　《西域图志》卷三十五《钱法·制式》。
②　《西域图志》卷三十五《钱法·名数》。
③　《西域图志》卷三十五《钱法》。
④　中国第一历史档案馆:《清史档·军机处录附·财政》三十二。
⑤　《西域图志》卷三十五《钱法·炉局》。
⑥　《新疆图志》卷三十四《食货》三《钱法·铜币二》:阿克苏局(附库车铜币)。

宝陕局

叶尔羌局

阿克苏局

库车局

宝陕局钱与新疆早期和后期所铸钱币对比图

乾隆二十六年(1761),因用新铸的五十余万枚红钱没有收缴完原准噶尔旧普尔钱,遂又加铸了部分红钱。"以旧钱查收未竣,酌增卯限"[1]。

乾隆三十二年(1767),因收缴旧钱工作基本完成,被"奏明停铸,俟收获普尔积至能合鼓铸一次,再行鼓铸"[2]。

乾隆三十三年(1768),收缴的"旧普尔积至二百六十余腾格,又复鼓铸一次"[3]。

乾隆三十四年(1769),收缴旧钱工作完成。当年用乌什、阿克苏拨铜三千斤铸完后即停铸,此后用钱由乌什钱局提供。"于乌什、阿克苏拨铜三千斤,交叶尔羌鼓铸,寻议停。"[4]"自炉局移安乌什后,其钱文由乌什按照解发叶尔羌铜三千斤之数,铸就钱文,解送叶尔羌备用"[5]。

乾隆三十四年停铸后,历经嘉庆、道光两朝再未开炉。

咸丰年间,因通货膨胀,为赶铸大钱,于咸丰四年(1854)重新开炉,铸有当十、当五十、当百三种大钱,铸工粗糙。

咸丰九年(1859),停铸当五十、当百,只铸当十一种大钱。

同治年间铸有同治当十,这是叶尔羌局铸行的最后一种红钱,因同治三年(1864)六月爆发了库车回民起义,第二年浩罕汗国军官阿古柏乘机侵入南疆。叶尔羌局关闭,再未重开。

自乾隆二十五年(1760)设立,直至同治四年(1864)阿古柏入侵,被迫停铸止,叶尔羌局前后历时约有105年,先后铸有乾隆、咸丰、同治等三个年号钱。共铸红钱总数约为二至三

① 《西域图志》卷三十五《钱法·炉局》。
② 《新疆图志》卷三十四《食货》三《钱法·铜币二》:阿克苏局(附库车铜币)。
③ 《新疆图志》卷三十四《食货》三《钱法·铜币二》:阿克苏局(附库车铜币)。
④ 《西域图志》卷三十五《钱法·炉局》。
⑤ 《西域图志》卷三十五《钱法·行使》。

万串。

（三）对准噶尔普尔钱的收缴及销毁

在清朝统一新疆之前,南疆地区流通使用的是准噶尔普尔钱。关于准噶尔普尔钱的最早记载,见于前引兆惠在乾隆二十四年七月给乾隆皇帝的奏折中。文曰:"查回钱俱红铜鼓铸,计重二钱,一面铸准噶尔台吉之名,一面铸回字。"关于其形制,《西域图志》记载得比较具体,"回部旧属准噶尔。所用'普尔'钱文,质以红铜为之,质小而厚,形圆椭而首微锐,中无方孔"①。

乾隆二十四年(1759)清朝统一新疆后,因征税、发饷、贸易及宣示主权的需要,统一新疆货币制度的工作就被提上了日程。要统一新疆的货币制度,首要的就是收缴并销毁此前流通使用的准噶尔普尔钱。这一工作是由乾隆二十五年设立的叶尔羌局来完成的。

叶尔羌局对准噶尔普尔钱的收缴及销毁是分两个阶段进行的。

第一阶段:从乾隆二十五年(1760)至乾隆二十七年(1762)

叶尔羌局在乾隆二十五年设立后,首先用清军原计划铸造大炮的七千余斤铜铸造了十万三千腾格红钱,用其中六万三千腾格红钱,以一换二的折扣回收了大约十二万腾格的准噶尔普尔钱。以一换二是沿袭了原准噶尔汗国的做法。"凡台吉新立,则于钱面易名改铸。其法先铸新钱一万,换易旧钱,新者以一当二,旋换旋铸,旧钱销尽乃已。我朝于新疆入版图后,叶尔羌开铸伊始,因其旧俗,以新钱一易旧普尔二"②。主要目的在于收旧铸新。

第二阶段:从乾隆二十七年(1762)至乾隆三十三年(1768)

在采用以一换二的折扣收缴准噶尔普尔钱两年多后,为便于新铸红钱尽快取代旧钱,同时也体现皇恩的浩荡,"感沐皇仁",清政府从乾隆二十七年开始采用以一换一的办法收缴准噶尔普尔钱。据《新疆图志》收录的乾隆皇帝诏谕,"以一换一"是乾隆皇帝本人的意见,"……交纳旧普尔二枚,换给新钱一文以来,已二、三载矣,谅收旧铸新已可足用,若仍如前例,以二易一,民力恐有难支,于伊等生计无益,嗣后着加恩以普尔一枚换给新钱一文,庶民力纾而普尔亦得以急于收获。著晓谕回民等咸知朕意"③。此后,即按以一换一的办法收缴准噶尔普尔钱。直到乾隆三十三年,收缴并销毁准噶尔普尔钱的工作才基本结束。

从乾隆二十五年到乾隆三十三年,经过两个阶段、八年多的收缴,叶尔羌局销毁了准噶尔普尔钱的绝大部分,新铸红钱也取得了在市面的流通地位,但是实际上准噶尔普尔钱并未完全绝迹,如《新疆图志》就记载"是乾隆以前其市易则用普尔,改铸以后则用制钱(按:指红钱),而普尔亦未尽绝也"④。特别是到19世纪中叶阿古柏侵占南疆时,经济衰退,货币紊乱,市面上又发现有准噶尔普尔钱与阿古柏所铸普尔及红钱同时流通⑤。

---

① 《西域图志》卷三十五《钱法》。
② 《西域图志》卷三十五《钱法》。
③ 《新疆图志》卷三十四《食货》三《钱法·铜币二》:阿克苏局(附库车铜币)。
④ 《新疆图志》卷三十四《食货》三《钱法·铜币三》:喀什噶尔局。
⑤ "同治三年,回目金相印勾结布鲁特叛回思的克同叛,连陷数城,全疆无安境。普尔、制钱则又与天罡并用。"见《新疆图志》卷三十四《食货》三《钱法·铜币三》:喀什噶尔局。

另据《西域图志》记载,在准噶尔普尔钱收缴结束后,亦允许当地回民用银兑换新铸的乾隆通宝红钱,"叶尔羌开铸之始,令民以旧普尔易新钱应用,旧普尔尽后,以银易钱"①。目的还是尽快推广新铸红钱的流通使用。但银、钱的兑换比价没有说明,估计仍是按"五十普尔为一腾格,……一腾格值银一两",即五十枚新铸乾隆通宝红钱值银一两的比价兑换的②。

(四)叶尔羌局铸行红钱的原因

清政府在销毁原准噶尔普尔钱、统一新疆货币制度的过程中,实行的不是内地各省通用的制钱,而是选择了与之有别的"红钱",推行了一种特殊的货币制度。这是原因:

第一,新疆南路回民历来习用红钱。

新疆南路为绿洲农耕区,主要由东四城(阿克苏、库车、乌什、喀喇沙尔)及西四城(喀什噶尔、叶尔羌、英吉沙、和田)构成,历史上即习用货币,并且也自铸货币。无论是采用打压法制造的"和阗马钱""准噶尔普尔钱",还是用钱范浇铸的"龟兹五铢""突骑施钱"。都是用纯净铜直接铸造,从不掺加铅、锡,因此钱币呈红色。这是新疆南路及中亚地区历史上铸钱的一大特点。

第二,有利于收缴、销毁旧钱,顺利统一货币制度,保持社会稳定。

新铸"乾隆通宝"采用红铜,每枚重二钱,与原流通使用的准噶尔普尔钱在钱质、重量上完全保持一致。这样便于收缴、销毁旧钱,迅速推广使用新铸钱币,有利于货币制度统一工作的顺利完成,保持社会稳定,促进经济发展。

第三,它是清政府针对新疆不同地区,在政治上实行分区管理政策在货币制度上的具体表现,这与在南疆维吾尔居住区实行的伯克制也是相配套的(分析详见下节)。

第四,因清朝统治者本身就是少数民族,因此,在处理民族地区事务时,主张"顺俗从宜,各因其便",比较尊重少数民族习俗。特别在康熙、雍正、乾隆时期,清政府在统一少数民族地区时,非常尊重并照顾少数民族的用钱习惯。如在西藏发行"乾隆宝藏"银币,在南疆使用红钱就是最好证明。即乾隆皇帝诗中所谓"形犹腾格因其俗,宝铸乾隆奉此同"。将"奉此同"的原则性与"因其俗"的灵活性在"红钱"中完美地结合在了一起。

(五)红钱制度在南疆的确立及其利弊

叶尔羌局铸行红钱标志着红钱制度在新疆南路的确立。宏观上讲,它也是清政府在货币制度上针对新疆不同地区,在政治上实行分区管理政策的一部分。

新疆是一个多民族、多宗教,农耕与游牧经济并存且发展极不平衡的边疆地区。针对这一特点,清朝政府采取了因地制宜,"因俗施治"的方针,政治上对各地分别实行了郡县制、伯克制、札萨克制、八旗制等不同的管理制度。

北疆的乌鲁木齐一带多为从关内迁来的汉、回等民众,设立镇迪道,由陕甘总督及乌鲁木齐都统双重管辖,实行与关内一致的郡县制③;为巩固边防,从内地抽调的满、蒙古、锡伯、

---

① 《西域图志》卷三十五《钱法·行使》。

② 《西域图志》卷三十五《钱法·名数》。

③ 镇迪道全称为"分巡镇迪粮务兵备道",下设镇西府和迪化直隶州,镇西府设于巴里坤,辖宜禾、奇台二县;迪化直隶州设于乌鲁木齐,辖昌吉、绥来、阜康三县。镇迪道民政管理同关内各州县,归甘肃行省管理。

索伦等八旗驻防军及其眷属主要驻守在北疆伊犁地区,管理同内地一样实行八旗制度;对早期归顺的哈密、吐鲁番等察合台后裔及后来归附的哈萨克、土尔扈特等部众实行札萨克制。与上述三种政治管理制度相适应,在货币政策上实行的是和内地一致的制钱制度。

南疆塔里木盆地沿线是维吾尔族的传统集中居住地区,统一后则保留了原伯克制。与此相适应,货币政策上实行的是红钱制度。

日本学者羽田明、台湾学者林恩显两先生认为,红钱制度是清朝统治者采取"汉回隔离"政策的一种表现①。此说不能说不无道理,但客观地讲,如从清代红钱制度实施的全过程来看,可以说最初的汉回隔离意识与动机在不断淡化。正如穆渊教授分析的那样,"不宜把汉回隔离政策列为一个重要因素"②。因为乾隆皇帝在南疆实行红钱制度后不久,曾考虑北疆也"照回部之例"建局"铸造'乾隆通宝'永远遵行"③。当有人将宝伊局钱带往南疆冒充红钱使用时,又提出"不如将伊犁钱文与回地普尔画一办理,使奸商无所获利,自然不复滋弊"④。道光皇帝还甚至一度想将红钱制度推行到关内的陕、甘两省,"回疆所用当五、当十普尔钱文,行使多年,颇称便利。因思陕西、甘肃二省,相距非远,地方情形大略相同,当可仿照铸行,疏通圜法"。并要求陕甘总督富呢扬阿等"体察情形,妥议章程具奏"⑤。上述所引档案,都说明了这一点。新疆建省后,红钱还被推广到北疆,成为全疆统一使用的货币。

红钱制度在新疆南路的确立,具有重要的意义:

首先,促进了新疆南路特别是以阿克苏为中心的东四城货币经济的发展,为整个南疆地区商品交易提供了便利。

其次,促进了各民族间铸币技术的交流,培养了一批少数民族铸币技术骨干。

最后,也是最重要的意义体现在,红钱制度使新疆地区的货币文化完全纳入了中国货币文化体系之中,在新疆货币发展史上具有里程碑意义,符合新疆与祖国内地统一的历史大趋势。

但是,我们也应看到,在同一个省区,发行、使用两种不同的货币,并且划区流通,形成不同的"制钱区"与"红钱区",给新疆货物交流,经济发展带来了诸多不便。民国时期形成的"省票区"与"喀票区",与此也有一定的关系。

(六)红钱与准噶尔普尔钱及内地制钱的异同

"制钱"广义上讲是指"历代行用之圜钱,为官局所铸者",皆可称为制钱。民间又习称为"麻钱";狭义上则专指"清代按其本朝定制由官炉所铸的铜钱,称'制钱'以别于前朝的旧钱和本朝的私炉钱"⑥。所谓"定制"是指铜钱式样、铭文、重量、成色等都有明确的规定。这里

①　林恩显《清朝在新疆的汉回隔离政策》,台湾商务印书馆。羽田明《清代回疆的货币制度》,见《中岛敏先生古稀纪念文集》。

②　穆渊《清代新疆货币史》43页,新疆大学出版社,1994年。

③　中国第一历史档案馆,《清史档·军机处录附·财政》三十二。

④　《清实录·高宗朝》卷一〇〇九。

⑤　《着陕甘总督富呢扬阿等做铸普尔钱上谕》(道光二十四年正月初九日):中国人民银行总行参事室编《中国近代货币史资料》第一辑"清政府统治时期",中华书局,1964年。

⑥　《辞源》(商务印书馆1950年缩印本)78页。《辞海》第185页"制钱条"。

"制钱"的概念是指其狭义上的。红钱与准噶尔普尔钱及内地制钱的异同可参看下图。

红钱　　　　　　　　　　　　　　　　　普尔钱

制钱

红钱与准噶尔普尔钱及内地制钱对比图

1. 红钱与准噶尔普尔钱的异同

红钱与准噶尔普尔钱在质地(均为红铜)、重量(均为二钱)、币值(均为五十文合银一两)等方面是相同的[①]，但又有许多不同：

第一，铸造技术不同。

准噶尔普尔钱采用源自西方的打压法制造，铸造技术上属于以希腊—罗马为代表的西方货币文化体系；红钱则是采用源自内地的浇铸技术，技术上属于以中国为代表的东方传统货币文化体系。

第二，式样不同。

准噶尔普尔钱"质小而厚，形圆椭而首微锐，中无方孔"。直径自尖端起约为17—18毫米，厚4—5毫米，不够规整划一；红钱为圆形方孔，很规整，直径约为24毫米，厚2毫米，即较准噶尔普尔钱略大而薄。

第三，使用文字不同。

准噶尔普尔钱正面用托特字(即厄鲁特蒙古字)铸准噶尔汗名，背面用帕尔西(即波斯)字铸叶尔羌地名；红钱正面用汉文铸清朝年号及"通宝"二字，背面用满文及老维吾尔文(即察合台文)标注铸钱局名。

---

① 《西域图志》卷三十五《钱法·名数》："初以五十普尔为一腾格，后定以百普尔为一腾格，值银一两。"

2. 红钱与内地制钱的异同

红钱是清朝制钱中的一个特殊品种,与内地制钱在式样(圆形方孔)、规制(正面用清朝年号,背面为铸钱局名)、铸造技术(浇铸)等方面是相同的。总体上可以说红钱已基本纳入了内地的制钱体系,但仍保留了浓郁的地域性及民族性。与制钱的不同点表现在:

第一,钱质不同。

红钱系用纯净铜直接铸造,不掺用铅、锡。将生铜原料经土法提炼为熟铜后,不加铅、锡等配料,直接浇注范模,即得红钱。含铜量在百分之九十以上[①];制钱在铸造时则要添加铅、锡、锌等配料,一般为"铜六铅四",即铅、锡、锌等配料占百分之四十,纯净铜占百分之六十,呈黄色。

第二,币值不同。

因钱质不同,红钱与制钱的币值亦不同。最初为一比十,不久调为一比五,即一文红钱兑换五文制钱,这一比值一直延续到后期。

第三,重量及厚度不同。

红钱初铸时,每枚重二钱。制钱则标准重量为一钱二分。因二者直径相同,故初铸红钱略较制钱为厚[②]。

第四,背面文字不同。

红钱与制钱正面是完全相同的,背面有所不同。红钱背面用满文及老维吾尔文(即察合台文)标注铸钱局名。而制钱则仅用满文标注铸钱局名。

第五,流通使用范围不同。

红钱仅在新疆南路流通使用,制钱在新疆则流通使用于北疆地区,范围西起伊犁,东至哈密,中间包括乌鲁木齐(迪化)、奇台(古城)、巴里坤(镇西)等天山北路一线及南路的吐鲁番。红钱区与制钱区以托克逊为界[③]。

(七)红钱自身的减重及与白银、制钱间比值的变动

这里红钱是指小平钱即一文红钱,所讨论的红钱减重及与白银、制钱间的币值变动亦仅限于小平钱范围。

乾隆二十五年(1760),叶尔羌局始铸红钱时,为便于收兑原准噶尔普尔钱并被市面顺利接受,红钱重量的选择是与此前市面流通的准噶尔普尔钱完全一致,每枚都是重二钱,即"初铸时每一普尔重二钱"[④]。当收缴工作基本完成后,到"乾隆三十六年,更定每一普尔重一钱

---

① 因系土法提炼,熟铜中并未尽去杂质,故红钱中纯铜的含量一般在百分之九十以上。亦含有少量铅、锌等杂质,是自然存在,非人为所加。

② 乾隆二十五年初铸时,重量为二钱,三十六年减重为一钱五分,三十九年又减重为一钱二分,与制钱一样,此后,虽有变化,但基本都维持在一钱三分至一钱二分之间。

③ 倭仁著《莎车行记》:"宿托克逊,制钱行使止此,以西皆用红钱。"红钱过托克逊进入制钱区,一文红钱只能当一文制钱使用。《林则徐集·日记》:"道光二十五年正月二十五日,……傍晚时已至托克逊……此地颇不荒寂,凡赴南路者,多于此地易换红钱,缘过此则不用红钱也。红钱一文抵青钱五文者,背面铸'五'字;抵十文者背面铸'十'字。今市上常用之红钱,背无铸字,每一文亦抵青钱四文之用。"

④ 《西域图志》卷三十五《钱法·制式》。

五分。(乾隆)三十九年,更定每一普尔重一钱二分"①。这两次减重,都是在乌什铸钱局独自为南疆东西八城供应红钱期间完成的。经过这两次调整,红钱就与内地制钱的重量基本相同了。后来,在嘉庆、道光、咸丰、同治、光绪等年间虽然也还有变化,但重量也始终是维持在一钱三分至一钱二分之间。

从乾隆二十五年开始,伴随红钱重量的减轻以及市面上银、钱流通数量的变化,红钱与白银及制钱间的比价关系也时有变化。

乾隆年间"每一普尔,值银一分。初以五十普尔为一腾格,后定以百普尔为一腾格,值银一两"②。"其钱价,乾隆二十四年,将军兆惠奏明,以钱五十文合银一两。乾隆二十五年尚书舒赫德奏明加增钱二十文,以钱七十文合银一两。乾隆二十六年,因钱益贱,都统明柱奏明,以钱一百文合银一两"③。"且普尔以一当十,每百值银一两,若改铸清钱(按:即制钱),需八百文作银一两"④。这说明当时官定比价最初是红钱五十文合银一两,后调整为七十文合银一两,或一百文合银一两,但"钱价无定,增减难凭",市价则随时都有波动,但是,总的趋势却是红钱的逐渐贬值。如:嘉庆六年,"回疆钱价,每两准折普尔钱二百六十文"⑤。嘉庆十九年,"按月散发(军饷)完竣后,所有官兵应支七成盐菜银两,即将此项普尔钱,无论官兵,俱以二百二十文为一两散放,其官员应领三成银,仍以一百六十文为一两给领"⑥。

红钱的这一贬值趋势,曾因两次特殊情况而发生变化。一次是道光六年因张格尔叛乱。当时云集阿克苏的半叛大军,多系从内地调来,所携带军饷多为白银,导致"银贱钱贵",由嘉庆至道光初年的一两白银兑红钱二百五十至二百六十文,变为了道光七年的八十至一百文红钱⑦。这种"钱贵"现象,在大军撤走后依然继续,迫使善后的那彦成奏请道光皇帝发行大面值货币,即铸行"当十"大钱(道光"八年十")来缓解南疆的"钱荒"问题。另一次则是光绪四年清军驱逐阿古柏重新收复新疆后,因阿古柏"专用天罡银钱,是以铜钱散失,存留无几",虽经"设法开采铜斤,广铸红钱,以便民间行用"⑧。可是,在喀什的部分地区,直到"光绪十三年冬,……每银一两,仅换红钱300余文"⑨。但这仅是暂时现象,红钱的逐渐贬值却是个总体趋势。

咸丰、同治年间,伴随全国性的"银贵钱贱",新疆红钱又开始了不断的贬值,到光绪四年,重新收复新疆后,"其铸成红钱,向章每五百文合湘平银一两,搭放行使"⑩。即官定比价已是红钱五百文合银一两了。光绪十五年(1889),迪化官钱局印制油布官票,核定红钱四百

① 《西域图志》卷三十五《钱法·制式》。
② 《西域图志》卷三十五《钱法·名数》
③ 《回疆通志》卷七,民国十四年铅印本。
④ 《清实录·宣宗朝》卷一一三三。
⑤ 《清实录·仁宗朝》卷八十七。
⑥ 《清实录·仁宗朝》卷二八七。
⑦ 《钦差大臣那彦成摺——铜斤缺乏请加铸当十普尔钱》(道光八年三月二十四日),中国人民银行总行参事室金融史料组编《中国近代货币史资料》第一辑"清政府统治时期",中华书局,1964年。
⑧ 《新疆图志》卷三十四《食货》三《钱法·铜币二》:阿克苏局(附库车铜币)
⑨ 《新疆图志》卷三十四《食货》三《钱法·铜币三》:喀什噶尔局
⑩ 《新疆图志》卷三十四《食货》三《钱法·铜币二》:阿克苏局(附库车铜币)

文合银一两,从此官定比价再未变动,但市价仍时有涨落。如光绪十九年(1893),阿克苏地区"红钱奇窘,兑换维艰……官价每新平银一两,换红钱四百文。市价每银一两,大平头银四分,换钱三百七十文或七十余文不等。每逢放饷,钱价尤涨,至先一月交订银换钱,而届期仍难多得"①。

红钱与制钱的比价是随着与银价的变动而变动。初为一比十,或一比八,后比价逐步缩小为一比五,行用多年,基本稳定在这一比价上。光绪初年曾一度变为一比四(每银一两兑红钱五百文,换制钱二千文),后又于光绪十五年改定为一比五。此后,这一官定比价也再未变动。

(八)关于所谓"祺祥通宝"红钱的考证

咸丰十一年(1861),英法联军发动第二次鸦片战争并侵占北京,咸丰帝逃难至热河后病死在那里,临死前立年仅6岁的独子载淳为太子,改元祺祥。咸丰帝死后慈禧太后联合恭亲王奕䜣发动政变,逮捕了受命辅政的"顾命八大臣",并处死了为首的肃顺,废祺祥年号,改为同治,这就是历史上著名的"祺祥政变"(又称"辛酉政变")。祺祥年号虽然仅是昙花一现,但是却出现了局名记为叶尔羌、阿克苏、乌什及和阗等局的臆造的所谓祺祥通宝红钱②。臆造者显然不明白,自道光八年铸造"当十"钱以后,南疆各铸钱局所铸小平钱必须加铸"十"字,否则,当地维吾尔族民众认为不是官铸钱,只能折半使用,从而暴露了破绽。

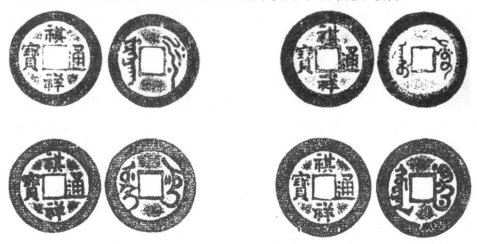

臆造的所谓"祺祥通宝"叶尔羌局、阿克苏局、乌什、和阗红钱

二、叶尔羌局所铸钱币及版别分类

(一)乾隆通宝

乾隆二十五年(1760)九月铸,正面为汉文"乾隆通宝"四字,背面穿左满文"叶尔羌"错译

---

① 《新疆图志》卷三十四《食货》四《钱法·银币二》:阿克苏局。

② 朱卓鹏、朱圣弢著《新疆红钱》148页,学林出版社,1991年。《戴葆庭集拓中外钱币珍品》上册,400—401页,中华书局,1990年。

为"叶尔奇木"，次年改正；穿右维吾尔文"叶尔羌"。乾隆三十四年(1769)停铸。所铸钱币悉为纯净红铜，不掺铅、锡，铸工精细，形态敦厚，红亮润泽，品质俱佳。"叶尔奇木"钱版式多变化，铸量少；"叶尔羌"钱铸量多，版式变化小。

1. 背穿左满文叶尔奇木，穿右维吾尔文叶尔羌(短字)(图 C1－1)
2. 背穿左满文叶尔奇木，穿右维吾尔文叶尔羌(长字)(图 C1－2)

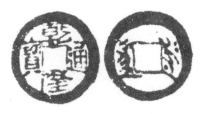

图 C1－1　乾隆叶尔奇木(短字)　　　　　图 C1－2　乾隆叶尔奇木(长字)

3. 背穿左满文叶尔羌，穿右维吾尔文叶尔羌(图 C1－3)

图 C1－3　乾隆叶尔羌

(二)咸丰通宝(重宝、元宝)

咸丰四年(1854)重开，铸有当十、当五十、当百三种大钱，铸工粗糙。咸丰九年(1859)停铸当五十、当百，只铸当十一种大钱。

1. 当十，背穿左满文叶尔羌，穿右维吾尔文叶尔羌(图 C1－4)
2. 当五十，背穿左满文叶尔羌，穿右维吾尔文叶尔羌(图 C1－5)

图 C1－4　咸丰叶尔羌"当十"

图 C1－5　咸丰叶尔羌当"五十"

3. 当百,背穿左满文叶尔羌,穿右维吾尔文叶尔羌(小样)(图 C1－6)

4. 当百,背穿左满文叶尔羌,穿右维吾尔文叶尔羌(大样)(图 C1－7)

图 C1－6　咸丰叶尔羌"当百"(小样)

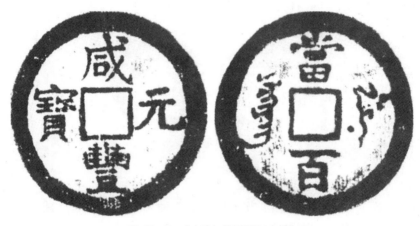

图 C1－7　咸丰叶尔羌"当百"(大样)

（三）同治通宝

同治当十钱是叶尔羌局最后铸行的一种红钱。

当十,背穿左右满、维吾尔文叶尔羌(图 C1－8)

图 C1－8　同治叶尔羌"当十"

（原载《中国钱币》2009 年第 4 期,题目为《清代叶尔羌局及其铸钱研究》）

阿克苏局

一、阿克苏局的设立及其铸钱

(一)阿克苏局的设立

阿克苏铸钱局是在叶尔羌局设立后的第二年,即乾隆二十六年(1761)设立的,它是清政府在新疆设立的第二个铸钱局。因叶尔羌本地不产铜,当初设立叶尔羌局主要是为收缴并销毁原准噶尔普尔钱,即所谓"叶尔羌铸局为销毁原钱计"①。因此,在叶尔羌局设立不久,清政府即开始筹划在富产铜矿的东四城择地设局,来完成在新疆南路铸造、发行新货币的使命。阿克苏地区铜矿资源丰富,当地士绅也强烈要求设局铸钱。参赞大臣舒赫德遂向乾隆皇帝奏请在阿克苏设局,仿照叶尔羌局之例铸造货币,"阿克苏等城出产红铜,现据该伯克等恳请设炉铸钱,流通行使,并乞照叶尔羌之例,范为阿克苏字样。至工役器具,皆所必需……仍请于内地另行派拨"②。

乾隆认为"钱文为回民日用所必需,自应照叶尔羌例,一体鼓铸"③。遂批准了舒赫德的奏请。决定"阿克苏、乌什、库车、喀喇沙尔、赛里木、拜城等七城所用钱文,就近在阿克苏鼓铸"④。铸钱所需铜料"以各城回民缴纳额铜,本城伯克交纳贡铜及官采铜斤开铸"等三种途径解决⑤。

阿克苏铸钱局不但在铸钱式样上"仿照叶尔羌之例",技术及工匠上亦如"叶尔羌之例",也是由宝陕局提供支持的。

据清代档案记载,乾隆二十五年十月,陕甘总督杨应琚根据乾隆批转的舒赫德奏请,"即饬行西安藩司挑选匠役,置办器具","刻速起程"。"随檄行西安布政使遵照(上年派往叶尔羌铸钱工匠的前例)办理",所"派工匠王绍等八名,俱系熟谙鼓铸之人"(后又加派四人,共有工匠十二名)⑥,由西安理事同知苏龄阿率领,于乾隆二十五年十二月初十日从西安起程,前往阿克苏主持铸钱技术工作。

---

① ④ 《新疆图志》卷三十四《食货》三《钱法·铜币二》:阿克苏局(附库车铜币)。

② ③ 《清实录·高宗朝》卷六二四,乾隆二十五年十一月癸卯。

⑤ 《西域图志》卷三十五《钱法·炉局》。

⑥ 中国第一历史档案馆:《清史档·军机处录附·财政》三十二。

阿克苏局因技术工匠同叶尔羌局一样,完全来自宝陕局。因此,最初铸造的红钱,风格与款式完全同叶尔羌局初铸的厚版乾隆钱。选用纯净红铜,每枚亦重二钱。主要供阿克苏、乌什、库车、喀喇沙尔(焉耆)、赛里木、拜城等南疆东部地区城市使用。与供应西四城地区用钱的叶尔羌局南北呼应,共同承担了收缴并销毁原准噶尔普尔旧钱,铸造并发行统一的新货币的历史使命。

(二)阿克苏局沿革及大事纪要

阿克苏于乾隆二十六年(1761)设局,"仿照叶尔羌之例"铸造红钱。

乾隆三十年(1765),乌什回民为反抗当地阿奇木伯克及清朝官员的欺压,发动起义。清政府镇压起义后,以乌什为南疆总汇之地,将喀什噶尔参赞大臣迁往乌什,兼辖阿克苏及喀什噶尔。阿克苏驻防官兵也移驻乌什。为适应政治及军事上的这一调整,乾隆三十一年(1766)尚书永贵奏请将阿克苏钱局移往乌什鼓铸,阿克苏局议停。

嘉庆三年(1798),当乌什逐渐失去其在南疆的政治、军事重心地位后,参赞大臣长麟奏请将钱局于乌什仍移回阿克苏,准奏。于嘉庆四年(1799)移回阿克苏铸钱。

道光七年(1827)二月,扬威将军长龄在阿克苏局铸圆形方孔银钱,正面为"道光通宝",背穿左右为满、维吾尔文"阿克苏"。重一钱,抵红钱十六文。仅用一年,就不流通了。

道光八年(1828),为平定张格尔叛乱,大军云集阿克苏,致使"银贱钱贵"。为解决这一"钱荒"困难,道光皇帝批准那彦成奏请,开始铸造"八年五""八年十"钱,此为后来咸丰朝广铸大钱的先声。

道光九年(1829),将"当十"钱的比例由十分之三提高为十分之五,即"当五""当十"钱各占一半。

咸丰三年(1853),为赶铸大钱,阿克苏局又加炉两座。铸有面值为"当五""当十""当五十""当百"等面值的大钱。

咸丰五年(1855),停铸大钱,只保留"当十"一种大钱及一文小平红钱。

同治元年至三年(1862—1864),铸"当五""当十"两种钱币。

同治四年至光绪三年(1865—1877),因库车回民起义及阿古柏入侵,南疆失陷,阿克苏局被迫停铸。

光绪三年(1877)年底清军收复新疆,南疆各地币制混乱,亟待统一。

光绪四年(1878)初,帮办新疆军务张曜委派办理阿克苏善后委员,易孔昭负责筹备重开阿克苏局,九月十五日正式恢复铸钱。原有炉六座,咸丰年间铸大钱又加炉两座。此时八炉全部开工,缓解了南疆"钱荒"。

光绪九年(1883),罗道长祜禀请:将铸局改归道署专办,行未久又停铸。

光绪十二年(1886),恢复铸钱,专收拜城生铜。

光绪十五年(1889)春,将铸局移至新城西门外,就老营房现成房屋修葺,以资鼓铸。

光绪十八年(1892),为省木炭,阿克苏局停炉移设库车厅鼓铸。自此阿克苏局再未恢复铸钱。

自乾隆二十六年(1761)设立,直至光绪十八年(1892)停炉移设库车止,阿克苏局前后历时约有 131 年,正式铸钱约有 83 年。先后铸有乾隆、嘉庆、道光、咸丰、同治、光绪等六个年号钱,为南疆各铸钱局中规模最大、铸期最长、年号最全、铸钱最多的钱局。

（三）那彦成的币制改革及其影响

那彦成的币制改革,是由平定张格尔叛乱的善后而引起的。张格尔是大和卓波罗尼都之孙,长期流亡浩罕汗国并受到庇护。在浩罕汗国统治者的唆使及支持下,于嘉庆二十五年(1820)、道光四年(1824)曾先后两次入卡作乱,都被清军驱逐。道光六年(1826)七月,张格尔第三次作乱,他利用和卓后裔的身份,进行宗教煽动,裹胁白山派信徒攻破喀什噶尔城,后又陷英吉沙、叶尔羌、和阗等南疆西四城,全国震动。为平定张格尔叛乱,清政府任命伊犁将军长龄为扬威将军,调集大军三万六千人,集结阿克苏,经过将近两年的围剿,于道光八年(1828)初生擒张格尔,后被押送北京处死,叛乱被平定。为处理善后,清政府特派直隶总督那彦成为钦差大臣赴新疆南路巡查。经数月实地考察,那彦成向道光皇帝上奏,提出了众多改革措施,其中在货币问题上,提出了铸造"当十"红钱的建议。

当初,为平定叛乱,清政府先后调集了三万六千多人的平叛大军,多系由内地调来,携带军饷多为白银,云集在阿克苏,致使当地"银贱钱贵"。在平叛紧张之际,阿克苏铜厂官兵亦曾调赴前线作战,铸钱局更是一度"暂时停铸",致使银钱比值大幅波动,由嘉庆至道光初年的一两白银兑红钱二百五十至二百六十文,变为了道光七年的八十至一百文红钱。大军撤走后,"钱贵"现象依然继续,"食用因之增昂,兵民甚属拮据"[①]。如增加红钱的铸量,则铜量不足;如减重,亦不足取。无奈之下,那彦成建议发行大面值货币,即铸行"大钱",在原"当五"钱之外,另铸"当十"钱。"所铸钱文,模式围圆,较当五钱加宽一线,背面各添铸'五'字、'十'字,以志区别。按银一两合钱一百一十文,……即可照数少调内地经费"[②]。

对那彦成的币改建议,道光皇帝谕批为:

> 普尔钱以一当五,行用多年,兹那彦成等请改铸当十钱,相间通用,事属创始,必须试行无弊,方为妥协。着详加体察,如果通行便利,固属甚善,倘有轻重搀杂,格碍难行之处,即据实奏明停止。将此谕令知之。[③]

虽然态度很慎重,但基本还是同意的。那彦成遂于当年试铸了"当五""当十"钱,并于第二年即道光九年将"当十"钱的比例由十分之三提高为十分之五,即"当五""当十"钱各占一半。

"当五"即指一枚红钱当五枚制钱,这原本就是红钱与制钱的兑换比值,所以"当五"钱实际仍为一文的小平红钱。"当十"是指一枚红钱当十枚制钱,相当于两枚小平红钱,即为折二红钱,实际上是一种大钱。又因为铸有道光八年,因此,道光"八年五""八年十"又是一种既纪年又纪值的钱币,这是一种崭新的钱币命名形式。

那彦成的币改客观上等于增加了红钱的铸币量,一定程度上缓解了南疆的"钱荒"问题,

---

①② 《钦差大臣那彦成摺——铜斤缺乏请加铸当十普尔钱》(道光八年三月二十四日),中国人民银行总行参事室金融史料组编《中国近代货币史资料》第一辑"清政府统治时期",中华书局,1964 年。

③ 《清实录·宣宗朝》,道光八年四月辛卯。

《新疆图志·钱法》中关于加铸"十"字记载

也节省了铸钱费用，按那彦成奏折中估计，每年可节省白银三千三百两左右。这都是积极方面的作用。但也产生了深远的消极影响，以后，南疆各铸钱局所铸小平钱必须加铸"十"字，否则，当地维吾尔族民众认为不是官铸钱，只能折半使用。它更是后来咸丰朝广铸大钱的滥觞，并成为主张铸大钱者，如御史张修育等的现实依据①，影响远远超出了新疆，在清代货币史上亦占有重要地位。

（四）阿克苏局铸行的圆形方孔银钱

道光七年（1827）二月，为镇压张格尔叛乱，大军云集阿克苏，出现了"银贱钱贵"，红钱稀少的"钱荒"。扬威将军长龄奏请在阿克苏局铸造红钱式样的银钱，"阿克苏局内采买铜斤甚少，不敷鼓铸。查有口内解到小锭盐课银五万两，口外向不通用，据局员禀称，请将此项银两照普尔红钱之式，改铸银钱，每银钱一个，计重库平一钱，加以火耗，抵作普尔红钱十六文，……与普尔钱兑用，回户商民亦俱乐从"②。该银钱圆形方孔，正面为汉文"道光通宝"，背穿左右铸满、维吾尔文阿克苏，完全仿照红钱式样（彩图12）。重库平一钱，抵红钱十六文。

但仅仅使用一年，就不再流通了。估计可能一方面是因为与红钱折算为一比十六，计算、使用多有不便；另一方面市民恐"以银铸钱，或有铅铜掺和，未得足色，不愿行使"③。但它说明，当年为解决"钱荒"的困难，在筹划于道光八年铸造"当十"大钱之前，阿克苏局已先行于道光七年铸造了圆形方孔的"道光通宝"银钱，因折算不便，又恐掺杂造假，当第二年，即道光八年（1828）那彦成奏请铸造"当五""当十"红钱，缓解"钱荒"压力后，自然也就不再需要铸造银钱了。但此"道光通宝"银钱却是清代新疆铸造的最早银币，也是新疆历史上铸造最早的圆形方孔银币。因铸行时间短而数量稀少，十分珍惜难得。

---

① 《御史张修育摺——建议仿普尔当十钱例铸大钱》（道光二十三年十二月初七日）。

② 《扬威将军长龄片——请于阿克苏铸普尔式银钱》（道光七年二月初五日）

③ 《钦差大臣那彦成摺——铜斤缺乏请加铸当十普尔钱》（道光八年三月二十四日）

（五）阿克苏局铸钱数量

阿克苏局在乾隆二十六年（1761）初设时，就有钱炉 6 座，设管理钱局把总 2 员，钱局兵有 60 人。咸丰三年，为赶铸大钱，阿克苏局又加炉 2 座。光绪四年恢复阿克苏局铸钱，原有钱炉 6 座，外加咸丰年间铸大钱添加的 2 座，此时共有钱炉 8 座，钱匠 20 名，夫役 109 名，泥木铁匠 12 名，共 141 名。

还另建有温巴什铜厂，设管理铜厂游击 1 员，把总 1 员，经制外委 2 员，兵丁 298 人。铜厂采铜，钱局铸币，分工明确。

阿克苏局在实际开炉的 83 年中，共铸红钱总数约为二十五万九千八百二十串零九百一十二文。具体如下：

自乾隆二十六年（1761）设立至道光七年（1827）这一阶段，实际铸钱有 34 年，以嘉庆九年（1804）为例计算每年铸钱约二千七百串，共铸钱约九万一千八百余串（详见表1）。

自道光八年（1828）至同治三年（1864）这一阶段，实际铸钱有 36 年，共铸钱约九万二千六百六十二串零十一文（详见表2）。

自光绪四年（1878）至光绪十八年（1892）这一阶段，实际铸钱有 14 年，共铸钱约七万五千三百五十八串九百零一文（详见表3）。

表1：阿克苏局嘉庆九年（1804）铸钱概况表①

```
官铜厂(温巴什)          钱局(阿克苏城内)

16200斤

其中13200斤 ——————→1600千文------             ----→1150千文   乌什

伊犁 ←————3000斤                         ----→891千文    阿克苏

                           2238千文 ------→        ----→81千文     库车

阿克苏额交赋铜

     700斤——————→86千文  ------                  116千文  喀喇沙尔
                                         以上为搭放官兵盐菜钱

各城额交铜               522千文

   7400斤                          338千文 ——————→交铜各城回子

     其中7200斤——————→890千文

伊犁 ←————200斤

     钱局淘获渣铜  ------60千文 ——————→奖赏兵丁，回子

       130千文   ------70千文 ——————→归公


————              ————
(原料铜)            (铸钱)
计21100斤          计2760千文(串)
```

---

① 引自穆渊《清代新疆货币史》53 页，新疆大学出版社，1994 年。阿克苏局每年的铸钱情况，均大体与嘉庆九年（1804）相同。

表 2：阿克苏局道光八年（1828）后铸的当五、当十钱统计表①

年份	种类	铸额	资料来源
道光八年（1828）	当十	829 串 215 文	道光八年三月那彦成奏
	当五	2418 串 557 文	
道光九年（1829）	当十	1149 串 552 文	道光九年十二月长清奏
	当五	1436 串 941 文	
道光十年（1830）	当十	1149 串 522 文	道光十年十一月长清奏
	当五	1436 串 941 文	
道光十一年（1831）	当十	1149 串 552 文	道光十一年九月长清奏
	当五	1436 串 941 文	
道光十二年（1832）	当十	1149 串 552 文	道光十二年十一月长清奏
	当五	1436 串 941 文	
道光十三年（1833）			缺
道光十四年（1834）	当十	1149 串 552 文	道光十四年十月常恒奏
	当五	1436 串 941 文	
道光十五年（1835）	当十	1149 串 552 文	道光十五年十月常恒奏
	当五	1436 串 941 文	
道光十六年（1836）	当十	1149 串 552 文	道光十六年十月常恒奏
	当五	1436 串 941 文	
道光十七年（1837）	当十	1149 串 552 文	道光十七年十一月常恒奏
	当五	1436 串 941 文	
道光十八年（1838）	当十	1149 串 552 文	道光十八年十月常恒奏
	当五	1436 串 941 文	
道光十九年（1839）	当十	1149 串 552 文	道光十九年十一月壁昌奏
	当五	1436 串 941 文	
道光二十年（1840）	当十	1149 串 552 文	道光二十年十月壁昌奏
	当五	1436 串 941 文	
道光二十一年（1841）	当十	1149 串 552 文	道光二十一年十一月壁昌奏
	当五	1436 串 941 文	
道光二十二年（1842）	当十	1149 串 552 文	道光二十二年法福哩奏
	当五	1436 串 941 文	
道光二十三年（1843）			缺
道光二十四年（1844）	当十	1115 串 681 文	道光二十四年十一月辑瑞奏
	当五	1405 串 852 文	
道光二十五年（1845）			缺
道光二十六年（1846）	当十	1115 串 681 文	道光二十六年十一月扎拉芬泰奏
	当五	1405 串 852 文	

① 引自中国人民银行总行参事室金融史料组编《中国近代货币史资料》，第一辑上册"清政府统治时期"，90—94 页，中华书局，1964 年。

年份	种类	铸额	资料来源
道光二十七年(1847)	当十	1115 串 681 文	道光二十七年十一月扎拉芬泰奏
	当五	1405 串 852 文	
道光二十八年(1848)	当十	1115 串 681 文	道光二十八年十月舒兴阿奏
	当五	1405 串 852 文	
道光二十九年(1849)	当十	1115 串 681 文	道光二十九年十一月舒兴阿奏
	当五	1405 串 852 文	
道光三十年(1850)	当十	1115 串 681 文	道光三十年十二月图伽布奏
	当五	1405 串 852 文	
咸丰元年(1851)	当十	1115 串 681 文	咸丰元年九月图伽布奏
	当五	1405 串 852 文	
咸丰二年(1852)			缺
咸丰三年(1853)	当十	1115 串 681 文	咸丰三年十一月倭什珲布奏
	当五	1405 串 852 文	
咸丰四年(1854)	当十	1115 串 681 文	咸丰四年十一月谦亨奏
	当五	1405 串 852 文	
咸丰五年(1855)	当十	1115 串 681 文	咸丰五年十月谦亨奏
	当五	1405 串 852 文	
咸丰六年(1856)	当十	1115 串 681 文	咸丰六年十一月海朴奏
	当五	1405 串 852 文	
咸丰七年(1857)	当十	1115 串 681 文	咸丰七年十一月海朴奏
	当五	1405 串 681 文	
咸丰八年(1858)	当十	1095 串 723 文	咸丰八年十一月海朴奏
	当五	1369 串 654 文	
咸丰九年(1859)	当十	3745 串 576 文	咸丰九年十一月海朴奏
	当五	2568 串 552 文	
咸丰十年(1860)	当十	1095 串 723 文	咸丰十年十二月绵性奏 (加添鼓铸)
	当五	1369 串 654 文	
	当十	168 串 736 文	
咸丰十一年(1861)	当十	1095 串 723 文	咸丰十一年十二月锡拉那奏
	当五	1369 串 654 文	
同治元年(1862)	当十	1095 串 723 文	同治元年十二月奎栋奏
	当五	1369 串 654 文	

从表 2 资料来看,自道光八年(1828)至同治元年(1862)的 35 年中,其铸额为:

"当十"钱——

829 串 215 文	1 年
1149 串 552 文	15 年(共 16235 串 8280 文)
1115 串 681 文	14 年(共 15610 串 9539 文)
1095 串 723 文	4 年(共 4380 串 2892 文)
3745 串 576 文	1 年

加铸 168 串 736 文

全部共计：40989 串 243 文

"当五"钱——

2418 串 557 文	1 年
1436 串 941 文	15 年（共 21540 串 14115 文）
1405 串 852 文	14 年（19670 串 11928 文）
1369 串 654 文	4 年（共 5476 串 2616 文）
2568 串 552 文	1 年

全部共计：51672 串 768 文

表 3：阿克苏局光绪四年至光绪十八年（1878—1892）铸币统计表①

时间	日铸数	卯数	年铸量	共计
1878—1887				40017 串 232 文
1888			3528 串	3528 串
1889			4813 串 669 文	4813 串 669 文
1890—1892		10（个月）	9000 串	27000 串
总计				75358 串 901 文（75358901 文）

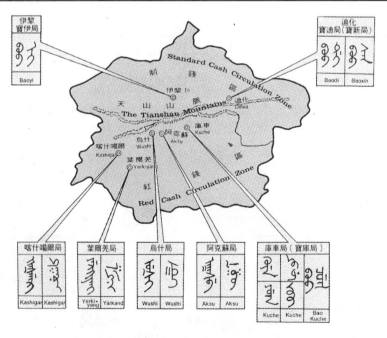

清代新疆铸钱局分布示意图（引自《新疆钱币》）

①　引自穆渊《清代新疆货币史》131 页，新疆大学出版社，1994 年。

(六)阿克苏局在新疆铸钱局中的地位

阿克苏局是新疆七个铸钱局中最大并且也是最重要的一个,在清政府统一南疆币制、推行红钱的过程中,它都承担了中坚、核心的作用,在新疆各铸钱局中占有十分重要的地位。具体体现在:

1. 为新疆最大的铸钱局,承担了铸造并发行新货币的历史使命

阿克苏位于塔里木盆地北沿中段,"为南路适中之地",所辖库车、拜城、沙雅等地都是新疆最富铜矿资源的地区,也是历史上新疆最早开矿冶炼的地区,具有得天独厚的铸钱条件。因此,在乾隆二十六年设立钱局时,即开炉6座,咸丰年间铸大钱时,又添加2座。光绪四年九月恢复铸钱时,8座钱炉也是全部开工。因此,阿克苏局是新疆规模最大的钱局,也是铸钱最多的钱局。承担了铸造并发行新货币(即红钱)的历史使命。

2. 促进了南疆特别是东四城地区商品经济的发展

清朝统一新疆之前,即在叶尔羌汗国及准噶尔汗国时期,新疆南路东四城的阿克苏等地虽然产铜,并向叶尔羌输送铸钱铜料,但"其阿克苏诸城向不用钱,或以银买卖,或以田地及货物牲畜互换"[1],准噶尔汗国也只征收实物税。这说明当时以阿克苏为中心的东四城地区,交易时不用准噶尔普尔钱,而是使用白银,或是以物易物,商品经济还很不发达。但是,自乾隆二十六年(1761)设立阿克苏铸钱局后,东四城有了就近的铸币中心,所铸钱币亦主要供应东四城地区使用,促进了当地商品经济的发展。因为,从这时起,清政府对东四城地区也已逐渐开始征收额赋普尔(即红钱)了[2]。

3. 首创"当十"钱,影响深远

道光八年,为解决"银贱钱贵"的困难,根据那彦成的币改建议,阿克苏局铸造了"道光通宝"背标注"八年十"的红钱,即首创了"当十"钱,影响深远。因为,自此以后,南疆各局铸钱必须"下仍用十字,以顺舆情。盖缠民不知用意,近来铸钱,无'当十'字样者,缠民疑非官制,不肯行用。故西四城用钱,以无'十'字之新钱,只作半文使用"[3]。另外,"当十"钱实际上是道光朝铸造的大钱,亦是后来咸丰朝广铸大钱的先声。它甚至成为后来主张铸大钱者的现实依据。其影响所及,已超出了新疆范围。

4. 铸造了新疆最早的银币

道光七年(1827)二月,扬威将军长龄奏请在阿克苏局铸造的、红钱式样的圆形方孔银钱,不但是清代新疆铸造的最早银币,而且也早于内地的早期上海银币(铸于咸丰六年)及早期福建银币(铸于同治三年)。正如穆渊教授指出的这"在某种程度上反映了由称量货币向计量货币发展的历史趋势,仍有一定的意义"[4]。

5. 是铸造红钱种类最齐全、年号最完整的钱局

在清代新疆七个铸钱局中,阿克苏局虽然不是设立最早的,也不是最后关闭的,甚至实

---

① 《皇朝文献通考》卷十七。
② 穆渊《清代新疆货币史》26页,新疆大学出版社,1994年。
③ 《新疆图志》卷三十四《食货》三《钱法·铜币二》:阿克苏局(附库车铜币)。
④ 穆渊《清代新疆货币史》78页,新疆大学出版社,1994年。

际铸钱时间也没有宝伊局长,但它却是铸造红钱种类最齐全、年号也最多的钱局。如:红钱种类上有无纪值的小平钱、当五的小平红钱、当十、当五十、当百等大钱;年号上先后铸有乾隆、嘉庆、道光、咸丰、同治、光绪等六个年号钱(仅缺宣统)。为南疆各铸钱局中规模最大、铸期最长、年号最全、铸钱最多的钱局。

二、阿克苏局所铸钱币及版别分类

(一)乾隆通宝

乾隆朝阿克苏局所铸红钱与叶尔羌局同期铸钱风格近似,铜质纯净,钱体厚重,文字工整。所见减重钱悉为嘉庆以后各朝遵例补铸,以光绪朝为最多。

1. 背穿左满文阿克苏,穿右维吾尔文阿克苏,方头(コ)通(当朝铸)(图C2-1)
2. 背穿左满文阿克苏,穿右维吾尔文阿克苏,角头(マ)通(当朝铸)(图C2-2)

图C2-1　乾隆阿克苏　　　　　　　　图C2-2　乾隆阿克苏

3. 背穿左满文阿克苏,穿右维吾尔文阿克苏(图C2-3)
4. 穿上大圈文,背穿左满文阿克苏,穿右维吾尔文阿克苏(图C2-4)

图C2-3　乾隆阿克苏　　　　　　　　图C2-4　乾隆阿克苏穿上圈

5. 阿十,背穿左满文阿克苏,穿右维吾尔文阿克苏(图C2-5)
6. 当十,背穿左满文阿克苏,穿右维吾尔文阿克苏(图C2-6)

图C2-5　乾隆阿克苏"阿十"　　　　　图C2-6　乾隆阿克苏"当十"

7. 穿上九,背穿左满文阿克苏,穿右维吾尔文阿克苏(图C2－7)

图C2－7　乾隆阿克苏"背九"

(二)嘉庆通宝

阿克苏局为嘉庆年南疆唯一铸钱局。

背穿左右满、维吾尔文阿克苏(小吉)(图C2－8)

背穿左右满、维吾尔文阿克苏(大吉)(图C2－9)

图C2－8　嘉庆阿克苏(小吉)　　　　　　图C2－9　嘉庆阿克苏(大吉)

(三)道光通宝

阿克苏局为道光年南疆唯一铸钱局。小平钱有铜质和银质两种,银质为道光七年(1827)二月扬威将军长龄所铸。道光八年(1828)那彦成奏请铸以一当十的"八年十"大钱,首开全国铸大钱之先河。

1. 背穿左右满、维吾尔文阿克苏(图C2－10,道光通宝银币见彩图12)。

2. 八年五,背穿左右满、维吾尔文阿克苏(图C2－11)

图C2－10　道光阿克苏　　　　　　　　图C2－11　道光"八年五"

3. 八年十,背穿左右满、维吾尔文阿克苏(图C2－12)

4. 阿十,背穿左右满、维吾尔文阿克苏(图C2－13)

图 C2－12　道光"八年十"

图 C2－13　道光阿克苏"阿十"

（四）咸丰通宝（重宝、元宝）

咸丰三年（1853），阿克苏局紧随内地钱局开始鼓铸咸丰大钱，铸有当十、当五十、当百三种大钱。数量较南疆其他各局为多，版式亦较丰富。

1. 当五，背穿左满文阿克苏，穿右维吾尔文阿克苏（图 C2－14）

2. 当十，背穿左满文阿克苏，穿右维吾尔文阿克苏（图 C2－15）

图 C2－14　咸丰阿克苏"当五"

图 C2－15　咸丰阿克苏"当十"

3. 当五十，背穿左满文阿克苏，穿右维吾尔文阿克苏（图 C2－16）

图 C2－16　咸丰阿克苏"当五十"（小样）

4. 当五十，背穿左满文阿克苏，穿右维吾尔文阿克苏（大样）（图 C2－17）

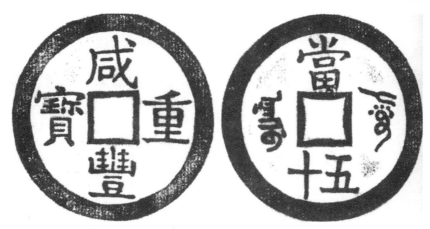

图 C2-17　咸丰阿克苏"当五十"（大样）

5. 当百，背穿左满文阿克苏，穿右维吾尔文阿克苏（图 C2-18）

图 C2-18　咸丰阿克苏"当百"

（五）同治通宝

同治四年（1865），因阿古柏入侵，阿克苏局被迫关闭，直到光绪四年，才重新开炉。所以当五、当十钱，均应铸于同治四年前。

1. 当五，背穿左右满、维吾尔文阿克苏（图 C2-19）
2. 当十，背穿左右满、维吾尔文阿克苏（有黄铜）（图 C2-20）

图 C2-19　同治阿克苏"当五"　　　　图 C2-20　同治阿克苏"当十"

（六）光绪通宝

光绪四年（1878），重新开炉铸钱，中间停铸 3 年，直到光绪十八年（1892）移局库车，此后，再未以阿克苏局名铸钱。

1. 阿十,背穿左右满、维吾尔文阿克苏(图 C2-21)

2. 阿十,背穿左右满、维吾尔文阿克苏(维吾尔文下接圈文)(图 C2-22)

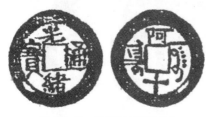  

图 C2-21　光绪阿克苏"阿十"　　　　　　　　图 C2-22　光绪阿克苏"阿十"(维吾尔文下带圈)

3. 阿十,背穿左右维吾尔、满文阿克苏(图 C2-23)

C2-23　光绪阿克苏"阿十"(左维吾尔文)

(七)附:热西丁红钱

库车热西丁和卓于同治三年(1864)在库车自立为汗,建立政权,仿库车局折二红钱形制铸造了圆形方孔维吾尔文红钱。有库车版、阿克苏版两种。

阿克苏版:铭文与库车版完全相同,唯将背面 کوچا "Kucha(库车)"改为 اکسو "Aksu(阿克苏)"(图 C2-24)。数量、品种都少,无纪年,亦无纪值。

图 C2-24　热西丁红钱(阿克苏造)

(原载《中国钱币》2008 年第 4 期,题目为《清代阿克苏局及其铸钱研究》)

乌什局

一、乌什局的设立及其铸钱

(一)乌什局的设立

乌什局是乾隆三十一年(1766),由尚书永贵奏请将阿克苏局移迁乌什铸钱而形成的。这一移迁与当时清政府镇压乌什爆发的一场农民起义后,在政治及军事上所作的一系列调整有关。

乾隆三十年(1765)二月,乌什农民为反抗当地阿奇木伯克及清朝官员的欺压,发动起义并很快攻陷乌什。清政府急调伊犁将军明瑞、喀什噶尔参赞大臣纳世通等率军前去镇压,并派阿桂亲去乌什督办。经过半年多的围攻,清军镇压了乌什起义。

乌什起义被及时镇压,险些造成南疆各回城的群起响应。这是自乾隆二十四年(1759)清政府平定大小和卓叛乱,重新统一新疆后才仅仅六年,就发生的一起反清起义,给清政府在南疆的统治以沉重打击,也大出乾隆皇帝意外。因此,乾隆非常震怒。在残酷镇压起义之后,即将失职的相关官员或斩首或革职,并明定了有关制度。另外,根据伊犁将军明瑞的建议,乾隆又从政治及军事上作了相应的调整。

各城驻扎大臣,当以乌什为(南疆)总汇之地,将参赞大臣由喀什噶尔迁往乌什,兼辖阿克苏及喀什噶尔。颁授"总理各回城事务参赞大臣印"。阿克苏驻防官兵也移驻乌什,并在乌什进行屯田。

经此调整,乌什地位提高,顿时成为清政府管理南疆回部各城的政治及军事中心。顺应这一调整,同时也为铸钱及发放兵饷的便利,将原设于阿克苏的铸钱局移设乌什,也就是顺理成章的事了。因此,乾隆"三十一年(1766),尚书永贵奏将阿克苏钱局移在乌什鼓铸"。"其阿克苏炉局议停"①。从此,乌什便代替阿克苏钱局承担了南疆东、西共八城的用钱供应,成为清政府在新疆设立的第三个铸钱局。

(二)乌什局沿革及大事纪要

乾隆三十一年(1766),尚书永贵奏将阿克苏钱局移往乌什鼓铸。因为是将阿克苏铸钱局整个移来,所以,乌什局铸钱"如阿克苏例"。

---

① 《新疆图志》卷三十四《食货》三《钱法·铜币二》:阿克苏局(附库车铜币)。

嘉庆三年(1798),参赞大臣长麟奏请将乌什钱局仍移回阿克苏铸造。

嘉庆四年(1799),铸钱局从乌什移回阿克苏。

从乾隆三十一年到嘉庆四年(1766—1799)的33年中,乌什局替代阿克苏局,成为东四城唯一的铸钱局。当叶尔羌局于乾隆三十四年(1769)停铸以后,西四城所用钱文亦由乌什局供应。"自炉局移安乌什后,其钱文由乌什按照解发叶尔羌铜三千斤之数,铸就钱文,解送叶尔羌备用"[1]。即叶尔羌局也是由乌什局代铸。从乾隆三十四年至嘉庆四年的30年中,乌什局又成为南疆东、西八城唯一的铸钱局,所铸钱文供整个南疆地区流通使用。

自乾隆三十一年(1766)开始铸钱,直至嘉庆四年(1799)重又移回阿克苏止,乌什局前后历时33年,正式铸钱亦有33年。只铸有"乾隆通宝"一种年号钱,其中还代叶尔羌局铸过钱币。所铸红钱总数约为七万八千三百串。

另外,乌什局是嘉庆四年(1799)才移回阿克苏的,但为什么没有铸造嘉庆年号的红钱呢? 这是因为乾隆皇帝为纪念他重新统一新疆之功劳,曾在乾隆三十九年(1774)规定"乾隆通宝"钱应"永远恪遵,不必改毁另铸"[2]。因此,直至嘉庆四年乾隆皇帝去世后,嘉庆皇帝才于第二年即嘉庆五年(1800)开始按二成"乾隆通宝"、八成"嘉庆通宝"的比例,在新疆铸造"嘉庆"年号钱,而此时铸钱局已由乌什移回了阿克苏,故没有乌什局的"嘉庆通宝"红钱,只有阿克苏局的"嘉庆通宝"红钱。

(三)嘉庆四年铸钱局从乌什又重新移回阿克苏的原因

《新疆图志》记载:"嘉庆三年,参赞大臣长麟奏将乌什钱局仍移阿克苏铸造。"[3]为何在乌什铸造了30多年后又要重新移回阿克苏呢?《新疆图志》对此未作丝毫解释,后人猜测纷纭,但多未得要领。近查清代档案,发现当年长麟在给嘉庆皇帝的奏折《奏为请移设钱局以免扰累仰祈圣鉴事》中,曾有详尽陈述,特引录如下:

> 窃查南路钱局旧设于阿克苏,自乾隆三十一年参赞大臣移驻乌什,亦将钱局移于乌什安设。是不惟钱局所用铜斤系在阿克苏购买,即逐日所需之沙土罐泥亦系在阿克苏刨挖往来运送,徒事迂回,台站几无暇日。且局内所需之各行匠役均系阿克苏回民,每年按春秋两季派赴乌什工作。又局内各炉所需之烧柴木炭亦系由库车、库尔勒、布古尔、沙雅尔、赛里木、拜城等六城回民内,轮年派赴乌什常川砍柴烧炭,以供鼓铸。奴才等推原旧制,缘乌什均系三十二、三十三等年陆续移驻,穷苦回民无力当差应役,不能不派及各城,而各城回民奉派远涉,动辄经年,实属不无苦累。奴才等悉心酌议,应请将钱局仍移回阿克苏,不惟铜斤、铁器、沙土、罐泥不致徒劳台站,即各行匠役亦均得于本城供应,其砍柴烧炭等事尤应于就近筹办,均不得远派各城。如此一转移间,台站回民胥无滋扰,愈得沾被圣恩于无既矣……[4]

乌什地处偏僻,不产铜,亦无熟练匠工,所需一切全靠从阿克苏等处由台站运来。三十

---

① 《西域图志》卷三十五《钱法·行使》。

② 《清实录高宗朝》卷九六二,乾隆三十九年七月丙寅。

③ 《新疆图志》卷三十四《食货》三《钱法·铜币二》:阿克苏局(附库车铜币)。

④ 中国第一历史档案馆:《清史档·军机处录附·财政》三十二。

多年,劳民伤财,实在得不偿失。因此,随着形势的变化,当乌什在南疆逐渐失去其政治、军事中心地位后,将铸钱局再重新移回阿克苏又成了必然之事。遂经参赞大臣长麟奏请后,于嘉庆四年重又移回了阿克苏。

(四)乌什局在新疆红钱发展历史中的地位

乌什局从乾隆三十一年(1766)到嘉庆四年(1799),实际铸钱只有 33 年,也仅铸有一种"乾隆通宝"钱,因其线索的清晰、简单,而使其在新疆红钱铸造史上的重要地位常被忽视。仔细研究,我们发现乌什铸钱的这段时间,在红钱的发展历程中却是一个非常重要的时期。因为,红钱的重量在这期间发生了两次影响深远的减重。

我们知道,乾隆二十五年(1760),叶尔羌局始铸红钱时,每枚重量为二钱,即"初铸时每一普尔重二钱"[1];阿克苏局在乾隆二十六年(1761)设立时,"照叶尔羌之例",每枚红钱的重量亦为二钱;在乾隆三十一年移往乌什铸钱时,"如阿克苏例",所铸钱币的重量也是二钱。这些都是乾隆当朝的初铸钱,总共铸行了 11 年,其共同特点是每枚重量为二钱。

但乌什局在后来铸造的钱币中,却两次进行了减重:

一次是在乾隆三十六年(1771),"更定每一普尔重一钱五分"[2]。即每枚钱币重量由二钱减为一钱五分。

另一次是在乾隆三十九年(1774),"更定每一普尔重一钱二分"[3]。即每枚钱币重量又由一钱五分再减为一钱二分。

乌什局两次将红钱进行了减重,不是偶然的,这是当时新疆南路客观环境的需要。因为:

第一,当初叶尔羌局始铸红钱时,重量定为二钱主要是为了便于收缴、销毁原准噶尔普尔钱,此项工作在乾隆三十三年即已基本完成,铸造重量为二钱的红钱已完成其使命。

第二,经过十多年的稳定发展,随着人口增添、政府及军队开支的增加,红钱需要量大增,但因铜料供应受限,铸钱数不能满足实际需要,出现了"钱少不能流通"的困境。

第三,"银贵钱贱",铜钱不断贬值,是嘉庆、道光直至咸丰年间全国的一个大趋势。综观红钱的发展历程,也在不断贬值。

第四,初铸红钱每枚重量为二钱,似稍偏重,通过减重来寻找其适中的重量也是一个必然趋势。

经过乌什局的两次减重,每文红钱的重量由初铸时的二钱减重为一钱五分,再减重为一钱二分,与内地制钱重量完全相同。由此完成了红钱重量寻找适中定位的过程。此后,在嘉庆、道光、咸丰、同治、光绪直至宣统,期间虽也有变化,但重量始终维持在一钱三分至一钱二分之间。

---

[1][2][3] 《西域图志》卷三十五《钱法·制式》。

二、乌什局所铸钱币及版别分类

乾隆通宝

乾隆三十一年(1766)由阿克苏局移来设局,至嘉庆四年(1799)仍迁回阿克苏止,历时33年,铸钱甚多,初铸与后铸轻重差异悬殊。乌什局钱币折值单一,仅有小平一种,但版式众多。

1. 背穿左满文乌什,穿右维吾尔文乌什(当朝铸造)(图 C3-1)

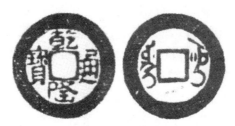

图 C3-1　乾隆乌什

2. 背穿左满文乌什,穿右维吾尔文乌什(后期补铸)(图 C3-2)

图 C3-2　乾隆乌什

3. 背穿左满文乌什,穿右维吾尔文乌什(后期补铸)(图 C3-3)

图 C3-3　乾隆乌什

库车局

一、库车局的设立及其铸钱

(一)库车局的设立

库车局何时设立，文献中并无明确记载。但可以肯定的是，最迟在咸丰六年(1856)库车局是存在的。这与目前所见实物也是相符的。但咸丰六年是始设局还是此前就早已设立了，则众说纷纭，莫衷一是。

彭信威先生认为："道光六年，新疆的张格尔反抗清军，攻陷回疆的喀什噶尔城、英吉沙尔、叶尔羌、和田四城，清军云集阿克苏，对军饷需要大增，钱价昂贵，当局乃添炉赶铸。大概库车局就是在这时设立的。"①彭先生认为库车局设立于道光六年前后。此说似乎成立，因为当时为解决"钱荒"的困难，道光皇帝曾一度考虑委托远在北疆的宝伊局代铸钱币②。在临近的库车设局铸钱则就更是顺理成章的事了。但这仅仅是推测，缺少史料依据。张炯伯则认为咸丰三年(1853)为赶铸大钱，在新疆恢复了叶尔羌和喀什噶尔两局，并新设了库车局③。

近查《新疆图志》，有一段记载应引起我们的注意，文曰："然库车鼓铸红钱历有年所。盖回疆向用红钱，乾隆间阿克苏开炉鼓铸。咸丰间库车亦铸。"④这里明确记载阿克苏局是在乾隆年间开炉鼓铸、库车局亦铸钱于咸丰年间。据此，我们倾向于认为库车局是在咸丰六年为赶铸大钱而设立的。这从库车局所铸大钱中"当百"占四成、"当五十"占二成，"当十"及"当五"各占二成的比例上，亦可看出当时急于铸造大钱的急迫心情。如在道光朝库车局就已设立，则在上引记载中应有所反映，更关键的是所铸钱币实物亦应有所留存。

(二)库车局沿革及大事纪要

至迟于咸丰六年(1856)设立，铸"当百"大钱四成、"当五十"大钱二成、"当十"钱二成、"当五"钱二成。次年，因"当百""当五十"大钱流通困难而停铸，只铸"当十""当五"两种，各占五成。

---

① 彭信威《中国货币史》758页，上海人民出版社，1965年。
② 《清实录·宣宗朝》道光六年。
③ 张炯伯《后素楼清钱谈》，[日]《货币杂志》第199号。
④ 《新疆图志》卷三十四《食货》三《钱法·铜币二》：阿克苏局(附库车铜币)。

同治四年(1865)至光绪三年(1877),因库车回民起义及随后的阿古柏入侵,南疆失陷,被迫停铸。

光绪三年(1877)年底,清军收复新疆,因阿古柏"专用天罡银钱,是以铜钱散失,存留无几"①。币制混乱,且极端缺乏,亟待开炉鼓铸。

光绪四年(1878),库车局首先恢复,帮办新疆军务张曜委派办理库车善后委员龙魁、潘时策负责筹备重开库车局,三月十八日按左宗棠所发之乾隆式钱一枚,重一钱二分者为模,铸"乾隆通宝",每红钱一文重一钱二分,"钱之阴面均以半边月圈为记"②。

光绪九年(1883),罗道长祜详请将库车、阿克苏两处钱局归道属经理,其额征铜斤即自十年上忙起,全数解交道属验收,以资鼓铸,以纾民困。

光绪十一年(1885)六月,库车同知李时熙、铸局委员邹子鸿开小火炉一座,首铸钱模。兴工试办。每文计重一钱三分。以四成铸为"乾隆通宝",余则照常。上用库字,以志库局所制。下仍用十字,以顺舆情。

光绪十二年(1886),藩司魏光涛要求一度停铸的阿克苏开局鼓铸,专收拜城铜,并分供南路十三厅州县之用。库车宝新局即于是年冬撤。

光绪十八年(1892)五月,巡抚陶模以鼓铸红钱,炭为大宗,阿克苏木炭向较库车昂贵,且设炉数年,砍烧殆尽。库车林木休养多年,应将阿克苏铸钱局移设库车鼓铸,仍归库车同知管理,委照磨为帮办。是年8月开炉,由阿克苏调匠工52名,库车雇匠工72名,二共用匠工124名,每日铸红钱110挂。

光绪二十九年(1903),用阿克苏匠夫42名,用本地匠夫82名,开炉6座,每天铸红钱137挂半,提运拜城铜斤,查局内额雇匠夫外,另有民间派夫20名,帮同杂作,以十日为期,轮流更派,历任皆然。

光绪三十三年(1907)、三十四年(1908),铸"光绪丁未""光绪戊申"纪年钱,打破自"开元通宝"以来铸钱传统。

宣统年间(1909—1911),又代乌什局铸"库十"钱,这是清代新疆铸造的最后一种红钱。

库车局从咸丰六年(1856)设立至宣统三年(1911)止,前后历时55年。铸造了咸丰、同治、光绪和宣统四种当朝钱,以及光绪年间补铸的乾隆、道光两种后铸钱。库车局还是新疆各铸钱局中唯一铸造宣统年号钱的钱局。库车局收复新疆后重开,从光绪四年至光绪十二年(1878—1886),光绪十八年至宣统三年(1892—1911),实际铸钱约有二十五六年,所铸红钱总数约为二十七万五千八百四十串(详见表1)。

① 《新疆图志》卷三十四《食货》三《钱法·铜币二》:阿克苏局(附库车铜币)。

表 1：库车局光绪四年至光绪十二年（1878—1886）、光绪十八年至宣统三年（1892—1911）铸币数量统计表[①]

时间	日铸数	卯数（月）	年铸量	共计
1878—1886		8	12480 串	99840 串
1892—1902	110 挂（55 串）	8	11000 串	110000 串
1903—1909	137.5 挂（55 串）（每挂重 40 文）	8	11000 串	66000 串
总计				275840 串（275800000 文）

（三）库车局后来居上，成为南疆最重要钱局

库车地区铜矿资源丰富，历史上在魏晋时期就曾铸造过"龟兹五铢钱"，唐朝安史之乱后亦铸造过"大历元宝"及"建中通宝"等钱币。其所铸钱币也都是采用源自内地的浇铸法，是新疆汉代、魏晋以及唐朝时西域冶炼铜铁、铸造货币及兵器的中心，具有得天独厚的铸钱条件。但是在清代铸行红钱的早期，库车仅仅是提供铜料，没有参与铸造；咸丰六年虽也设局铸钱，但在咸丰、同治年间则始终默默无闻，毫无作为。真正发挥其铸钱优势，有所作为，还是在光绪四年（1878）清政府重新收复新疆后，才表现出来。

阿古柏占领南疆的十多年间"专用天罡银钱，是以铜钱散失，存留无几"[②]。致使南疆币制紊乱，市面上既有阿古柏银质天罡、铜质普尔，又有未收尽的原准噶尔普尔钱，五花八门，极为混乱，红钱极端缺乏。因此，重新收复新疆后，亟待开炉广铸红钱。

库车局是收复新疆后恢复最早的钱局，由帮办新疆军务张曜委派办理库车善后委员龙魁、潘时策于光绪四年（1878）三月十八日重开的。阿克苏局则半年后于九月才开。库车局地位迅速提高，与南疆最大的钱局阿克苏局并驾齐驱，共同承担了重新恢复红钱制度的重任。

重开后的库车局，首先按照左宗棠发来的一枚内地制钱式样的、重量为一钱二分的"乾隆通宝"钱币为模，铸造了重量也为一钱二分的红钱，但在钱的背面均铸有"半边月圈"作为记号。

光绪十八年（1892）五月，新疆巡抚陶模为节省铸钱成本，将阿克苏局关闭，原阿克苏局铸钱设备及匠工全部移归库车局鼓铸。由库车同知负责管理铸钱事务，委照磨为帮办。

由此，库车局后来居上，成为南疆最大的钱局，并一直坚持到宣统年间。其代乌什局铸造的"库十"钱，就是清代新疆铸造的最后一种红钱。现存数量最多的"光绪通宝"背"库十"及"宝库新十"红钱，就是库车局在光绪十八年后所铸。

（四）铸造了三种有特殊纪念意义的红钱

1. 建省纪念币

光绪十年（1884）新疆建省，为纪念这件大事，库车局特意铸造了两种建省纪念币。正面均为"光绪通宝"，背面穿上为"九年"，穿下为"十"字。一种穿左右为满、维吾尔文"库车"（图 C4－27）；另一种穿左右为满文"宝库"（图 C4－28）。这里汉文"十"字，只是作为官铸小平钱

---

① 引自穆渊《清代新疆货币史》134 页，新疆大学出版社，1994 年。

② 《新疆图志》卷三十四《食货》三《钱法·铜币二》：阿克苏局（附库车铜币）。

的一种例行标志,并没有"当十"的含义。"九年"二字,显然是模仿道光"八年十"的格式,用以纪年而别有寓意。因为新疆建省这一过程是从光绪九年(1883)开始,十年任命刘锦棠为巡抚后始告完成,故钱文纪年用的是"九年"。铸造流通的纪年铜质方孔圆钱建省纪念币,这也是库车局的一大创新。

2. 干支纪年红钱

我国古代的铸币传统,自唐武德四年铸"开元通宝"以来,钱币的正面就一直是年号加"通宝"二字[1],历朝历代铸钱都始终坚持这一惯例,清代各铸钱局更是严格遵循。但是,库车局却在光绪三十三年(1907,农历丁未年)和三十四年(1908,农历戊申年)铸造"宝库·新十"钱时,两次勇敢地打破了这一惯例,钱币正面不是按惯例用"光绪"年号加"通宝"二字,而是"光绪"年号加农历干支纪年"丁未"和"戊申",即"光绪丁未"(图C4-37)和"光绪戊申"(图C4-38)。这两种钱币以农历干支纪名,实际上它既是一种纪名钱,同时也是一种纪年钱。这实在是太过大胆与别出心裁,彭信威先生认为"这在中国的钱制上是一种创制"[2]。但可惜的是制作过于粗陋。

3. 最后的红钱

新疆红钱中的最后一种是"宣统通宝",铸造于宣统元年(1909)。正面"宣统通宝"四字对读,背面穿上汉文"库"字代表库车,穿下汉文"十"字是作为官铸小平钱的例行标志,没有当十含义。穿左右为满、维吾尔文"Ushi"(汉译"乌什"),它是由库车局代乌什局铸造的(图C4-39)。清代南疆各铸钱局常有相互代铸钱币之事,惯常背面穿左右用满、维吾尔文所记的地名为实际铸造钱币的局名,穿上用汉字标注所代铸的钱局名称,如"阿""库""喀"等字即分别代表阿克苏、库车、喀什噶尔等。库车局在宣统元年代乌什局铸造"宣统通宝"时,却打破了代铸钱币在背面记地名时的惯例,反其道而行之,用满、维吾尔文注明所代铸的局名乌什,汉字"库十"却表明此钱实际为库车所铸。即"上用库字,以志库局所制。下仍用十字,以顺舆情"[3]。

(五)铸钱种类最为繁多、版式最为复杂的钱局

新疆红钱向来以其种类众多、版式繁杂、违反惯例、别出心裁而为红钱收藏爱好者所熟知。红钱的这一特点在光绪四年(1878)库车局重开后所铸钱币中,都得到了最为充分的体现。试举例概括如下:

1. 模仿制钱用满文"宝库"记局名

自乾隆二十五年(1760)设立叶尔羌局开始,清政府对南疆各钱局铸钱就有明确规定:"正面遵用天朝年号,以彰同文之制;幕文兼用回字者,从其俗也。"[4]即背面用满文及维吾尔文标注铸钱局名。但库车局却违背这一规定,模仿制钱记局名的方式,用满文"宝库",而不用维吾尔文,又一次打破"幕文兼用回字者,从其俗也"这一红钱惯例。如:"乾隆通宝"背"库

① 只在清代咸丰年间铸大钱时,除小平钱以外的大钱,根据面值的不同,又称为"重宝"或"元宝",而稍有变化。

② 彭信威《中国货币史》761页,上海人民出版社,1965年。

③ 《新疆图志》卷三十四《食货》三《钱法·铜币二》:阿克苏局(附库车铜币)。

④ 《西域图志》卷三十五《钱法·制式》。

十"(图 C4－3)、"同治通宝"背"库十"(图 C4－24)、"光绪通宝"背"库十"(图 C4－29、C4－30)等。

2. 背面均以半边月圈为记

红钱背面穿左右用满文及维吾尔文标注铸钱局名,穿上下多用汉字标注地名及"十"字。因无空间,故基本再不标注其他符号。但库车局为显示其个性,却要在"钱之阴面均以半边月圈为记"[1]。如:"光绪通宝"背"宝库·库十"(图 C4－34、C4－35)、"同治通宝"背"宝库·库十"(图 C4－22、C4－23)等。

3. 背维吾尔文不标局名,而为拼写的汉文"光绪"

后期补铸的"乾隆通宝"有一种背面不用满文,亦无汉字,只用维吾尔文。维吾尔文标注的不是局名,却是拼写的汉文"光绪"二字。这一别出心裁,实在令人称奇。该钱版别上分为穿上带半边月圈(图 C4－6)与不带半边月圈(图 C4－5)两种。

4. 背别出心裁纪"库局"

红钱背面穿左右一般为满文及维吾尔文标注铸钱局名,穿上下多用汉字标注地名及"十"字。库车局在后铸的一种"乾隆通宝"钱背面,违背惯例,穿左右铸满文"宝库",穿上下别出心裁地标注汉文"库局"二字,而不用维吾尔文(图 C4－2)。

5. 背维吾尔文书写极不规范

因库车局铸钱工匠均为当地维吾尔族,技艺又最为娴熟,"他属匠工又不及库车匠工之技艺娴熟"[2],故理应将维吾尔文书写规范、工整,以便于当地民众使用。而实际上正相反,在"光绪通宝"背"库十、满、维吾尔文库车"钱币(图 C4－32)及"乾隆通宝"背用维吾尔文拼写的汉字"光绪"钱币中,维吾尔文都书写得既不工整,又不规范,让人匪夷所思,不可理解。

6. 铸造内地局名红钱

光绪四年,库车局首先恢复,三月十八日左宗棠即发内地钱局铸造的"乾隆通宝"制钱一枚为模,重一钱二分,要库车局据此铸造红钱。由此开始,库车局先后铸造了"宝浙"(图 C4－10)、"宝源"(图 C4－8)、"宝泉"(图 C4－9)、"宝陕"、"宝云"、"宝川"等内地局名的红钱。更增加了红钱版别的多样性、复杂性。

二、库车局所铸钱币及版别分类

(一)乾隆通宝

咸丰六年(1856)设局,库车局乾隆钱全为光绪四年(1878)库车局重开后补铸,数量多,版式亦杂。其中,汉字"库局"钱最有新意,背维吾尔文"光绪"更是令人称奇。

1. 背穿左右满、维吾尔文库车(图 C4－1)

2. 库局,背穿左右满文宝库(图 C4－2)

---

① 《新疆图志》卷三十四《食货》三《钱法·铜币二》:阿克苏局(附库车铜币)。
② 《新疆图志》卷三十四《食货》三《钱法·铜币一》:迪化局。

图 C4-1　乾隆库车　　　　　　　　　图 C4-2　乾隆"库局"

3. 库十,背穿左右满文宝库(图 C4-3)

4. 当十,背穿左右满、维吾尔文库车(图 C4-4)

图 C4-3　乾隆宝库"库十"　　　　　　图 C4-4　乾隆库车"当十"

5. 背维吾尔文"光绪"(图 C4-5)

6. 背维吾尔文"光绪",穿上巨月(图 C4-6)

图 C4-5　乾隆背维吾尔文"光绪"　　　　C4-6　乾隆背维吾尔文"光绪"(背月)

7. 仿宝源局,背穿左右满文宝源(图 C4-7)

8. 仿宝源局,背穿左右满文宝源(穿上半月圈)(图 C4-8)

图 C4-7　乾隆宝源　　　　　　　　　图 C4-8　乾隆宝源(背月)

9. 仿宝泉局,背穿左右满文宝泉(图 C4-9)

10. 仿宝浙局,背穿左右满文宝浙(图 C4-10)

图 C4 - 9　乾隆宝泉　　　　　　　　　　图 C4 - 10　乾隆宝浙

（二）道光通宝

道光年库车尚未设局，"道光宝库库十"钱、"道光库车库十"钱均为后铸，"道光宝库新十"为库车局代迪化宝新局铸。

1. 新十，背满文宝库（图 C4 - 11）

2. 库十，背满文宝库（图 C4 - 12）

图 C4 - 11　道光宝库"新十"　　　　　　图 C4 - 12　道光宝库"库十"

3. 库十，背满、维吾尔文库车（图 C4 - 13）

图 C4 - 13　道光库车"库十"

（三）咸丰通宝（重宝、元宝）

设局时间待考，但咸丰六年铸当五、当十、当五十、当百大钱却有记载。次年即停铸当五十、当百大钱，"尽量加铸当十、当五普尔钱"。因此，库车局当五十、当百大钱比较稀少。

1. 当五，背穿左右满、维吾尔文库车（图 C4 - 14）

2. 当十，背穿左右满、维吾尔文库车（图 C4 - 15）

图 C4 - 14　咸丰库车"当五"　　　　　　图 C4 - 15　咸丰库车"当十"

3. 当五十,背穿左右满、维吾尔文库车(图 C4 - 16)

图 C4 - 16　咸丰库车当"五十"

4. 当百,背穿左右满、维吾尔文库车(图 C4 - 17)

图 C4 - 17　咸丰库车"当百"

(四)同治通宝

同治初年,库车局以咸丰钱模改"咸丰"为"同治",铸当五、当十钱。其中当十钱较多,当五者稀少。

1. 当五,背穿左右满、维吾尔文库车(图 C4 - 18)

2. 当十,背穿左右满、维吾尔文库车(图 C4 - 19)

图 C4 - 18　同治库车"当五"

图 C4 - 19　同治库车"当十"

3. 库十,背穿左右满、维吾尔文库车(图 C4 - 20)

4. 库十,背穿左右满、维吾尔文库车(长扩水"治",维吾尔文库车异书)(图 C4 - 21)

　　图C4-20　同治库车"库十"　　　　　　　　图C4-21　同治库车"库十"

5. 库十,背穿左右满、维吾尔文库车(维吾尔文库车异书并带月文)(图C4-22)

6. 库十,背穿左右满、维吾尔文库车(维吾尔文库车异书四角带月文)(图C4-23)

　　图C4-22　同治库车"库十"(1月)　　　　　图C4-23　同治库车"库十"(4月)

7. 库十,背满文宝库(图C4-24)

8. 新十,背满文宝库(图C4-25)

　　图C4-24　同治宝库"库十"　　　　　　　　图C4-25　同治宝库"新十"

(五)光绪通宝

光绪四年(1878)率先开炉铸钱,直至宣统初年。为光绪年新疆铸钱最多的钱局,自铸钱币五花八门,同时还补铸、仿铸、代铸了大批其他局的钱及前朝钱,其中尤以"九年十"、"光绪丁未"、"光绪戊申"等最为独特。

1. 背穿左右满、维吾尔文库车(图C4-26)

2. 九年十,背穿左右满、维吾尔文库车(图C4-27)

　　图C4-26　光绪库车　　　　　　　　　　　图C4-27　光绪库车"九年十"

3. 九年十,背满文宝库(图 C4-28)

4. 库十,背满文宝库(图 C4-29)

图 C4-28　光绪宝库"九年十"

图 C4-29　光绪宝库"库十"

5. 库十,背满文宝库(大字版)(图 C4-30)

6. 库十,背穿左右满、维吾尔文库车(图 C4-31)

图 C4-30　光绪宝库"库十"

图 C4-31　光绪库车"库十"

7. 库十,背穿左右满、维吾尔文库车(维吾尔文库车异书)(图 C4-32)

8. 库十,背穿左右满、维吾尔文库车(维吾尔文库车异书,并带一月文)(图 C4-33)

图 C4-32　光绪库车"库十"

图 C4-33　光绪库车"库十"(1 月)

9. 库十,背穿左右满、维吾尔文库车(维吾尔文库车异书并带双月文)(图 C4-34)

10. 库十,背穿左右满、维吾尔文库车(维吾尔文库车异书四角带月文)(图 C4-35)

图 C4-34　光绪库车"库十"(双月)

图 C4-35　光绪库车"库十"(4 月)

11. 新十,背满文宝库(图 C4-36)

12. 光绪丁未,新十,背满文宝库(图 C4-37)

13. 光绪戊申,新十,背满文宝库(图 C4-38)

图 C4-36　光绪宝库"新十"

图 C4-37　光绪丁未宝库"新十"

图 C4-38　光绪戊申宝库"新十"

（六）宣统通宝

是新疆铸行的最后一种红钱,为库车局代乌什局铸造。乌什局实际只在乾隆朝自铸过钱,其余乌什局钱,均为它局代铸。宣统通宝钱铸造粗糙,数量少。

库十,背穿左右满、维吾尔文乌什(库车局代铸)(图 C4-39)

（七）附:热西丁红钱

库车热西丁(Rashidin)大阿訇于同治三年(1864)在库车自立为汗,建立政权,仿库车局折二红钱形制铸造了圆形方孔维吾尔文红钱。有库车版、阿克苏版两种。

库车版:正面铭文ساييدت قازى راشدذدن قان"Sayit Ghazi Rashidin Han(Khan)"(汉译"赛伊德哈孜热西丁汗"),背面铭文كوچا سالتاناتى داردسزارپ"Zarb Daris-Saltanati Kucha"(汉译"铸于圣城库车")(图 C4-40)。数量多,版式杂,纪年有回历 1281 年、1283 年,纪值为回文 ٢,即为折二红钱。

图 C4-39　宣统"库十"

图 C4-40　热西丁(库车)

（原载《中国钱币》2010 年第 3 期）

喀什噶尔局

一、喀什噶尔局的设立及其铸钱

(一)喀什噶尔局的设立

喀什噶尔何时设局，文献中并无明确记载。可能如同库车局一样，也是在咸丰年间为赶铸大钱而设立。因为喀什噶尔局在咸丰五年(1855)正月铸造了"当百""当五十""当十"等钱币，这与目前所见实物也是相符的。所以，可以说最迟在咸丰五年喀什噶尔局是存在的。咸丰九年(1859)，喀什噶尔局停铸。

同治年间喀什噶尔局未铸过钱币，可能和乾隆年间一样，喀什地区所用钱币由叶尔羌局供应。"于叶尔羌设局销毁原钱，改铸制钱形式，重二钱，仍名普尔。……给叶尔羌、喀什噶尔、和阗三城通用"①。

光绪三年(1877)年底，清军收复新疆，南疆的库车局、阿克苏局分别于光绪四年(1878)三月及九月相继恢复重开，而喀什噶尔局并未马上重开。这一时期，喀什地区市面上流通的货币十分混乱，除由库车局和阿克苏局代铸的红钱外，还有大量的阿古柏天罡银币及没有销毁尽的原准噶尔普尔钱。其中阿古柏天罡银币还参杂有大量的私铸、伪造。"平定以后，制钱少而红钱来自库车，则天罡又与红钱并用"②。混乱、庞杂的货币，严重影响了市面交易。为了广铸红钱，尽快收缴销毁阿古柏的天罡银币，清政府才又于光绪十四年(1888)重开喀什噶尔局，铸造红钱。

据《新疆图志》记载，光绪十三年(1887)，南疆喀什地区严禁流通天罡银币，而市面上红钱又十分奇缺，遂导致"每银一两，仅换红钱三百余文"③，出现了严重的"钱荒"问题。为了解决这一"钱荒"困难，喀什道袁尧龄于光绪十四年"禀请委员开炉铸钱，由库储项下借发铸局工本银一千两，并饬黄牧丙锟试办矿务"④。因矿铜不足，便熔铸废炮五尊，铸钱二百二十串，每文重一钱三分，每红钱五百文作银一两，初步缓解了"钱荒"。第二年(光绪十五年，1889)，又从喀什、叶尔羌收采铜料，铸钱二千二百九十余串，每钱四百文作银一两。这才基本解决了因收缴天罡银币而导致的"钱荒"。

---

① 《新疆图志》卷三十四《食货》三《钱法·铜币二》：阿克苏局(附库车铜币)。
②③④ 《新疆图志》卷三十四《食货》三《钱法·铜币三》：喀什噶尔局。

（二）喀什噶尔局沿革及大事纪要

咸丰五年（1855）正月，喀什噶尔设局铸造"当百""当五十""当十"等钱币。

咸丰九年（1859），喀什噶尔局停铸。

光绪十四年（1888），重开喀什噶尔局，主要是为了禁绝天罡银币。喀什道袁尧龄"禀请委员开炉铸钱"，由黄丙锟负责试办矿务。因矿铜不足，熔铸废炮五尊，"铸钱二百二十串，每文重一钱三分。每红钱五百文作银一两"[①]。

光绪十五年（1889），又"收采喀（什）、叶（尔羌）各属铜斤，岁铸钱二千二百九十余串。每钱四百文作银一两"[②]。

光绪十九年（1893）二月，"定章矿铸两务"，这年冬天，在回城前防营东隅扩建成矿物铸钱局一所，另有外炉厂一所，洗铜水池一个。

光绪二十一年（1895），藩司丁振铎将矿、铸两务分开管理，分别立案。铸厂用铸工五十名，规定每年铸红钱九卯，共铸成一万二千八百挂（每日五十挂）。每年需更换钱模一次。

光绪二十四年（1898）八月，颁发矿务铸钱局钤记。

光绪二十八年（1902）暑，喀什道朱冕荣请将矿铸局改归疏附县兼办。

喀什噶尔铸钱局何时关闭，《新疆图志》未有明确记载，考虑到《新疆图志》所收录的资料截止于光绪三十四年（1908），因此，我们认为喀什噶尔铸钱局关闭时间最晚也应在光绪三十四年（1908）之后。

从咸丰五年（1855）至光绪三十四年（1908），五十三年的时间里，喀什噶尔局实际铸钱也就二十四年，只在咸丰和光绪两朝铸过这两种年号钱。此外，还铸过三种乾隆年号的后期补铸钱，这应该是光绪年间由库车和阿克苏两局代铸的。喀什噶尔局所铸红钱总数约为六万多串（详见表1）。

表1：喀什噶尔局光绪十四年至光绪三十四年（1888—1908）铸币数量统计表[③]

时间	日铸数	卯数	年铸量	共计
1888			220 串	220 串
1889—1904			2290 串	34350 串
1905—1908	50 挂（25 串）	9（个月）	6400 串（12800 挂）	25600 串
总计				60170 串（60170000 文）

（三）收缴天罡银币熔铸银锭

如前所述，光绪十四年（1888）重开喀什噶尔铸钱局的主要目的，是为解决南疆地区因禁绝天罡银币（包括阿古柏天罡及光绪天罡）而导致的"钱荒"问题。阿古柏天罡是指阿古柏侵占南疆期间，仿照浩罕汗国银币的式样而打制的一种圆形无孔小银币。光绪天罡是指光绪

---

① ② 《新疆图志》卷三十四《食货》三《钱法·铜币三》：喀什噶尔局。

③ 引自穆渊《清代新疆货币史》137 页，新疆大学出版社，1994 年。

三年(1877)十月,清军收复南疆后,为了照顾南疆维吾尔民众习用天罡银币的习惯,首先由张曜在库车招募当地银匠,仿照阿古柏天罡银币式样,打制的中间铸有方框及汉文"光绪银钱"的无孔天罡小银币①,用以收缴阿古柏天罡银币。这种小天罡银币在平定南疆初期,为稳定社会,便利市面交易,曾起了一定作用。但是后来因为"或掺杂铜铅,或剪边伪造,为害闾阎,行用日滞。设省以后,屡议禁革,乃以红钱缺乏,商市不能流通,旋禁旋用,卒难一洗从前陋习"②。此种天罡银币,使用时"仍称轻重,不能计枚数而算五分"③。虽然带来诸多不便,并因掺假、剪边以及伪造而严重影响市面交易。但是,因为当时红钱缺乏,虽经多次禁革,也始终没能禁绝。这次重开喀什噶尔局,就是要广铸红钱,以期彻底收缴销毁天罡银币。

据《新疆图志》记载,喀什噶尔铸钱局收缴天罡银币的工作,是由疏勒州的州牧黄丙锟具体负责组织的。在州署旁设钱炉,将收缴的天罡银币销毁熔铸成中国传统习用的银锭,银锭大小从一两到十两不等,每个银锭上"刻有年月、县名及匠工名字,……银锭铸后发交原主领去。愿铸大宝者听,提出铜铅,当面发还。酌定铸银五、十两小锭,给工银 1 两 5 钱。大宝给工银 1 两,炭价口食一并在内。行之数月,改铸渐稀。于是禀请就地觅雇工匠数人,试铸红钱"④。

因措施得当,仅几个月后,市面上的各色天罡银币就基本被收缴改铸成银锭了,在完成这一工作后,喀什噶尔铸钱局才开始试铸红钱。实际上,天罡银币仍未禁绝,因为,即使到今天我们仍能见到各色天罡银币。

(四)对和阗局和喀什噶尔局乾隆通宝样钱及所谓的英吉沙尔钱局的考证

清代在新疆天山南路先后设有叶尔羌、阿克苏、乌什、库车、喀什噶尔等五个铸钱局铸造红钱,流通于新疆南路红钱区。其中叶尔羌、阿克苏、乌什三局的设立、停铸都有明确的文献记载;库车、喀什噶尔两局虽然设立时间,史料中无明确记载,但可以肯定的是至少在咸丰年间就已设局,后在光绪年间又都重开,其重开及最后停铸都有确切记载,没有疑问。但是,在此五局之外是否另有"和阗局"及"英吉沙尔局",多年来则众说纷纭。因为,在《故宫清钱谱》、《古钱大辞典》、《新疆清钱谱》等比较有影响的钱币书目中都收有部分样钱或臆造品。遂给造假者以可乘之机,使很多初学者受骗上当。很有必要就和阗局和喀什噶尔局乾隆通宝样钱以及所谓的"英吉沙尔局"咸丰通宝(元宝)作一考释。

1. 和阗局和喀什噶尔局"乾隆通宝"样钱

和阗在有清一代既未设局,更无铸钱。所使用的货币最初由叶尔羌局供应,叶尔羌局停铸后,则由阿克苏局和乌什局供应。喀什噶尔在乾隆年间亦未设局铸钱,所需钱币同样也是由叶尔羌局以及阿克苏局和乌什局供应。但是,在《故宫清钱谱》中却收录了"乾隆通宝"背铸满、维吾尔文"和田"和"喀什噶尔"的样钱⑤,这说明当初乾隆皇帝曾有过在和阗和喀什噶

---

① 也有不带汉字的,在库车、阿克苏、喀什噶尔、叶尔羌、和阗、英吉沙等地都有铸造。因是各地自行打制,并无统一标准和模式,故大小不一,种类众多,品种极为庞杂。

②③④ 《新疆图志》卷三十四《食货》三《钱法·铜币三》:喀什噶尔局。

⑤ 《故宫清钱谱》编号二十三,9 页,北京大学出版社,1989 年。需要注意的是:样钱"乾隆通宝"背面维吾尔文喀什噶尔的书写字体与咸丰及光绪年间喀什噶尔局所铸钱币的字体书写不同。

尔设局的计划,可能是因为和阗以及喀什噶尔没有铜矿,最终没有设局,自然也就没有铸钱。所以,除《故宫清钱谱》中所收录的和阗局"乾隆通宝"样钱是真的外,其余所谓的和阗局钱币全部都应该是假的,如《钱币天地》所收和阗局咸丰"当五百""当千"等钱币[1]。

和田局和喀什噶尔局"乾隆通宝"样钱

2. 所谓的"英吉沙尔局"钱币

英吉沙尔为南疆西四城之一,位于叶尔羌和喀什噶尔之间,所用钱币如同和阗一样,最初由叶尔羌局供应,叶尔羌局停铸后,则由阿克苏局和乌什局供应。《古钱大辞典》所收咸丰"当千"[2]、《新疆清钱谱》所收咸丰"当五百"[3]、《钱币天地》所收咸丰小平钱等均为臆造品[4]。正如朱卓鹏父子在《新疆红钱》书中指出的"如果没有这几枚臆造品的出现,那么所谓'英吉沙尔局'也就无从谈起了"[5]。

①　曾泽禄《泉品小注》48 页,载台湾《钱币天地》第 6 卷第 2 期。
②　《古钱大辞典》上册,1168 页,中华书局,1982 年。
③　陈鸿禧、兰吉聪《新疆清钱谱》,台北,1982 年。
④　蓝吉聪《咸丰普尔钱拾遗》36 页,载台湾《钱币天地》第 6 卷第 1 期。
⑤　朱卓鹏等《新疆红钱》26 页,学林出版社,1991 年。

所谓"英吉沙尔局"钱币

二、喀什噶尔局所铸钱币及版别分类

（一）乾隆通宝

何时设局，史无记载。但以所存钱币实物分析，应在咸丰四年至五年（1854—1855），咸丰九年（1859）即停铸，铸量很少。乾隆喀十（什）钱，为库车及阿克苏两局于光绪年间补铸。

1. 喀十，背穿左右满文宝库（库车局代喀什噶尔局补铸）（图 C5-1）

2. 喀十，背穿左右满、维吾尔文阿克苏（阿克苏局代喀什噶尔局补铸）（图 C5-2）

图 C5-1　乾隆宝库"喀十"　　　　　　　　图 C5-2　乾隆阿克苏"喀十"

3. 喀什，背满文宝泉（阿克苏局仿宝泉局代喀什噶尔局补铸）（图 C5-3）

图 C5-3　乾隆宝泉"喀什"

（二）咸丰通宝（重宝、元宝）

咸丰四年或五年设局铸钱，铸有当十、当五十、当百三种大钱，多粗糙不精，但数量稀少。

1. 当五,背穿左右满、维吾尔文喀什噶尔(图 C5-4)
2. 当十,背穿左右满、维吾尔文喀什噶尔(图 C5-5)

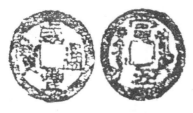

图 C5-4　咸丰喀什"当五"

图 C5-5　咸丰喀什"当十"

3. 当五十,背穿左右满、维吾尔文喀什噶尔(图 C5-6)
4. 当百,背穿左右满、维吾尔文喀什噶尔(图 C5-7)

图 C5-6　咸丰喀什"当五十"

图 C5-7　咸丰喀什"当百"

(三)光绪通宝

光绪十四年(1888)喀什噶尔局重开铸钱,数量少。常见"喀十"钱是由阿克苏局及库车局代铸。

1. 喀十,背穿左右维、满文喀什噶尔(图 C5-8)
2. 喀十,背穿左右维、满文喀什噶尔(维吾尔文喀什噶尔异书)(图 C5-9)

图 C5-8　光绪喀什"喀十"

图 C5-9　光绪喀什噶尔"喀十"

3. 喀十,背穿左满文宝,穿右维吾尔文喀什噶尔(图 C5-10)

4. 喀十,背穿左右满、维吾尔文阿克苏(阿克苏局代铸)(图 C5-11)

图 C5-10　光绪宝喀什"喀十"

图 C5-11　光绪阿克苏"喀十"

5. 喀十,背满文宝库(库车局代铸)(图 C5-12)

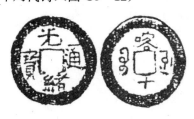

图 C5-12　光绪宝库"喀十"

宝迪局(宝新局)

一、宝迪局的设立及其铸钱

(一)宝迪局的设立

宝迪局虽然在咸丰八年(1858)才正式设立,但却早在咸丰四年(1854)十二月开始筹建时,就已开始铸钱了。这一方面是为了响应当时全国赶铸咸丰大钱的热潮,另一方面也是因为在迪化南山发现了铜铅矿,为补财政之不足,清政府采用捐资办法筹组钱局,以便铸钱。因此,宝迪局不同新疆其他各局,不是先设立好钱局后再铸钱,而是边筹组边铸钱,在咸丰八年宝迪局正式设立之前,宝迪局的钱币已于咸丰五年(1855)就铸造发行了。

宝迪局设于北疆的迪化(乌鲁木齐),与北疆的另一铸钱局宝伊局同属于制钱区,都只铸造制钱,而不铸红钱。鉴于当时宝伊局铸造的当千、当五百等大钱因折当过多,不便行使,只铸造当百以下大钱的实际情况,宝迪局在咸丰五年铸造大钱时,所铸钱币也都是当百以下如"当八""当十"等低面值的大钱。另铸有一种"当八十"的大钱,但数量很少。

宝迪局因采用边筹组边铸钱的方式,积极响应清政府当时赶铸大钱的政策,深得当局满意,曾受到褒奖,铸钱有功人员还于咸丰七年得到升迁奖赏[①]。

光绪十二年(1886)七月重开,名称改为"迪化宝新局"。

(二)宝迪局(宝新局)沿革及大事纪要

咸丰四年(1854)十二月开始筹建。为赶铸大钱,在筹组的同时即已开始铸钱。

咸丰五年(1855)铸造"当八""当十"大钱。另铸有一种"当八十"大钱。

咸丰七年(1857)拟将"当八""当十"大钱加重,未获户部同意,遂停铸"当八"钱,加铸大型"当十"钱。同年,宝迪局因铸大钱积极受到褒奖,铸钱有功人员亦获升迁奖赏。

咸丰八年(1858)正式设立。

咸丰十一年(1861)三月十五日,宝迪局停铸大钱。

同治三年(1864)因妥得璘在迪化起事及随后的阿古柏入侵而停铸。

光绪十二年(1886)七月重开,名称改为"迪化宝新局"。巡抚刘锦棠委派迪化州判邹子

---

① 《乌鲁木齐200年大事年表》载,咸丰七年(1857)四月十九日"因铸造铜钱,地方驻军开办铜厂有功,清政府赏游击彦禄翎,千总李科至翎,其有功官员一律升级"。

鸿为经理负责管理。初设钱炉二座,次年又增添一座,光绪十六年又增添二座,共有钱炉五座。由库车厅调匠夫二十名,吐鲁番厅调匠夫五十名。开始采用库车局办法,"以泥窝熔铜,但因岚炭火烈,窝多破烂"。后又依照川陕办法,"以小泥罐盛铜",但均效果不佳,"仍多破烂"。于是"仿南省铁厂烧水倒锅之法,以班炉溶铜"才最终解决技术难题①。铸钱所用铜料从迪化南山及库车两处采办。用模十二付。日铸成红钱一百挂,每挂五百文,每红钱四百文作合银一两。

光绪十六年(1890)二月,藩司饶应祺详准岁铸红钱八卯。每年铸钱一万三千二百串文,每红钱一文计重一钱三分,照每钱四百文作银一两。

光绪十八年(1892)五月,巡抚陶模"以铸钱字法模糊不明,每红钱一文准加重五厘"。即重一钱三分五厘,以便"加工凿磨"。"添匠工四十四名,共用匠夫一百五十九名,每日铸成红钱一百挂"②。

此时宝迪局"每年需铜近十万斤",但南山铜矿不旺,光绪二十一年(1895)"运解未满万斤,请饬拜城县,自二十一年起每年加采铜三万斤,连每年应解省铜一万斤,共四万斤"。后又加至"令每年采铜五万六千斤解省注为定额"供应宝迪局③。库车原接运的五万斤铜,因光绪十八年(1892)阿克苏局移库车后,"遂留以自顾"。致使宝迪局铸钱"全持拜城铜接济"④。

因铜料匮乏,光绪二十二年(1896),藩司丁振铎消减铸费十分之四,日铸钱六十六挂;二十三年"日铸红钱八十一挂";二十五年"用南山铜一万余斤,拜城铜额解六万斤,每日成钱六十五挂";三十三年,"铜斤不济,每日铸红钱六十挂"⑤。

光绪三十四年(1908)八月,"铜斤铸竣,停铸"⑥。

自咸丰五年(1855)开始铸钱,直至光绪三十四年(1908)八月,"铜斤铸竣,停铸"止,宝迪局前后历时约有53年,正式铸钱约有28年。仅在咸丰和光绪两朝分别以"宝迪局"和"迪化宝新局"的名义铸造过上述两种年号钱,其中以"光绪通宝"背"新十"钱数量最多。迪化宝新局所铸钱币总数约为二十三万九千九百七十四串(详见表1)。

表1:迪化宝新局光绪十二年至光绪三十四年(1886—1908)铸币量统计表⑦

时间	日铸数	卯数	年铸量	共计
1886—1889	100 挂(50 串)	8(个月)	12000 串	42000 串
1890—1891		8	13200 串	26400 串
1892—1894	100 挂(50 串)	7.5	11250 串	33750 串

①②③⑤⑥ 《新疆图志》卷三十四《食货》三《钱法·铜币一》:迪化局。

④ 《新疆图志》卷三十四《食货》三《钱法·铜币二》:阿克苏局(附库车铜币)。

⑦ 引自穆渊《清代新疆货币史》128 页,新疆大学出版社,1994 年。

时间	日铸数	卯数	年铸量	共计
1895	110 挂(55 串)	7	10850 串	10850 串
1896	66 挂(33 串)	7	6468 串	6468 串
1897—1898	81 挂(40.5 串)	7	8505 串	17010 串
1899—1902	65 挂(32.5 串)	8	7800 串	23400 串
1903—1906	120 挂(减重)(60 串)	8	14800 串	59200 串
1907—1908	60 挂(减重)(30 串)	8	7400 串	11100 串
总计				239974 串 239970000 文

(三)铸造"当八""当八十"两种特殊比值的制钱

宝迪局所铸钱币只有制钱一种,光绪十二年(1886)七月重开后,名称改为"迪化宝新局",则专铸红钱,这是因为巡抚刘锦棠计划用红钱制度统一新疆货币的缘故。宝迪局铸造的制钱,除"当十"外,另有"当八""当八十"两种特殊面值的钱,这在众多的咸丰大钱中,是特有的两种面值,殊为特别,这和当时新疆北路制钱和白银的兑换比值有关。咸丰年间新疆北路制钱区银钱的兑换比值是制钱八百文兑银一两,则八十文兑银一钱、八文兑银一分。所以,因地制宜,宝迪局考虑银钱比价和兑用方便而铸造了"当八"和"当八十"两种大钱。北疆制钱区的另一铸钱局宝伊局铸造"当四"钱,也是因为这个原因。

宝迪局所铸"当八"钱,重一钱六分,与同时期铸造的一种重二钱的"当十"钱重量相差无几,形制上也十分相似,极易混淆。因此,铸行两年后,宝迪局曾在咸丰七年(1857)拟将"当八""当十"大钱加重,但户部认为"易启商民疑虑,请仍照旧办理",未获同意,遂停铸"当八"钱,而另铸了一种重量为三钱的大型"当十"钱。宝迪局"当十"钱的"宝"字有两种写法,一种是尔"寶"(图 C6-5),另一种是缶"寶"(图 C6-4)。而"当八十"钱则只有"寶"一种。

宝迪局设于咸丰年间,又终于咸丰年间,却是咸丰年间新疆唯一没有铸造过"当五十""当百"大钱的钱局。

(四)光绪年间重开后改称"迪化宝新局"的原因

自同治三年(1864)至光绪四年(1878)阿古柏占领新疆的十多年间,"专用天罡银钱,是以铜钱散失,存留无几"[①]。致使全疆币制紊乱,市面上既有阿古柏银质天罡、铜质普尔,又有未收尽的原准噶尔普尔钱,而红钱却极端缺乏。而阿古柏天罡随意搀假,任意减重,严重影响交易。另外,从政治上考虑,更应尽早禁止流通,尽数收缴销毁,只是因为市面红钱缺乏,没能禁绝。因此,收复新疆后,第一任巡抚刘锦棠于迪化重开"宝迪局",专铸红钱,计划用红钱制度统一新疆货币,"务使南北两路钱法统归一律"[②]。

据《新疆图志》卷三十四《食货》记载,"建省之二纪而迪化宝新局以成,时光绪十二年七

---

① 《新疆图志》卷三十四《食货》三《钱法·铜币二》:阿克苏局(附库车铜币)。

② 《新疆图志》卷九十九《奏议》九,刘锦棠二。

月也"①。这里钱局名称怎么变成了"迪化宝新局"？为何会有这一改称？"宝迪局""迪化宝新局"是何关系？很多人没弄清楚两者的关系，经常混用。实际上"迪化宝新局"名称的出现是与新疆建省密切相关的。

清代各省铸钱局，在康熙时期户部曾有明确规定：各省只准设立一局，并依"宝泉""宝源"两钱局之例，一律用"宝"字为首，次用一字代表本省。新疆七个铸钱局，虽然都是在康熙之后所设，但因新疆没有建省，实行的是军府制，政治上采取因地制宜、因俗施治的方针，根据各地情况的不同而分别实行郡县制、伯克制、札萨克制、八旗制等不同的管理制度。货币制度上实行的是制钱与红钱分区流通的办法。因此，在使用制钱的北疆地区所设"宝伊""宝迪"两局都是仿照内地钱局命名的。而在使用红钱的南疆地区的五个钱局则因照顾当地习俗，加之红钱又是地方性货币，故用的是满、维吾尔文地名全称，而未加"宝"字，如：叶尔羌局、阿克苏局、乌什局、库车局、喀什噶尔局等。当光绪十年(1884)新疆建省后，"宝新局"之名在新疆藩司与户部的往来行文中就出现了，如："迪化宝新局""伊犁宝新局"、"库车宝新局"等。这是根据原户部规定，将上述钱局改为正式规范的全称。但在实际铸钱上，只有迪化局铸有满文"宝新局"，这是因为迪化是新疆省的省城，根据每省只准设立一个铸钱局的户部规定，新疆只有原宝迪局才有此资格。这就是当光绪十二年(1886)刘锦棠重开"宝迪局"时，名称变为"迪化宝新局"，所铸钱币用满文纪名"宝新局"的缘故。所以新疆别的铸钱局在文中虽有"伊犁宝新局""库车宝新局"等的称谓，但在所铸钱币上并未有出现满文"宝新局"②。

(五)"光绪通宝"背"新十"钱的特点及其所肩负的使命

"光绪通宝"背"新十"钱有两种，一为迪化宝新局所铸，背穿左右用满文铸"宝新"二字(图C6-9)；另一种为库车局代迪化宝新局所铸③，背穿左右用满文铸"宝库"二字(图C4-36)。都只有红铜一种，属于红钱系列。但文字只用汉文和满文，而无维吾尔文，背面用满文"宝新""宝库"标注局名，这又完全属于制钱体例。"光绪通宝"背"新十"钱这种融红钱与制钱特点于一身，合二为一的做法，不是随意或偶然铸造的，背后有着深刻的原因。这是新疆建省后，首任巡抚刘锦棠拟用红钱制度统一新疆货币，"务使南北两路钱法统归一律"政策的具体要求。

光绪十年(1884)新疆建省，这是新疆历史上的一件大事。因为建省以后，新疆从政治制度上就完全同内地各省一样，按照统一的制度进行管理了。此前在"因地制宜""因俗施治"方针下根据各地不同情况而分别实行的郡县制、伯克制、札萨克制、八旗制、军府制等不同的管理制度，都要改为全国统一的郡县制。自然货币制度上，在新疆行用了一百二十多年的"红钱"、"制钱"划区流通的"铜币双轨制"也要进行改革，要同全国一样实行统一的制钱。

针对当时新疆既缺铜料，铸钱工本费又太高的实际困难，巡抚刘锦棠向中央汇报了新疆

①　《新疆图志》卷三十四《食货》三《钱法·铜币一》：迪化局。

②　只有向不遵守定制的库车局在光绪四年重开后，铸造了以"宝库"为局名的红钱，如"乾隆通宝"背"库十"，"同治通宝"背"库十"，"光绪通宝"背"库十"等。

③　库车局另外还代铸有"道光通宝""同治通宝"背同样为"宝库·新十"，属后铸币，与"光绪通宝"属同一性质。

不能按内地各省一样鼓铸制钱的原因：

> （新疆）产铜之区多系童山，且隔民居，动辄数站，负粮运炭，咸苦远涉。北路人烟稀
> 少，工价更昂，铜数不旺。以故南山铜斤岁不满万；温宿、拜城、库车三属合计亦不过五
> 万余斤。工匠技艺未娴，每工日只红钱一挂。而北路多寒，南路多热，每年又需停工三
> 五月不等，以铜炭价值折耗薪工等项通盘核算，阿克苏之钱每挂需本银九钱五六分，以
> 一挂易银一两，尚属有赢；省城则需本银一两九分有零，不无赔贴。若铸制钱，按新疆从
> 前市价二千文白银一两，赔贴将及三倍。时地所限，万难如内地筹办之事……①

　　针对现实的困难，刘锦棠建议采取的办法是先用红钱统一新疆货币制度，等到将来"工
商辐辏，物价日平，铜斤足供鼓铸"之时，再"徐图改造制钱，以归划一"②。因此，刘锦棠在建
省的第二年，即光绪十二年（1886）七月就重开宝迪局，并按照户部的统一规定，将原宝迪局
改名为"迪化宝新局"，先后添加钱炉五座，广铸红钱。南疆的库车局也为"迪化宝新局"代
铸。这就是我们前面提到的，融红钱与制钱特点于一身的"光绪通宝"背"新十"钱。这里背
面穿左右满文"Boo Xin"（宝新）是制钱纪名的惯例，穿上汉字"新"表示在新疆省流通，穿下
汉字"十"，为光绪初年以来新疆官铸好钱的例行标志，已完全没有当十的含义了。"光绪通
宝"背"新十"钱，因承担着统一新疆货币制度的特殊历史使命，要流通于南北疆全境，所以是
按照制钱标准铸造的红钱，形制上较为特殊，内容上则更为有意义。

（六）铸造机制的"光绪通宝"红钱

　　新疆红钱中有一种用近代机器铸造的方孔圆形的"光绪通宝"红钱，是新疆红钱中唯一
的一种机制币。正面为楷书"光绪通宝"四字对读，背面穿上、下分别为汉文楷书"新"字及
"十"字。穿左为满文"Boo"（汉译"宝"），穿右为满文"Yuwan"（汉译"源"）。因系机器所铸，
较手工翻砂铸造的红钱为精致、规整（图C6-10）。但钱币背面的局名纪的不是"迪化宝新
局"，而是满文"宝源"局，殊为特别。这是因为，当时用传统翻砂浇铸法铸钱的"迪化宝新局"
已于光绪三十四年（1908）八月因"铜斤铸竣，停铸"。因此，由迪化水磨沟机器局代铸的机制
红钱，就不便再继续沿用传统翻砂铸造红钱的"迪化宝新局"之名，而是借用了京师工部的
"宝源局"名称。所以，背面的局名是用满文纪的"宝源"局。穿上加铸"新"字，以示此钱仅限
在新疆地区发行和流通。穿下"十"字，为新疆官铸好钱的例行标志，已没有"当十"含义③。

　　用机器铸造方孔圆钱，程序上较铸造无方孔的铜元复杂，成本更高，亏赔严重。因此，机
制方孔的"光绪通宝"红钱，试铸一批后，随即停铸。光绪三十四年（1908）十二月，王树枏利
用迪化水磨沟机器局铸造银元的工匠，改铸新式铜元，正面为"宣统元宝"（时光绪帝已驾
崩），"新疆通用"，"当红钱十文"字样；背面为蟠龙图案，边缘加铸维吾尔文。此种机制铜元，
以一当十，即铜元一枚当红钱十枚，铜元四十枚当红钱四百枚，抵银一两。铜元与红钱制度
挂钩，从此，采用传统浇铸技术铸造了一百五十多年的红钱被近代机铸的铜元所代替。

---

①② 《新疆图志》卷九十九《奏议》九，刘锦棠二。

③ 另发现有一种黄铜质的机制"光绪通宝"方孔钱，与机制"光绪通宝"红钱完全相同，可能是试铸钱。

二、宝迪局所铸钱币及版别分类

(一)咸丰重宝(元宝)

咸丰四年(1854)底设宝迪局,铸有当八、当十、当八十三种大钱。当八十因比价折算过高而收回改铸,留存稀少。宝迪局当八、当八十为咸丰大钱之独创。

1. 当八,背满文宝迪(小样)(图C6-1)
2. 当八,背满文宝迪(大样)(图C6-2)

图C6-1　咸丰宝迪"当八"(小样)　　　　　　图C6-2　咸丰宝迪"当八"(大样)

3. 当十,背满文宝迪(小型)(图C6-3)
4. 当十,背满文宝迪(大型,"缶"寶)(图C6-4)

图C6-3　咸丰宝迪"当十"(小样)　　　　　　图C6-4　咸丰宝迪"当十"(缶宝)

5. 当十,背满文宝迪(大型,"尔"寶)(图C6-5)
6. 当十,背满文宝迪(大字),(图C6-6)

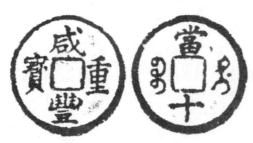  

图C6-5　咸丰宝迪"当十"(尔宝)　　　　　　图C6-6　咸丰宝迪"当十"

7. 当八十,背满文宝迪(黄铜质)(图 C6-7)

图 C6-7　咸丰宝迪"当八十"

(二)光绪通宝

光绪十二年(1886)设局,"仿南省铁厂烧水倒锅之法,以班炉熔铜"铸钱。所铸钱币数量多,质量差,版式复杂。

1. 光绪丁未,新十,背满文宝新(图 C6-8)

2. 新十,背满文宝新(图 C6-9)

图 C6-8　光绪丁未宝新"新十"

图 C6-9　光绪宝新"新十"

3. 新十,宝源局机制(图 C6-10)

图 C6-10　光绪宝源"新十"(机制)

宝伊局

一、宝伊局的设立及其铸钱

(一)宝伊局的设立过程

清代文献中关于宝伊局的记述非常简单。《新疆图志》卷三十四《钱法》部分对迪化、阿克苏(附库车)、喀什噶尔等铸钱局的设立及运行都有专节叙述,叶尔羌、乌什两铸钱局虽未作专节叙述,但也都有交代,惟对宝伊局只字未提。《西域图志》卷三十五《钱法》中关于宝伊局仅简单记有一句"伊犁于乾隆四十年设局"。《总统伊犁事宜》及《西陲总统事略》虽有记述,但也很简单①。

实际上清政府对设立宝伊局是很重视的,自始至终都是在乾隆皇帝的亲自过问下筹划的,这在清代档案中都有具体而详细的记载。其中曾担任过阿克苏参赞大臣,对阿克苏、乌什设局铸钱甚为熟悉的舒赫德起了重要作用。他在乾隆三十六年(1771)调任伊犁将军后,就开始筹划在伊犁设局铸钱事宜。他认为"伊犁为准部汇总之区,兵屯甚众,商贩尤殷,需用钱文较他处为更要",因而"鼓铸一事必应筹办"。但因当时伊犁并未发现铜矿,"遍加采访,实无出产之处",如由南疆"官为加采,则添支人夫口粮等项,需费浩繁";如由内地运来,则"路途漫长,所需费用更多"②,而作罢。

乾隆在三十九年(1774)七月的一份谕旨中问道:"平定回部后,叶尔羌等处曾设炉鼓铸钱文,至伊犁地方向来未经铸钱,其所用钱文系由何处流通?……据称伊犁行使即系内地青钱,似系买卖人带往",如果"仅系商贾将内地制钱带往,果否足敷行使?公私有无不便之处"③?为此,传谕已调任军机大臣的舒赫德,要他研究。

当初舒赫德筹划在伊犁设局的最大困难是铜源难于解决。对此,他提出了两个解决办法:

> 查臣前在乌什时,因叶尔羌钱文未为充裕,曾奏请于乌什钱局内每年支援三千斤铜

① 《总统伊犁事宜》:"宝伊局,自乾隆四十年,奏准设炉二座鼓铸。"见《清代新疆稀见史科汇辑》,全国图书馆文献缩微复制中心出版,1990年。《西陲总统事略》:"乾隆四十年,将军伊勒图奏准伊犁鼓铸制钱,其清文敕用'宝伊'二字,以抚民同知管理。设炉二座,鼓铸钱文,每一文重一钱二分。"

②③ 中国第一历史档案馆:《清史档·军机处录附·财政》三十二。

之数运往搭放。今又届五年,叶尔羌钱文大略已届敷用,此项铜斤无需转运,即可将原铜三千斤按年运往伊犁。其阿克苏、库车、哈喇沙尔、赛里木等城,向系交纳铜斤之处,如有钱粮可以折纳者,亦令折交铜斤,一并解交伊犁将军存贮,俟所积之数足资鼓铸,再由陕甘调取工匠,前往开局铸钱发用。①

乾隆将舒赫德复奏转给了伊犁将军伊勒图,要其提出具体意见。

伊勒图认为,舒赫德提出的由南疆调拨解决铜源的办法可行,但"若俟积聚之数足敷鼓铸后再行办理,未免为日太久"。因此,他主张"似宜仅就每岁得获铜斤数目搭配白铅、点锡、黑铅开炉二座,另委妥员承办,每年按月铸造"②。具体筹建过程,在《伊勒图鼓铸制钱奏》中有详细记述:

> 臣伊勒图谨奏……饬委理事同知丰新监督铸务,建盖局房,随据择得惠远城西门内街南空隙处所,即调选派入局兵丁遣犯采取材料,建盖局房。本处应选器具,给发银两,亦令如式置备。自六月起陆续准各处解到红铜八千四百三斤七两一钱。又于九月初六日,陕甘总督咨送匠役二名,同调取内地器具、点锡解到伊犁。随据监督理事同知丰新禀报,建造局房二十一间及本地应置器具俱已完竣。臣当即饬调黑铅并交同知丰新,监督匠役兵丁遣犯,仿照部颁制钱,择于十月初八日开炉试铸。据呈造出钱文轮廓完好,颜色稍红。臣恐匠役人等生疏不谙,复令该监督加意试铸数次,已得制钱六十余枚……臣查其色虽红,铜质尚属坚硬,现在本地可以行使……谨将现在铸出行使制钱二十文另匣随折恭呈御览。乾隆四十年十一月初三日。③

综合档案文献,我们发现宝伊局是在乾隆的亲自过问下,由伊犁将军伊勒图,委派理事同知丰新经过近半年筹备,于乾隆四十年(1775)十月初八日,在伊犁惠远城西门内街建成试铸的。铸钱技术由陕甘总督所派宝陕局两名工匠负责。一般匠役除以兵丁充任外,还有部分遣犯。

关于铸钱局的名称,伊勒图曾拟了"宝惠"和"宝伊"两个名字,请乾隆钦定。乾隆批旨:"钱文清字着用'宝伊'。"④宝伊局由此得名。

(二)宝伊局沿革及大事纪要

乾隆四十年(1775)设立,十月初八日在伊犁惠远城置钱炉二座铸造"乾隆通宝",每一文重一钱二分。铜料是"用乌什、喀什噶尔、喀喇沙尔等处运来铜三千九百斤,又本处厂采铜六千余斤,铅四千二百余斤,其点锡一百四十斤"。原计划每年铸钱九百二十余串,当年实际铸钱九百三十八串。

四十一年(1776),铸钱一千一百九十九串。

四十二年至四十五年(1777—1780),每年铸钱一千二百串。

四十六年至五十六年(1781—1791),每年铸钱一千一百二十二串,

五十七年(1792),加铸钱三百串,连加铸全年共铸钱一千七百七十二串。

乾隆四十一年在哈尔罕图山建铜厂,年采铜六千斤。五十六年矿竭移厂哈什,嘉庆六年

---

① ② ③ ④ 中国第一历史档案馆:《清史档·军机处录附·财政》三十二。

又自哈什移厂巴彦岱。

嘉庆五年(1800)开始,每年按"乾隆通宝"钱二成、"嘉庆通宝"钱八成比例铸钱。

咸丰三年(1853)十一月初六,所铸制钱全部按户部核定份额改铸红铜质当十大钱。

咸丰四年(1854)正月十五,铸当五十、当百、当五百、当千等大钱。均有黄铜、红铜两种。"又将捐买回子各铁二万六千六百斤,尽铸当十大钱"。

咸丰五年(1855)正月初十,因当五百、当千不便行使,只铸当百以下大钱。四月十四日拟收回当百、当五十大钱改铸,只留当十一种。后规定"当百钱作为当十六钱,当五十钱作为当八钱,当十钱作为当四钱,一并无庸改铸"。此后,新铸铜、铁大钱只有当四一种。

同治初年,铸红铜当四钱一种,与咸丰当四钱完全相同。

同治五年(1866),苏丹起事,伊犁失陷,宝伊局废弃。此后,再未恢复。

同治十年(1871),俄国出兵侵占伊犁,大肆搜刮贱买宝伊局钱币,致使宝伊局钱币特别是嘉庆、道光以至咸丰、同治红铜质小平钱及各式大钱存世稀少。

宝伊局自乾隆四十年(1775)设立,至同治五年(1866)停铸止,连续铸钱约有91年,先后铸有乾隆、嘉庆、道光、咸丰、同治等五个年号钱,面值有小平、当四、当十、当五十、当百、当五百、当千等七种。币材有黄铜、红铜以及铁,是清代新疆七个铸钱局中铸钱种类最多的钱局。

(三)宝伊局铸行制钱的原因

宝伊局不同于此前已在新疆南路开设的叶尔羌、阿克苏、乌什等钱局铸造红钱,而是按照内地统一的定制铸造制钱。这是因为:

第一,新疆因自然环境的不同,以天山为界分为北疆、南疆,又称北路、南路。南疆为绿洲农耕区,历史上即习用货币,并且也自铸货币。如:和阗马钱、龟兹五铢钱等。铸钱从不掺用铅、锡,都是用纯净铜直接铸造,呈红色,这是新疆及中亚地区铸钱的一大特点。清朝统一新疆后在南疆设局铸造"红钱",即是为照顾当地的传统而"从其俗也"。北疆主要是草原游牧经济,当地以游牧为生的准噶尔蒙古及哈萨克族等一般不使用货币,它与外界的贸易主要是通过"茶马"或"绢马"贸易的形式进行。

第二,北疆地区历史上即与内地商贸联系频繁,有大量内地商贩来此经商,他们使用内地制钱,自然形成了一个"制钱区"。"伊犁、乌鲁木齐、巴里坤、哈密等处,直逼内地,此一带地方市用皆系制钱"。因此,宝伊局只有铸造制钱才能"搀杂搭用,以重久远"。另外,伊犁地区当初没有发现铜矿,铸钱用铜,需从南疆调解,铸造制钱可节省铜斤,"诚为良法"[1]。

第三,清朝统一新疆后,以伊犁为中心,迁移大批军民在北疆沿线驻防、屯田,他们使用并带来大批关内制钱。"伊犁现在行使之钱,皆系内地各处商贾及携眷官兵带往者,自康熙、雍正以至乾隆通宝,各样皆有"。"因钱质沉重,回内地者皆兑换银两,贪其轻便,不肯携带钱文"。"所有外来制钱俱存本地流通使用"。"供旗民使用当不拮据"[2]。

---

[1][2] 中国第一历史档案馆:《清史档·军机处录附·财政》三十二。

由于以上原因,清政府设立宝伊局,铸造制钱,统一流通于北疆地区,范围西起伊犁,东至哈密,中间包括乌鲁木齐(迪化)、奇台(古城)、巴里坤(镇西)等天山北路一线及南路的吐鲁番,与南路红钱区以托克逊为界。制钱与红钱按五兑一的比值换算①。

清政府在北疆地区推行与内地完全一致的制钱制度,于新疆有重要的政治意义及积极的经济作用。但在同一个地区发行、流通两种不同的货币,形成不同的"制钱区"与"红钱区",实行全国独一无二的"铜币双轨制"则对新疆货物交流、经济发展亦带来诸多不便,以致民国时期形成的"省票区"与"喀票区"与此不能说不无关系。

(四)宝伊局铸钱所需铜、铁及铅的来源

宝伊局所铸制钱,"每一文重一钱二分,用红铜八分肆厘、黑铅三分肆厘八毫、点锡壹厘贰毫"②。所需铜、铁、铅及锡,据文献记载主要来源于三个方面。

第一,由南疆调拨。

> 由乌什解铜三千斤,又阿克苏、喀什噶尔、哈喇沙尔等城以余粮折铜二千三百四十余斤,共五千四百余斤开铸为例。③

> 叶尔羌每年应解乌什铜三千斤,改解伊犁。喀什噶尔每年筹办,该处以应征作粮内,折收铜七百斤。喀喇沙尔每年亦应征余粮内,折收铜二百斤以上。三处每年共铜三千九百斤,俱照解送回布之例,由台递送伊犁宝伊局,收贮共铸。④

乾隆四十年宝伊局设立时,铸钱所需铜就是靠从南疆调拨"五千四白余斤并铸为例"的。

第二,哈萨克等部落捐铜或就近采买。

> 又爱玛特捐红铜五千斤。哈萨克等捐铜一万斤,内有黄铜三千三百三十三斤,……又官员续捐铜一千四百斤,又采买黄铜八千斤,俱原配铅铸,……又买夷铜一万斤,配铅铸三种共合制钱一万八百六十串零,……又先买市铁二千五百斤,回子铁一万斤,又续买铁三千三百六十斤,又捐输铁一万七百四十斤,……本年又陆续捐铜一万斤,黄铜一千四百斤,又采买红铜一万斤,黄铜八千斤。⑤

哈萨克等部落每次捐铜或就近采买的数额都很大,看来这亦是宝伊局筹措铜、铁等铸钱原料的重要来源。

第三,就地开矿冶炼。

"伊犁素产铜斤",但在乾隆四十年宝伊局设立之前,"遍加采访,实无出产之处"。乾隆四十一年,即宝伊局设立后的第二年,将军伊勒图才发现铜矿,"奏准于伊犁哈尔海图地方开

---

① 倭仁《莎车行记》:"宿托克逊,制钱行使止此,以西皆用红钱。"红钱过托克逊进入制钱区,一文红钱只能当一文制钱使用。《林则徐集·日记》:"道光二十五年正月二十五日,……傍晚时已至托克逊……此地颇不荒寂,凡赴南路者,多于此地易换红钱,缘过此则不用红钱也。红钱一文抵青钱五文者,背面铸'五'字;抵十文者背面铸'十'字。今市上常用之红钱,背无铸字,每一文亦抵青钱四文之用。"
② 《伊江集载·铸钱》,见《清代新疆稀见史科汇辑》,全国图书馆文献缩微复制中心出版,1990年。
③ 《西域图志》卷三十五《钱法·炉局》。
④ 《总统伊犁事宜》,见《清代新疆稀见史科汇辑》,全国图书馆文献缩微复制中心出版,1990年。
⑤ 《伊江汇览·钱法·铸钱》,见《清代新疆稀见史科汇辑》,全国图书馆文献缩微复制中心出版,1990年。

采铜斤,岁获铜二、三千斤至五、六千斤不等,派废员二员经管"①。

乾隆五十六年,将军宝宁奏准哈尔海图地方铜矿不能充旺,派熟谙员弁在哈什地方另开新矿,自五十四年起至今三年,每月增采五六百斤,俟数年后尽可添铸钱文,于边地兵民大有裨益。②

乾隆五十七年,将军宝宁奏准伊犁铜斤于哈什开采以来,每年收获七千余斤,请于岁铸额外加铸钱600串搭放兵饷。③

嘉庆六年,由哈什移铜厂于巴彦岱呼巴海地方(汉名三道河)开矿采挖④。

铅、铁,因为军事上需要,早在宝伊局设立之前,伊犁将军明瑞就奏准开矿冶炼了。史载:

乾隆三十一年,将军明瑞奏准在哈什地方开采黑铅,用制军火铅丸,岁获铅六七千斤至一万余斤不等,派废员经管。每年所获铅斤除拨运宝伊局外,余铅仍为军火铅丸存贮惠远军器库。⑤

乾隆三十八年,将军舒赫德奏言,伊犁种地回子应用耕作器具于各处买旧铁器制造数年以来,采买迫尽,因派回子在伊犁河南山索果尔地方采挖生铁锻炼应用,请于阿克苏移调熟习采铁回子三十户以资采挖。又于绿营兵丁内酌拨协同采挖以资耕作。得旨允行,随经绿营派外委一员、兵丁二十名赴山挖铁,因路远恐误屯工,于四十年就近在崆郭逻鄂博采挖,其回子仍在索果尔山采挖应用。⑥

乾隆六十年,将军宝宁奏准向在雅玛图地方设立铅厂,近因出铅渐少,委员在额鲁特游牧察奇尔阿满山内采挖,派废员经管。⑦

文献中,有大量的关于铜矿、铅矿、铁矿的开采记载,伊犁将军派有专人管理,每年产量将近万斤,数量大且稳定,成本又低。因此,开矿冶炼应是宝伊局铸钱所需铜、铅、铁等原料的主要来源。

(五)宝伊局铸造的铁钱

宝伊局铸钱中,"咸丰重宝"当四、"咸丰重宝"当十、"咸丰重宝"当五十、"咸丰元宝"当百等发现有铁质的,但在《西域图志》《新疆图志》《西陲总统事略》《总统伊犁事宜》等文献中均无关于宝伊局铸造铁钱的记载,因此有人对宝伊局咸丰铁质大钱的存在提出疑问。实际上,宝伊局在咸丰年间铸造铁钱的事迹,在《伊江汇览》这部清代稀见文献中有着明确的记载:

咸丰四年,奏明库顺绰罗山回子地方可挖取生铁,即令回子挖卖生铁一万斤,先行交案铸钱,以后议令每年交铁三万斤充铸,以抵应纳回粮赋税。⑧

————————————

①②③④ 《西陲总统事略》卷八《钱法·采铜》,见《清代新疆稀见史科汇辑》,全国图书馆文献缩微复制中心出版,1990年。

⑤⑦ 《西陲总统事略》卷八《钱法·采铅》。

⑥ 《西陲总统事略》卷八《钱法·采铁》。

⑧ 《伊江汇览·钱法·铸钱》,见《清代新疆稀见史科汇辑》,全国图书馆文献缩微复制中心出版,1990年。

又先买市铁二千五百斤,回子铁一万斤,又续买铁三千三百六十斤,又捐输铁一万七百四十斤,铸当十钱共合制钱五千八百三串六百余文,除买铁价六百二串余文,其余抵银二千六百两零。以上照新例,以制钱二串抵银一两,连前八折者,统共得制钱五万四千八百余串,统共抵银三万五千四百余两,于五年三月奏明在案。……又将捐买回子各铁二万六千六百斤,尽铸当十大钱,并同上年报铸各钱共合制钱四万九千六百八十余串,计抵银三万二千九百余两。①

由此可知,宝伊局铁质咸丰大钱是在咸丰四年开始铸造的;宝伊局铁质咸丰大钱虽有当四、当十、当五十、当百等面额,但以"咸丰重宝"当十为较多,这与目前我们所见到的实物也是相一致的。

(六)宝伊局铸钱数量

乾隆四十年设立宝伊局,"奏准设炉二座鼓铸"。据《西陲总统事略》及《总统伊犁事宜》等文献记载,自乾隆四十年"每年铸钱九百余串至一千一百余串不等。嗣于(乾隆)五十七年经将军保宁奏明加铸钱六百串,其钱一千七百二十二串,系按春秋两卯开铸交库以备搭放兵饷"②。

除严冬盛暑停铸外,每年春季于二月初一日开炉起,至四月底止,秋季于八月初一日开炉起,至十月底止。原议每年铸钱九百二十余串,即于是年十月初八日开炉试铸。至四十一年九月初七日,一年期满,共铸钱九百三十八串零。四十一年,共钱一千一百九十九串零。四十二、三、四、五等年,每年铸钱一千二百串。自四十六年至五十六年,每年铸钱一千一百二十二串,五十七年四月内,奏准每季展限五十日,加铸钱三百串。酌定春季于正月初十日开炉,至五月底止,秋季于七月初十日开炉,至十一月底止。连加每年共铸钱一千七百七十二串,呈验后,移交粮饷局收贮,搭放兵饷。③

另据"清嘉庆五年户部核定的各省每年铸币额"(见表1)统计④,户部给宝伊局核定的年铸币额是一千一百二十二串。据前引《总统伊犁事宜》记载,宝伊局在乾隆五十七年之前,每年铸钱额在一千二百串以内。乾隆五十七年加铸后,为一千七百七十二串,才较定额稍多⑤。但与其他铸局比则还不到其零头,但考虑到北疆另有流入的内地制钱(约与宝伊局铸钱数相当),加之北疆地广人稀,商贸亦较落后,若以人均占有货币量计算,则与内地相比就不是太过悬殊了,应基本能保证需要。主要是通过"搭放兵饷"而投放市场的。

实际上宝伊局每年上半年和下半年各铸钱140天,分两次各停炉休息40天。每年铸钱按一千二百串记,平均每天铸钱四串多,即每个炉每天平均仅铸钱两串多。宝伊局自乾隆四十年设立,直至同治五年伊犁苏丹起事被迫停铸止,连续铸钱91年。理论上宝伊局共铸钱

① 《伊江汇览·钱法·铸钱》,见《清代新疆稀见史科汇辑》,全国图书馆文献缩微复制中心出版,1990年。
② 《西陲总统事略》卷八《钱法》,见《清代新疆稀见史科汇辑》,全国图书馆文献缩微复制中心出版,1990年。
③ 《总统伊犁事宜》,见《清代新疆稀见史科汇辑》,全国图书馆文献缩微复制中心出版,1990年。
④ 张家骧《中华币制史》,北京民国大学出版,1926年。
⑤ 宝伊局原计划每年铸钱九百二十余串,实际铸钱数为:乾隆四十年为九百三十八串,四十一年为一千一百九十九串,四十二、三、四、五等年每年为一千二百串,四十六年至五十六年每年为一千一百二十二串,自五十七年连加铸每年共铸钱一千七百七十二串。详见《总统伊犁事宜》。

约有十万九千二百串。还不及内地宝陕、宝云等钱局一年的数量,其数量之少,可想而知。后又被俄国"贱价买去,消灭无踪",实际存留下来的则就更少了。故宝伊局钱币是清代各钱局所铸制钱中铸量最少、销毁最多且最精整的钱币,向为藏家所珍视。

表 1:嘉庆五年(1800)户部制定各省每年铸币额

省别	铸造额(串)	比例(%)
北京	899856	43.848
直隶	60666	2.956
江苏	111804	5.448
浙江	129600	6.315
江西	41928	2.043
贵州	94860	4.622
湖南	47880	2.333
伊犁	1122	0.0547
湖北	84000	4.093
陕西	130564	6.362
四川	194127	9.459
广西	24000	1.169
云南	179784	8.76
山西	17472	0.851
广东	34560	1.684

(七)收复伊犁后宝伊局再未恢复及宝伊局钱币留存稀少的原因

同治初年,因浩罕军阀阿古柏入侵新疆南路、俄国侵占伊犁,致使清政府退守东疆哈密、巴里坤一带,新疆大部沦陷,七个铸钱局也相继废弃。但是随着光绪年间左宗棠率军收复新疆,库车、阿克苏、喀什噶尔、迪化等铸钱局又都相继恢复,但惟独宝伊局没有恢复,而且收复伊犁后,市面钱币奇缺,几乎到了无钱可用的地步。这是俄国侵占伊犁,进行长达十年野蛮的殖民掠夺的结果。

同治十年(1871)俄国出兵侵占伊犁,光绪七年(1881)经过艰苦交涉始归还清政府,占领伊犁长达十年之久。俄国利用占领的便利,对伊犁进行了肆无忌惮的经济掠夺,其中重要的一项就是将宝伊局钱币"贱价买去,消灭无踪",同时大肆推行俄国货币,致使市面"制钱、大钱均极缺乏,而洋帖、洋元、洋普盛行"[1]。

光绪十四年伊犁设道、府、厅、县。面对一统天下的俄国货币,清政府最初曾考虑"伊犁

---

① 《新疆图志》卷三十五《食货》四《纸币二·伊犁局》。

素产铜斤,应令严饬将本地铜矿设法采挖,认真整顿,照例开炉鼓铸,以复宝伊局旧制"①。但伊犁将军色楞额、伊犁府守潘效苏认为"伊犁素产铜斤,矿废已久,采挖缓不济急。新疆近用红钱,伊犁原可仿行,但俄国素重此铜,若易去改铸洋普,稽查恐启争端,不查适足示弱,是红钱一法又碍难通行"②,采铜开炉铸钱,缓不济急。使用红钱又必为经济上仍控制着伊犁市面的俄国买去销毁更铸,反而为其所乘。因此,色楞额等奏请在伊犁地区不使用红钱,而是设立官钱局,一律使用钱票及内地制钱。

制钱是向甘肃等内地购买解决的。因为新疆动乱期间制钱由北疆流入甘肃等内地"记在百数十万串之上,今欲均抽数万串,在甘肃似无大损"③。同时制钱"钱质向系黄铜,搀和铅沙",含铜量较低,"俄国素不重此,无虑其私贩"④。"咨督臣谭钟麟,转令藩司缴由肃州代购一万串,张掖、武威两县各二万串,皋兰县二万串,分批起解运至伊犁。新疆藩库旧存制钱数千串,无处动用。并咨抚臣刘锦棠悉数运来,先行开局试办,所需价脚暂由应解伊犁善后银两分别划扣"⑤。遂解决了伊犁缺钱的困境,"制钱日见流通,洋帖不禁自绝","民生称便,官本不亏,一举两得"⑥。这就是收复新疆后,其他铸局纷纷恢复铸钱,而惟独宝伊局没有恢复铸钱的根本原因。

俄国出于政治的、经济的多种目的,利用占领的便利,大肆用廉价的俄国纸币(即"俄帖"又称"洋帖")将宝伊局钱币"贱价勒买而去,改铸器皿",是宝伊局钱币特别是嘉庆、道光以至咸丰、同治红铜质小平钱及各式大钱存留稀少,难求的根本原因。

(八)宝伊局铸钱的特点

宝伊局是清代新疆七大铸钱局之一,体例上属于内地制钱体系,但因地处新疆,又与红钱有着割舍不断的关系。这一特点决定了宝伊局在新疆七大铸钱局中居有十分独特的地位,所铸钱币亦具有鲜明的宝伊局特色。

第一,宝伊局钱币正面铸年号,用汉文,背面则用满文纪局名,完全属内地制钱体系。虽掺有铅、锡,但基本为铜七铅三,较内地制钱铜六铅四含铜比例要高,呈淡红色,仍不失红钱风韵。在咸丰年间虽曾铸有一部分黄铜质钱,但应视为例外,故习惯仍称宝伊局钱币为新疆红钱。

第二,清政府统一新疆后,设立钱局铸造钱币时"正面遵用天朝年号,以彰同文之制;幕文兼用回字者,从其俗也"⑦。在新疆铸造钱币采用汉、满、维吾尔三种文字,是清政府为照顾维吾尔等少数民族习俗而采用的特殊政策,后来在金银币、铜元及纸币上都延续了这一做法。但宝伊局铸钱却完全同内地各铸钱局,只铸满、汉两种文字,不铸维吾尔文,实为清代新疆铸钱之特例。

第三,新疆南路铸造红钱的阿克苏、库车、喀什噶尔、叶尔羌、乌什等钱局经常停铸或是移往他局再铸,各钱局之间(包括光绪年间重开的宝迪局)还经常互相代铸钱币。这是新疆铸钱局的一大特点,也是红钱版别特别复杂的重要原因。但宝伊局自乾隆四十年设立,直至同治五年停铸止,连续铸钱约有九十一年,期间不曾间断,既未移往他处或替他局代铸,亦未

①②③④⑤⑥ 《新疆图志》卷三十五《食货》四《纸币二·伊犁局》。

⑦ 《西域图志》卷三十五《钱法》,见《清代新疆稀见史科汇辑》,全国图书馆文献缩微复制中心出版,1990年。

委托他局替己代铸。

第四,宝伊局钱币背面常带有穿上星、穿上竖文、穿上小仰月、穿上穿下短竖文、穿下双竖文等不同的纪文,因纪文不同而致版式繁多。钱币背面多带有纪文是宝伊局钱币的一大特点。纪文应是为区别不同匠工或炉记,为便于管理而标注的,这应与宝伊局采用局刻木质雕母有直接的关系[1]。

第五,宝伊局铸钱工艺上虽不如内地钱局规整,但却是新疆各铸局中工艺最好的。新疆铸钱特别是南疆各局所铸红钱,大多都工艺粗糙,文字书写随意,大小轻重不够划一。不规范,不标准,已经成为清代新疆红钱的一大特点。与之相比,宝伊局所铸钱币则要规整多了,是清代新疆钱币中工艺最精整的。

(九)对与宝伊局有关的几个问题的探讨

在已出钱谱中,有几枚宝伊局钱币或明显为赝品,或需要做些解释,否则极易产生误解。另外道光年间宝伊局是否替阿克苏局代铸过红钱也需做一考证。

1.“嘉庆通宝”背十文[2]

此钱见于日本钱币学家谷巧二编著的《清朝红钱泉谱》,编号为第169号。因为新疆最早的当十大钱是道光八年为筹措军费平定张格尔叛乱,在阿克苏局铸造的“八年十”。宝伊局是在咸丰年间才追随内地钱局开铸大钱的,嘉庆年间宝伊局或新疆其他铸局是根本不可能铸造当十大钱的。另外,此钱背面标注为“十文”,正面却是“嘉庆通宝”,与大钱体例亦不符,满文“宝伊”书体也是破绽百出,为赝品确属无疑。

嘉庆通宝(宝伊·十文)

2.“光绪通宝”小平样钱[3]、“同治重宝”及“光绪重宝”当十钱[4]

“光绪通宝”小平样钱见于朱卓鹏父子著《新疆红钱》编号511,“同治重宝”和“光绪重宝”当十钱见于《清朝红钱泉谱》,编号为第377号和第483号。因宝伊局在同治年间停铸后,再未恢复,不可能铸有光绪年号的流通钱。但是户、工二部雕刻光绪样钱,却是可能的。如前文所述,光绪年间收复伊犁后,原计划“照例开炉鼓铸,以复宝伊局旧制”。只是后来顾虑俄国再搜刮贱买宝伊局钱币而未恢复宝伊局铸钱。因此我们认为出现宝伊局“光绪通宝”小平

①　石刚《宝伊局红钱版式成因初探》,待刊。

②　[日]谷巧二编著《清朝红钱泉谱》(增补改订版)38页,平成八年(1996)四月二十日发行。

③　朱卓鹏等《新疆红钱》151页,学林出版社,1991年。

④　[日]谷巧二《清朝红钱泉谱》(增补改订版)81、98页。

样钱是完全可能的，但是铸造"光绪重宝"当十钱似有点勉强，因为自咸丰后期就已不铸包括当十在内的大钱了，更何况到了光绪朝。因此，"同治重宝"和"光绪重宝"当十钱应该是铸造的套子钱。

宝伊局光绪通宝样钱及同治(光绪)重宝当十套子钱

3. 道光朝宝伊局是否替阿克苏局代铸过红钱

道光六年(1826)，为平定"张格尔之乱"，大军云集阿克苏。道光皇帝鉴于"军用浩繁，尤需预为筹备"，提出"应令伊犁钱炉二座内，以一座照旧鼓铸伊犁制钱，以一座仿照阿克苏模式铸普尔钱，运往回疆行使"①。一般据此认为道光年间宝伊局曾替阿克苏局代铸过红钱。实际上，道光这道谕旨只是设想，并未实行。因为新任伊犁将军德英阿九月到任后，认为由伊犁铸成红钱再长途运至阿克苏，不如就近添炉鼓铸更方便。因此建议将按惯例应解送伊犁的三千二百斤铜留在阿克苏铸钱，到战事结束后再照旧解送。此意被采纳，由阿克苏办事大臣长清用原应解送伊犁的库存铜，添铸了一千三百三十串红钱。所以，道光朝宝伊局没有替阿克苏局代铸过红钱。

二、宝伊局所铸钱币及版别分类

(一)乾隆通宝

宝伊局"乾隆通宝"钱，每一文重一钱二分，数量大，版式多。总体可分为两大类，即乾隆当朝铸币及后期补铸币。其中乾隆当朝铸币又可分为部颁版和地方版两种。

1. 背穿左右满文宝伊(小型)(图 C7－1)
2. 背穿左右满文宝伊(图 C7－2)

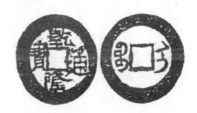

图 C7－1　乾隆宝伊(小型)　　　　　　　图 C7－2　乾隆宝伊

---

① 《清实录·宣宗朝》道光六年九月十一日。

3. 背穿左右满文宝伊(满文"伊"短尾)(图 C7-3)

4. 背穿左右满文宝伊(满文"伊"长尾)(图 C7-4)

图 C7-3　乾隆宝伊　　　　　　　　　　图 C7-4　乾隆宝伊

5. 背穿左右满文宝伊,穿上星,角头(マ)通(图 C7-5)

6. 背穿左右满文宝伊,穿上星,方头(コ)通(图 C7-6)

图 C7-5　乾隆宝伊穿上星　　　　　　　图 C7-6　乾隆宝伊穿上星

7. 背穿左右满文宝伊,穿上长细竖文(图 C7-7)

8. 背穿左右满文宝伊,穿上、穿下短小竖文(图 C7-8)

图 C7-7　乾隆宝伊穿上竖长文　　　　　图 C7-8　乾隆宝伊穿上下竖长文

9. 背穿左右满文宝伊,穿上、穿下短粗竖文(图 C7-9)

10. 背穿左右满文宝伊,穿上小仰月(图 C7-10)

图 C7-9　乾隆宝伊穿上下粗竖文　　　　图 C7-10　乾隆宝伊穿上月勾

(二)嘉庆通宝

宝伊局"嘉庆通宝"钱,每一文重一钱二分,主要分为"小吉嘉"与"大吉嘉"两种版式。

"小吉嘉"钱币较"大吉嘉"钱币数量为多。

  1. 背满文宝伊(图 C7－11)

  2. 满文宝伊，穿上长竖文(图 C7－12)

      图 C7－11　嘉庆宝伊　　　　　　　　　　图 C7－12　嘉庆宝伊穿上竖文

  3. 背满文宝伊，穿下长竖文(图 C7－13)

  4. 背满文宝伊，穿上、穿下直竖文(图 C7－14)

      图 C7－13　嘉庆宝伊穿下竖文　　　　　　图 C7－14　嘉庆宝伊穿上下长竖文

  5. 背满文宝伊，穿上、穿下短粗竖文(图 C7－15)

  6. 背满文宝伊，穿下双竖文(图 C7－16)

      图 C7－15　嘉庆宝伊穿上下短竖文　　　　图 C7－16　嘉庆宝伊穿下双竖文

(三)道光通宝

宝伊局"道光通宝"钱，每一文重一钱二分，部颁版较少，地方版较多。

1. 背满文宝伊(小型)(图 C7－17)

2. 背满文宝伊(大型)(图 C7－18)

      图 C7－17　道光宝伊(小型)　　　　　　　图 C7－18　道光宝伊(大型)

3. 背满文宝伊,穿上星(小型),角头(マ)通(图C7-19)

4. 背满文宝伊,穿上星(大型),方头(コ)通(图C7-20)

图 C7-19　道光宝伊穿上星(小型)　　　　图 C7-20　道光宝伊穿上星(大型)

5. 背满文宝伊,穿上直竖文(图C7-21)

6. 背满文宝伊,穿上、穿下短竖文(图C7-22)

图 C7-21　道光宝伊穿上竖文　　　　图 C7-22　道光宝伊穿上下短竖文

7. 背满文宝伊,穿上小仰月(图C7-23)

图 C7-23　道光宝伊小仰月

（四）咸丰通宝（重宝、元宝）

宝伊局咸丰钱种类繁多,除小平钱外,有当四、当十、当五十、当百、当五百、当千等大钱;取材复杂,除红铜、黄铜、青铜外,另有铁钱、铅钱等;版式上亦有部颁版与地方版的区别。不同种类、不同版式、不同币材其珍稀差异亦很大:当四红铜者普通,铁钱珍少,黄铜者罕见;当十以上,则是黄铜者普通,红铜者较少,铁质者珍稀;当五百为新疆咸丰大钱之首珍,当千者文献中有记载,未见实物。咸丰宝伊小平钱不论版式,均甚稀少。

小平钱每一文重一钱二分,"当四"重四钱,"当十"重四钱四分,"当五十"重一两二钱,"当百"重一两四钱,"当五百"重一两八钱、"当千"重二两。

1. 背满文宝伊,角头(マ)通(图C7-24)

2. 背满文宝伊,方头(コ)通(图C7-25)

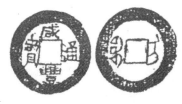

图 C7-24　咸丰宝伊　　　　　　　　　图 C7-25　咸丰宝伊

3. 背满文宝伊,穿上星,角头(マ)通(图 C7-26)

4. 背满文宝伊,穿下星,方头(コ)通(图 C7-27)

图 C7-26　咸丰宝伊穿上星　　　　　　图 C7-27　咸丰宝伊穿下星

5. 当四,背满文宝伊(图 C7-28)

图 C7-28　咸丰宝伊"当四"

6. 当四,背满文宝伊(铁质)(图 C7-29)

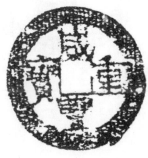

图 C7-29　咸丰宝伊"当四"(铁质)

7. 当十,背满文宝伊(图 C7-30)

图 C7-30　咸丰宝伊"当十"

8. 当十,背满文宝伊(铁质)(图 C7-31)

图 C7-31　咸丰宝伊"当十"(铁质)

9. 当五十,背满文宝伊(图 C7-32)

图 C7-32　咸丰宝伊"当五十"

10. 当百,背满文宝伊(图 C7-33)

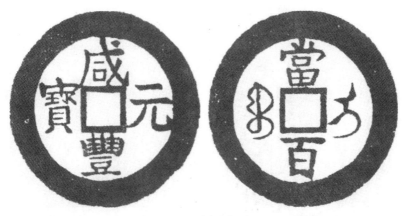

图 C7－33　咸丰宝伊"当百"

11. 当百，背满文宝伊（铁质）（图 C7－34）

图 C7－34　咸丰宝伊"当百"（铁质）

12. 当五百，背满文宝伊（图 C7－35）

图 C7－35　咸丰宝伊"当五百"

13. 当千,背满文宝伊(图 C7－36)

图 C7－36　咸丰宝伊"当千"

(五)同治重宝

宝伊局同治钱币仅铸有"同治重宝"当四(重四钱)一种,与咸丰当四属一脉相承。有部颁版与地方版两种版别,地方版相对较少。

同治重宝,当四(图 C7－37)

图 C7－37　同治宝伊"当四"

第四部分　附　录

关于《新疆金银币图说》的几点修订意见

随着开放政策的实行,中华钱币越来越为海内外收藏家、研究者所瞩目,其中尤以新疆钱币因荟萃东西方两大货币文化,独具地方特色,更成为热闹话题。台湾林国明、香港马德和两先生编著的《新疆金银币图说》(以下简称《图说》)就是一部比较系统地论述新疆金银币的专著。《图说》收录广博(收钱印照片九百二十余枚),有数枚海内孤品,并带中、英文字说明,可谓用功深厚,有很大的参考价值,为中华钱币的收集、整理、研究做出了贡献,读后受益匪浅。但在钦佩其贡献的同时,对书中有关新疆历史及钱币的介绍,感到某些地方与史实有出入,有些观点值得商榷,因此不揣谫陋,冒昧地提出一些意见,如有不对的地方,尚请不吝赐教。

一、"丁序"部分

(一)《图说》Ⅱ页第一、二行:"新疆,……清初乾隆时称'回部'。"

按:清朝初年(乾隆朝以前),新疆南路(天山以南)主要居住的是维吾尔族,因清代称维吾尔族为"缠回"或简称"回",所以又称新疆南路为"回部"。北路居住的主要是西蒙古准噶尔部,所以清代又称新疆北路为"准部"。民国前期新疆军阀杨增新曾有一副自撰的著名对联:"共和实草昧初开,羞称五霸七雄,纷争莫问中原事;边庭有桃花胜境,狃率南回北准,浑噩长为太古民。"这里"南回北准"就是指的南疆维吾尔族和北疆准噶尔部,可作证明。因此,把新疆称作"回部"是不对的。如称"回部",应仅指新疆南路,不包括北路。

(二)《图说》Ⅱ页第三、四行:"西域各地,因种族繁杂,语言及风俗习惯不同,对外族不易沟通,时有种族战争骚扰。"

按:从历史上看,西域和中原王朝发生战争或内部发生战乱的原因,从本质上分析,或是中原王朝采取民族压迫或其他错误政策,或是西域受外部势力的影响(如胁迫、唆使等),亦有西域贵族统治集团的扩张野心等。如统归于"种族繁杂,语言及风俗习惯不同"显然是错误的,因为,这些只是表面现象,尚未触及事物的本质及内在原因。这样分析,容易引起误解,是不可取的。

(三)《图说》Ⅱ页第六、七、八行:"自民国国民政府改为行省之一后,以迪化市为省会。大陆(中共)改称省为'新疆维吾尔自治区'。"

按：新疆是在清代光绪十年(1884)改设行省的，民国时期沿袭。1949 年新中国成立后，初亦沿袭称省，1955 年 10 月 1 日改称"新疆维吾尔族自治区"。

另，"乌鲁木齐"是蒙古语，意为美丽的牧场，早在乾隆二十年(1755)清军筑城时就称作乌鲁木齐，乾隆二十八年修建新城时才改称为"迪化"，含有启迪教化的意思，但维吾尔语仍称"乌鲁木齐"。新中国成立后，初仍沿袭旧称，1953 年废除"迪化"之称，恢复原地名乌鲁木齐。

(四)《图说》Ⅱ页第十、十一行："现有人口约一千二百万，以维吾尔族为主的多种民族地区，维吾尔人口占全省三分之二。"

按：据 1989 年正式公布的统计数字，新疆现有人口 14541600 人，其中维吾尔族人口 6827300 人，占新疆总人口的 46.95%，与《图说》中所说占三分之二差距太大。

(五)《图说》Ⅱ页第十二到十七行："天山山脉横贯中部，以天然界限划分为南北两疆。南疆包括维吾尔、哈萨克、汉回、塔兰奇、柯尔克孜、锡伯、俄罗斯(白俄)、乌孜别克等族。北疆包括塔吉克、塔塔尔(鞑靼)、索伦、满洲、汉等族。大多数信仰回教和用回文。"

按：以上关于新疆各少数民族的有关论述和史实出入较大。事实上新疆主要有十三个民族：

维吾尔族人口最多，集中分布在南疆及北疆的伊犁一带。

哈萨克族集中分布在北疆的伊犁哈萨克自治州，占该州总人口的 76%，其次是木垒哈萨克自治县和巴里坤哈萨克自治县，而不在南疆。

"汉回"一词似应指回族，但不是自称。将回族称作"汉回"，清朝及其以前的文献中不见记载，近代张其昀编《中国民族志》、林竞著《西北从编》等书中始有此称呼。一般有两种解释：一种认为"汉回"是"汉化了的回回人"，另一种认为"汉回"就是"汉人信奉回教的回教徒"。这两种解释都否定了回族作为一个单独民族的存在，是错误的。正确地应该称"回族"。主要分布在北疆的昌吉回族自治州和南疆的焉耆回族自治县。

"塔兰奇"这一称呼出现于清代文献中，是蒙古语，意为种地人。清朝初年，北疆的准噶尔蒙古汗国征服了南疆维吾尔族建立的叶尔羌汗国，将一部分维吾尔族迁移至伊犁一带从事农业生产，被称作"塔兰奇"。所以塔兰奇是维吾尔族的一部分，而不是别的什么民族。这是中国大陆学术界早就明确了的问题。

锡伯族在新疆集中分布在北疆的察布查尔锡伯自治县，南疆没有锡伯族。

塔吉克族分布在南疆塔什库尔干塔吉克自治县，而不在北疆。

"索伦"一词是明末清初时对在黑龙江中上游以北的鄂温克、达斡尔、鄂伦春等游猎民族的总称。乾隆二十八年(1763)调一千名由达斡尔、鄂温克等族官兵组成索伦营驻守新疆，故后来又称清代迁居今新疆塔城的达斡尔族为"索伦"。新中国成立后，根据本民族人民的意愿，恢复达斡尔民族自称。所以应改"索伦"为达斡尔族。

汉族在新疆主要分布在北疆，其次是南疆塔里木盆地北部的农垦区。

柯尔克孜族主要分布在南疆克孜勒苏柯尔克孜自治州。

乌孜别克、塔塔尔、俄罗斯、满等民族没有较集中的聚居区，和其他民族杂居。

　　另外，除以上十二个民族外，还有《图说》序言中没有提到的蒙古族，主要分布在北疆博尔塔拉蒙古自治州、布克赛尔蒙古自治县和南疆的巴音郭楞蒙古自治州。

　　专有名词应按当今学术界一致的译法。如"回文"之称比较含糊，应改称"维吾尔文"。新疆使用维吾尔语及文字的民族除维吾尔族外，还有柯尔克孜、乌孜别克、塔塔尔、塔吉克等民族。

　　（六）《图说》Ⅱ页第十八到二十三行："新疆地处偏僻，路途遥远，交通不便。一般人对它既陌生而神秘，恐怖。因有'玉门关'、'阳关'两道关口必经之路。走出两关外，便是沙漠荒凉地带，如遇台风时，常常将沙吹起一丈余高，将人埋在沙堆中，吉凶难测，都是渺无人烟的地方。"

　　按上述文字可能主要是因为对新疆不了解，或只从历史上的一些游记或传闻而来。实际上，新疆并不像传说中的那般神秘、可怕。现在的新疆更远非古代的"西域"，应有新的认识。"阳关"、"玉门关"是汉代西域联系中原的丝绸之路南线和北线的两起点，旧址尚存。近代以来，新疆和内地的交通线已发生变化，主要经由吐鲁番、哈密、星星峡直接河西走廊。也有大风口，但不是热带海洋才会有的台风。新疆是很有趣的古丝绸之路的要冲，近年来海内外来旅游的人很多，"百闻不如一见"，相信过去的一些传闻将变为"历史的陈迹"的。

　　（七）《图书》Ⅲ页第二、三、四行："它们的钱币上，当然都是回文，俗称'普尔钱'，成色和重量无规律，中间也无方孔，看起来不像钱币。"

　　按：历史上新疆地区自铸的钱币多为少数民族文字，但也有带汉文的，如：2世纪的下半叶到3世纪的上半叶古于阗国铸造的"汉佉二体钱"，5至6世纪时古龟兹国铸造的"汉龟二体钱"；因受中亚影响，多采用源自希腊的打压法铸钱，圆而无孔，但也有仿中原圆形方孔式样的，如：古代龟兹国铸造的小铜钱，唐代的突骑施钱，清朝同治年间库车热西丁（旧译拉锡丁）铸造的维吾尔文钱等。钱币的成色和重量只是不同于中原王朝，并非"无规律"、"看起来不像钱币"。另，"普尔"（pul）是中亚地区在帖木儿帝国（14至16世纪）后操察合台语的民族对铜铸币的称呼，银币称"腾格"（tenga，又译"天罡"），金币称"铁剌"（tilla），并非都"俗称普尔钱"。

　　（八）《图说》Ⅲ页第四至七行："自光绪四年招募银匠，制造'天罡'五分银币，……从此，钱币上有汉、回、满文，钱币上也用清朝蟠龙图案，汉人都可以看得懂了。"

　　按：新疆铸造的钱币带有汉、维吾尔、满三种文字，并不是始自光绪四年。早在乾隆二十五年（1760）设叶尔羌局，收销准噶尔普尔钱，改铸乾隆通宝时，就铸造的是带汉、维吾尔、满三种文字的钱币。此后，清政府历次在新疆铸造钱币，基本都带有满、汉、维吾尔三种文字（虽也有仅用汉、满两种文字，无维吾尔文的，但是少数）。另，"光绪四年"后括号内遗漏"元、年"两字，应为"公元一八七八年"。

二、"林序"及"马序"部分

　　《图说》Ⅴ页第六、七行："长久以来，喜爱搜藏新疆钱币的人士，因困于尚无一本专门介绍的书籍,不知如何着手搜集。"

《图说》Ⅶ第十六行:"……惟独新疆金银币,尚未有人将资料综合发表。"

按:上说与事实不符。据我所知,新疆金融研究所董庆煊先生,集多年研究心得,于1986年写成《新疆近二百年钱币图说》(分铜钱、金银币、纸币三部分),1988年又完成《新疆铜元考》,对新疆自清代以来的钱币做了综合、系统的论述,在国内钱币界广为流传,实为收集、研究新疆钱币的必备参考书。

三、"金币篇"部分

《图说》1页:"清同治年间,新疆回酋阿古柏窃据南疆八城,以喀什噶尔为都城自立为王。"

按:所谓"回酋",当系指中国维吾尔族首领。查阿古柏(Yakub Bag)为中亚浩罕汗国军官,乘清朝同治年间新疆动乱之际,于1865年1月率军队侵入新疆南部,以后陆续占领了整个南疆和吐鲁番、乌鲁木齐、玛纳斯等地。1877年阿古柏在与清帅左宗棠交战中败死,残部于次年被全部驱逐出境。如此外族入侵者,如何能冠之以"回酋"之称? 当年左宗棠就曾明确斥之为"安夷"("安"指安集延,即中亚浩罕汗国)。"回酋"之称系近代外国殖民主义者别有用心的称呼,目的是为了扶植阿古柏伪政权,阻挠清政府出兵收复新疆,其谬说之不成立早为学术界所证明。作为炎黄子孙,我们对这等原则问题不应以讹传讹,应还其本来面目,入侵者实为浩罕阿古柏。

四、"银币篇"部分

(一)《图说》12页,编号Dla,面"光绪元年",背维吾尔文英吉沙造银币。

按:我曾见过一种小天罡银币,正面为"光绪银钱"四汉字,背面为察合台文"Zarb Yanghissar"(英吉沙铸造)(图D4-1),版式完全同书中编号为Dla的银币。查光绪元年(1875)英吉沙尚在阿古柏占领之下,不可能铸造带有汉文"光绪"字样之银币,故可知编号Dla银币上的"元年"二字显系"银钱"之误(图D4-2)。当时技术娴熟的造币工匠多为不谙汉字的少数民族,经常写错汉字,这也是新疆钱币的一大特点。

图 D4-1

图 D4-2

(二)《图说》12页:"清同治元年,……库车回回寺主教拉锡丁自称穆罕默德之后,据城自立为汗。迄至同治五年……阿古柏兴而代之,转战又陷喀什尔城,遂以喀城为都城。"

　　按：上说多处与史实不符。同治三年(1864)库车人民起义反清,旋即为清真寺大阿訇拉锡丁(今译作"热西丁")篡夺领导权,自称和卓(圣裔),占领库车,建立割据政权。阿古柏是于同治三年十二月(1865年1月)侵入喀什的,同治六年攻杀拉锡丁,侵占库车,接着占领南疆大部分地区,以喀什噶尔为都城建立伪"哲德沙尔"汗国(意为七城之国)。另,伊斯兰教举行宗教活动的场所是清真寺,"回回寺"之称不正确。伊斯兰教首领称"阿訇","主教"则是基督教中对神职人员的称呼,不能混用。喀什噶尔可简称"喀什",但不能称"喀什尔城"或"喀城"。

　　(三)《图说》12页:"阿古柏……光绪三年五月兵败自杀。"第17页:"清光绪三年五月……回酉阿古柏病逝于喀什都城。"第235页:"阿古柏病逝的次年。"

　　按:史载光绪三年五月在清军的追剿下,入侵者阿古柏见大势已去,在库尔勒服毒自杀,或传被部下打死或毒死。"病逝"之说不但与史实不符,不知何据,且与同书第12页"兵败自杀"亦自相矛盾。

　　(四)《图说》22页:"币背书回文译'贰钱喀什使用'。"

　　按:译文有误。钱币背面是察合台文(察合台文系用阿拉伯字母拼写的波斯语化的维吾尔文,自14世纪形成以来,直到20世纪30年代一直是维吾尔、哈萨克、柯尔克孜、乌孜别克、塔塔尔等民族的共同书面语,又称老维吾尔文,现代维吾尔文就是20世纪30年代在察合台文的基础上经过几次改进而形成的),应从下往上读,即:"Zarb Kashgar, Iki Mishkal",意为"喀什噶尔打造,贰钱"。其余伍钱、叁钱、壹钱等铭文的译法相类推。Zarb是打造的意思,并非"使用"。

　　(五)《图说》143页:"新疆自光绪十年设行省后,其驻军之粮饷,皆由邻省协助,称为'协饷'。"

　　按:上说也与史实不符。有清一代,新疆财政始终不能自主,军政费用开支绝大部分靠中央政府和内地各省关协济,史称"协饷"。如遇重大军事、政治、经济事件,还需另拨"专饷"相助。"协饷"开始于乾隆二十四年(1759)清政府平定大小和卓叛乱,直到宣统三年(1911)辛亥革命止,每年都有"协饷"接济新疆,并不是从光绪十年设行省后才有。另,光绪十年是1884年,书中记为1885年有误。

　　(六)《图说》166页:"阿克苏于清乾年间习用普尔与制钱。"

　　按:《图说》中对普尔与制钱的关系没有弄清楚。制钱是清政府按其本朝定制由官炉所铸在全国通用的铜钱,呈黄铜色。新疆仅在北疆伊犁和乌鲁木齐两地铸造,在北疆一带流通。普尔是新疆使用察合台语的民族对铜币的称呼,一般指准噶尔普尔钱,为红铜质。乾隆二十五年(1760)清政府在叶尔羌设局将准噶尔普尔钱改铸成带满、汉、维吾尔三种文字的方孔圆钱,但不同于制钱,仅在南疆行用。汉族人民因其呈红铜色,故又称"红钱",但广大的维吾尔族则仍习称"普尔"(应名"新普尔")。所以,阿克苏在乾隆年间不可能用制钱,使用的只可能是维吾尔族人民称作"普尔"的钱,即形同制钱但为红铜质的"新普尔钱"。另,"乾"字后漏"隆"字,应为"乾隆年间"。

　　(七)《图说》221页:"中华民国元年,……新疆省迪化银圆局铸有饷银一两及伍钱银币,……面背均无回文,此币是所有在新疆的流通银币当中,唯一未铸上回文的银币。"

按:宣统二年(1910)十月,新任新疆巡抚袁大化曾加铸一两重饷银银币,因机器压力不足,经常变换模子,因而版式众多,其中有一种正面内圈为"饷银一两"四字对读,背为蟠龙图纹,无圈,左右侧各有一小花朵,正背均无维吾尔文的银币。书中编号 H5－4 的一枚(208页)就是此种版式饷银。所以民国元年的壬子饷银并不是"所有在新疆的流通银币当中,唯一未铸上回文的银币"。

(八)《图说》231 页:"西元一九四九年十月,中国内地局势大变,新疆当局为因应时局,故迅速改模,仅将币面民国三十八年改为一九四九年。"

按:1949 年新疆壹圆银币,是国民党政府在新疆铸造、发行的最后一种银币,同时也是新疆自铸的唯一的一种以"圆"为单位的流通银币。币面"民国三十八年"改为"一九四九年"的壹圆银币,系 1949 年 9 月 25 日新疆和平起义后发行的。因为人民政府用公元纪年,故有此改动。《图说》中没有说清楚。

(九)《图说》237 页,编号 15,面回文五分,"背一字不可解"的一枚小天罡银币。

按:这枚小天罡银币正面是汉文"楚"字(图 D4－3)。据考证,在左宗棠将军平定阿古柏入侵者的部队中,有一部分来自湖北的楚军,驻扎在库车一带,名为"楚营"。清政府为筹发军饷于光绪四年铸造了此种"楚"字天罡银币,因数量较少,流传不广。

图 D4－3

另外,还有一些问题,如:

(1)书名与内容不符。

历史上,新疆早在 13 世纪的察合台汗国时就铸造、使用过金币、银币,近年在新疆多处有出土。《图说》中收录的仅是清代以来新疆铸造、使用的金银币,故认为书名前加上"清代"或"近二百年来"始与书的内容相符。

(2)《图说》所列"币面回文与汉文对照表"中三处译文有误。

察合台文 مرب ات زد ل 读作"Zarb",意思是"打造",译为"使用"是错误的。

另将察合台文"阿克苏"下的汉文错译成了"乌鲁木齐",而将察合台文"乌鲁木齐"下的汉文错译成了"阿克苏"。

(3)《图说》所引中国地图及新疆地图均未标明是什么时期的历史地图,亦未注明出处。

中国地图上因有阿尔泰地区的划分(属中央政府直辖),可推知系在 1919 年(民国八年)以前的历史地图,因阿尔泰地区自 1905 年(清光绪三十一年)起即归中央政府直辖,直至1919 年并入新疆省,改作阿山道,此后即不再有直属中央的阿尔泰地区。在另幅新疆地图上,阿尔泰地区没有单独标出,可知是 1919 年以后的地图。同一书中,用两幅不同历史时期地图,也未加说明,易使读者产生误解。作为历史地图,在引用时似以标明其时期及出处为好。

(4)关于新疆地图中"迪化""叶尔羌""大戈壁沙漠"的标名。

图中标名"迪化"的应改为"乌鲁木齐",标名"叶尔羌"的应改为"莎车",标名"大戈壁沙漠"的应改为"塔克拉玛干沙漠"。

"迪化"之名早已于1953年起废除,恢复原名"乌鲁木齐"。

"莎车"为汉文地名,从西汉时出现起已沿用了一千多年。"叶尔羌"为突厥语。元朝时,因蒙古语和突厥语的同语关系,改用"叶尔羌"称呼。清朝乾隆之后,官方恢复汉文地名"莎车",一直沿用到今天。

戈壁为砾质荒漠,沙漠为沙质荒漠。塔克拉玛干沙漠边缘虽也有戈壁带,但主要为沙质荒漠,用"大戈壁沙漠"的名称就不准确。同时,"塔克拉玛干沙漠"也是国际上通用的名称。

(原载《中国钱币》1991年第3期)

试论拉班·扫马出使欧洲及其影响

中国很早就重视同周边的地区、国家发展关系。自神话般的周穆王西游到明代郑和下西洋，几千年的漫长古代社会都有关于遣使出访、巡游的记载。特别是当一新兴王朝立国之初更是极积主动地向外遣派使臣，寻求交往。史籍所载使臣中，张骞、陈诚、图理琛等都为世人所熟知，但是，对在元朝时奉命出使欧洲，见过罗马教皇及英、法国王，在中西交通史中占有重要地位的我国维吾尔族景教徒拉班·扫马，却由于其西行记述原本为古叙利亚文[①]，汉文史籍中未见记载，长期以来，未能引起国内学术界的重视，甚至不为人知。随着中西交通史研究的广泛开展，很有必要对此作一介绍。这里笔者拟结合有关文献资料，试就有关问题作一探索。

一、拉班·扫马、马可的族别及其西行

13 世纪，中国出现了两位景教[②]著名人物，他们是拉班·扫马（Rabban Sawma）和马可（Mar kos）（拉班"Rabban"为叙利亚语，又译作"列班"，是大师、长老的意思。下文简称扫马）。

扫马（约 1225—1294），出生于汗八里（元称大都，今北京）一个畏吾尔（维吾尔）景教徒家庭，父亲是一巡察使，曾在北京景教会中任职[③]。扫马自幼就被认为适于从事教师职业，被授以经文，二十三岁时接受洗礼，成了景教徒，后来独居在距京城一日路程的一山中静修，过隐士生活。

---

① 现保存的叙利亚文译本，1888 年首次在巴黎出版，1893 年夏博的法译本《雅巴拉哈三世和拉班·扫马修士传》问世。1928 年布哲据叙利亚文译为英文，题为《中国皇帝忽必烈汗的两个僧侣》。1932 年佐伯好郎又据布哲的英文本译作日文。张星烺先生在编《中西交通史料汇编》第一册中就马可及扫马西行事迹略有翻译介绍。1976 年，香港学者罗香林参照布哲英文本及佐伯好郎日文本译为中文，题为《元代景教大德西行伟绩记》，收在罗著《唐元二代之景教》一书中，1966 年中国学社出版。

② 基督教聂斯脱里派在中国的名称。

③ 关于扫马的父亲，罗香林译《元代景教大德西行伟绩记》中记为昔班（shiban）（或译作"奚本"），曾在北京景教会中任职。江文汉《中国古代基督教及开封犹太人》、[英]穆尔《1550 年前的中国基督教史》、沈福伟《中西文化交流史》等书中亦说其父为昔班。且穆尔书中第 110 页说《元史》卷一三四有传，但查证《元史》，其中昔班是否就是扫马父亲 shiban 尚存疑问，有待考证。

马可（1245—1317），出生于科尚城（Koshang）①，是副主教拜涅尔（Bainiel）之子。亦有志于隐修过教士生活，少年时即离开家乡就学于扫马，师徒俩共同度过了他们不平凡的一生。

关于扫马和马可的族别，中外学者说法不一。

早在13世纪时的基督教史家把赫卜列思（伊利汗国人）认为他们俩都是畏吾尔人②。

我国学者江文汉同意此说，认为扫马及马可"都是属于畏吾尔族（Oigurs）汪古部人，也都是聂派基督教徒"③。盖山林则认为"扫马属畏吾尔族，马可属汪古部"④。冯承钧先生亦有类似说法，"十三世纪上半叶，大都的一个畏吾尔人列班·扫马同一个汪古部人马儿忽思（即马可——引者），相约同去巡礼圣地"⑤。张星烺先生也认为扫马是畏吾尔人，但对马可未作说明⑥。

日本学者石田干之助主张马可为汪古部人⑦。

就目前所发现的资料及发表的文章来看，关于族别问题，扫马是畏吾尔族的看法较为一致，关键是马可，或主张是畏吾尔，或主张是汪古，莫衷一是，争论不下。

我认为出现此种争论的关键是没有搞清楚汪古部和畏吾尔族的关系。

由陈得芝教授等学者的研究可知，汪古部是游牧于鄂尔多斯一带的突厥语系游牧民族⑧。《新元史》列传第四十六记有"雍古（即汪古—引者）氏，回鹘（元代称畏吾尔——引者）之贵族也"。另外，阿拉伯文的《马·雅巴拉哈三世传》⑨说马可"……按种族，他是来自契丹（指中国——引者）……的一个突厥人"。由此，我们可推知蒙元时代的汪古部当属突厥语系民族——畏吾尔之一部，马可属汪古部亦应是畏吾尔族。这在伯希和《唐元时代中亚及东亚之基督教徒》一文中亦可得到说明，引证如下：

> 蒙古时代的波斯史家大致称基督教徒曰迭屑，可是同时又因回纥（即回鹘——引者）地方有不少基督教徒遂将迭屑同回纥二名相混，所以，一方面波斯同亚美利亚的史家谓实为克烈部的镇海或为汪古部人的 Mar Jabalaha Ⅲ（马儿·雅巴拉哈三世即马可——引者）是回纥人，因为他们是基督教徒，所以有此混解。⑩

在这里，伯希和虽然看出了问题，但是亦未搞清回纥（畏吾尔）同汪古部的关系，故有"混

---

① 伯希和认为 koshang 即今山西东胜，详见冯承钧译《西域南海史地考证译丛》第一辑71页，商务印书馆，1934年。

② 巴兹《忽必烈汗的僧人》，转引自韩儒林主编《元朝史》下册，442页注释④。

③ 江文汉《中国古代基督教及开封犹太人》106页，知识出版社，1982年。

④ 盖山林《从考古发现看内蒙古地区在元代东西交通中的地位》，载《中外关系史论丛》第一辑。

⑤ 冯承钧《西域南海史地考证论著汇集·元代的几个南家台》。

⑥ 张星烺《中西交通史料汇编》第一册214页，中华书局，1977年。

⑦ 石田干之助《基督教——聂斯脱里教派》，载《蒙古史参考资料》第14辑。

⑧ 关于汪古部的族源，据近几十年发现的汪古贵族墓碑都是用古叙利亚字母写的突厥语，及这一地区传统上突厥文化的优势，则可肯定汪古部是突厥语族确属无疑，详见《元朝史》上册，34—35页。[日]佐口透《百灵庙敖伦苏木的教堂》一文亦有论述，载《蒙古学资料与情报》1987年第4期。

⑨ 指14世纪前半期阿姆鲁斯或斯利巴用阿拉伯文撰写的《东方教会大总管传》的最后一部分。他对叙利亚文的《马·雅巴拉哈三世传》增添了一些细节。下文转引自《1550年前的中国基督教史》145页，中华书局，1984年。

⑩ 冯承钧译《西域南海史地考证译丛》第一辑72页，商务印书馆，1934年。

解"之说,如查证《新元史》列传第四十六,以上论述对说明马可的族属问题倒不失为一旁证。

扫马和马可后决意结伴去圣地耶路撒冷朝圣。于 1275 年或 1276 年[①]自京启程西行。经山西、沙州(今敦煌)、新疆和阗、喀什噶尔,然后取道阿塞拜疆。在向报达(今巴格达)行进途中于马腊格城(今大不里士)遇到了景教大总管[②]马屯哈,从此,开始了他们一生中最为辉煌的时代。

二、拉班·扫马出使欧洲的原因

扫马及马可西行途经马腊格城时,因正值战乱,路途不通,就暂留驻在伊利汗国[③]。这期间,马屯哈总管因要利用他们来自大汗身边的特殊身份及会蒙语、突厥语的才学来为传教事业服务,遂于 1280 年任命马可为"契丹城市和汪古部"的大主教[④],扫马为巡查总监,并被派回中国传教。他们在归途中获悉马屯哈总管于 1281 年死于巴格达,于是折回送葬。在随后选举新的大总管时,马可被各地主教一致推选为"东方教会大总管",称"雅伯拉哈三世"。

来自中国北方西行朝圣未能如愿,客居伊利汗国的景教徒忽然间身价倍增,被推选为"东方教会大总管"是有其政治背景的。稍加分析,可以发现这和当时中亚政治格局的变化有着密切的关系。

基督教聂斯脱里派自 431 年以佛所宗教会议后,就以波斯为中心着力向东方发展势力,并获得了很大成功。但是,7 世纪伊斯兰教兴起后就向它提出了挑战。9 世纪随着"圣战"的进行,伊斯兰教在中亚获得了很大的发展,明显占有优势。尤其严重的是,波斯伊利汗蒙古统治者还不时表现出对伊斯兰教的亲近,如阿合马在位时就曾改宗伊斯兰教。景教大有失宠并被取代的危险。马可就是在这种背景下借助和蒙古统治者的特殊关系被任命为景教大总管的。正如扫马在游记中所记述的那样,"马可当选为法主的理由,完全由于当时蒙古势力强大的关系,因为当时掌握全世界的统治权及法制的人,都是蒙古出生的王族。所以必须由精通蒙古语言,明了蒙古的施政方针及熟悉蒙古民族风俗习惯的大德来继承景教法主。因此没有比马可更合适的人"[⑤]。

实际上,当时中亚不但景教需要获得世俗蒙古统治者的支持,就是作为征服者的蒙古贵族,随着中亚政治形势的变化,也迫切需要利用景教去和基督教欧洲发展关系。

1258 年,旭烈兀在刚刚战胜巴格达哈里发后就侵入了叙利亚的穆斯林领地,受到了来

---

① 或主张 1278 年,但据 1310 年马可说他来波斯已三十五年的记载(见《1550 年前的中国基督教史》),似应为 1275 年或 1276 年。

② 431 年后,聂斯脱里派在东方自有大总管执行教皇事权,管辖所有聂派教徒。当时马屯哈得旭烈兀允许驻马腊格城。见《元代景教大德西行伟绩记》。

③ 这期间扫马曾被马屯哈任命为出使伊利汗阿八哈的使臣,为其争得了到东方传教的特权。见《中西交通史料汇编》第一册 214 页。

④ 契丹、汪古部是当时中国北部的两大教区。

⑤ 罗香林《唐元二代之景教》240 页,中国学社出版,1966 年。

自埃及的马木鲁克苏丹的顽强抵抗,于 1260 年 9 月 3 日在艾因——卢特遭到了彻底的失败[1]。西进受挫促使了波斯伊利汗们和伊斯兰教的敌对势力基督教的亲近,希望双方能联合起来共同对付埃及马木鲁克苏丹。伊利汗们甚至答应收复耶路撒冷后归还给他们作为合作的报酬[2]。而当时罗马教廷和欧洲各国封建主经过数次十字军东征失败后,仍未放弃占领阿拉伯领土建立耶路撒冷王国的计划。显然力不从心,也渴望获得外援。

另方面,在蒙古统治阶级内部,成吉思汗分封的诸汗国间为各自的利益,此时正进行着混战。波斯伊利汗国也卷入了,并要抗击东侧察合台蒙古人及北面金帐汗国的大规模军事行动[3]。这更需要加强和基督教的联合,以便借助欧洲人的合作牵制埃及马木鲁克势力的东进,进而可以集中主要精力去对付察合台及金帐汗国的攻击。正是中亚政治格局的这一变化,促使波斯伊利汗国在阿鲁浑王时加紧了和欧洲人的交往[4]。

阿鲁浑是旭烈兀的孙子,阿八哈的儿子,1284 年,用武力战胜了改宗伊斯兰教并试图和马木鲁克苏丹妥协的叔父阿合马,继承了汗位[5]。他上台后,力图与罗马教廷及欧洲各国建立密切关系,联合进攻耶路撒冷和叙利亚等地,遂委派扫马出使了欧洲。

三、拉班·扫马出使欧洲的经过

扫马带领使团于 1287 年 3 月从报达(今巴格达)出发,沿古商路西北行至黑海,然后乘船到达拜占庭帝国都城君士坦丁堡(今伊斯坦布尔),受到安德罗尼古斯二世的款待。然后又乘船航行两个月来到意大利那布勒斯港。途中有幸观看了 1287 年 6 月安茹人同亚拉岗人的一场海战。当他们从那布勒斯陆行赶到罗马时,教皇鄂鲁诺四世已于 4 月去世,受到一位红衣主教的接待并被多方诘问,结果扫马似乎还略占上风。当时因新教皇尚未选出,扫马一行遂继续西行,途经热那亚,于 9 月间来到法国巴黎,向法王腓力甫四世呈交了阿鲁浑的信件及礼物。腓力甫国王给予了礼遇,答应派军队帮助阿鲁浑夺取耶路撒冷,并表示愿遣使携带他的复信去见阿鲁浑,最后还请他们访问了巴黎大学及一些名胜古迹。在巴黎停留了一个多月后,扫马一行又向西南来到加斯科尼[6](今法国波尔多)拜见了英王爱德华一世。英王获悉阿鲁浑约请欧洲各国共同收复失地,非常高兴,厚赠了使者,然后扫马带着使团于 12 月间回到热那亚过冬,同时等候罗马方面的消息。

---

① [德]卡尔·布罗克尔曼著,孙硕人等译《伊斯兰教各民族与国家史》第二卷第六章,商务印书馆,1985 年。
② 阿鲁浑致法王信中说:"……如果托天之福我们征服了这些人,我们将把耶路撒冷奉还给你们。"转引自波伊勒《波斯伊利汗们与基督教西方》,载《蒙古史研究参考资料》第 67 辑。
③ 金帐汗国在别儿哥汗时为争夺阿塞拜疆与伊利汗国发生战争,断断续续地进行了整整一个世纪;察合台汗八剌为争夺中亚呼罗珊,对伊利汗国发动战争。详见[苏]格列科夫、雅库博夫斯基合著,余大钧译《金帐汗国兴衰史》第一编第四章。
④ 阿鲁浑的父亲阿八哈时曾派一特使团赴里昂市议会(1274)。阿鲁浑派有四次特使团出使欧洲,扫马为第二个。
⑤ 陈开俊等译《马可·波罗游记》257—264 页,福建社会科学技术出版社,1918 年。
⑥ 加斯科尼附近地区,原为法国王后埃莉诺的领地,1152 年埃莉诺与法王路易七世离婚后与亨利结婚。亨利 1154年成为英王,加斯科尼及附近地区作为陪嫁领地遂成为英金雀花王朝的领地。

　　第二年春天,曾盘问过扫马的那位红依主教当选为教皇,即尼古拉斯四世,他很快接待了扫马一行。扫马向他递呈了阿鲁浑及大总管雅伯拉哈三世送的礼物及书信。新教皇对阿鲁浑优礼基督教和准备约请欧洲各国共同收复失地的举动,表示感谢。

　　扫马一行在详细观看了复活节庆典盛况后带着一大批信件及礼物在法王腓力甫公使团的陪同下,于1288年4月间离开罗马经热那亚顺原路返回,阿鲁浑对扫马顺利完成出使任务很高兴,给予了嘉奖。1294年,扫马在巴格达去世,马可也于1317年死于大不里士。

　　阿鲁浑致教皇的信至今未被发现,可能没被保存下来。但是由保存下来的阿鲁浑致法王腓力甫的信及罗马教皇尼古拉斯四世的两封复信中[①],可以大致窥知信的内容主要是要求采取共同行动进攻马木鲁克苏丹。

　　另外,日本学者石田干之助在论述扫马谒见教皇尼古拉斯四世时说:"他(指扫马——引者)发誓承认信仰聂斯脱里教派的错说,回国后即归依罗马政教。雅伯拉哈三世见到这次带回来的教皇的复信后,也产生了归向正教的心愿。"[②]石田氏未引出处,遍查史料及文章亦未见有旁证,对此不易作评论,引录于此,备研究者参考。

四、忽必烈时代元朝与伊利汗国基督教欧洲之关系

　　在蒙古统治者内部,成吉思汗生前分封给诸子的领地,后来由于蒙古势力的进一步扩张、各地区发展的不平衡及大汗位置的转移而逐渐形成了独力发展的局面。到忽必烈建立元朝时主要有金帐汉国的术赤后王、波斯伊利汗的旭烈兀及察合台汗国的统治者[③]。他们虽然在名义上承认元朝皇帝的"大汗"地位,自己为"宗藩之国",但实际上是各自为政,独立发展的。就其与元朝的关系而言,只有伊利汗国[④]与元朝因"都为同支的成吉思汗家族所统治,彼此结有紧密的同盟关系"[⑤]。这不但在元朝和"西北诸王"的关系中表现出来[⑥],同时在元朝的对外交往中亦是如此。

　　伊利汗国以伊朗、伊拉克(即古代波斯国)为中心,占有中东的广大地区,正处东西方之间,并且是基督教聂斯脱里派(即景教)的中心。这一特殊的地理位置使得伊利汗国在元朝和欧洲基督教国家的交往中,扮演了重要的角色。

　　蒙古贵族中有很多信奉基督教,著名的如忽必烈的母亲唆鲁忽帖尼、旭烈兀大王的元妃

---

　　① 阿鲁浑致腓力甫的信载《中国古代基督教及开封犹太人》,教皇两封复信在《1550年前的中国基督教史》中有收录。

　　② 石田干之助《基督教——聂斯脱里教派》,载《蒙古史参考资料》第14辑。

　　③ 元朝的文献中,统称为"西北诸王",见《元史》卷三十五,《文宗纪》四。

　　④ 伊利汗(旧译伊尔汗)的称号是元世祖忽必烈所封。突厥语 ilkhan 是部族首领,意思是北京蒙古大汗(kaqan)附庸。详见沈福伟《中西文化交流史》,上海人民出版社,1985年。

　　⑤ 巴托尔德《中亚简史》55页,耿世民译,新疆人民出版社,1918年。

　　⑥ 关于元朝和伊利汗国及西北诸王的关系,在[美]鲁克·克文敦著《游牧帝国》第7章中有专文论述。载《贵州师范大学学报》,1987年增刊。

托古思可敦、阔里吉思等都是景教徒①。忽必烈受此影响，对基督教抱有好感。早在 1260 年托波罗兄弟（马可·波罗的父亲）带给罗马教皇的信中，忽必烈就正式提出请教皇选派通晓"七艺"②的一百名传教士，如能证明基督教较所有宗教优越，他就与所有臣民信奉之。并要波罗兄弟去圣地从耶酥墓前的长明灯里取回一点圣油作纪念。此前蒙古诸王给罗马教皇的复信口气相当强硬，都是促降③，虽然对基督教也采取放任态度，但与此相比，可以看出，忽必烈时代蒙古统治者在对欧洲及基督教的态度上开始有了转变。

由江文汉的研究可知，忽必烈是为探听欧洲封建主有无可能配合他攻取耶路撒冷而支持扫马等西行的④。对此，《元朝史》作者亦认为"他们（指扫马和马克——引者）得到忽必烈的准许，领有圣旨文字，随商队西行，后留居伊利汗国"⑤。

另外，需要引起注意的是罗马教皇尼古拉斯四世 1289 年派传教士孟特戈维诺（Monte Corvi）致忽必烈的信中是这样写的，"……我们宣传伊始不久，即接见鞑靼名王、高贵的君主阿鲁浑派遣的诚实使者（指扫马——引者），他们极为坦率地告诉我们，陛下（指忽必烈——引者）对我们，对罗马教廷，也对拉丁民族和百姓怀有热爱之情，上述使者代表国王诚挚请求我们派数名罗马教士前往贵宫廷"⑥。这从一个侧面说明了扫马等的西行是奉有忽必烈的旨意的，否则，如仅是受阿鲁浑之命出使欧洲，当不会代表忽必烈邀请罗马教廷派传教士来元朝宫廷。另外，这和《马可·波罗游记》中忽必烈请求罗马教皇派来一百名通晓"七艺"的传教士的记载也是相一致的。

关于这一点，在阿拉伯文的《马·雅巴拉哈三世传》和罗香林译《元代景教大德西行伟绩记》中，都有更为明确的记载。

《马·雅巴拉哈三世传》中说："他（指马可——引者）离开祖国来执行大汗（指忽必烈——引者）委托他的某种任务，但他来此（指马腊格城——引者）是为了朝拜耶路撒冷……"⑦。

《元代景教大德西行伟绩记》一书中有马可就任景教大总管后派使臣回元朝复命的记载。书中讲述马可因被诬告向忽必烈告发阿合马遗弃祖先信奉的基督教而归依回教，受审时是这样辩解的："如果有可疑之处，可以唤回我的使者，你们亲自检查成为问题的文书，万一其中有不利于阿合马王的报告，甘受车裂之刑。"审判官照法主所说的办法，立即奏请国王追回法主的使者，审判官详细检查了文书的内容，丝毫没有发现告发国王的事实，这才判明

①　详见周良霄《元和元以前中国的基督教》，载《元史论丛》，第一辑。
②　指中世纪博士所学的文法、伦理学、修理学、算学、几何学、音乐和天文学，参看冯承钧译《马可·波罗游记》上册，19 页，商务印书馆，1937 年。
③　贯由、蒙哥、海迷失的复信均保存在巴黎古今文牍官库内。海迷失、蒙哥复信在波伊勒《波斯伊利汗们与基督教西方》中有收录，贵由复信收录在《中国古代基督教及开封犹太人》的书中。
④　江文汉《中国古代基督教及开封犹太人》107 页。
⑤　韩儒林主编《元朝史》下册，442 页注释⑤，人民出版社，1986 年。
⑥　转引自《1550 年前的中国基督教史》192 页。
⑦　《1550 年前的中国基督教史》145 页，中华书局，1984 年。

法主是受诬告的①。

虽然马可遣使元朝报告的内容不详②,但和忽必烈支持其西行的目的结合起来分析,至少对如下几点认识是可以肯定无疑的。

第一,马可、扫马西行不仅仅是为朝圣,更主要的是作为忽必烈的密使,负有收集情报探听欧洲各国(甚至包括伊利汗国)动向的秘密使命。为打通和基督教的关系,忽必烈派遣的是与基督教同出一宗的景教徒。即如同欧洲国家一样,首先是由僧侣来充当使者的。

第二,以忽必烈为首的蒙古统治者对基督教采取的是扶植利用政策,这是元代基督教继唐代后,在我国获得第二次大发展的主要原因。

第三,波斯伊利汗国在元朝与欧洲国家交往中起着桥梁的作用。

第四,与其他藩国相比,伊利汗国对元朝有着较大的依附性,关系更为密切。

扫马一行出使欧洲具有重要意义,它不仅是我国维吾尔族历史上的一件大事,同时在基督教史上也是一件大事——它促进了基督教东西方两个不同教派即聂斯脱里派景教和罗马正教间的联系。它更主要的意义是体现在东西交通史上。

元初盛传波斯伊利汗甚至元朝统治者都尊信基督教,特别是扫马带去的阿鲁浑致罗马教皇的信中,更明确表示在圣地从阿拉伯人手中收复后,他就在该城接受基督教洗礼③。对此,罗马教廷及欧洲各国封建主都喜出望外。于是,他们改变了对蒙古人的看法,企图和蒙古统治者结成联盟去共同对付"异教徒"。罗马教廷甚至还梦想使蒙古统治者改宗天主教,将教廷的势力扩展到东方各国。为达此目的,最方便的办法便是派遣僧侣充当使者兼传教士,通过扩大宗教影响来谋求政治利益。这一时期派来元朝的使者主要有:

罗马教皇尼古拉斯四世于1289年派遣的孟特戈维诺教士。他携带致阿鲁浑、忽必烈的信途经伊利汗国于1294年到大都,后被罗马教皇任命为汗八里及东方总主教,在中国传教达三十四年(后由尼古拉斯继任)。从此,中国的基督教开始在聂斯脱里派之外和罗马教廷取得了联系。

1307年,教皇格勒门五世派安德鲁等七名传教士来中国④,后又派彼德等三人于1311年来中国协助孟特戈维诺传教。

另有方济各会教士德里于1318年来中国。

意大利传教士鄂多力克于1316年来中国游历。

教皇特使马黎诺里1338年携带教皇书信及礼物,来到大都⑤。

这些传教士及旅行家的往返活动,促进了中国和世界各国特别是欧洲国家的相互了解

---

① 罗香林《唐元二代之景教》244页。

② 《元史》中尚未见有此事的记载。

③ 现存罗马教皇给阿鲁浑两封复信中有向阿鲁浑力陈立即信奉基督教的好处,劝他不要等到收复耶路撒冷以后的记载。见《1550年前的中国基督教史》131页。

④ 七人中只有安德鲁、裴莱格林、哲拉德三人来到中国。

⑤ 所引诸事均见亨利·玉尔《古代中国闻见录》第2、3卷。蒙古时代除以上提到的外,在中西交通史中占有重要地位的还有1275年来元朝的马可·波罗,教皇英诺森四世1245年派赴和林的普兰诺·卡尔平尼(旧译柏郎嘉宾)和法王路易九世1253年派的鲁布鲁克。

及经济、文化上的交流。著名的中国印刷术、火药等科学技术就是在这一时期开始传入波斯、阿拉伯及欧洲的[①]；同时，波斯、阿拉伯素称发达的天文、医学等方面的成就，也被大量地介绍到了中国。这些传教士及使臣们所留下的信件及游记亦成为今天研究元代中西交通的重要史料。元朝时，中西交通史上出现这一空前的盛况，原因是多方面的，诸如元代疆域广大，驿路畅通，统治者对各种宗教兼收并蓄，对西域胡商多方优待等等，我们可以认为这是扫马出使欧洲的直接结果。

扫马出使欧洲后由于种种原因再未回到元朝，所著游记长期以来亦未译成汉文，在国内鲜为人知，直接影响不大。但是，我们并不能因此而低估其在中西交通史上所产生的直接效果。要不然"二人（指扫马和马可——引者）当如法显、玄奘先后辉映于世界宗教史和中西交通史的史册，而不让两位佛教僧侣专美于前了"[②]。

（附：本文在写作过程中，冯锡时副教授曾给以指导，吾友杨富学提供了大量资料。在此谨致谢意）

（作者大学毕业论文，原载《新疆大学学报》1988 年第 3 期，后被中国人民大学书报资料中心复印报刊资料《宋辽金元史》卷 1988 年第 5 期全文转载）

---

① 冯家昇《火药的发明和西传》，上海人民出版社，1978 年。
② 钟叔河《走向世界——中国近代知识分子考察西方的历史》38 页，中华书局，1985 年。

访日交流散记

一

　　2008 年 5 月 12 日至 20 日，应日本货币协会、关西古泉研究会、福冈古泉学会以及日本银行货币博物馆等四家单位的邀请，中国钱币学会在副理事长黄锡全率领下，组团对日本进行了为期 9 天的钱币文化交流活动。行程涉及东京、京都、福冈三地。访问团成员除中国钱币学会 3 人外，另有来自上海、北京、天津、广东、安徽、贵州、河南、内蒙古、新疆、西安、荆州等 11 省省市钱币学会的 12 人及翻译 1 人，共计 16 人。

　　访日行程的首站是东京。5 月 12 日下午 16 点 40 分我们搭乘国航 CA421 航班从首都机场起飞，于东京时间晚上 21 时抵达位于东京千叶县的成田机场。因北京和东京之间只跨一个时区，实际空中仅飞行 3 个小时。出发前得知因翻译的失误日方未见到我们因故改变航班的电子邮件，致使小林茂之会长及菅谷信、菅谷爱子、丹野昌弘、川田晋一等五位日本货币协会的同人在东京机场已等候了近 10 个小时，其中有三位已是 70 多岁的高龄。我心中非常愧疚和不安，出关后第一个从通道口跑出来向他们表示歉意！随后，五位日本友人又同车将我们送到宾馆再转乘末班高铁回家，时间已是半夜。虽然是刚到日本，还没有交流，但是，我们已经深切地感受到了日本钱币界友人的热情周到和友好情谊。

二

　　根据日方的安排，第二天即 13 日上午，代表团参观日本银行及日本货币博物馆。日本银行是个有一百多年历史的重点文物保护单位，在国际局新川陆一先生陪同下，我们观看了20 分钟的介绍短片，参观了日本银行历任总裁的画像和简介、营业厅以及金库等。日本银行开放的管理模式以及有序的办公环境给我们留下了深刻印象。日本货币博物馆归属日本银行金融研究所，在田匂隆士馆长的陪同下，我们参观了日本货币博物馆，尽管展览面积有限但却很精致，展出的日本货币中有日本最早铸造的货币——"富本"钱和以"和同开珎"为代表的皇朝十二钱。在日本历史上流通使用的货币中，见到许多熟悉的唐宋以及元明时期的中国货币，这不仅使我们感到非常亲切，而且也客观地反映了中国古代货币文化对日本货币的深远影响。应我们的要求，日本货币博物馆还特别取出了馆藏的 8 枚中国战国时期珍稀货币——"三孔布",它们是奥平昌洪在《东亚钱志》书中收录的实物原件,使我们大饱眼福。

参观结束后,日本银行金融研究所所长高桥亘先生设午宴招待了我们。因为这是中日两国中央银行所属的钱币(货币)博物馆的首次正式访问,意义重大。席间我们相互介绍了各自博物馆围绕为中央银行服务开展的工作以及体会。另就中国铁钱、日本"天宝通宝"等货币采用椭圆形的寓意、幕府末期新井白石的货币政策等问题进行了交流。最后互赠了书刊资料并合影留念。下午安排观看了一场被视为日本国粹的相扑比赛。人气最旺的两位来自蒙古国的相扑选手白鹏、朝青龙不负众望,都轻松战胜身躯高大的对手。第一次现场观看相扑比赛的我们,被他们瞬间制服对手的精湛技艺所折服,来自内蒙古钱币学会的额尔德尼会长,更是感到很自豪。晚上,日本货币协会的菅谷信、菅谷爱子伉俪和丹野昌弘先生又在包租的一个仿日本江户时代的传统游船上宴请了部分老朋友并游览了东京湾夜景,大家品酒论泉,相谈甚欢。

14日上午,参观了位于东京上野公园的国立博物馆。上野国立博物馆是日本最大的博物馆,创建于明治四年(1871),收藏有10多万件日本历史文物和美术珍品,其中有70多件被定为国宝。使我喜出忘外的是在展柜里看到了新井白石当年制止货币改铸的手稿原件。新井白石(1656—1725)是日本江户中期第六、七两代将军德川家宣、家继的幕臣,担任"儒者之职",为将军讲书,并参与幕府政治,以敢作敢为深得将军信任且多有建树,我国著名的日本史专家周一良教授认为新井"是德川时代地位虽不高而影响却极大的政治家"。将军纲吉时期掌管财政的荻原重秀(1658—1713)为解救财政困难,曾以改铸货币之名降低金银成色,造成社会混乱。家宣继位后废止了改铸的货币。荻原不仅贪污受贿并又向家宣献改铸金银货币之策,白石坚决反对,弹劾荻原,使其免官并最终制止了以降低金银成色为目的的货币改铸。尽管对白石的货币政策也多有分歧,但是其维护货币信誉的努力则是应该充分给予肯定的。

下午,与日本货币协会联合召开的"中日货币文化交流会",在东京著名的四季酒店举行。四季酒店坐落在日本明治维新时期著名政治家、军事家并被誉为"维新后三杰"之一的山县有朋故居。山县有朋是明治维新后日本新建立的议会政体下的第一位首相。酒店四周绿树成荫,环境幽静,属于典型的日本园林式酒店。

这次"中日货币文化交流会"是我们此次访日最重要的交流活动。中日两国货币文化同出一源,共同构成了两国历史上经济、文化交流的重要方面。多年来两国钱币界一直保持着广泛的联系和交流,如1984年曾在大阪举办过"中国历代货币展",1985年在上海博物馆同时举办了"中日历代货币展",1998年日本货币协会应邀访问北京,第二年中国钱币学会组团进行了回访。2003年中国钱币学会接到日本货币协会邀请,曾计划组团出访,但因"非典"疫情而未能成行。后来更因为日本货币协会德高望重的会长船越康先生的去世,中日两国钱币学术界交流基本中断。

我们此次出访是在日本货币协会新任会长小林茂之的盛情邀请下成行的,是中断了9年后中国钱币学会和日本货币协会间的首次联系。又时值中日两国建交30周年,胡锦涛主席刚刚访问日本,因此意义重大,双方都很重视。日本特别对等安排有 20 余名代表出席,为方便交流,还特别聘请了三位翻译。会议由富有激情的丹野昌弘先生主持,日本货币协会会长小林茂之首先致欢迎词。他谈到中国和日本的交流历史非常悠久,中国的许多文物曾传到日本。其中影响最大的是汉字,而给经济带来最深远影响的则是货币。当初的遣唐使给日本带来了"开元通宝",日本最早的自铸货币"和同开珎"就仿自开元通宝钱,由此奠定了日本古代货币与中国货币一脉相承的关系。黄锡全副理事长在讲话中首先对日本货币协会的盛情邀请表示感谢,他说此次访日适值中日建交 30 周年,又恰好是胡锦涛总书记访日刚刚结束,我们一行的目的旨在继续加强中日钱币文化交流,巩固彼此之间的友谊。在简单介绍了中国钱币学会以及取得的研究成果后,并向日本货币协会发出了访华邀请。随后,进行了学术交流,首先由黄锡全教授做了题为《近年来中国早期货币的重要发现》的报告,详细介绍了近年中国出土的春秋战国时期的货币,并就疑难古文字进行了考释。日方的川田晋一、石原永郎分别做了题为《从中国传来宋钱的概况》和《北宋、南宋钱币的一些情况》的报告,我应邀报告了对"高昌吉利"钱币的考证。双方代表并就一些感兴趣的话题进行了广泛交流。

学术交流结束后中日双方互相交换了书刊资料,并鉴赏了日本代表带来的钱币藏品,其中使我吃惊的是发现了"抱残守缺斋"收藏的钱币。"抱残守缺斋"是清朝末年曾取得过多方面成就,并被称为"奇人"的著名学者刘鹗生前的自号。刘鹗一生字号众多,但以"铁云"最为著名。他 32 岁时就因成功治理黄河决口而一举成名,后又开采山西煤矿并修筑铁路;发现并研究甲骨文著有《铁云藏龟》,这是我国甲骨文拓片的首次石印成书;著《老残游记》,曾被鲁迅誉为晚清四大谴责小说之一;庚子变乱时因从俄国占领军手中贱买太仓米赈济北京难民而被诬"勾结外人,盗卖仓米"流放新疆,后病死在乌鲁木齐,年仅 53 岁。刘鹗还是清末一位著名的钱币学家和收藏家,著有《铁云藏货》一书传世,所藏钱币均注"抱残守缺斋藏"字样,后不知去向,今天在这里发现真是意外收获!

另有两件事使我们深为感动:一是为四川地震捐款。12 号登机前我们已知道四川发生了地震,有伤亡但情况不详,到日本看电视后才知伤亡惨重。下午一进交流会场,我就发现门口会务组桌上摆有一个为四川地震捐款的纸箱。因此,在我发言时还特别表达了谢意。晚宴上田宫健三先生又号召日本代表为四川地震捐款,后来在福冈又募捐一次。中日两国代表两次共捐款 17.3 万日元和 1200 元人民币,这种义举完全是一种自发的感情流露,我们很受感动,回国后,立即将捐款交给北京红十字会,并将收据和感谢信寄给了日本货币协会。另一件事是菅谷信、菅谷爱子伉俪特别赠送我和黄锡全馆长各一套《东亚钱志》。《东亚钱志》是日本钱币界三大巨著之一(另两部为今井贞吉著《古泉大全》和平尾聚泉著《昭和泉谱》)。奥平昌洪博士在昭和八年(1933)著成,昭和十三年(1938)发行,共十八卷,图文并茂,考核详博。丁福保当年编《古钱大辞典》时,很多资料就是引自该书。在出发前和菅谷爱子女士联系行程时,我个人曾表示想托她代买一套《东亚钱志》。不想这套书早已绝版,市面也很难买到,他们竟将自己的藏书慷慨相赠,使我们深为感动!

三

15日中午,代表团乘新干线从东京赶到京都,开始了第二站的访问交流。京都位于本州岛的关西地区,是日本著名的历史文化古都。自公元794年平安京城建都于此,历经大政奉远直至1868年明治政府迁都东京为止的一千多年间,京都一直是日本的首都,以拥有数百座著名的神社、神阁等古刹名寺而闻名。京都被认为是古代受中国影响最深的日本城市,这从古代寺庙的建筑风格以及保留至今的店铺名称中的汉字上,都可以深切地感受到。

15日下午,经过2个多小时的车程便到了京都,当天晚上,关西古泉研究会事务局局长吉田昭二先生邀请黄锡全副理事长、翻译刘飞燕和我三人去他家中鉴赏他的藏品。吉田先生的家位于城中,是个典型的日式三层小楼。二楼是书房,更准确地讲应该叫"库房",因为就像博物馆的藏品库房一样,四周的墙壁有一面全是木制的壁橱,里面全是分类收藏的钱币实物。壁橱对面的整个墙则全是书柜,上海编的《中国历代货币大系》,河南编的《中国钱币大辞典》以及部分《中国钱币丛书》都摆在上面。除书柜和壁橱外,整个书房另用汉代瓦当拓片或中国钱币拓图装饰得别有特色。吉田先生非常喜爱宋钱,他给自己的书房起名叫"淳丰堂",就是源自"淳化通宝"和"元丰通宝"两种宋钱。热情好客的吉田先生夫人给我们准备了日本烧酒和小菜,品酒抡泉,岂不快哉!

根据关西古泉研究会的安排,16日,我们参观了金阁寺、岚山、平安神宫、京都塔以及日本现存最古老的寺庙——清水寺。

17日下午,在京都兴正寺妇人会馆与关西古泉研究会进行了学术交流。吉田昭二先生和黄锡全副理事长致辞后就立即进入学术交流与讨论。交流的内容主要是中日学者围绕宋钱展开的,吉田先生报告的题目为《日本与宋朝钱币的关系》,河南钱币学会秘书长刘森报告的题目为《宋钱版别研究》。宋钱特别是小平钱中的对钱(日本称符合钱)的版别是日本钱币界研究的重点,经过几代学者的不懈努力,已可分出1178个版别(《新订北宋符合泉志》)。其方法是否科学姑且不论,但其治学的专研精神确有我们学习之处。会场上,日方的钱币爱好者还专门展示了他们收藏的钱币珍品,中国钱币主要有春秋战国时期的空首布、各种明朝钱、压胜钱以及新疆钱币等。由此也可以看出,日本钱币界对中国钱币关注的面是非常宽的。除钱币外,展示的还有吉田先生收藏的钱币书籍,其中日本最早出版的洪遵《泉志》较有版本价值。

18日,代表团赶往大阪,参观了日本重点文物保护遗迹——大阪城。大阪城原是丰臣秀吉居住的城堡,当年的城堡早已毁于战火,现在的建筑都是后来修复的。城堡旁边是大阪市立博物馆,1984年3月20日,中国钱币学会曾在这里举办了"中国历代货币展览"。当晚,乘夜班渡轮经濑户内海于第二天早晨赶到福冈,开始了最后一站的交流活动。

19日上午,我们在雨中乘车浏览了福冈市容,下午在福冈著名的三光园会议馆与福冈古泉学会进行学术交流。交流会由专程从东京赶来给我们送行的田宫健三先生主持,福冈古泉学会会长崛本正先生和黄锡全副理事长代表日中双方致词后就开始了学术交流。首先是实物观摩和鉴赏活动,福冈古泉学会展示了会员珍藏的全套中国联合准备银行和中央储备银行券,以及部分日本的金银货币。鉴赏期间,还解答了日本代表关于纸币上冠字的疑问。实际上这种冠字的功能主要有三:一是便于统计发行量,二是限定流通地域,三是防伪造。随后崛本正会长做了题为《近代日本纸币发展史》的主题报告,详细论述了日本纸币发展的起源、沿革,以及印刷技术和购买力等。日本纸币从形制上大致可以分为两个阶段,早期因受中国古代纸币的影响均为竖式并印有龙凤等图案,明治维新以后受西方影响纸币改为横式,图案则多为人物或建筑物。当交流会进行到 14 点 28 分时,根据中方访问交流团黄锡全团长的提议,为向四川地震遇难同胞表示哀悼,中日代表全体起立,集体默哀一分钟。

学术交流结束后,安排了晚宴。根据日方的议程安排,晚宴由我简单致辞后宣布开始,田宫健三先生特意从东京邀请来的专业女歌手给大家演唱了日本传统歌曲,中日代表也有多人一展歌喉。晚宴最后在全体代表合唱《北国之春》的歌声中宣告结束。

四

19 日晚回到驻地后,团长黄锡全召集代表团全体成员开了总结会。大家一致认为此次交流活动圆满成功,收获良多:日本学者严谨敬业的工作作风、普通市民的友好善良和文明礼貌、街道的清洁卫生、社区的和谐安定,以至垃圾的分类回收等等方面,都给我们留下了深刻印象,值得我们学习借鉴。另外,我们还体会到:

(一)日本钱币界对中国普遍持友好态度

可能是因为对货币文化的共同兴趣;或者更是因为日本货币文化本身就源自中国,访日期间我们所接触到的日本人士,无论是大学教授、机关职员、企业主,还是自由职业的收藏家,都普遍对中国很友好。如:两次主动地为四川汶川地震募捐表示慰问;田宫健三先生代表日本货币协会专程从东京赶到福冈来为我们送行;佐藤成男先生因为错过了在东京的交流而特地赶到车站给我们送行以便见上一面;中塚润一郎先生为参加交流会更是带着藏品专程从东京赶到京都;菅谷信夫妇、丹野昌弘先生自费款待我们;吉田昭二先生则请我们去家里做客;上野博物馆为使我们不被雨淋,特意给我们开放内部通道的等等事例,都反映了日本友人对我们的友好情谊。

(二)应加强对日本货币文化的研究

访日交流过程中,比较遗憾的是和日本钱币界探讨的内容,几乎全部都是有关中国货币的题目,这说明日本对中国货币的研究远远超过了中国对日本货币的研究。这是我们不足的地方。我们应加强对日本货币文化的研究。特别是明治维新以后,货币制度上日本向西方的学习应该说是比较成功的,与当时的清政府做一对比研究,应是极有意义的课题。另外,今后与日本货币文化界的交流中,除中国钱币学会与日本货币协会间的交流外,我们还可以围绕宣传货币文化,为央行服务这一主题,加强中国钱币博物馆与日本货币博物馆间的交流;交流的方式上,除共同举办钱币展览、定期出访、交换书刊资料外,还可以就一些共同感兴趣的课题进行合作攻关,甚至联合出书。

(三)中日民间文化交流潜力巨大

日本自公元 645 年以唐为师的大化改新开始,直至 1868 年完全西化的明治维新结束,在长达 1200 多年的时间里,日本主要是在向中国学习:全盘引进了汉字、唐朝服饰、儒家思想以及三省六部制的社会制度。文化上日本基本都模仿中国,这在文化的载体货币上就有更为形象而具体的反映。这种一脉相承的文化是中日文化的共同基础,拥有巨大的交流潜力。民间交流因为立足于文化传统,可以不受或少受政治及意识形态的影响,并能达到最终影响官方的作用。如中日建交就是由民间推动官方进行的。因此,我们应充分认识到中日民间文化交流的巨大潜力,并注意挖掘,为中日和平造福。

20 日中午 12 点 50 分,我们搭乘国航 CA914 航班自日本福冈返回北京,历时 9 天的访日交流活动圆满结束。

(原载《中国钱币》2008 年第 4 期)

深切怀念董老

2004年12月3日中午，接到新疆钱币学会黄志刚副秘书长的电话，说董庆煊去世了，心中一惊！那位和蔼可亲又可敬的老人、领我走入钱币研究领域的老师、在人生的关键时刻曾给过我无私帮助和支持的董老真的永远离开了我们！心中无限悲痛，想起了和董老相识及相处中的一些往事。

一

认识董老，完全是一次很偶然的机会，但却决定了我的命运。记得那是1988年5月间的一天上午，我大学即将毕业，面临分配。听说新疆金融研究所想要一位学历史的来从事历史货币的研究工作，我便毛遂自荐，前去联系。当时金融研究所的领导了解情况后说是钱币学会要人，但因出差在外，要我将材料留下改日再来联系。就在送我出门时，正好碰上刚出差回来上班的董老，便将我介绍给了董老。董老详细询问了我的一些在校学习情况后，便仔细阅读了我的将在《新疆大学学报》发表的毕业论文《试论拉班·扫马出使欧洲及其影响》。董老告诉我新疆钱币学会计划要编写一部《新疆钱币》彩色图集，除他之外只有一位返聘的王敏贤同志也已60多岁了，需要配个助手，考虑过很多人，因为各种原因都未办成。他认为我是历史专业科班出身，基础比较好，有一定研究能力，应届毕业生情况也简单。特别听说我有一定的维吾尔语基础，他说这对研究新疆钱币非常重要，当即表示欢迎我毕业后来新疆钱币学会工作，说等金融研究所领导研究同意后将正式给行里打报告。在随后的联系中他提出既然我在校已修满课时，毕业论文也已完成，可随时来他这里帮忙，甚至想从行里给我借个自行车，以便往返。在当时，银行是非常热门的单位，历史系能分配到银行工作那是很让人羡慕的。在分配过程中，自然生出很多周折。完全是因为董老的一再坚持非我不要，并且态度坚决，最后我才如愿分配新疆金融研究所跟着董老从事新疆钱币的研究工作。从此，我和董老也和钱币结下了不解之缘。

董老对我的无私帮助和支持，不仅表现在当年毕业分配时坚持要我，更体现在后来他理解并大力支持总行调我去中国钱币博物馆工作。

中国钱币博物馆是在1991年3月开始筹备成立，我是1992年2月18日借调来总行参与中国钱币博物馆筹建工作的。7月29日中国钱币博物馆正式建成开馆，这时博物馆领导希望我留下来。当时我很矛盾：一方面能留在总行在中国钱币博物馆从事钱币研究工作，这是我多年的一个愿望,也是一个非常难得的机会,特别是从相对比较闭塞的边疆少数民族地区来到北京,机会很是难得。但另一方面,新疆钱币学会当时除了我就剩两位返聘的将近70岁的董庆煊和王敏贤二老,钱币陈列馆刚搞起来,有很多工作等着要做。这让我跟新疆钱币学会怎么说,又将如何面对董老呢?这道难题一直困惑着,董老似乎早就看出来了。记得1992年底我出差回新疆,在办公室里董老和我有一次谈话,他在简单询问了钱币博物馆开馆的情况后说:"中国钱币博物馆是全国研究钱币文化的中心,钱币实物及文献资料都很齐全,研究人员也集中,总行领导又很重视,是个很好的做学问的地方,他们想留下你来,可能也和你谈了。"接着问我的想法怎样,我如实谈了我的矛盾和困惑。他说虽然非常希望我能跟他就计划中的课题继续做下去,但他还是决定支持我留在中国钱币博物馆,他说那样对我将来更有发展。他让我不要有任何顾虑,只是希望借调的时间不要太长,这样就好调别人来接替我的岗位。否则,新疆钱币学会因无人接手,很多工作将无从开展。最后经过各方努力,我终于在1995年7月结束借调生活,正式调入总行中国钱币博物馆工作。黄志刚也由新疆师范大学历史系调入分行金融研究所接手钱币学会的工作。

二

我毕业能分配到新疆金融研究所,是因为当时编撰《新疆钱币》彩色图册急需用人。因此,我参加工作的第一天即投入了该书的编写工作中。为此,我只身深入过塔里木盆地沿线各文管所收集资料;与从印钞制币总公司请的摄影专家贾鸿勋一同去南北疆拍摄照片。这种机会很难得,因能接触到钱币实物,便于尽快熟悉新疆钱币的概况并进入角色。但我真正步入钱币研究领域,则是从董老给我提出准噶尔普尔钱及大历元宝、建中通宝钱币这两个难题开始的。

记得当初联系工作时董老曾给我看过一个钱币拓图,呈椭圆形,中间无孔,一头微尖,酷似桃仁,他告诉我这应该是普尔钱,俗称桃仁形钱(图A3-1、A3-2)。文献中虽有记载,但无图样,两面的文字在释读中似乎又和文献记载有出入。这是一个难题,但又回避不了,因为清代的红钱就是在乾隆二十四年(1759)统一新疆后销毁普尔钱改铸的,要研究清代红钱,必须要首先弄清楚普尔钱。带着这个问题我认真查阅了清代有关文献,请教托忒蒙古文及准噶尔蒙古史专家。基于比较系统的准噶尔蒙古史底子我于第二年(1989)便写成了《准噶尔普尔钱考》一文,认为:准噶尔普尔钱只有策妄阿喇布坦和噶尔丹策零两种面文,分别为托忒蒙文和察合台文;背文则都用的是察合台文标注的地名。铸地是南疆的叶尔羌(今莎车)。从1700年开始铸造到1760年清政府收换销毁另铸红钱为止,普尔钱的流通时间约为60年,主要流通于天山南路的广大地区及北路的伊犁一带。文中还就西藏使用普尔钱及黄铜普尔钱的来历提出了看法。董老看后非常高兴,他说问题虽然基本理清楚了,也能自圆其说,但是文章的结构、表述的方式及遣词用句上多有重复,不够精练,指导我又重新做了调整和修改。应该讲这篇文章是和董老共同完成的,但董老坚辞不署名。该论文1989年底提交给在苏州召开的中国钱币学会成果汇报会,并获大会表扬①。

我最早知道大历元宝(图 A2－1)、建中通宝(图 A2－2)钱币,是因为在 1989 年初的一天有位会员携带此种钱币到办公室请董老鉴定。等会员走后董老告诉我,这两种钱币很奇怪,只在新疆有发现,虽然用的是唐代年号,但制作风格、工艺及选用铜料又和开元通宝、乾元重宝等唐代钱币完全不同,像是私铸。很多人都注意到这一点了,但又无从解释,他要我关注这一课题。带着董老的嘱托,我查阅了所能见到的有关大历元宝、建中通宝钱币的文献资料。特别是 1993 年在塔里木盆地沿线的实地考察,又掌握了更多的出土发现情况。考察结束回到北京后,住在总行对面艺华招待所里(借调初期未分宿舍),我开始将多年收集的资料及考察新发现的线索进行了系统的梳理。到年底完成了《大历元宝、建中通宝铸地考——兼论上元元年(760 年)后唐对西域的坚守》的初稿,终于考证清楚:除了大历元宝、建中通宝两种钱币外,还有其别品"中"字钱、"元"字钱等,都是唐代安西都护府在安史之乱后为坚守西域于大历、建中年间即公元 766 至 783 年间在安西(今库车)地区铸造的,并非私铸,流通使用范围仅限于当时安西守军主要控制范围即库车及其附近地区,主要是供驻军使用的。同时,借助出土钱币提供的线索,还就上元元年(760)以后,唐朝在西域的坚守情况及吐蕃攻取西域的路线等问题做了探讨。我将初稿寄给董老请他指正,他非常高兴,当即向我表示祝贺,认为解决了自宋代以来困扰钱币学、货币史研究领域中的一个难解之谜②。

三

董老祖籍浙江温州,早年在上海就读于教会办的震旦大学,后因不愿入教而又转入北京的燕京大学,最后毕业于上海交通大学。这为他打下了很好的外语及国学底子。1947 年在上海新华银行参加工作,1952 年支援边疆建设来到新疆,最早在人民银行喀什及克州中心支行,1979 年调新疆分行金融研究所任咨询员。他本来是学经济的,调金融研究所后才开始研究新疆钱币。但是凭借扎实的文史基础及严谨、认真、一丝不苟的治学态度,很快就理清了新疆钱币特别是清代新疆钱币的基本概况。他是新疆钱币事业的奠基人之一,在新疆钱币的鉴定及研究方面有很深的造诣并做出了杰出贡献。由他主编的《新疆钱币》图册以及他的专著《新疆近二百年钱币图说》获得了海内外钱币界的广泛赞誉,《新疆钱印》图册和他的论文《关于准噶尔普尔的进一步考证研究》荣获了中国钱币学会最高学术奖——"金泉奖"。

董老的为人如同他做学问一样,非常谦虚、和蔼、平易近人。那时新疆金融研究所有三位老同志,董庆煊、蒋扶中、王敏贤,号称"三老"。"三老"不但在金融研究所,就是在全行都因学识渊博、为人谦和、德高望重而倍受敬重。蒋老是研究现代金融的,与流通中的货币打交道;董老和王老则是研究钱币的,与退出流通领域的货币打交道。我很有幸和董老、王老

---

① 刊登于《中国钱币》1990 年第 1 期,1994 年荣获首届中国钱币学会最高学术奖——"金泉奖"。

② 刊登于《中国钱币》1996 年第 3 期,1998 年荣获中国钱币学会第二届"金泉奖"。

共处一个办公室（钱币学会）。有件事给我印象非常深刻，充分反映了董老无私、敬业的高尚品质。

1989 年新疆钱币学会在老办公大楼 8 层，筹备成立了钱币陈列室。在布置展览时，董老从家里带来了一个小提包，里面全是外国货币，有一百多枚。原来这是他在海外的哥哥和妹妹因他从事钱币研究工作，而特意在国外收集后寄给他的。为了充实钱币陈列室的内容，多介绍一点外国钱币知识，董老都无偿捐献出来了。要知道在上世纪 80 年代相对比较闭塞的边疆少数民族地区，外国钱币是很珍稀的，没有无私、敬业的精神是很难做到这点的。受此影响，我也将已保存多年，在上中学时因喜爱历史而收集的十几枚古钱币，捐献给了新疆钱币学会。

我调中国钱币博物馆工作后，每次回新疆都要去看他。就在今年 7 月份，参加在新疆阿克苏召开的"丝绸之路"钱币专题研讨会途经乌鲁木齐时，还在新疆钱币学会副秘书长黄志刚的陪同下和中国钱币学会秘书长戴志强、副秘书长金德平一同去他家里看望了他。他当时精神、气色都不错，我们还聊了很多，不想这竟成了最后一面。

在和董老相处中，我始终有种感觉，他入错门了。他不应该在银行这种机关里工作，而应该是在院校里教书，那绝对早就著作等身，桃李满天下了，他也一定会是最受学生欢迎、敬重的教授。

董老以其超凡脱俗的人格魅力赢得了周围同志们及社会上广大钱币爱好者的尊重。挂在他书房，由内蒙古著名钱币学家、书法家杨鲁安先生书赠的"志士有业、泉家无钱"是对他最好的写照。

我们永远怀念您，董老！

2004 年 12 月 4 日晚

（原载《中国钱币》2005 年第 2 期）

我的父亲

父亲离开我们已经快三年了，他是因为胃癌后来转移到淋巴堵塞胆管，致使胆汁倒流，肝、肾功能衰竭而去世的。对父亲的病虽然我们早有心理准备，但最后时间还是来得太快，没容我细做安排，留下不少遗憾！近三年来，我无时无刻不在思念他，这是因为他对我们兄妹的培养教育以及他本人坎坷的命运和富有激情、创意的一生，都使我难以忘怀。

一

父亲名讳王传汤，农历 1939 年 3 月 11 日出生于河南省归德府（现属商丘）一个官僚地主家庭。早年抗日后来追随国民党任归德府地方武装保安司令的爷爷解放初去世后，年仅十多岁的父亲便在失去家庭庇护的同时，更背负着因家庭出身而带来的成分枷锁开始承担起养家糊口的重担。为躲避众所周知的 1958 年席卷全国的大饥荒，父亲于 1959 年 3 月，年仅 20 岁便告别无助的老母和新婚不久的妻子，只身一人逃难来到新疆，寻求救助家人的希望。最初在东疆的哈密当车工并曾修路，后又到南疆的轮台给人打铁。自己稍稍稳定下来，便于 1961 年 8 月返回老家将我奶奶、母亲和一个年仅 13 岁的表姐接来，使她们躲过了被饿死的厄运。1962 年 3 月又举家迁往自然环境较好的北疆西部伊犁地区，在伊宁县胡迪亚玕孜乡落户。从此，在伊犁河谷这一美丽富饶的边疆少数民族地区，父亲演绎了他丰富多彩且富有传奇色彩的一生。

父亲常年生活在农村，属于社会的最底层，但他的一生却经历丰富、充满传奇！所谓传奇，是从他出生环境、生活经历以及所受教育与他的追求和取得的成绩之间的对比来说的。

传奇之一：由逃荒的难民，自学而成为当地知名兽医。

伊犁河谷降水充沛，冬暖夏凉，气候宜人，是个宜农宜牧的地区。当地牲畜众多，但缺少兽医，给农牧民带来诸多不便。父亲因早年在老家曾跟一位兽医当过学徒，有点基本功，便毛遂自荐，重操旧业。从 1964 年开始，他先是在生产队当赤脚兽医，后到大队，再到公社兽医站，1978 年更被县兽医站正式转正为国家在编兽医，吃上了商品粮。2001 年 11 月又被山东省青岛市一家私营的澳洲波尔山羊养殖厂慕名聘请为技术顾问。直至 2002 年 5 月，他才以 38 年的工龄从畜牧兽医战线光荣退休。期间，他还带出了两位少数民族徒弟。作为一个只上过小学 3 年级的逃荒难民，没受过一天畜牧专业培训的半路出家人，在一个全然陌生的边疆少数民族聚居区，最后被广大农牧民接受、社会认可、畜牧局破格转正为国家正式在编干部。这除了聪慧的天资和悟性外，完全是靠他刻苦钻研、虚心求教、勤奋敬业的精神。我清楚地记得每年春季给牛羊打预防针时，白天他仅顾吃一顿饭，手脚总要累肿；夏季又有两个多月的时间要骑马驮着药箱去山里牧场巡诊，每天只能睡帐篷或露宿，吃住完全随牧民。晴天还好，碰上下雨就很危险。有次大雨，他刚躲进牧民的帐篷，拴在外边的坐骑便被雷电击死。另有一次也是雨天，在山沟里迷路，直到后半夜才找到一户牧民，差点被冻死。他就是这样风雨无阻，以超出常人百倍的努力，在实践中积累了丰富的经验，更以热情周到的服务，被广大农牧民接受而成为当地知名兽医。

传奇之二：出身于内地的一个汉族，却完全融入了边疆少数民族之中。

伊犁地区是个以游牧的哈萨克族和农耕的维吾尔族为主的少数民族聚集区。汉族主要生活在城里，农村的汉族同我父亲一样，基本都是逃荒来的难民，但我父亲和他们不一样的是，他很快就融入了哈萨克和维吾尔等少数民族的生活之中。这主要是因为他所从事的畜牧兽医工作，接触的多是哈萨克和维吾尔等少数民族。他熟悉并尊重少数民族的生活习惯，无论是在农区还是在牧区，均能与他们同吃住，以致于他在生活中也接受了不少哈萨克和维吾尔族的一些习俗。如：洗手习惯用壶，而不是用脸盆；饮食上爱喝牛奶、奶茶，吃牛羊肉、酥油，而很少吃猪肉；习惯盘腿坐炕而不是坐凳子等。他还能用流利的哈萨克语及维吾尔语无障碍地与他们进行交流，这非常便于获得淳朴的哈萨克和维吾尔民众的认可和接受。记得"文化大革命"后期的1975年，因受出身地主家庭的影响，公社领导曾一度不让父亲从事兽医工作，而是被派去修跌水。这引起了广大哈萨克和维吾尔牧民的强烈不满，约有一百多人到公社请愿，强烈要求他继续当兽医，公社最终只得被迫又恢复了他的兽医工作。父亲出生在内地，二十多岁才来到新疆，但很快就融入少数民族之中，并被他们认可和接受，视同一家，实属不易。这是当地很多汉族同志非常羡慕但又难以做到的。父亲因此而显得有点与众不同，并在当地享有很高的知名度。

传奇之三：虽然仅上到小学三年级，却在八个子女中培养出五位大学生。

父亲特别重视教育，尊重知识，相信知识能够改变命运。这一方面是因为他自己从小就渴望读书却没有机会，只上到小学三年级便被迫辍学，因此而吃尽了没有文化的苦头。另一方面是他通过努力自学兽医知识，改变自己命运的人生亲历获得的认识。在我小的时候，清楚地记得他要借助村里一个高中生帮助才能明白兽医书上讲的内容，要给老家的姑姑写信也得求别人代笔。因此，在培养教育子女方面他投入了全部的精力，在这方面他也确实有眼光，更有魄力！因为很早他就将我们送到城里去读书，接受正规的教育！送农村的孩子去城里上学，在七十年代的新疆伊犁这一边疆少数民族地区，几乎是没有先例的。为此，他克服了重重似乎难以逾越的困难。至今我还清晰地记得，当年为了能送我们去城里上学，他是多么的坚定与执著：不停地去托人、求人、找老师，想尽办法去借钱，教我们骑自行车，鼓励我们要勇敢等等。现在回想起来，当初应该是父亲的执著精神感动了学校老师，才破例接受了来自农村的我们兄妹，由此，而改变了我们的命运！因为机会得来的不容易，我们学习都很刻苦，父亲的努力最终也没有白费，可以说是取得了不错的成就：我们八个兄弟姊妹中，有五位考上了大学，其中两位硕士研究生毕业，一位在读博士学位。这在伊犁地区的农村是绝无仅有的，就在全国应该也是不多的，这也正是我父母最引以自豪的。

传奇之四：有感于山里景致的美丽，他竟购买照相机学起了摄影。

　　父亲最富创意的一件事,莫过于突发奇想买照相机自学摄影了。就我所知,这主要是他有感于山里牧场风景的美丽,想照下来与我们分享。此外,可能还有一个原因,那就是山里的哈萨克等牧民几乎一生都未照过一张相,应有不错的客源。我记得他买的是一部上海产的海鸥牌4B型双镜头照相机,用的是120胶卷,每个胶卷可照12张(加框后可照16张)。他在山上将胶卷照好,带回家里冲洗。用菜窖当暗室,先将显影粉和定影粉分别在两个瓷盘里按比例用水冲好,然后将竹夹子放在一盆清水里,等他准备好后,我就将菜窖的洞口从外面用毛毡盖严,并负责替他看时间(后来他则是通过心中数数来掌握时间)。这是冲洗胶卷,而洗照片相比就容易多了。记得那时我们村里还没有通电,他就在煤油灯下,用红领巾做一个灯罩,将煤油灯的灯光遮住一半。我在没有遮光的这面做作业,他则在被遮住灯光的那面,用一块约6寸的玻璃夹住一张裁剪好的相纸,再将冲洗好的底片放在相纸上,然后用一个将中间剪空、边框涂黑的硬纸板套在底片上。在我这面灯光下曝光后,将相纸先放在显影液里显影,等显影饱和后,就用竹夹子夹住相纸在清水里涮洗几下,再在定影液里定影,然后晾干、上光、剪边,一张完整的照片就洗出来了。他用照相机曾给我们拍过不少照片,丰富了我们的童年生活,并留下了对那些美好时光的许多回忆。

　　传奇之五:退休后,成为钱币收藏爱好者。

　　父亲的钱币收藏爱好,完全是因我而起。我大学毕业后分配新疆金融研究所从事钱币研究工作,1991年参与编写《新疆钱币》图册,书出版后我送父亲一本,原是想让他知道我所从事的工作,没想到这却培养起了他对钱币的兴趣。听母亲讲,一有空闲时间,他就翻看图册,特别是与伊犁地区有关的察合台钱币及清代宝伊局铸造的钱币更是他关注的重点。他所从事的兽医工作,与社会基层接触面广,这也为他收集钱币提供了便利。后来他告诉了我他的想法:既然我从事新疆钱币的研究工作,而他在基层又有机会接触到这些钱币实物,因此,他认为应该将碰到的钱币收集起来,这对我将来的研究工作无疑是有益的,更何况这些钱币将来只会越来越少。听他讲后我才明白了父亲喜爱钱币并从事收藏的心思和用意。2004年春天,他最后一次来北京看病时,将多年收集的钱币带来交给了我,其中有不少察合台和宝伊局的钱币都很不错,他并鼓励我应该写本有关新疆钱币的书。这是父亲最后留给我的支持和鼓励,也是我写《新疆历史货币》的直接动力,书中选用了不少他收集的钱币实物照片,为了表达我对他的怀念和感激,在书的扉页上特别注明:"谨以此书献给我亲爱的父亲",并选用了一张他的照片。我认为否则无以表达我的感情和心意!

二

　　父亲的病出在胃上,属于胃病,但对他而言,则可以说是一种职业病。因为作为兽医,他常年在野外生活,风里来,雨里去,饥一餐,饱一顿,加之小时候吃苦太多,身体透支严重,早年他就患有严重的慢性萎缩性胃炎。在我的记忆中,很多不好消化的东西如韭菜、鸡蛋等,他都不能吃。时常还可以听到他打嗝的声音,每年春季给牛羊打预防针最忙的时候,他总是随身带有胃药及蜂王浆等,以备赶不上饭点时补充体力。当时,我还在上学,每年假期回家总要劝他去认真作次体检,以便查明病情早日将胃病治好。直到 1993 年做胃镜检查时,才发现胃部的溃疡已经发生了癌变,医院建议在当地做手术并已排定了时间。当时,我刚借调来北京,哥哥将情况电话告我后,我们当即决定马上买机票接父亲来北京再做检查。那时我住集体宿舍,在北京举目无亲,但在热心的单位同事帮助下,还是很快联系上北京肿瘤医院,并在父亲到京的第二天就住院治疗了。家里是哥哥陪父亲来北京的,我新婚的妻子也从四川老家请假赶来帮忙。父亲的病情再次确诊后,通过朋友帮助,我们特别请到了我国著名的肿瘤专家、北京肿瘤医院腹外科主任邵永孚教授于 10 月 15 日主刀给父亲做的手术,虽然胃被切除了四分之三,但手术很成功。当时就已发现了扩散和转移,因此,手术后又按邵主任的方案,回家在当地医院进行了严格的化疗。其后又在 1994 年、1995 年、2000 年三次来北京进行了复查,期间 1997 年在妹妹读书的新疆石河子医学院进行了复查。

应该说父亲手术后,在母亲的悉心护理下,恢复得非常好。虽然胃的大部分被切除了,每日需多餐少食,但是原来许多不能吃的东西现在他都可以吃了,这带给他许多信心。那时,父亲的情绪非常好,我们也随着三年、五年、八年等几个敏感时间段的安然度过,紧绷着的神经也开始放松了。可以说,那段时间也是父亲一生中最轻松、最惬意的时光。一方面因为看病,兽医站给他半退休的待遇,再不用上山巡诊,工作较轻松,生活也规律;另一方面,我们姊妹五人相继考上大学,我又正式调入了北京,这些都给他精神上带来了极大的安慰。

这期间,利用休假我还特地陪父母亲先后去济南、青岛、烟台、威海、大连、天津等处参观旅游,去海边看了大海,还乘坐了海轮。在上海工作的弟弟又专门接他去上海参观了金茂大厦。他和母亲还专程回过老家商丘,与老家儿时的同伴相比,他认为自己很幸福。

父亲 2000 年在北京体检时发现得了糖尿病,还有胆结石。糖尿病影响了他的抵抗力,身体开始消瘦。2004 年春节过后在伊犁的一次例行体检中,在淋巴部位发现有转移,和学医的妹妹商量后,决定由母亲陪同父亲再来北京检查。检查的结果是只能再做化疗。经过半年多的化疗也未有大的变化,当时感觉都还不错。"十一"长假我还专门陪父亲去内蒙古赤峰走了一趟。但回北京后情况就越来越不好,无奈,11 月 28 日只好离开北京,返回伊犁,住在妹妹所在的军区医院高干病房。正在广州第一军医大读研究生的妹妹也请假回去了。当时淋巴堵塞胆管致使胆汁倒流,给他带来了很多痛苦,身上开始出现了黄斑。虽然做了一次胆管疏通手术,结果也不理想。我在 2005 年的 1 月 3 日飞回伊犁,陪了他半个月,17 日夜里 23 点 30 分父亲最后离开了我们。

关于后事,当初在离开北京之前,父亲就向我做了交代,我也将病情和想法都告诉了他。他认为无论富贵还是贫穷,每个人的最终归宿都是相同的,生命的意义如同跑接力是在传承的过程中实现的。他自始至终都很清醒,也很勇敢,我们共同做了最后的努力,走的时候都很坦然。他告诉我,他这一生没有遗憾!

三

父亲的命很苦,这是别人的看法,因为他是在有条件享受晚年幸福的时候,过早地走了;

但是,在他自己看来,他却认为自己很幸福。他告诉我,首先,他遇上了我们的母亲,生活上得到了悉心的照顾,事业上能够全力配合,精神上相濡以沫,互相托付;其次,他八个子女虽然境况各不相同,但都很孝顺;最后,他当初只是希望能活下来,将我们拉扯大,并没想到他还能翻身。能有今天,他已很知足了。

如果说他的命苦,那是因为他生错了时代,在哪个社会大变革、大动乱的年代里,他又背负那样的出身,如果不是侥幸逃荒去了新疆,他能否活下来,还要另当别论。但他的心地善良、乐于助人,则完全是出于天性,并贯穿了他的一生。当他从闹饥荒的老家闯出来站稳脚跟后,不仅设法赡养老母、善待妻儿,还救助了很多人:帮他的兄弟姐妹、堂兄弟姐妹及外甥们搬迁、落户、成家;还寄钱救了我姥和姨的命。他为这个家族的发展及繁衍尽了全力,也做出了很大的贡献。除了自己家族之外,邻居、朋友们无论是经济困难,还是家庭纠纷,只要找到他,他都会尽心尽力地去帮助,在乡里邻里和朋友圈子中都有很高的威望。

父亲因为出身不好,从小受尽了磨难,历尽了艰辛。这种人生经历锻造了他特别能吃苦,珍惜机会,知恩图报的品质;他办事一向谨慎小心,认真负责;积极、主动、热情、乐观是他的风格。他为人忠厚、待人诚恳、做事严谨、处事机智、性情幽默。一生好面子,重荣誉,在当地拥有很好的口碑及威信。我们扫墓时,经常都能看到别人给他摆放的囊、鲜花等。

父亲最可贵的,是他虽然从小几乎就没有得到过父爱,但是,这并没有影响他给予了我们世上最完好的父爱。我清楚地记得,我们小时候他自己织网,带我们去抓鱼,有时在路边草地的马莲堆旁,他还用渔网给我们抓过小鸟!我上中学时,因为喜爱历史,他又特别在公社邮局(就在兽医站旁边)给我订阅了《世界历史》、《历史教学》、《旅游天地》等刊物,很小就给我打开了一扇了解外部世界的窗口。还给我邮购过一本《历史知识词典》。更曾花37元给我买过一个台灯等等。

父亲虽然自身受到的文化教育很有限,但是在子女教育方面却很有自己的思想。他不仅鼓励我们好好学习、多读书,做一个对社会有用的人,更是告诫我们不要读死书,要活学活用,勤于思考,勇于实践。父亲常常教导我们的一句话是"读万卷书,行万里路,交天下友"。强调培养大气、务实、乐观向上的人生态度。这种教育思想对父亲这样的背景而言,实属难得。

我认为父亲这一生实际是可惜了!这一方面是因为他富有激情和创意,悟性不错,也有灵气。如果他能上个高中或者初中、或不受家庭出身及成分的拖累、或是能给他一个什么机会,他一定会有更大的作为,因为他是那种能够成事的人!在他的一生中,很少有人能帮他,却是他帮过不少人;另一方面,我觉得更可惜的是因为他走得太早了点,他才67岁,还不到70!留给我们的是子欲养而父不在的深深遗憾!

亲爱的父亲,我们都以做您的儿女为自豪,将永远思念您!

2008年1月8日晚

第五部分　钱币彩图

目　录

钱币彩图

图1：高昌吉利（新疆吐鲁番阿斯塔那墓葬出土）

图2：高昌吉利（陕西省西安市何家村出土）

图3：大历元宝

图4：建中通宝

图5："元"字钱

图6："中"字钱

图7：普尔钱（策妄阿喇布坦）

图8：普尔钱（噶尔丹策零）

图9: 黄铜普尔钱（策妄阿喇布坦）

图10: "道光通宝"背"八年五"

图11: "道光通宝"背"八年十"

图12: "道光通宝"方孔银币

图13: 热西丁钱币（库车版）

图14: 热西丁钱币（阿克苏版）

图15: 哈比布拉天罡银币

图16: 阿古柏金币

图17: 阿古柏银币

图18: 阿古柏铜币

图19: 饷金一钱

图20: 饷金二钱

图21：饷金五钱　　　　　　　　　　　图22：饷银一钱

图23：饷银二钱　　　　　　　　　　　图24：饷银四钱

图25：饷银五钱　　　　　　　　　　　图27：喀什饷银五钱

图26：饷银一两

图28：银圆叁钱　　　　　　　　　　　图29：银圆二钱

图30：壬子饷银一两

图31：壬子饷银一两

图32：壬子饷银五钱　　　　　　　图33：中华民国饷银五钱

图34：壬子饷银五钱

图35：伊帖（制钱壹千文）　尺寸：186×110毫米

图36：伊帖（制钱贰千文）　尺寸：186×110毫米

图37:（伊犁）官钱总局壹钱钱牌（黄铜）　　　　图38:（伊犁）官钱总局贰钱钱牌（红铜）

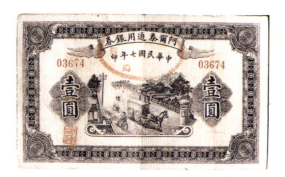

图39: 阿尔泰通用银券（壹圆）
尺寸: 146×87毫米

图40: 阿尔泰通用银券（伍圆）
尺寸: 146×87毫米

图41: 阿尔泰通用银券（拾圆）

尺寸: 160×102毫米

图43: 俄国纸币（3卢布）

尺寸: 98×153毫米

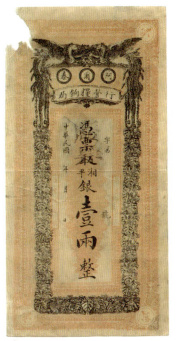

图42: 阿尔泰行营粮饷局（壹两）钱票

尺寸: 168×84毫米

图44: 俄国铜币(2卢比)

图45: 俄国银币(15戈比)

图46: 俄国金币(10卢布)

图48: 苏联羊毛公司私铸的"光华银炉"元宝

图47: 华俄道胜银行金币券(壹钱)　尺寸: 135×79毫米

图49: 殖边银行新疆专用红钱票(壹百文)
尺寸: 105×64毫米

图50: 殖边银行新疆专用红钱票(贰百文)
尺寸: 125×66毫米

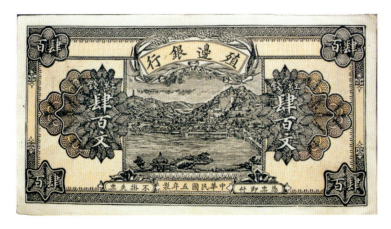

图51: 殖边银行新疆专用红钱票（肆百文）

尺寸: 165×90毫米

图52: 中央银行新疆省流通券（伍拾圆）

尺寸: 164×65毫米

图53: 中央银行新疆省流通券（壹佰圆）

尺寸: 164×65毫米

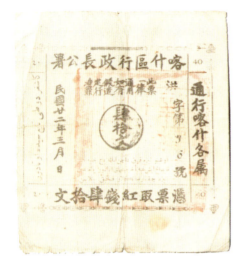

图55: 喀什区行政长公署纸币（红钱肆百文）
尺寸: 170×103毫米

图54: 喀什区行政长公署印纸币（红钱肆拾文）

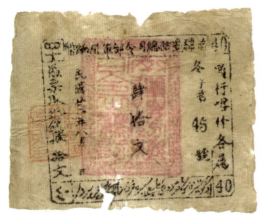

图56: 南疆边防总司令部军用纸币（红钱肆拾文）
尺寸:（118–130）×（95–107）毫米

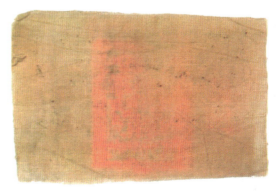

图57: 南疆边防总司令部军用纸币（壹两油布帖）
尺寸: 157×92毫米

图58：镇西公民会流通券（壹两）
尺寸：169×103毫米

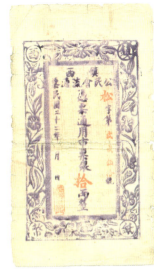

图59：镇西公民会流通券（拾两）
尺寸：195×111毫米

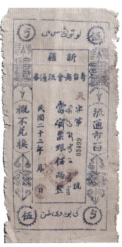

图60：新疆奇台商会流通券
尺寸：195×90毫米

图61：和阗行政长公署印流通钞票（壹两）
尺寸：149×102毫米

图62：和阗区行政长印纸币（叁两）

图63：伪"东突厥斯坦伊斯兰共和国"纸币（五钱）
尺寸：149×91毫米

图64：伪"东突厥斯坦伊斯兰共和国"纸币（五钱）
尺寸：149×91毫米

图65：伪"东突厥斯坦伊斯兰共和国"纸币（壹两）
尺寸：156×102毫米

图66: 伪"东突厥斯坦伊斯兰共和国"银币（壹钱）

图67: 伪"东突厥斯坦伊斯兰共和国"铜元（十文）

图70: 伪"东突厥斯坦伊斯兰共和国"布币（壹两）

图68: 伪"东突厥斯坦伊斯兰共和国"铜元（二十文）

图69: 伪"伊斯兰共和国和阗政府"纸币

尺寸: 154×102毫米

图71: 伪"伊斯兰共和国和阗政府"布币

尺寸: 97×75毫米

图72: 新疆银圆票（壹分）
尺寸: 100×47毫米

图73: 新疆银圆票（贰角）
尺寸: 113×56毫米

图74: 新疆银圆票（壹圆）
尺寸: 134×55毫米

图75: 新疆银圆票（伍圆）
尺寸: 150×60毫米

图76: 新疆省造币厂铸"壹圆"银币（民国卅八年）

图77: 新疆银圆票（拾圆）（大型）　　　　　　图78: 新疆银圆票（拾圆）（小型）

尺寸: 153×76毫米　　　　　　　　　　　　尺寸: 130×65毫米

图79: 新疆省造币厂铸"壹圆"银币（一九四九年）

图80: 色章郭木金币　　　　　　　　　　图81: 色章郭木金币

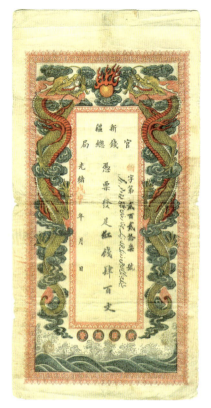
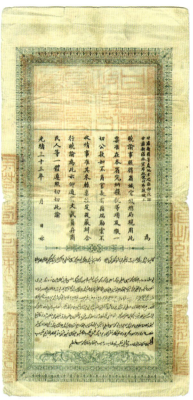

图82: 老龙票　尺寸: 260×130毫米

图83: 光绪通宝（机制红铜）

图84: 光绪通宝（机制黄铜）

图85: 新疆省造币厂铸"壹圆"银币（一九四九年）

图86：新疆省造币厂铸"壹圆"银币（一九四九年）

图87：光绪元宝（机制铜元）

图88：宣统元宝（机制铜元）

图89：乾隆通宝（满文"叶尔奇木"）

图90：乾隆通宝（满文"叶尔羌"）

图91：汉佉二体钱（小型·马图纹）

图92：汉佉二体钱（小型·骆驼图纹）

图93：汉佉二体钱（大型·马图纹）

图94：汉龟二体钱（大型）

图95: 汉龟二体钱　　　　　　　　　　图96: 汉龟二体钱钱范

图97: 开元通宝（背布哈拉城徽）　　　图98: 粟特青铜钱（背"元"）

图99: 阿拉伯文方孔钱　　　　　　　　图100: 日月光金钱

图101: 日月光金钱（带齿轮）　　　　　图102: 回鹘钱（大型）

图103: 回鹘钱（小型）　　　　　　　　图104: 突骑施钱

图105: 咸丰通宝（叶尔羌·当十）

图106: 咸丰重宝（叶尔羌·当五十）

图107: 咸丰元宝（叶尔羌·当百）

图108: 同治通宝（叶尔羌·当十）

图109: 乾隆通宝（阿克苏，当朝铸造）

图110: 乾隆通宝（阿克苏，后期补铸）

图111: 乾隆通宝（阿克苏，背穿上大圈文）

图112: 乾隆通宝（阿克苏·阿十）

图113: 乾隆通宝（阿克苏·当十）

图114: 乾隆通宝（阿克苏，背穿上"九"）

图115: 嘉庆通宝（阿克苏，大吉"嘉"）

图116: 嘉庆通宝（阿克苏，小吉"嘉"）

图117: 道光通宝（阿克苏）

图118: 道光通宝（阿克苏·阿十）

图119: 咸丰通宝（阿克苏·当五）

图120: 咸丰通宝（阿克苏·当十）

图121: 咸丰重宝（阿克苏·当五十）

图122: 咸丰元宝 (阿克苏·当百)

图123: 同治通宝 (阿克苏·当五)

图124: 同治通宝 (阿克苏·当十)

图125: 光绪通宝 (阿克苏·阿十, 维吾尔文下接圈)

图126: 光绪通宝 (阿克苏·阿十, 左维吾尔文, 右满文)

图127: 乾隆通宝 (乌什, 当朝铸造)

图128: 乾隆通宝 (乌什, 后期补铸)

图129: 乾隆通宝 (库车)

图130: 乾隆通宝 (库车·库局)

图131: 乾隆通宝 (库车·当十)

图132: 乾隆通宝（库车·维吾尔文"光绪"，穿上巨月）

图133: 乾隆通宝（库车·满文宝泉）

图134: 乾隆通宝（库车·满文宝浙）

图135: 道光通宝（宝库·新十）

图136: 道光通宝（库车·库十）

图137: 咸丰通宝（库车·当五）

图138: 咸丰重宝（库车·当五十）

图139: 咸丰元宝（库车·当百）

图140: 同治通宝（库车·当五）

图141: 同治通宝（库车·库十）

图142: 同治通宝（库车·库十，维吾尔文库车异书）

图143: 同治通宝
（库车·库十，维吾尔文库车异书，带月文）

图144: 同治通宝
（库车·库十，维吾尔文库车异书，四角带月文）

图145: 同治通宝（宝库·新十）

图146: 光绪通宝（库车·九年十）

图147: 光绪通宝（宝库·九年十）

图148: 光绪通宝（宝库·库十）

图149: 光绪通宝（宝库·库十，大字）

图150: 光绪通宝（库车·库十）

图151: 光绪通宝
（库车·库十，维吾尔文库车异书）

图152: 光绪通宝
（库车·库十，维吾尔文库车异书，带月文）

图153: 光绪通宝（库车·库十，
维吾尔文库车异书，四角带月文）

图154: 光绪通宝（宝库·新十）

图155: 光绪丁未（宝库·新十）

图156: 光绪戊申（宝库·新十）

图157: 宣统通宝（乌什·库十）

图158: 乾隆通宝（宝库·喀十）

图159: 乾隆通宝（宝泉·喀什）

图160: 咸丰通宝（喀什噶尔·当五）

图161：咸丰通宝（喀什噶尔·当十）　　　　图162：咸丰重宝（喀什噶尔·当五十）

图163：咸丰元宝（喀什噶尔·当百）　　　　图164：光绪通宝（喀什噶尔·喀十）

图165：光绪通宝（喀什噶尔·喀十，维吾尔文喀什噶尔异书）　　　　图166：咸丰重宝（宝迪·当八）

图167：咸丰重宝（宝迪·当十，大字）　　　　图168：光绪丁未（宝新·新十）

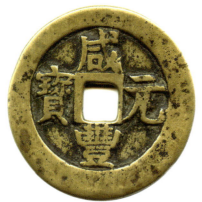

图169: 咸丰元宝(宝迪·当八十)

图170: 光绪通宝(宝新·新十)

图171: 光绪通宝(宝新·新十, 黄铜)

图172: 乾隆通宝(宝伊, 小型)

图173: 乾隆通宝(宝伊)

图174: 乾隆通宝(宝伊, 满文"伊"短尾)

图175: 乾隆通宝(宝伊, 满文"伊"长尾)

图176: 乾隆通宝(宝伊, 背穿上星, "勾"头通)

图177: 乾隆通宝(宝伊, 背穿上星, "方"头通)

图178: 乾隆通宝（宝伊，背穿上长竖文）

图179: 乾隆通宝（宝伊，背穿上、穿下短小竖文）

图180: 乾隆通宝（宝伊，背穿上、穿下短粗竖文）

图181: 嘉庆通宝（宝伊）

图182: 嘉庆通宝（宝伊，背穿上长竖文）

图183: 嘉庆通宝（宝伊，背穿下长竖文）

图184: 嘉庆通宝（宝伊，背穿上、穿下直竖文）

图185: 嘉庆通宝（宝伊，背穿上、穿下短粗竖文）

图186: 嘉庆通宝（宝伊，背穿下双竖文）

图187: 道光通宝（宝伊）

图188: 道光通宝（宝伊，背穿上星，小型）

图189: 道光通宝（宝伊，背穿上星，大型）

图190: 道光通宝（宝伊，背穿上直竖文）

图191: 道光通宝（宝伊，背穿上、穿下短竖文）

图192: 道光通宝（宝伊，背穿上小仰月）

图193: 咸丰通宝（宝伊，"勾"头通）

图194: 咸丰通宝（宝伊，"方"头通）

图195: 咸丰通宝（宝伊，背穿上星）

图196: 咸丰重宝（宝伊·当四）

图197：咸丰重宝（宝伊·当四，铁质）

图198：咸丰重宝（宝伊·当十，黄铜）

图199：咸丰重宝（宝伊·当十，红铜）

图200：咸丰重宝（宝伊·当十，铁质）

图201: 咸丰重宝（宝伊·当五十，黄铜）

图202: 咸丰重宝（宝伊·当五十，红铜）

图203: 咸丰元宝（宝伊·当百，黄铜）

图204: 咸丰元宝（宝伊·当百，红铜）

图205: 咸丰元宝（宝伊·当百，铁质）

图206: 咸丰元宝（宝伊·当五百）

图207: 咸丰元宝（宝伊·当千）

图208: 同治重宝（宝伊·当四）

图209: 足银一钱

图210: 光绪银圆（三体文）叁钱

图211: 光绪银圆（三体文）五钱

图212: 光绪银元（新疆省造·库平一钱）

图213: 光绪银元（新疆省造·库平二钱）

后　记

　　这本论文集选收了自 1988 年以来近 20 年间,我已发表(时间及刊物均已注明在每篇之后)或写好待发的文章共 34 篇,分为四个部分:第一部分为"钱币考证",收录论文 14 篇;第二部分为"钱币文化研究",收录论文 8 篇;第三部分为"清代新疆铸钱局研究",收录论文 7 篇;第四部分为"附录",收录论文 2 篇、纪念文章 2 篇和 1 篇访日纪行,共约 40 多万字。主要涉及古代西域以及近代新疆和西藏地区铸造和流通的钱币。内容多是在考证的基础上,借助钱币这种实物资料所提供的信息研究钱币背后的历史。地域上又都属于广义的古代西域范畴,因此书名定为《钱币与西域历史研究》。

　　收入"附录"中的《试论拉班·扫马出使欧洲及其影响》是我 1988 年大学毕业前夕在《新疆大学学报》上发表的毕业论文。《访日交流散记》记述的是 2008 年 5 月中国钱币学会代表团应日本货币协会邀请出访日本的交流活动情况,它们与《深切怀念董老》以及《我的父亲》两篇怀念文章虽然都不是专题研究钱币的论文,却都与我的钱币研究工作有重要的关系,因此也一并收入了"附录"。

　　中国人民银行党委委员、副行长、中国钱币学会理事长马德伦先生给书稿惠赐了序言,为拙作增色不少,深表感谢!中国钱币学会庞则义副理事长以及姚朔民编审、金德平研究员也曾就书稿提出了许多有益的建议,对提高书稿质量大有裨益,这里亦深表感谢!另外,我还要特别感谢新加坡亚洲钱币学会黄汉森会长、学术顾问刘嘉斌博士、中央民族大学突厥语教授张铁山博士(中国少数民族古文字学会副会长)、北京著名钱币收藏家曹光胜先生、杭州世界钱币博物馆馆长储建国先生以及多年来曾给过我关心、鼓励和支持的同事及朋友们,谢谢大家!

2009 年 1 月 7 日于北京